하나님 혁명의 열망자,

원초原草 박순경

하나님 혁명의 열망자, 원초原草 박순경

2021년 11월 10일 초판 1쇄 발행

지은이 | 박순경 서광선 권형택 김애영 외
엮은이 | 박순경 추모사업회 편집위원회
펴낸이 | 김영호
펴낸곳 | 도서출판 동연
등 록 | 제1-1383호(1992. 6. 12)
주 소 | 서울시 마포구 월드컵로 163-3
전 화 | (02)335-2630
전 송 | (02)335-2640
이메일 | yh4321@gmail.com

ISBN 978-89-6447-735-9 03040

하나님 혁명의 열망자,
원초 原草 박순경

박순경, 서광선, 권형택, 김애영 외 지음

동연

❋❋ 박순경 교수님의 자취 ❋❋

원초 박순경(原草: 본디풀 朴淳敬)
(1923. 7. 14. ~ 2020. 10. 24.)

1923년 7월 14일   경기도 여주에서 출생

학력

1943.~45.   세브란스 고등간호학교 졸업
1946.~48.   서울 감리교 신학교 졸업
1948.~51.   서울 문리대 철학과 졸업 B.A.
1955.~58.   미국 에모리대학교 신학부 졸업 B.D.
1958.~59.   미국 뉴욕 유니온 신학교 교회의 에큐메니칼 연합을
              위한 세계교회 지도자들과의 공동 연구 프로그램 참가
1960.~66.   미국 드류대 대학원 졸업(조직신학) Ph.D.

경력

1951.~55.   성신여고, 정신여고 영어·독어 교사
1966.~88.   이화여대 기독교학과 조직신학·역사신학 교수
1988.~91.   목원대 대학원 초빙교수
1978.~?   제3세계 에큐메니칼 신학자협의회(EATWOT=Ecumenical
              Association of Third World Theologians) 한국 책임자, 신학
              위 위원, Concilium 신학지 자문위원, *Voices* 신학지 편집
              위원 EATWOT 한국위 고문 역임
1980.~85.   세계교회협의회(WCC) 신앙과직제위원회 위원
1980.~86.   아시아기독교협의회(CCA) 신학위원회 위원
1980.~82.   한국여신학자협의회 초대회장
1982.~?   한국여성신학회 초대회장
1989.   전민련 조국통일위원회 위원, 범민족대회 남북 실무회담
              10인 대표 중 학계 대표
1990.   범민족대회 실무대표 4인 중 1인
1990.~93   범민족대회 대표단
1991.   조국통일 범민족 연합(범민련) 남측 준비위 조직과 부위
              원장, 재일본대한기독교단 주최 통일 세미나에서의 주제
              강연으로 인하여 보안법 위반, 8월 9일 구속

1991. 8. 9.	구속
1991. 11. 1.	재판
1991. 11. 8.	2차 공판에서 징역 3년 자격정지 3년 구형
1991. 11. 22.	3차 공판에서 징역 1년 6개월, 자격정지 1년 6개월, 집행 유예 2년으로 석방됨
1994.	북미주 사회신학연구소의 "민중복지상" 수상
1994.~99.	자주평화통일민족회의 상임공동의장
2000.~07.	통일연대 명예 대표, 민주노동당 고문
2005.~?	범민련 남측본부 명예 의장

저서 · 공저 · 역서

박사학위논문

Man in Karl Barth's Doctrine of Election(Ph. D. Doctoral dissertation, Drew
University, 1966)

저서

『한국민족과 여성신학의 과제』, 대한기독교서회, 1983.

『하나님 나라와 민족의 미래』, 대한기독교출판사, 1984.

『민족통일과 기독교』, 한길사, 1986.

『통일신학의 여정』, 도서출판 한울, 1992.

『통일신학의 고통과 승리』, 도서출판 한울, 1992.

『통일신학의 미래』, 사계절, 1997.

『삼위일체 하나님과 시간 제I권 구약편』, 신앙과지성사, 2014.

공저

박순경 · 파블로 리햐르 외, 『제3세계의 상황신학』, 민중사, 1987.

『과거를 되살려내는 사람들과 더불어』, 사계절, 2003. (原草 본디풀 박순경 박
사 팔순 기념문집 공저) 남정현 · 박순경 외, 『통일만세』 도서출판 말,
2014 외 다수

역서

K. Barth, *Evangelium und Gesetz*, Theologische Existenz heute Heft 32, 허혁, 박순경, 이영빈 역,『복음과 율법』금용도서주식회사, 단기 4283, 1950.

L. Feuerbach, *Das Wesen des Christentum.*『기독교의 본질』, 종로서적, 1982.

K. Barth, *Die Kirchliche Dogmatik*, Ⅰ/1,『교회교의학』Ⅰ/1, 대한기독교출판사, 2003.

논문

"한국 신학을 회고하고 미래를 전망하면서," 한국기독교학회 편,『한국기독교학회 30년사』서울. 대한기독교서회, 2001, 19-34.

"하나님 나라, 사회 역사변혁의 동력,"『한국기독교 신학논총』Vol. 41.2005, 37-88 외 다수

주요 포상 내용

1988.	이화여대 은퇴 시 "대한민국 석류장" 수상(통일운동에 관여한 보안법 위반으로 2006년 정부로부터 상훈 박탈당함)
1995. 10. 26.	민중복지상(Award of People's Well-Being) 수상, 미 뉴욕 시 소재 Socio-Theological Institute Korean community Council in America에서 수여
1998. 9. 21.	감리교신학대학교를 빛낸 자랑스런 동문상 수상, 감리교신학대학교 총동문회에서 수여
1995. 10. 25.	민중복지상 (Award of People's Well-Being) 수상, 미 New York 시 소재 Socio-Theological Institute Korean community Council in America에서 수여
1998. 9. 25.	감리교 신학대학교를 빛낸 자랑스런 동문상 수상, 감리교 신학대학교 총동문회에서 수여
2007. 11. 6.	감리교신학대학교 개교 120주년 자랑스런 감신여성상 수상, 학교법인 감리교신학원 이사장과 감리교신학대학교 총장 수여
2009. 6. 23.	늦봄 통일상 수상, 사단법인 통일맞이에서 수여

❋ 1953년 정신여고 영 · 독어 선생 시절

❋ 1953년 동료 교사와 함께

❋ 부모님

❋ 1968년 속리산

❋ 1966년 드류대학 박사학위 수여식

❋ 1966년 박사과정 중

❋ 원초의 역사철학 노트

※ 1986년 12월 제3세계신학자협의회 ETWOT 멕시코

※ 1991년 11월 대법정 출두

※ 원초의 석방을 촉구하는 거리 시위

※ 1991년 도쿄회의에서 북의 고기준 목사와 함께

❋ 1994년 1월 문익환 목사 겨레장에서

❋ 1994.12.12 군사반란자 기소 범국민비상대책대회 당시 모습

❋ 1995년 뉴욕 소재 연구소 주최 민중복지상 수상

❋ 원초와 도경

❋ 원초와 도경

※ 2008년 11월 도경의 한신대학교 신대원 연구실을 방문한 원초

※ 2009년 늦봄 통일상 수상 당시 여성 축하객들과 함께

※ 2014년 11월 3일 출판기념회

※ 이희호 선생 방문

❋ 원초의 영정　　　❋ 원초 묘비

❋ 2021년 10월 20일 원초 서거 1주기 즈음한 묘소 참배

머리말

원초 박순경 교수 서거 1주기
추모집을 출간하면서

10월 6일 저녁에 후배 이정이 선생으로부터 전화가 왔다. 올해 내 칠순 모임을 위해 몇몇 사람이 선물을 준비하는데 이런 선물은 어떠냐, 갖고 싶은 것이 있으면 알려달라고 하면서…. 나는 "이제 갖고 싶은 게 없다. 세상을 떠난 사람들이 다시 돌아온다면 모를까…"라는 답변을 보냈다. 10월 22일은 내 양력 생일인데, 작년 10월 22일 즈음엔 선생님께서 오늘내일하는 위급한 상황이었다. 선생님께서 내 생일에 운명하시면 당신께서 영면에 든 날을 내가 절대로 망각하지 않게 하시려나 하는 생각을 하였다.

평소 선생님께서는 낙엽이 공중에 휘날리고 도로에 나뒹굴고 을씨년스러운 깊은 가을은 서글프다 하셨는데, 10월 24일 아름다운 계절에 우리 곁을 떠나셨다. 어제 후배와 연락하고 나서 잠이 들어서인지 어젯밤 선생님께서 나오는 꿈을 꾸었다. 병원 침대에 앉아 계셨는데 반갑고 그리운 두 분이 문병을 오셔서 선생님께서도 즐거워하셨다. 아침 7:40쯤 잠이 깨어 긴 꿈을 꾸었음을 알고 그 내용을 잊어버릴까 싶어 그대로 누워 곰곰이 꿈을 생각해 보았다.

어느 큰 홀에 사람들이 모여 있고 지인들이 테이블에 앉아 담소 중인 것을 내가 발견하고 다가가 반갑게 잠시 이야기를 나누었다. 그들 중 한두 사람과 다시 어찌 어찌해서 어딘가로 가보니 선생님께서 사람들이 어디를 다녀오기로 하여 당신은 나의 어머니에게 인천 구경을 시켜 드렸다고 하는 것이 아닌가!

꿈속에서 건강하고 말씀도 잘하시고 게다가 안내까지 해 주신 선생님! 돌아가신 선생님의 빈자리가 너무 커서 힘들 때 가끔 내 꿈속에 찾아와 주시니 지금도 함께 살고 있는 듯한 착각이 들 때가 있어 엄청난 위로가 된다.

선생님 장례를 치르고 아무 일도 못 하고 있을 때, 김유현 님을 통하여 도서출판 동연 김영호 사장님께서 원초 추모집 출판을 제안해 주셨고 이렇게 서거 1주기에 맞춰 추모집을 발간하게 되었다. 추모의 글을 써주실 분들에게 원고청탁 의뢰서를 보내고 나 역시 추모의 글을 쓰려고 하니 너무 힘들어 중단을 거듭하다가 겨우 써서 보냈다. 게다가 전지구적 문제로 떠오른 기후위기의 여파로 2021년 올해 엄청난 여름 폭염 중에 청탁의뢰서를 받은 분들이 얼마나 짜증스러웠을까 생각하니 폐도 이런 폐가 없겠구나 하는 생각도 들었다. 1923년생이신 원초께서 만 97세에 돌아가셨기에 함께 활동하셨던 친지들과 동지들 중 많은 분이 이미 고인이 되었거나 글을 쓸 여력이 없다는 사실도 발견하게 되었다.

그럼에도 불구하고 원초와의 오랜 인연을 가지신 서광선 교수(이대 명예교수)께서, 원고 제한 분량보다 많이 썼지만 전부 실어주면 좋겠다는 부탁의 말씀과 함께, 제일 먼저 글을 보내주셨다. 또한 이부영 선생님께서는 올해 정치권의 핫이슈인 언론중재법을 둘러싼 문제 해결을 위한 투쟁과 마당발로서 불철주야 분주한 가운데 원고 마감 시한을 넘기고서 마지막까지 포기하지 않고 써서 보내주셨다. 여러 필자들께서 원초와의 인연에 대한 글을 쓰기 위해 나에게 가끔 연대와 장소, 인물 등에 대한 문의를 하여 정확한 내용을 채워 귀한 글을 써 주셨다. 몇몇 분들은 거의 논문에 해당하는 글을 써주셨다.

2003년 출판된 원초의 팔순 기념문집 『과거를 되살려내는 사람들과 더불어』에 수많은 분이 원초와의 인연을 밝히면서 원초의 팔순을 축하해주었다. 이번에 출간되는 추모집은 팔순 기념문집만큼의 필자들이 참여한 것은 아니지만, 필자들이 원초와 인연을 중심으로 원초의 여러 모습을 증언하고 그리워하는 추모의 글을 써주었다.

팔순 기념문집과 이 추모집으로 자서전과 전기처럼 치밀하고 촘촘한 원초의 모든 상(像)을 온전히 드러내지는 못한다. 그러나, 원초와 필자들의 사적인 이야기들은 개인적인 차원을 넘어 이 땅에서 그리고 이 시대를 살아온 우리 모두의 사회, 정치, 경제, 문화적 측면들을 증언하고 반영하고 있다. 이런 점에서, 많은 폐를 끼치면서 추진한 이 추모집 발간이 보람 있는 일이 아닐까 생각한다.

2020년 2월부터 선생님께서 편찮으셔서 병원에 입원하고 집에서 투병하신다는 소식을 전해 들으신 많은 분이 문병을 오고자 하였으나 선생님께서는 코로나19 사태로 간병인이나 요양보호사를 부르는 것조차 원치 않으셨다. 이런 이유로 방문하고자 연락하신 분들에게 서운함도 끼쳐 송구한 마음 그득하다.

선생님께 "이러이러한 분들께서 방문하고 싶어 하시는데요" 하고 말씀드리면 선생님께서는 늘 "그렇게 하자면 한도 끝도 없는데 내가 만나 볼 힘이 없다"라고 답변하셨다. 입원해 있을 때 자주 섬망 증세를 보이셔서 내 근심이 깊어졌는데, 선생님께서는 그 와중에 내내 우리나라의 상황이 위중한데 왜 너는 일을 추진하지 않고 여기 왔느냐, 어서 청와대와 국회를 찾아가 당신의 뜻을 전하라고 재촉하셨다.

그러한 일환의 하나로 선생님께서는 자주 함세웅 신부님을 만나 당신의 뜻을 전하려 하셨다. 이런 이유로 함 신부님께서는 내 연락을 받으시면 지체없이 달려와 주셨다. 함 신부님께서 오신다고 말씀드리면 선생님께서는 기운을 비축하려고 입도 뻥끗하지 않고 기다리셨다가 신부님을 만나면 뭔가를 열심히 전하려는 의지를 보이셨다. 선생님께서는 교회 개혁 없이 사회 개혁은 불가능하다는 일념으로 함 신부님을 자주 찾으셨다. 개교회 중심의 개신교에 비해 중앙집권적 가톨릭교회가 개혁된다면 사회 개혁을 위한 단초가 마련된다는 생각을 가지고 계셨고, 이를 위해 함 신부님께서 나서주시기를 간절히 원하셨다. 물론 선생님께서는 나를 홀로 두고 간다는 안타까운 마음도 컸지만, 마지막까지 사회 개혁과 우리 민족의 앞날에 대한 염려가 선생님 마음에 가장 크게 자리 잡고 있었다.

연로하신 선생님께서는 90대 초반까지도 외출도 하시고 사회활동도 하셨으나 점차 외출을 못 하게 되자 생각날 때마다 통일 운동권의 몇몇 친근한 분들에게 30분이 훨씬 넘는 통화로 당신의 생각을 전하곤 하셨다. 나는 분주한 분들에게 그만하시라고 늘 옆에서 잔소리하였다. 이런 이유로 외출하고 돌아온 내가 뭐라 할까 싶어 급히 전화를 끊으시기도 했지만, 늘 통일에 대한 당신의 뜻을 전화 정치로 펼치시곤 하였다. 퇴원 후 집에서 투병하던 초기에 선생님께서는 내가 집안일 하느라 잠시 곁을 비우면, 침상에 누운 채 천장을 향해 큰 소리로 "하나님! 사회 개혁과 민족통일을 위해 헌신하는 교회로 거듭나게 도우소서!", "하나님 코로나 사태로부터 인류를 구하소서!", "어머니, 아버지! 저의 불효를 용서하소서! 하나님 저를 용서하소서!"라는 간절한 기도를 하셨다. 그 음성이 지금도 내 귀에 쟁쟁하다.

이 추모집에는 선생님의 중요한 논문들이 실려 있다. 2014년에 출판된 『삼위일체 하나님과 시간 제I부 구약편』 집필에 집중하느라 선생님께서는 더 이상 논문들을 쓰지 않으셨다. 선생님의 논문 두 편이 신학지에 게재되었으나 당신의 책으로 출판되지 않았기에 이 추모집 3부에 함께 실었다.

이 추모집을 위해 귀한 글을 써주신 모든 필자와 추모집 출간을 위한 자문위원과 편집위원으로 함께 힘을 보태주신 모든 분에게 깊은 감사의 말씀을 드린다. 어려운 출판계 여건에도 불구하고 추모집 발간 제안과 출판을 담당해 주신 도서출판동연 김영호 사장님에게 진심으로 감사드린다. 선생님을 여의고 경황이 없어 어찌할 바 모를 때, 고 원초(原草) 박순경 선생 통일사회장 장례위원회를 구성하여 모든 일을 알아서 척척 처리해준 6.15 공동선언실천 남측위원회 이창복 의장님, 조성우 선생님과 실무자들, 이대 기독교학과 교수진들, 한국여성신학회와 한국여신학자협의회 자매들, 특히 북한산 자매들과 장례식 빈소를 내내 지켜주시고 장지까지 동행해 주신 신낙균 선생님, 홍성혜 선배, 선생님께서 운명하시기 전날부터 달려와 선생님의 임종은 물론 마지막까지 함께 해 준 황현숙 교수, 장례 순서를 맡아준 분들, 빈소를 찾아주신 분들, 국내외에서 애도의 뜻을 전해주신 분들, 모두의 도움이 없었다면 선생님을 떠나보내는 큰일을 어찌 나 홀로 감당할 수 있었을까 하는 생각에 이분들에게 평생 갚아도 모자랄 은혜를 입었으니 이 자리를 빌려 깊은 감사를 표한다.

사랑하고 존경하는 선생님, 우리가 지금까지 해 온 일들을 선생님께서 보신다면 얼마나 좋을까 하는 아쉬움을 달래며 추모집을 발간하여 기리오니 하나님의 영원한 안식처에서 우리를 굽어 보아주시고 축복해 주시길 간절히 기도합니다!

2021년 10월 7일
원초와 추억이 깃든 우면산 기슭에서
도경(導璟) 김애영

차 례

1부

원초 박순경 교수를
그리며

실천으로 보여주셨던 한국신학 과제

— 박순경 교수 1주기에 붙여

권오헌*

선생님, 홀연히 가신 지 한 해가 다가오고 있습니다.

끝내 못다 하신 『삼위일체 하나님과의 시간, 제II권 신약편』 집필과 무엇보다 통일 세상 못 보시고 어찌 눈을 감으셨습니까. 지금도 토론마당 어디에선가 그 해맑고 빛난 눈동자, 카랑카랑한 목소리로 한국기독교의 왜곡된 전파 과정을 비판, 극복하는 것이 한국신학의 과제라고 쩌렁쩌렁 호령하실 것만 같은 환상을 갖게 합니다.

2020년을 맞아 찾아뵙지 못하는 대신, 전화로 새해 인사를 드렸습니다. 100수를 눈앞에 두신 노신학자이시지만, 낙상하시어 요추골절 통증을 호소하시면서도 선생님 특유의 신학 이론과 학문 추구 열정은 식을 줄 몰랐습니다.

"권 선생, 내가 죽기 전에 꼭 마쳐야 할 일이 있는데 이렇게 몸을 다쳐 마음
만큼 따르지 않아 걱정입니다."

---

* (사)정의 · 평화 · 인권을 위한 양심수후원회 명예회장

선생님께서 이뤄낼 일은『삼위일체 하나님과의 시간, 제II권 신약편』집필이었습니다. 제I권『구약편』은 어렵게 마치셨는데, 제II권을 마저 다 해내실 수 있을지 스스로 안타까워하셨습니다. 선생님의 안타까움은『신약편』집필 문제만이 아니었습니다. 촛불시위로 세워진 정권이면서도 남북합의를 이행하지 않는 데 대한 안타까움을 넘어 분노하셨습니다. 민족자주와 민족자결원칙을 약속하고도, 외세 눈치 보느라 온겨레의 염원을 외면하고 있다고 분노하셨습니다.

선생님께서는 신학도 학문도 머릿속의 논리만이 아니라 실천으로 보여주시는 데 앞장서 오셨습니다. 이론에 따른 실천, 실천을 통한 살아 있는 이론체계를 추구하셨습니다. 참으로 우리 시대의 참 신학자이며 지식인이었고, 가장 존경받는 통일 원로였습니다.

선생님 말씀은 20분 넘게 이어졌습니다. 말씀마다 불편하심이 새어 나오고 있었지만, 불붙는 신학 이론과 통일과제 앞에서는 낙상 후유증의 고통마저 초연한 모습이었습니다. 신앙이나 신학 이론에 전혀 무지한 상대에게 이렇게 긴 시간을 말씀하시는 데는, 한국신학 또는 민족선교의 과제가 바로 민족해방과 자주통일임을 강조하시려는 깊은 속마음이 있을 터였습니다. 민주주의와 인권, 자주통일운동 과정에서 같은 생각과 지향에 대한 일정한 신뢰를 쌓았던 지난 시간 때문이 아니었을까 생각했습니다.

선생님과의 대화가 그날이 마지막일 줄은 미처 생각하지 못했습니다. 그 뒤 지난해 민족의 명절 추석을 맞아 다시 전화를 드렸을 때는 김애영 교수님이 대신 받아 선생님 병환이 위중하시다는 말씀을 들었고, 한 달도 되지 않아 안타까운 별세 소식이 들렸습니다. 하필이면 코로나 방역지침이 엄격한 때였습니다.

선생님을 존경하는 더 많은 사람이 추모의 시간과 함께 평생을 두고 이룩하신 신학 이론, 특히 한국신학의 과제 그리고 그에 기초한 자주통일운동에 헌신하신 업적을 기리고 선생님 뜻을 이어갈 다짐의 자리가 돼야 했을 터였지만, 제한된 인원과 간편한 추모 모임이 되어 아쉬웠습니다.

선생님을 처음 뵙고 가까이 알고 지낸 때가 전·노 군부독재 시기였습니다. 광주민중항쟁의 끈을 이어 반파쇼민주화운동과 반제자주통일운동이 들불처럼 번지고 있을 무렵이었습니다. 투쟁 현장이나 토론장의 선생님은 상아탑 안의 근엄한 신학자 이전에 민족민주운동의 여전사였습니다. 종교인으로, 신학자로, 대학교수로 노구를 이끌고 통일운동의 현장을 누비시는 선생님께 남다른 관심과 존경심을 갖게 된 것은 그 어느 특정인뿐만이 아니었습니다.

더 가까워진 것은 1991년 범민련남측본부 결성과 같은 해 일본 동경에서 있었던 '제2차 조국의 평화통일과 기독교 선교에 관한 기독자 도쿄회의'에서 '기독교와 민족통일의 전망'이라는 제목으로 강연하신 것이 이른바 국가보안법상 '이적단체구성' 등 혐의로 구속되셨을 때(1991년)였습니다. 자주통일운동의 지도적 역할을 하시게 되기까지엔 이처럼 신학적 이론과 학문적 논리를 이뤄낸, 이론과 실천을 겸비한 실천 신학자임을 알게 된 때였습니다.

노 신학자를 구속 기소한 군부독재의 팟쇼 법정을 한 번도 거르지 않고 방청했습니다. 250여 쪽의 모두 진술에서, 선생님께서는 마치 강의하시듯 공안검찰의 공소제기를 심오한 신학 논리로 반박하셨고, 민족분단과 자주통일의 당면과제를 이야기하시면서 검찰의 냉전 시각을 호령하셨습니다. 항소이유서, 최후진술, 사실심리에서 공안검찰의 반공 이데올로기와 반세기에 걸친 편협된 분단신학까지 준열히 공박하셨습니다.

같은 해 선생님께서는 집행유예로 출소하시어 두 권의 책을 내셨는데, 하나는 '통일신학의 여정'이고 다른 하나는 '통일신학의 고통과 승리'였습니다. 지금 생각해도 아찔한 것은 겁도 없이 이 두 권의 저서에 대한 '서평'을 썼던 일이었습니다. 기독교인도 아니고 신학 이론을 전혀 모르면서 '서평'을 쓰게 된 것은 이 살아있는 학문체계를 더 많은 비기독교인이 읽기를 권하기 위해서였습니다.

선생님은 이렇게 주장하셨습니다. "민족해방과 민중의 생존권 확립이라는 이중의 과제에 교회가 참여하지 않는다면, 그 교리는 민족을 위한 설교를 수행할 수 없다. 복음 선교는 말로만 예수 믿고 구원받으라는 것이 아니라 민족·민중을 위한 사랑을 실천해야 할 것이다. 민족을 사랑한다는 것은 하나님 앞에서 우리 민족이 자유하도록 세계의 지배 세력으로부터 해방되어 자주적 민족이 되게 하는, 그래서 우리 민족이 민족적 삶, 자체를 하느님의 의와 정의와 그의 영원한 나라의 도래를 민족 전체에 또 세계에 증언하는 것이다. 민족분단 냉전체제는 미-일은 물론 소련도 포함한 세계의 지배 세력들에 의해서 연유되었으며 민족모순을 심화시켜왔다. 우리 민족의 자주·평화·통일은 그러므로 민족해방의 핵심적 과제이다. 피압박 약소 민족이 하나님 앞에서 자유하게 자주적으로 확립된다는 것은 지배 세력에 대한 하나님 심판의 정의를 세우는 것이다. 그렇기 때문에 민족해방이 바로 민족선교의 과제이다."

선생님과는 민족민주운동 과정에서 소식이나 단체를 함께하지는 않았지만, 지향하는 바가 같았기에 언제나 선배이고 동지적 관계였습니다. 그런데 북녘땅을 함께 밟으며 분단과정의 궤적을 조망하고 자주

통일을 위한 민족적 과제와 방책 등에서 언제나 같았던 일은 결코 우연이 아니었습니다. 그 몇 가지 사례를 들어보는 것으로 이 글을 마치려합니다.

6.15 남북공동선언 이후 민간부문 민족 공동행사가 계기마다 자주 열리게 되었고, 선생님과 함께 참가한 일도 여러 차례 있었습니다. 이미 선생님께서는 남측 통일운동의 원로로서 가령 2001년 금강산에서 있었던 '6.15 공동선언 발표 1돌 기념 민족통일 대토론회' 때는 '남·북·해외공동성명'을 낭독하시기도 하셨습니다.

선생님과 북녘땅을 처음으로 밟은 것은 남쪽의 진보적 정당·단체 개별인사들이 북측의 초청으로 '조선로동당 창건 55돌 경축 기념행사'에 참석한 2000년 10월이었습니다. 1948년 단선·단정을 반대하고 자주적 통일 정부를 세우기 위한 '전조선 정당·사회단체 연석회의'에 남측의 정당·사회단체·개인 등 대표단이 38도 선을 넘었던 이후 처음 있는 일이었습니다.

조선로동당 창건 55돌 경축 기념행사 방문 시 혁명사적지에서 원초와 필자

평양에서 남측참관자들의 일정은 조선로동당 창건 55돌 경축열병식과 군중 시위 참관, 당 창건 경축야회와 청년 학생들의 촛불 행진, 10만 명 대집단체조와 예술공연〈백전백승 조선로동당〉참관 등이었습니다. 그리고 평양 시내와 묘향산을 돌아보는 순서로는 주체사상탑 등을 돌아보았고, 김일성 주석과 김정일 국방위원장에게 170여 나라에서 보내온 우의와 존경의 뜻을 담은 22만여 점의 선물을 지극정성으로 보존하고 있는 묘향산의 국제친선전람관과 4,000여 문화예술인들이 창작에 전념하고 있는 만수대창작사, '어린이들은 우리나라의 보배입니다. 앞날의 조선은 우리 어린이들의 것입니다. 1989. 4. 15. 김일성'이라는 김주석의 친필을 새겨놓고 있는 만경대 소년학생 궁전, 지하 50~100m 깊이의 평양 지하철역 관람도 포함되어 있었습니다. 그리고 남북 각 부문별 모임도 있었지요.

당시 참관단 숙소는 평양시 강동군 대동강 가에 있는 봉화초대소였습니다. 대동강 갑문으로 넓은 호수를 이루는 곳에 여러 채의 고급주택 형태의 부총리급 이상의 국빈을 위한 초대소였습니다. 이때 우연하게도 선생님과 같은 동, 같은 층, 같은 조(?)였습니다. 신준영 월간「말」지 기자와 셋이서 초대소를 나가고 들어올 때 늘 같이하고(같은 동, 같은 층의 열쇠) 서로 시간을 알려주고 챙기고 돕고 했습니다. 당연히 방은 따로따로 배당되었습니다.

앞서 말한 여러 참관 관람, 견학 방문이 있었지만, 다른 일은 기억에 남은 것이 없습니다. 다만 두 가지 일만은 지금도 새롭기만 한 방문일정이 있었습니다. 하나는 쑥섬에 있는 '혁명사적지'였습니다. 아니 '통일전선탑' 견학이었습니다. 통일전선탑은 1948년 4월 19일부터 23일까지 평양에서 열렸던 '전조선 제정당 사회단체 연석회의'의 대부분 일정과 결의를 마친 다음 '남북정당 사회단체 지도자협의회의 공동 성명서'를 최종 정리하였던 쑥섬 유원지에 세워졌습니다. 남북지도자협의회(쑥섬협의회)는 남측에서 김구, 김규식, 홍명희, 이극로, 조소항, 엄항섭, 최동진 등 8명이고 북측에서는 김일성, 김두봉, 최용건, 주영하와 남쪽에서 가 북측대표단으로 합류한 박헌영, 백남운, 허헌, 김원봉 등이었습니다.

그런데 이날 통일전선탑 앞에는 일행들과 떨어져 뒤처진 두 사람이 있었는데 바로 박순경 교수님과 필자였습니다.

"선생님 관심이 많으셨습니다."
"우리 현대사의 살아있는 증거 사적물이 아닙니까? 탑에 남측 인사들이 대부분인 점을 주목했습니다. 당시 북측에서는 남측 인사들의 뜻을 존중했던 방증이기도 합니다."

당시 김일성 북노당위원장이 남북지도자협의회 대표들을 이곳 쑥섬 유원지로 초청, 연석회의기간 노고를 위로하며 소풍을 즐기고 공동 성명을 최종정리했다고 합니다. 1990년 8월 10일 문을 연 '쑥섬 혁명사적지'는 통일전선탑과 쑥섬협의회 의장, 나루터 등이 조성되었는데 통일전선탑은 앞면에 이 탑에 대한 역사적 의미를 김일성 주석이 썼고, 뒤쪽에는 회의 참석 인사들 이름과 소속 직함이 새겨져 있었습니다. 그 이름 면면을 보기(기록)위해 일행과 떨어져 있었습니다. 통일전선탑에는 회의 참석 대표들로 김책(북측 인사), 김구, 김규식, 홍명희, 백남운, 조소항, 엄항섭, 조완구, 최동오(남측 인사), 김종항(북측 서기장), 정진석(남측 신문기자단 대표) 등 11명이 소속 단체 직위까지 새겨져 있었습니다.

다음은 평양시 형제산구역 신미리 애국렬사릉 방문이었습니다. 여기서도 쑥섬 사적지 답사와 같은 일이 벌어졌습니다. 두 사람은 이미 참관단 일행이 열사릉을 돌아보고 차가 세워진 마당에서 기다리고 있는 시간까지 열사릉에 있는 남측 인사들의 묘소를 찾고 있었습니다. 다는 찾지 못했지만, 김규식, 조소항, 조완구 선생 등 5명의 묘비석을 찾아 확인했고, 조완구 선생 묘비 앞에서 함께 사진까지 찍었습니다.

참고로 4월 연석회의 때 '남북정당사회단체지도자협의회의 공동성명'에서는 대략 다음과 같은 주장이 있었습니다. ① 우리 강토로부터 모든 외국군 철수, ② 우리 강토에서 외국 철퇴 후 내전 발생 없다는 것 확인, ③ 외국군대 철수 뒤 남북정당·단체 공동명의로 전조선 정치회의를 소집 - 조선 인민의 각계각층을 대표하는 민주주의 임시정부가 즉시 수립될 것이며 정치·경제·문화생활 일체의 책임을 갖게 될 것-이 정부는 일반적·직접적·평등적·비밀투표로서 통일적 조선입법기관을 선거할 것이며, 입법기관 - 조선헌법 제정 - 통일적 민주정부 수립할 것-이라고 했습니다. 연석회의가 열렸던 때(1948년)나, 참관단의 평양 방문 시기(2000년), 아니 오늘까지도 외세문제, 자주통일 문제는 여전히 민족적 과제입니다. 선생님의 한국신학과 민족선교의 과제는 아직도 그대로 남아 있습니다.

마지막으로, 지향점이 같았기에 현장 활동에서도 다르지 않았던 선생님과 또 하나의 같은 활동이 있었습니다. 바로 2005년 3월 3일에서 5일까지 진행되었던, 북녘땅 금강산에서의 '6.15 공동선언실천을 위한 남북해외 민족공동행사 준비위원회 결성식' 현장이었습니다. 민족공동행사준비위원회의 남북해외 각 지역 준비위원회는 이미 결성되었고, 이제 통합된 준비위원회를 결성하기 위해 남북해외 대표단이 금강산에서 모이게 되었습니다. 그때, 선생님을 비롯한 남측대표단으로 필자도 함께했습니다.

이미 각 지역준비위가 결성되었으므로 곧바로 남북해외 민족공동행사 준비위원회 결성식이 진행될 것으로 예상했지만, 뜻밖에 남측 준비위원회에서 문제를 제기하여 이틀 동안이나 헛된 시간을 보내고 있었습니다. 남측준비위의 민화협·종단·시민단체 쪽에서 해외측 위원회 곽동의 의장의 대표성을 인정하지 않았기 때문이었습니다. 그래서 남측의 통일연대와 북·해외측 준비위원회는 곽동의·문동환 공동위원장제를 대안으로 제시했지만, 이 대안조차 거부했습니다. 마침내 남측 대표단 전체의견을 묻는 시간을 갖게 되었습니다.

2005년 3월 4일 오후 3시, 남측 준비위 대표단 전체 회의가 호텔 1층 세미나실에서 열렸습니다. 백낙청 대표와 한충목·이승환 공동집행위원장이 단상에 자리했고, 이석태 공동대표(민변 회장) 사회로 결성식 관련 토론이 진행됐습니다. 백낙청 대표는 인사말을 하면서, 결성식과 관련해 논의되고 있는 두 가지 안을 설명했습니다. 〈1안〉은 남과 북 각 1인과 해외 2인인 4인 공동위원장제 안이며, 〈2안〉은 남과 북측 대표만으로 결성식을 하고 해외측은 추후선정하자는 안이었습니다. 토론은 민화협에서 윤재철 대한상이용사 대표 등 2명이었고, 통일연대에서는 박순경 교수님과 권오헌 대표, 강승규 민주노총 부위원장이 나섰습니다.

간단히 줄여서 〈1안〉을 지지하는 권오헌 대표의 토론 요지는 다음과 같았습니다. ① 남과 북, 해외 준비위는 각기 그 결성의 독자성과 자주성을 인정하고 존중되어야 한다. ② 준비위원회 결성에 관한 정관(규약 등)이 특별히 있는 것도 아닌 이상, 해외 준비위의 지역적 특수성을 고려하여, 2인 공동대표제를 인정하고, 남북 해외 4인 공동위원장제를 채택하고 오늘 결성식을 진행하자. ③ (전략) 남북, 해외 6.15 공동선언에 찬성하는 누구라도 그들의 이념, 사상, 정견 등 차이 때문에 배척되어서는 안 된다. ④ (전략) 특히 "해외에서 온갖 탄압과 차별, 수모를 당하면서 민주화운동과 통일운동에 헌신해왔던 분들이 자기 조국에 와서까지 또다시 소외되게 두어서는 안 된다. 더욱이 민족 공동행사 준비위 결성은 자주통일운동의 또 하나 발전된 단계일 뿐만 아니라, 미·일 군사 패권주의와 이 땅에서의 전쟁 책동과 적대행위에 맞서 우리 민족의 대단결로 막아내려는 강한 투쟁 의지를 전 세계에 과시하는 것"이라고 토론했습니다.

옳소! 찬성이오! 함성과 박수가 장내를 크게 울렸습니다. 박순경 교수님도 거의 같은 요지로 토론하셨고, 권오헌 대표 뒤에 토론하는 민화협 대표들까지도 〈1안〉을 지지하는 연설을 했습니다. 이렇게 6.15 공동선언 실천을 위한 남북해외민족공동행사 준비위원회 결성식은 유보 위기에서 남북 각1인, 해외측 2인제 4인 공동위원장이 이끄는 온겨레의 염원을 이뤄냈습니다. 박순경 교수님과 권오헌 대표는 전체토론이 있기 전에 어떠한 의견교환도 없었지만, 토론장에서 같은 뜻과 행동을 완벽하게 펼쳤습니다.

선생님, 천수를 누리시며 신학 이론, 특히 한국신학의 정초(定礎)를 놓으시고 그 바탕에서 자주통일운동에 헌신하시다 가신지 한 돌이 돌아오고 있습니다. 선생님 계신 곳에는 휴전선도 국가보안법도 없는 민족자주와 평화번영으로 가는 하나님 나라가 펼쳐질 것으로 믿고 있습니다. 평화의 안식이 있기를 빌겠습니다.

곱고 차분함 속에 숨겨진 열정과 기백의 박순경 선생님

권형택*

박순경 선생과 만남에서 강렬했던 첫 기억은 경기도 파주경찰서에 서였던 것 같다. 1989년 1월 전국민족민주운동연합(약칭 전민련)이 창립 하면서 통일운동의 일환으로 남·북·해외 동포가 참가하는 범민족대회 를 추진하기로 결의하고, 3월 1일에 남북 대표 각 10인씩 참여하는 예비 회담을 판문점에서 가질 것을 제안했다. 이 제안을 북한 조국평화통일 위원회(조평통)가 수락하여 전민련은 3월 1일 박형규, 계훈제 상임고문 등 원로들과 오충일 대표단장, 이재오 조국통일위원장 등 28명의 대표 단을 판문점으로 파견했다. 당시 박순경 선생은 학계 대표로 참석했다.

나는 전민련 조국통일위원회 사무국장으로 이재오 위원장을 도와 대표단 연락, 차량 섭외 등 실무를 맡아 보고 있었다. 회담 당일 아침 판문점으로 가기 위해 전민련 사무실 앞에 세워놓은 전세버스 앞으로 대표단들이 모여들기 시작했다. 대부분 낯익은 재야 어른들이지만, 처

---

* 전 민주화운동기념사업회 사료관 전문위원

음 보는 곱게 생긴 여자 한 분이 계셨는데 그분이 바로 박순경 교수였다. 박 교수는 학교라도 출근하는 듯 단정한 차림이었다.

1987년 서울대생 박종철이 경찰의 물고문으로 사망한 사건을 은폐하려다 적발되면서 촉발된 전국적인 반정부 투쟁과 직선제 개헌 요구가 거세질 무렵, 연세대 이한열이 시위과정에서 최루탄에 맞아 사망하는 사건이 발생하였다. 6월 10일 민주헌법쟁취국민운동본부가 주도한 고문살인, 조작, 은폐 규탄 및 호헌 철폐 국민대회가 전국에서 들불처럼 일어났다. 그러나 1987년 10월 5년 단임제와 대통령 직선제를 내용으로 하는 국민투표로 치른 대통령 선거에서 노태우가 승리함으로써 군사정권 세력이 재집권하였다. 당시 노태우 정부 당국은 이 예비회담을 불허하기로 방침을 세우고 판문점을 향하는 대표단 버스를 고양군 벽제 검문소에서 막고 버스에 탄 대표단 전원을 파주경찰서로 연행했다. 우리 대표단 일행은 경찰서 조사실에 함께 수용되었는데 대표단 어른들은 워낙 이런 경험이 많은 분들인지라 붙들려온 사람들이 가지는 긴장감은 별로 느껴지지 않았다. 일행 중에 홍일점이었던 박순경 선생은 경찰서에 연행된 게 처음이셨겠지만 별로 당황한 모습이 아니었다. 가볍게 미소를 띤 채 일행분들과 조용히 이야기를 나누셨다. 당시 나는 '참 고운 분이시구나'라는 생각을 했다. 애초 구속할 생각은 없었던지 경찰은 조사하는 시늉만 내다가 오후 늦게 우리 모두를 석방했다.

박순경 선생은 당시 이화여대에서 20여 년 봉직하면서 조직신학자, 통일신학자로서 이름을 날리다가 88년도에 막 정년퇴직한 뒤였다. 그래서 학계에서의 명성과는 달리 통일운동 진영에는 잘 알려지지 않았다. 그런데 당시 평화연구소 소장으로 있던 조성우 씨가 이 사실을 알고 사람을 보내 평화연구소 고문으로 박순경 선생을 초청했고, 이후 통일운동 일선에 박 선생을 내세웠다. 범민족대회 예비회담 대표에 박순경 선생을 추천한 것도 조성우였다. 박순경 선생으로서는 대표단의 일원으로 파주경찰서에 연행되어 간 것으로 통일운동의 데뷔 무대를 치른 셈이었다. 박순경 선생은 이후에 전민련 통일위원회 위원으로서 범민족대회추진본부 공동본부장을 맡는 등 범민족대회 운동에 열심히 참여했다.

베를린에서 남·북·해외 동포 3자회담이 열리는 등 민간차원의 활발한 통일운동의 결실로 1991년 1월 범민련 남측본부 준비위원회가 결성되었다. 1월 23일 향린교회에서 통일 인사 60여 명이 참석하여 결성대회를 개최했다. 준비위원장에 문익환 목사, 부위원장에 계훈제, 윤영규, 박순경, 권종대, 김종식 등 5명을 선임하고 홍근수 목사 등 12명을 준비위원으로 임명했다. 이 회의 직후에 정부 당국은 이창복 집행위원장, 김희택 사무처장, 권형택 사무차장 등 실행 간부들을 전격 구속하고 범민련준비위를 이적단체로 규정하여 일체의 활동을 불법화하였다.

박순경 선생은 1차로 구속을 간신히 면했지만, 그해 8월 15일 서울에서 열기로 한 제2차 범민족대회에 부위원장 자격으로 참석할 의사를 굽히지 않음으로써 정부 당국의 구속 대상에 올랐다. 1990년대에 들어서서 박 교수는 미국, 일본 등지에서 해외 통일운동가들과 함께 북의 그리스도교련맹 대표들, 정치인들과 교류를 통해 통일 방안, 기독교와 주체사상 등을 토론하였다. 여기에 1991년 7월 일본 도쿄에서 있었던 "제2차 조국의 평화통일과 선교에 관한 기독자 도쿄회의"에서 주제 강연의 내용이 더해져 그해 8월 12일 국가보안법 위반으로 구속되었다. 북과의 단일 창구를 주장한 당시 한국기독교교회협의회(NCCK)는 1991년 7월의 도쿄회의를 반대하였는데 이미 '도쿄회의'의 주제 강연자로 결정된 박 선생은 이를 번복할 수 없어 회의에 참석하였다고 한다. 게다가 박 선생이 참석해 보니 '도쿄회의' 참가자들이 대체로 보수적인 국내·외의 기독교인들이었고 이들은 주체사상에 대한 박 선생의 언급만으로도 강연이 끝난 이후에 삼삼오오 모여 성토를 하였다고 한다. 바로 이러한 분위기를 감지한 정부의 요원들이 박 선생 구속에 한몫하였다고 한다.

노태우 정부는 주체사상에 관한 강연으로 박 선생을 자신 있게 구속하였으나 국내는 물론 해외로부터 거센 석방 운동이 전개되자 유례없이 신속한 재판을 거쳐 석방하였다. 즉, 박 선생은 1991년 8월 9일 구속되어 같은 해 11월 1일 첫 재판을 받고, 같은 해 11월 8일 2차 선고 공판에서 징역 3년 자격정지 3년 구형을 받았으나, 같은 해 11월 22일 3차 선고 공판에서 징역 1년 6개월, 자격정지 1년 6개월, 집행유예 2년을 선고받고 석방되었다. 당시 일흔 살에 가까운 노 신학자가 그것도 여성의 몸으로 자신의 신념을 굽히지 않고 감옥에 간 사건과 재판과정에서 보여준 박 선생의 통일에 관한 열정적인 모두 진술들과 응답들은 우리 사회에 잔잔한 파문을 일으켰다. 그리고 우리 사회에 통일운동의 대의를 널리 알리는데 기여했다.

박순경 선생이 석방되었던 그해 겨울 나는 수원교도소에서 징역을 살고 있었다. 박순경 선생이 구속되었다가 석방되었다는 소식을 듣고 얼마 지나지 않았을 때인데 박순경 선생이 전창일 선생과 함께 교도소로 면회를 오셨다. 밖의 소식을 전해주고 격려의 말씀도 해 주셨다. 사식과 영치금도 넣어 주셨다. 나도 박 선생님의 감옥살이에 대해 위로를 전했는데, 박 선생님은 전혀 아무렇지 않다고 고개를 흔드셨다. 예전에 여려 보이기만 하던 박 선생님 모습은 보이지 않았고, 한 사람의 투사로서 의연한 모습을 엿볼 수 있었다.

그 후로 통일운동을 매개로 박순경 선생님과 교분은 오랫동안 계속되었다. 당시 박 선생님은 안양 관양동 현대아파트에 사셨는데, 관악산을 면한 맨 뒤편 동이었던 것으로 기억한다. 나는 박 선생님 아파트 인근에 사는 통일운동 하는 조성범과 선생님 댁을 몇 차례 방문했던 기억이 있다. 한번은 조성범의 아버지 조용술 목사님이 시골에서 올라오셔서 모시고 간 적도 있었다. 조용술 목사님도 범민족대회로 옥고를 치렀으니 박 선생님과는 감옥 동지인 셈이었다. 박 선생님 아파트는 주인 성품처럼 정갈하고 잘 정돈되어 있었다. 방 한편에 선생님의 처녀 시절 사진 하나가 사진틀에 끼워져 놓여 있었는데, 풍성한 머리에 아름다운 처녀 때 사진 속 모습이 오랫동안 기억에 남았다.

2000년대 들어서 내가 잠시 운동권을 떠나 사업에 몰두하면서 한동안 박순경 선생과의 연락이 뜸해졌다. 그러다 내가 사업을 접고 민주화운동기념사업회에 들어가 사료관 실무를 맡게 되면서 박순경 선생을 자주 뵐 수 있는 기회가 생겼다. 민주화운동기념사업회 사료관은 2013년부터 3개년 계획으로 여성운동사 기록정리사업을 추진하면서 그 일환으로 여성 통일운동의 원로인 박순경 선생의 생애사 구술을 받기로 했다. 그 구술의 면담자로 내가 선정되었다.

구술은 2013년 6월부터 8월 초까지 서초구 방배동 래미안아파트 박 선생님 자택에서 이루어졌다. 구술을 위해 처음 자택을 방문하는 날, 박 선생님은 함께 사는 한신대 신학과 김애영 교수와 함께 문간에서 반갑게 나를 맞아 주셨는데, 90대 노인답지 않게 정정한 모습이어서 내심 놀라지 않을 수 없었다. 머리는 완전 백발이 되었고 몸이 좀 수척해 보이실 뿐 뚜렷한 음성이나 몸놀림은 예전 그대로인 것 같았다.

박순경 선생님의 생애사가 게재된 책을 든 필자

　　구술은 모두 5차례에 걸쳐 이루어졌는데 매번 선생님의 적극적인 구술 태도로 구술은 활기를 띠었다. 2시간 예정된 구술시간을 초과하기 일쑤였다. 겨우 입에 풀칠하던 생활 형편에 10살이 넘어 성냥공장을 다니며 야학에서 공부하던 이야기, 세브란스 고등간호학교 시절, 경성 제대 출신의 좌파 항일운동가인 두 오라버니를 둔 간호학교 절친 김옥선과 함께 몽양 여운형 선생 댁을 찾아갔던 이야기, 갑자기 몇 달 사이에 어머니, 아버지를 잃고 허무감과 병고에 쓰러졌을 때 병석에서 "하나님은 사랑이시다"라는 성경 구절에서 하나님의 실존을 깨닫고 신학 공부를 결심한 이야기 등 선생님의 내밀한 삶의 이야기가 쏟아져 나왔다. 신학 공부를 시작하고 칼 바르트에 심취했던 이야기, 미국에 유학하여 조직신학을 공부하고 조직신학에서 한국 최초의 여성 박사가 된 파란만장한 과정도 흥미로 왔다. 박순경 선생은 신학자인지라 신학적 주제가 나오면 그걸 설명하느라 많은 시간을 할애하기도 했다. 1972년 7.4 남북공동성명 발표를 듣고 민족통일 문제를 본격적으로 공부하겠다는 결심을 하고 바젤에서 칼 바르트 무덤을 찾아가 큰절을 올리고 작별을 고했다는 이야기도 박순경 선생의 신학적 전환을 극적으로 보여주는 재미있는 이야기였다. 그리고 박종철·이한열의 죽음으로 이루어진 6 월항쟁에서 받은 감동, 남북공동올림픽 개최를 외치며 명동성당 문화 관에서 투신한 조성만 열사의 죽음의 충격은 박순경 선생의 퇴임 후의 진로를 결정했다. 바로 험난한 통일운동가의 길이었던 것이다.

박순경 선생은 참 단아하고 고우셨다. 투쟁 현장에서조차 흥분하지 도 않고 차분하며 조리 있게 이야기하셨다. 그래서 사람들은 그 곱고 차분함 속에 숨어 있는 뜨거운 열정과 강인한 기백을 발견하고 놀라곤 했다. 내가 본 박순경 선생은 항상 꿈꾸는 소녀 같은 분이셨다. 제자 김애영 선생에 의하면 사람들이 나름 좋은 의미에서 당신을 소녀 같다 고 말하면 그리 달가워하지 않으신다는 것이다. 그 이유는 평소 당신이 혁명가로 불리기를 바라는데, 소녀라는 이미지가 지닌 미성숙의 단계 를 사람들이 생각하지 않고 당신을 소녀 같다고 한다니! 어쨌든 박 선생 님은 언제나 희망을 잃지 않고 미래를 이야기하시는 분이었다. 그러면 서도 하나님을 진정으로 깊이 사랑하시는 분, 늘 억압받고 소외된 사람 들 편에서 그들을 위로하고 그들을 위해 싸우시던 분이었다. 그 고운 모습과 낭랑한 음성이 새삼 그리워진다.

그 중의 제일은 사랑이라!

김애영*

선생님께서도 그렇고 나 역시 선생님이 투병 기간뿐 아니라 임종이 가까워질 때까지도 침상에 누운 상태로 그냥 지내실 줄 알았지, 세상을 떠나실 줄 몰랐다. 그러나 마침내 이별의 순간이 다가왔다. 두 번에 걸친 입원 생활을 끝내고 2020년 7월 25일부터 집에서 투병 생활을 하시다가 10월 24일 임종하셨다. 더 이상 버틸 힘이 없어진 선생님을 홀로 지키고 있다가 23일에 황현숙 교수에게 연락하여 아무래도 선생님께서 오늘을 넘기시기 힘들 것 같으니 집으로 와달라고 부탁하였다. 그날 밤 황 교수와 둘이서 번갈아 가며 선생님께서 숨을 쉬시는 것인지 알 수 없어 선생님을 들여다보고 얼굴 가까이 귀를 대고 숨소리를 살폈다. 밤새도록 전혀 미동도 없었던 선생님은 오전 7시에 왼쪽 눈에서 이슬 같은 작은 눈물 한 방울이 살짝 흘러내렸고 오전 9시에 조용히 숨을 거두셨다. 2014년에 710쪽에 달하는 『삼위일체 하나님과 시간 제I권 구약편』을 출판하신 선생님은 늘 당신에게 주어진 시간이 얼마 남지 않았다고 하

* 한신대학교 명예교수

면서 『삼위일체 하나님과 시간 제II권 신약편』 집필을 끝낼 수 있는 시간을 하나님께서 허락해 주시길 간절히 기도하며 몇 년째 집필에 매진하고 계셨다. 욕창 방지를 위해 자세를 변경시켜드리느라 오른쪽으로 돌려드리면 건너편 당신의 서재를 물끄러미 바라보시며 어서 일어나 신약편을 마무리하겠다는 의지를 굽히지 않았다. 손으로 쓰신 원고를 출판사에서 편집하여 보내오면 당신이 직접 교정하고, 마지막으로 내가 교정한 후 그렇게 출판될 때까지 소요되는 시간을 2022년으로 정하셨다. 그때까지 당신을 돌봐주면 된다고 하시면서 출판을 완료하고 나면 스스로 곡기를 끊고 세상을 하직하겠다고 말씀하셨다. 2020년 2월부터 집에서 몇 차례 뒤로 넘어지면 나 혼자 감당할 수 없어 아파트 관리 요원들을 불러 선생님을 일으켜 드렸다. 워낙 선생님께서 평소에 건강관리도 철저하게 하시고 성인병도 없으셔서 그저 연로하신 분이니 방심하여 넘어진 것이라 여겼지만 그렇게 세상을 등지게 될 줄 몰랐다.

지금 생각해 보니 점차 근력이 약해지고 게다가 식사도 잘 드시던 분이 점차 식사량도 줄고 음식 섭취에 어려움이 생긴 것 자체가 이별의 전조였는데 그것을 제대로 알아채지 못한 것이 내 최대의 불찰이었다. 7월 9일 두 번째 입원하기 전부터 당신이 스스로 화장실 출입을 하지 못하게 되고 내가 간호할 때면 가끔 나에게 "지금은 네가 나를 돌보느라 힘들어도 내가 떠나고 나면 네가 엄청 허전할거다"라고 말씀하셨다. 그러나 그 당시에 나는 그 의미를 전혀 실감하지 못하였다. 장례를 마치고 나는 현재 선생님께서 지내시던 안방으로 거처를 옮겨 혼자 생활하고 있다. 투병 기간 선생님은 내가 당신 곁을 잠시라도 비우는 것을 싫어하셔서 나는 거의 침상 옆 의자나 또 하나의 침대에서 함께 생활하였다. 그렇게 선생님께서 침상에서 그냥 숨만 쉬고라도 살아 계실 때와 비교

해 보면 홀로 있게 되었을 때 내가 느끼는 지금의 적막감과 철저한 단절감은 이루 말할 수 없어 왜 나를 홀로 두고 가셨냐는 원망도 한다.

침상에 누워 몇 달을 지내는 무료한 투병 기간에 늘 그래왔듯이 우리는 함께 많은 이야기를 나누며 찬송가와 여러 장르의 음악을 듣곤 했다. 두 번째 퇴원하여 집에 계실 때 나는 대학병원에서 운영하는, 한 달에 한 번 방문해 주는 간호사만으로는 부족하여 별도의 방문간호사가 일주일에 2~3회씩 방문하도록 했다. 서초구 일대의 환자들을 돌보는 그 방문간호사에 의하면 노환으로 힘든 투병 생활을 하는 환자들 가운데 자식들 앞에서도 평소의 모습을 유지하려는 까탈스러운 분들이 있다고 하면서 선생님께서 어찌 이렇게 고우시고 조용하시냐며 정말 존경할만한 분이라고 늘 이야기하였다.

기력이 떨어지는 선생님께서 힘들게 하시면 어쩌나 싶은 걱정과 염려가 있었으나 전적으로 모든 것을 나에게 맡기시고 당신 특유의 상념에 잠긴 깊은 눈빛과 표정으로 내가 이렇게 누워 앓고 있어도 행복하다고, 감사하다고 여러 차례 말씀하셨다. 그럴 때마다 나의 눈을 응시하시며 내가 떠나고 나면 너는 어찌 살까 생각하면 마음 아프다, 너를 위해 늘 기도한다, 너를 눈에 가득히 담아 가지고 간다고 하시곤 하셨다.

선생님과 함께했던 시간과 나날들을 다시금 떠올리자니 선생님에 대한 추모의 이 글을 쓰다 중단하기를 여러 번, 장례를 마치고 선생님과 함께 오랫동안 함께 살던 집으로 홀로 돌아와 적막감 속에서 나는 고아처럼 선생님을 그리워하며 애달파 했는데 어느 날 문득 고아가 아니라 독거노인이 되어 있는 나를 발견하였다. 만약 100세를 바라보는 망백望百의 선생님을 홀로 놔두고 내가 먼저 이 세상을 등지는 일이 발생했다면 얼마나 끔찍한 일인가! 이래서 부모보다 앞서 세상을 등진 자식들은 불효구나 하는 생각이 들었다.

투병 생활하기 몇 년 전부터 선생님께서는 내가 늦게 귀가할 경우 당신 혼자 있을 때 무슨 일이 생기면 어떻게 하냐고 입버릇처럼 말씀하셨는데, 지금 돌이켜 보니 선생님은 이미 그 어떤 불안감에 시달리고 있었던 것 같다. 특히 날이 어두워지기 시작하는데 내가 당신 눈앞에 없으면 교통사고라도 난 것이 아닐까 하는 조바심에 시달린다고 하시면서 엄청난 전화를 하며 나의 귀가를 지나치게 재촉하셨다. 내가 2018년 2월에 한신대에서 정년 퇴임한 이후 지인들의 초청과 해외 항일독립운동유적지 탐방 때문에 일본, 중국, 베트남, 사이판, 카자흐스탄, 우즈베키스탄, 캐나다 등지를 다녀오게 되었을 때, 선생님께서는 혼자 생활하게 된 불편과 불안을 꾹 참고 나의 해외여행을 지지하고 기뻐해 주셨다. 이제 나는 연로하신 부모님을 모시고 있는 후배들과 지인들에게 연로하신 분들이 혼자 있게 될 때 엄습해 오는 불안감이 엄청난 것이니 홀로 계시게 해서는 안 된다고 누누이 이야기해 준다.

사람들은 나에게 어떻게 그리도 지극 정성으로 선생님을 섬기고 돌보았느냐고 말하지만 2020년 2월부터 시작된 투병 생활 끝에 2020년 10월 24일 운명하시기까지 그 몇 달에 걸친 투병과 간병 기간의 일을 어느 누가 제대로 알겠는가! 내가 집에서 선생님 곁을 지키느라 꼼짝 못 할 때, 나는 선생님의 투병 소식을 듣고 걱정하고 염려해 주는 분들에게 카톡으로 하루하루 우리의 소식을 전하는 것으로 일종의 스트레스를 풀곤 했다. 그럴 때조차 선생님께서 돌아가시리라는 생각보다는 그냥 그 모든 것들을 일상적인 삶으로 생각하고 마치 일기 쓰듯이 카톡으로 선생님과 노래하는 사진도 보내고 이야기한 것들도 써 보냈다.

몇 차례 입원과 병원 출입을 할 때마다 나의 차로 모시고 다닐 수 없는 상황이 되어 사설 앰뷸런스를 이용했다. 그때만 해도 선생님과 나는 치료받으면 어느 정도 회복되리라 여겼기에 선생님은 나에게 고맙다, 너 아니었으면 내가 어쩔 뻔했느냐고 하시면서 힘든 투병 생활 중에도 비교적 밝은 모습으로 지내셨다. 선생님께서는 꽤 오래전 약간의 허혈성 뇌졸중 증세로 입원했었고 늘 몇 달에 한 번씩 신경과 정기검진을 받아 온 것 이외에 어떤 성인병도 없었다. 게다가 선생님은 우리의 통일을 위한 그리고 그때그때의 사회적 이슈들과 인물들을 놓고 매일 약 30분씩 간절한 새벽 기도를 하실 때 잡다한 생각으로 기도가 방해받지 않도록 약간의 정형화된 기도의 틀을 만들어 열심히 기도하신다고 하시며 나에게 몇 차례 기도의 내용을 읊어주셨다. 그럴 때면 나는 집안일과 당신 돌보느라 분주한 나를 붙들고 늘 당신 생각을 나의 귀에 쑤셔 넣으려 하지 마시라고 하며 제대로 듣지 않았다.

돌이켜 생각해 보니 바로 이게 불효인 것을 그때는 몰랐다. 새벽기도를 할 때마다 나를 위한 기도를 빼놓지 않는다고 하신 선생님! 선생님께서 떠나시고, 선생님이 계시던 안방에서 자고 아침에 눈을 뜰 때마다 한동안 나는 눈을 뜨고 싶지 않으며 오늘은 또 어떻게 하지? 하는 허전한 마음에 오랫동안 꼼짝하지 않고 가만히 누워 선생님을 생각한다. 꿈에서 선생님을 만나면 선생님 모습은 60, 70대의 비교적 건강하고 일상적인 모습으로 등장하시는데, 나와 이야기도 나누고 평소처럼 아파트 단지에서 운동하고 집에 들어오시는 모습으로 혹은 다른 사람들과 함께 계시다가 어느 틈에 사라지는 그런 모습이었다.

어느 때는 연속해서 5일 동안 선생님 꿈을 꾸었다. 그럴 때마다 나는 아침에 깨어나 꿈꾼 것을 기억하지 못할 것 같아 한밤에도 반드시 스마트폰에 꿈 내용을 써서 저장해 둔다. 늘 나의 꿈 이야기 들으시고 너는 어찌 그리도 영롱한 꿈을 잘 꾸느냐고 신기해하시고 재미있어하시던 선생님은 늘 나에게 오늘은 무슨 꿈을 꾸었니? 좋은 꿈 좀 꾸어 봐라고 하셨다. 그래도 꿈속에서라도 나를 찾아와 주시는 선생님이 고마운데 혹시 나에게 전하고 싶은 것이 있으신 것인지 궁금하다. 특히 인류 역사와 온 우주에 비상한 관심을 가졌던 선생님께서 하나님 품에 안기게 되면 역사의 인물들을 만나보고 그들과 함께 시공간을 넘나들며 우주여행을 하고 싶다는 소원을 이루고, 그토록 사랑하시던 이 땅을 내려다보시며 우리를 위한 축복을 기원해 주시는지 엄청 궁금하다.

부지런하시고 규칙적인 생활을 하신 선생님께서는 거의 하루도 거르지 않고 매일 아침 침대에서 약 1시간 30분 정도 스트레칭과 맨손체조를 하시고 거실로 나와 하루를 시작하셨다. 저녁에도 주무시기 전 침대에서 약 1시간 30분 정도 아침과 동일한 운동을 하시며 자기 관리를 철저히 하셨기에 2022년에는 당신의 책 출판이 가능하리라고 생각하셨다. 책을 읽고 글을 쓰려면 눈이 침침하고 허리가 아프고 오후가 되면 종아리가 붓고 아픔을 호소하셨다.

나는 어찌 그리도 당신의 수명 단축을 재촉하시냐고, 몇 년에 걸쳐 힘겹게 써놓는다고 해도 누가 당신의 그 어려운 글을 읽느냐고, 그렇게 힘든 책 쓰시지 말고 『나의 사랑, 나의 놈팡이』 이런 책을 쓰시면 베스트셀러가 된다고 잔소리하면서 이제 쉬시라고 말씀드리곤 하였다. 그러면 선생님께서는 신학 전반에 대한 관심이 거의 사라진 오늘의 현실에도 불구하고 성서에서 증언된 하나님 나라 혁명의 차원에 대한 당신의 탐구가 세상에 들려질 수 있는 수단으로서의 출판임을 누누이 말씀하셨다.

노구를 일으켜 세워 힘든 집필에 매달리는 선생님에게 휴식을 취하시라고 권하면, 선생님께서는 "사탄아 물러가라!" 하는 듯한 태도로 나를 대하시곤 했다. 안양 관양동에 사실 때 선생님께서는 눈이 오나 비가 오나 새벽부터 아파트 뒤편 관악산을 다니셨다. 관악산에서 넘어져 부상도 여러 차례 당하기도 하였기 때문에 나는 일기가 불순하면 하루 빠지면 세상이 무너지냐고 만류하기도 하였다. 그러나 선생님은 힘겨운 등산을 통한 당신의 운동 의지가 약화될 것을 염려하여 나에게 "사탄아 물러가라!" 하시며 새벽 등산을 중단하지 않았다.

인생을 정리할 때가 되면 더 이상 나에게 짐이 되지 않기 위해 곡기를 끊겠다고 말씀하셨다. 그럴 때마다 나는 선생님께 곡기를 끊을 의지를 실행하려면 정신이 맑아야 하니까 모든 것을 하나님께 맡겨야 한다고 하였다. 병상에 누워 계신 어느 날, 선생님에게 책은 어디까지 쓰셨냐고 물으니 거의 다 썼으나 마지막 부분은 초고에 해당하는데, 그 부분을 다시 읽고 재정리하지 못하였다고 말씀하셨다. 당시에 나는 선생님을 돌봐드리는 일이 더 우선적이었기에 그 정도 써놓으셨다면 내가 마무리 지을 수도 있다고 생각하였다. 그러나 장례식을 마치고 꽤 지난 어느 날 나는 컴퓨터 작업을 해 둔 선생님의 원고를 들춰보다가 깜짝 놀랐다. 『삼위일체 하나님과 시간 제I권 구약편』의 경우 선생님께서 볼펜으로 쓴 어마어마한 분량의 노트들, 이면지에 쓴 초고, 컴퓨터 작업하여 출력한 원고들, 수차례에 걸쳐 선생님께서 직접 교정한 원고, 출판사가 작업한 원고의 교정본들은 모두 잘 보관되어 있었다.

이제 거의 마무리 단계까지 쓰셨다고 말씀하셨기에 나는 제II권의 출판을 그리 어렵게 생각하지 않았다. 그러나 웬일인지 제II권을 위한 노트들이 보이지 않았으며, 컴퓨터 작업으로 출력해 놓은 원고에도 각주 없이 서술되었다. 나는 선생님께서 투병 중이었을 때 원고에 대한 대화를 제대로 나누지 못하였다. 병상에 누워 계신 선생님께서 하루는 손가락으로 당신의 복부에 뭔가를 쓰는 듯하여 이유를 물으니 내가 지금 쓰고 있는 것을 받아 쓰라고 하시기까지 말씀하였다. 선생님 생전에 내가 미리 원고를 검토했더라면 왜 그렇게 쓰셨느냐고, 연구한 노트들은 도대체 어떻게 하셨느냐 물어보지 않았던 것이 너무도 후회되고 안타깝다. 혹시 내가 선생님 서재를 1차로 정리할 때 찾지 못하였거나 아니면 잘못해서 버린 것은 아닐까 하여 수없이 서재를 뒤져봤으나 허사였다. 너무 답답하여 어느 때는 선생님의 사진을 바라보며 왜 그렇게 쓰셨는지, 연구 노트와 이면지에 쓰신 초고를 어디에 두셨는지를 수차례 물어보기도 하였으며, 몇 차례 나의 꿈에 나타나신 선생님과 원고에 관한 대화를 나누지 못하는 것이 안타깝다.

투병 중에도 선생님은 반드시 병을 털고 일어나 건너편 당신의 서재에서 마지막을 손질하여 출판한 후 세상을 하직할 기회를 달라고 애타게 기도했던 모습이 지금도 눈에 선하다. 그날이 언제가 될지 모르나 되도록 빠른 시일에 어떤 형식으로라도 저 책을 출판하여 선생님 묘소에 가지고 가서 전해드릴 생각이다.

『삼위일체 하나님과 시간 제I권 구약편』 출판을 앞두고 선생님과 나는 출판기념회 문제로 이야기를 나누게 되었다. 나는 다음과 같은 이유를 들어 반대하였다. 선생님께서 이대 기독교학과의 교수직을 수행하실 때 환갑을 맞이하게 되자 동창들이 성대한 잔치를 베풀어주었고, 정년 퇴임식 때도 캠퍼스 밖에서는 학생들의 시위로 최루탄 냄새가 진동하는 가운데 모두 눈물 콧물을 흘리고 콜록거리며, 동료 교수님, 동문, 재학생들뿐 아니라 정의숙 총장님을 비롯하여 타 학과 교수들과 수많은 외빈이 참석해 주셨으며, 선생님께서 1991년 8월 초에 구속되었다가 같은 해 11월에 석방된 후에도 서울 명동 YWCA 대강당에서 어마어마한 분들을 모시고 1992년 9월에 한울사에서 출판한『통일신학의 고통과 승리』,『통일신학의 여정』두 권의 출판기념회도 열었고, 선생님 팔순을 맞이하여 시청 앞 프레지던트 호텔에서 원초原草(본디풀) 박순경 박사 팔순 기념문집,『과거를 되살려내는 사람들과 더불어』(서울:사계절, 2003) 출판기념회도 성황리에 치렀는데, 또 사람들을 불러 출판회를 여는 것은 민폐라고 주장하며 이번에는 조용히 지나가자고 하였다. 그러나 선생님께서는 내가 90을 맞이하여 구순 잔치는 하지 않더라도『삼위일체 하나님과 시간 제I권 구약편』출판기념회는 열어야 한다고 강력하게 말씀하셨다. 선생님의 간절한 소망을 져버릴 수 없어서 나는 온갖 민폐를 끼치며 2014년 11월 3일 이대 ECC 이상봉 홀에서 약 200명이 넘는 분들을 모시고 성대한 출판기념회를 열어드렸고 선생님께서는 정말 기뻐하셨다.

하루는 선생님께서『삼위일체 하나님과 시간 제II권 신약편』의 출판기념회 이야기를 꺼내시면서 이번에는 당신이 참석하기 힘들다고 하시며 출판기념회를 열되 도경道璟 그대가 혼자 가서 출판기념회를 하시오! 라고 하셨다. 나는 어떻게 저자가 참석하지 않는 출판기념회를 여느냐고 하면서, 그냥 참석해서 앉아 계시기라도 해야 한다고 말씀드렸다. 100세를 바라보는 연세에 이르니 그럴 정도로 힘겨운 상태를 선생님께서는 이미 감지하고 계셨다.『삼위일체 하나님과 시간 제I권 구약편』의 출판기념회를 열어드리지 않았더라면 선생님께서 얼마나 나를 두고두고 원망하셨을까 하는 생각을 하니 지금도 아찔하다. 기독교학과 동창들, 제자들, 기독교학과 교수들, 사회 각계각층의 인사들과 지인들이 참석해 주셔서 선생님의 제1권 출판기념회를 성황리에 개최

할 수 있었고 선생님께서 크게 기뻐해 주셨으니, 이 기회에 나는 다시 한번 모든 분께 허리 굽혀 깊이 감사드린다.

1971년 이대 기독교학과에 입학하여 수원 원천 유원지 근처에 있는 아카데미하우스 새벽의 집(?)에서 개최된 신입생 오리엔테이션에 참석하게 되었다. 첫날 오후부터 시작된 일정을 마치고 나는 다음 날 아침 일찍 일어나 동기들 몇 명과 산책을 나갔다. 혼자 나오신 선생님께서는 우리를 보시고 반가워하시며 다정하게 이야기를 걸어 오셨다. 대학 1, 2학년 때의 교양과목이 어찌나 시시하고 재미없었는지 이게 대학이라면 앞으로 대학 생활은 얼마나 따분하고 무익할까 생각하며 나는 늘 강의를 빼먹었다.

지금처럼 어마어마한 건물이 빼곡하게 들어찬 이대 캠퍼스가 아니라 당시의 학교 교정은 숲이 울창하고 운치 있어서 캠퍼스 숲속에 혼자 누워 있거나 학교 앞 커피숍에서 음악을 듣곤 했다. 우리 학과 교수님들의 연구실이 대강당 안에 있었기에 나는 선생님이 지나가는 길목인 대강당 돌계단에서 앉아 선생님을 기다렸다. 지나가시던 선생님께서 여자는 차가운데 앉아 있으면 안 된다고 하시며 내 방에 가서 앉아 있으라 했지만 부끄러운 나는 그냥 선생님과 마주치는 것만으로 만족하였다. 하루는 이화교 다리를 건너 퇴근하시는 선생님에게 질문이 있다고 하며 소위 작업을 걸었더니, 잠깐 생각하시다가 학교 앞 유명 떡집에 데리고 가서 나의 질문에 대해 종이 몇 장을 꺼내 열심히 불교와 기독교에 관한 설명을 해주셨다. 그 종이를 나는 오랫동안 간직하고 있었다.

그러다가 지금의 한신대 전신인 한국신학대학교 석사과정 중일 때 선생님께서 타과 교수님들과 내설악 등반을 마치고 내려올 때 다리 골절상을 입어 이대 병원에서 수술하게 되었다. 선생님께서는 내일 수술을 앞두고 있는데 와 줄 수 있냐고 전화를 하셨기에 나는 달려가 간호를 하게 되었고 퇴원 후에 정릉 선생님 아파트에서 몇 개월을 지내게 되었다. 틈만 나면 선생님 서재에 들어가 여러 분야의 수많은 책을 구경하는 재미에 푹 빠졌던 기억이 새롭다. 책 제목들을 훑어보기 시작하여 점차 목차들을 구경하면서 나는 언제쯤 저런 책들을 읽을 것인가를 생각했던 시절들이 오늘의 나를 있게 한 것 중 하나로 작용하였다.

선생님 댁에서 몇 달을 함께 지내게 되었을 때 선생님과 나는 밤낮으로 많은 이야기를 나누었는데, 어느 날은 갑자기 선생님께서 오늘 학생 누구에게 연락한다고 해놓고 이야기하느라 잊고 있었다고 하면서 전화를 거셨는데, 그때가 밤 두 시가 넘은 시간이었다. 학생의 어머니가 전화를 받았는데 어쨌든 침착하게 그 학생이 지금 공부 중이라고 하면서 전화를 바꾸어 주었던 적이 있었다. 다리 깁스를 하고 학교를 나가지도 못한 선생님과 나는 그런 실수를 할 정도로 어찌나 이야기를 많이 하였는지…. 정말 까마득한 세월이 지난 이야기이다.

대학 3학년 때부터 전공 수업을 듣기 시작하였다. 나는 우리 학과의 주요 과목을 강의하시는 선생님 강의를 들으면서, 뭔지 모르지만 열정적으로 강의하는 선생님 모습에 저런 공부라면 한번 해볼 만하다고 생각하며 신학의 길로 접어들게 되었다. 나의 3~4년 선배들이 서서히 대학원 진학을 하기 시작했고 당시 선생님의 인기는 우리 학과에서 최고라고 할 정도였다. 나는 선생님의 지도를 받고자 했던 선배들 틈 속에서 눈에 띄지도 못하는 편이었다.

기독교 학과를 1975년 2월에 졸업하고 대학원 진학을 미루고 그해 5월부터 정의숙 교수님의 도움으로 이대 기숙사 사감으로 일하기 시작하였다. 선생님께서는 내가 학부를 졸업하기 전에 이미 스위스와 독일에서의 연구년을 위한 준비를 하고 계셨기에 이대 대학원 진학을 한다 해도 선생님의 지도를 받을 수 없었다. 선생님께서 유럽으로 출발하기 전에 만나서 나는 일단 신학교를 거치고 싶다고 말씀드렸더니 한신대를 추천해 주셨다. 거기 가서 목회자 될 사람을 만나라는 생각에 나에게 한신을 추천하셨다고 한다.

당시 나는 개신교 교단 구분도 모를 정도였는데 어떻게 신학교를 거치고 싶다는 생각을 했는지 지금 생각해도 신비할 따름이다. 어쨌든 나는 약 1년 8개월쯤 이대 기숙사 사감으로 일하다가 한신대 대학원 석사과정에 입학하여 수유리에 있는 대학원에서 강의를 마치고 귀가하는 중간에 이대에 들러 선생님을 만나보곤 하였는데 그때마다 선생님 방에서 후배들이 모여 공부하는 모습을 보고 나도 다시 이대로 가서 선생님께 배울 계획을 세웠다. 마침내 이대 박사과정에 입학하여 선생님의 지도로 1990년 칼 바르트에 관한 박사학위 논문을 쓰고 학위를 취득하였다. 학위논문을 쓸 때 나는 수원에 있는 작은 아파트에서 지내고 있었는데, 마침 선생님의 석사과정 학생이 나의 아파트에 놀러 왔다가 본인의 논문을 쓸 동안 나의 아파트에서 지내고 싶다고 하였다. 그 후배는 논문을 마친 후에도 자기 집으로 가지 않고 나와 함께 지내게 되었다. 우리가 선생님 댁을 방문하면 선생님께서는 처음에는 반가워하시다가 어느 정도 시간이 지나면 너희들은 왜 집에 갈 생각을 하지 않느냐는 듯한 표정이 보였다. 우리는 엄청 섭섭한 마음에 "저거 봐 선생님은 결코 누구와 함께 살 수가 없어!"라고 중얼거리면서 선생님 댁을 나오곤 하였다.

1988년에 이대를 정년 퇴임하신 선생님은 다음 학기부터 대전 목원대 신학대학원 초빙교수로 일하게 되어 무궁화 열차를 타고 안양에서 대전을 다니셨다. 나중에 알고 보니 선생님은 1942년에 입학 연세대 간호대학 전신인 세브란스 고등간호학교 시절부터 항일독립운동가들에 대한 큰 관심과 존경을, 피압박 식민시대의 고난과 이로부터의 해방에 대한 열망을 품고 계셨다. 특히 선생님은 해방공간에서 벌어진 극심한 이념대결·민족분단과 이를 극복하기 위한 통일 문제에 대한 지대한 관심을 품은 채 신학 공부와 교수 생활에 몰두하다가 1972년 7.4 공동선언이 발표되자 오랫동안 묻어 두었던 분단과 통일이라는 민족 문제를 더 이상 미룰 수 없다는 결심을 하게 되었다고 한다. 한번 하고자 결심하면 끝장을 보고야 마는 선생님은 신학을 비롯하여 수십 년 동안에 걸친 서양 학문 연마를 통해 얻은 귀중한 결실에도 불구하고 서양 이론들과 학문이 우리의 문제까지 해결해 줄 수 없다는 점에서 그리고 이 땅의 현실 문제를 외면할 경우 그것이 아무리 심오하다고 해도 허공을 울리는 꽹과리에 불과한 신학이 될 수밖에 없기 때문에 우리가 영위하고 있는 이 땅의 당면문제를 다루기 위한 한국신학으로 전환을 감행하였다. 이러한 결심을 실천하기에 앞서서 학문적 점검과 세계 동향을 모색하기 위해 선생님은 1년 반에 걸친 연구년을 지내고 귀국하여 오랫동안 품어왔던 민족 문제에 대한 발언을 하기 시작하였음을 당신의 삶과 신학에 관한 여러 글과 인터뷰들에서 밝혀왔다.

이때부터 선생님께서는 그동안 침묵해오던 민족모순과 이를 극복하기 위한 통일 문제에 대한 발언을 하기 시작하셨으나 당시 한국 기독교계와 신학계에서 선생님과 함께 뜻을 펼칠 수 있는 동지들을 만나지 못하여 답답해하셨던 것 같다. 분단상황에 의해 오랫동안 맥이 끊겼던 남한의 통일운동의 불씨가 다시 불붙기 시작할 때 선생님은 극적으로 통일운동 단체와 결합하게 됨으로써 본격적으로 통일운동에 투신하게 되었다.

이 과정에서 선생님이 1991년 8월 초에 보안법 위반으로 구속되자, 나는 한국여신학자협의회를 비롯한 여러 단체와 각계, 각층에 인사들의 도움을 받아 선생님의 석방 운동을 위해 백방으로 뛰어다녔다. 1991년 11월 1일 첫 재판이 열린 후 11월 8일 2차 공판에서 징역 3년 자격정지 3년 구형을 받으신 선생님은 11월 22일 3차 공판에서 징역 1년 6개월, 자격정지 1년 6개월, 집행유예 2년을 받고 마침내 석방되었다. 이 모든 과정에 대한 기록이 바로 1992년에 『통일신학의 고통과 승리』라는 책으로 출판되었다.

선생님께서는 1970년대 말부터 6차례나 다리와 팔에 골절상을 입었고 2004년에 척추 수술, 2014년에 척추압박골절상, 2015년 한여름에 대상포진에 걸려 약 한 달간 통증 전문병원에서 입원 치료를 받는 등 많은 고생을 하셨다. 게다가 선생님께서는 꽤 오래전 허혈성 뇌졸중 문제로 입원 치료 이후 정기적으로 신경과 검진을 받으셨다. 신경과 검진 때마다 선생님께서는 짧은 진찰 시간에도 의사에게 당신이 글을 다 마칠 때까지 건강을 유지해야 한다는 당위성에 대해 늘 말씀하셨다. 이런 분이 2020년 2월부터 상태가 나빠지기 시작하였는데, 특히 7월에 두 번째 입원하여 어느 정도 치료를 마치고 퇴원한 후 집에서 몇 달간의 투병 생활을 하신 선생님은 다시 일어서지 못하고 말았다.

선생님께서 1991년 8월에 구속되자 나는 가족 없이 생활해 오신 선생님을 돕기 위해 선생님 아파트로 급히 이사하여 석방 운동을 전개했으며, 선생님께서 석방된 후 2020년 10월에 돌아가시기 전까지 함께 살았다. 오랜 세월에 걸친 그 모든 추억을 전부 쓸 수 없으니 이제 나는 지난 몇 달에 걸친 투병 기간에 일어난 몇 가지 일화들을 서술하고 이 글을 마치려고 한다.

병상에 누워 계신 선생님은 점차 스스로 몸을 가눌 힘도 없어서 천장을 바라보고 반듯하게 누워 눈을 감고 조용히 생각에 잠겨 계시거나 주무셨다 깨었다 하시며 나와 이러저러한 이야기를 나누기도 하고 음악을 듣거나 나의 노래를 간간이 따라 부르시기도 하였다. 하루는 내가 선생님이 이번 책을 다 쓰고 나면 나에 대해 증언처럼 남길 글을 쓰신다고 약속하셨는데 이렇게 누워 계시면 어떻게 하냐고 물었다. 선생님께서는 그 약속을 지키지 못하게 되었다고 하셔서 나는 그렇게 떼어먹고 저세상으로 가면 안 되지요! 하니까 이제 어쩔 수 없다고 말씀하셨다.

또 하루는 당신이 도경이와 인류에게 배분해 줄 비율을 3:7로 생각한 것을 수정해서 5:5로 나누어 주시겠다는 계획을 말씀하셔서, 그렇게 해서 나에게 물려주신다는 게 얼마냐고 물으니 미화 148불이라고 자신 있게 말씀하셨다. 아이쿠! 150만 불도 아니고 어찌 나에게 미화 148불만 남겨줄 생각을 하시냐는 내 말은 아랑곳하지 않고 선생님은 나와 인류의 배분이 5:5라고, 그렇게 나의 비중을 높였다는 사실에 꽂혀 있었다. 나와 온 인류를 동일한 비중으로 여기신 선생님의 사랑을 어찌 잊으리오!

노인이 되면 수면의 질이 나빠져 밤과 낮이 뒤바뀌는 일로 고통을 겪는 것 같다. 선생님께서도 돌아가시기 몇 년 전부터 이런 일로 힘들어하셨다. 2월 이후 선생님께서 보행기에 의지해서라도 거실과 안방, 화장실을 다니실 때 나는 종일 선생님을 침대에서 일으키고 눕히고 의복을 입히고 벗기고 거실 소파와 식탁에 앉히고 일으키는 일을 수없이 반복하였다. 그러나 7월 이후부터 보행기와 나에게 의지해서라도 생활하던 일이 불가능해져 선생님의 일반 침대를 임대해 온 전동 침대로 교체할 수밖에 없었다.

당신의 침대보다 비좁은 침상에 누워 생활하던 어느 날 당신을 침대에서 일으켜 서재로 데려다 달라고 하신 적이 있었는데 그 부탁을 들어드리지 못하였다. 새벽이든, 아침이든 깨신 기척이 들리면 나는 우선 선생님에게 굿모닝 인사를 하면서 선생님의 컨디션을 살피고 아~애~우~에~오~를 내가 큰 소리로 선창하면 나를 따라 소리를 내시게 하며 함께 아침을 여는 것을 좋아하셨지만, 점차 소리를 내지 못하게 되었다. 아애우에오 발성을 통해 의식을 깨우고 나면, 결벽증을 지녔다고 할 정도로 씻고 닦는 것을 좋아하는 선생님이기에 머리도 감겨드리고, 얼굴부터 발끝까지 물수건으로 온몸을 씻겨드리고 로션을 발라 드리면 개운해서 좋다고 하셨다.

우리는 이러저러한 음악을 듣기도 하고 따라 부르기도 하면서 시간을 보냈는데 하루는 믿음과 소망과 사랑 중에 그중에 제일은 사랑이라는 복음성가를 듣게 되었고 우리는 그중에 제일은 사랑이라는 말이 맞다는 결론에 이르렀다. 사랑이 없다면 결코 견딜 수 없었던, 선생님과 함께했던 소중한 시간이 훌쩍 지나갔다.

조용히 계시던 선생님께서 어느 날 저녁 무렵 갑자기 턱을 떨면서 울음을 터뜨리시기 시작하여 나는 선생님의 감정이 폭발하고 기운 떨어지면 안 된다고 말씀드리며 진정시키려고 애썼다. 코로나 사태로 홀로 살던 50대 남자가 언제 사망했는지도 모른 채 지내다가 한 달 만에 주검으로 발견되었다는 뉴스와 미국을 비롯하여 전 세계적으로 코로나에 걸려 사망한 사람들이 가족들도 만나지 못하고 마구잡이로 화장을 당하는 사태가 벌어지고 있다는 뉴스를 전해드리면서 선생님께서 이렇게 우시면 안 된다고 하니까 알았다고 하시면서 울음을 딱 멈추셨다.

하루는 아침 일과가 끝날 즈음 내가 침상 가까이 앉으려고 의자를 끌어당기는 순간 늘 기운을 아끼기 위해 평정심을 잘 유지하고 계시던 선생님께서 갑자기 큰 소리로 "애영아 내 생명 끝나!"라고 외치셨다. 그 순간 나는 선생님을 어떻게 위로해 드릴 말이 떠오르지 않았는데 선생님은 그 이상 말씀이 없으셨고, 그 이후로도 그런 이야기를 꺼내지 않으셨기에 내 마음은 더 아프다. 선생님께서 마음 놓고 크게 울지도 못하도록 내가 방해한 것이 아닌가 하는 생각을 비롯하여 별별 생각이 든다.

1944년 말에서 1945년 봄에 어머니와 아버지를 모두 여의신 선생님께서는 부모님에 대한 속죄할 수 없는 죄책감과 슬픔과 허무감 때문에 밤마다 울었으며, 1956년부터의 미국 유학 시절에도 거의 밤마다 근 14년을 울었다는 이야기를 당신의 회고록에 써놓으셨다. 젊은 시절 당신이 공부할 때 가장 많은 도움을 준 둘째 오라버니와 함께 강원도 횡성 종가댁 선산 한 귀퉁이에 모신 부모님 산소에 성묘를 다니신 선생님께서는 오라버니 사후에 부모님 묘소관리 문제로 고심을 하셨다.

이런 이유로 나는 2006년에 선생님의 부모님 산소를 정리하여 천안 공원묘원으로 이장해 드리고 선생님을 모시고 성묘를 다녔다. 둘째 오라버니 부부도 부모님이 모셔진 석관묘에 함께 모시게 되어 선생님께서는 무척 안도하시고 좋아하셨다. 점차 선생님의 기력이 떨어지게 되어 나는 더 이상 미룰 수 없어 결단을 내리고 선생님의 둘째 오라버니의 손자에게 연락하여 부모님과 오라버니 부부가 모셔진 곳 가까이에 선생님의 자리를 계약하도록 연락을 취하여 모든 것이 결정된 후 선생님께 묘소 자리를 스마트폰 사진으로 보여 드렸더니 기뻐하셨다(부모님은 무학지구 봉황 18단 12호이며 선생님은 봉황 18단 26호).

부모님 묘소를 천안공원묘원에 이장하고 난 후, 나는 선생님께 나중에 선생님도 부모님과 오라버니 부부가 계신 곳에 모시면 되느냐고 여쭤봤더니 아니라고 하시면서 "나는 너하고 따로!"라고 답변하셔서, 내가 선생님과 함께 묻힐지 어쩔지는 내 맘이라고 답변하니 마구 웃으셨다. 그런데 선생님 묘소 계약 단계에서 한가지 알게 된 것은 화장하여 유골함의 형태이든 아니면 생매장 형태이든 법적으로 친족 관계가 아니면 함께 묻힐 수 없다는 규정이 있다는 사실이다. 선생님 둘째 오라버니의 손자는 부모님과 오라버니 부부가 모셔진 곳에 선생님도 함께 모시면 어떠냐고 하였으나 그 묘소에는 이미 묘비가 세워져 있어서 나는 선생님의 묘소를 별도로 마련하였다. 10월 26일 장지에 도착하여 우리는 12호 부모님 묘 앞에 선생님의 관을 내려놓고 잠시 선생님께서 부모님과 오라버니 부부에게 작별 인사를 고하는 시간을 갖고 조금 더 지나 26호 선생님의 마지막 안식처에서 하관식 진행하였다.

대학 3학년 때 설악산으로 수학여행을 갔을 때 우리는 어느 정상에 올라가 여기저기 흩어져 쉬고 있었다. 선생님 주변에 앉아 있다가 나는 선생님께 우리나라 근대 소설가 중 유명한 어떤 이는 죽을 때 "나에게 오렌지를!"이라는 말을 마지막 말로 남겼다고 하면서, 선생님께 우리의 마지막 말은 무엇이어야 하느냐고 물었다. 선생님께서는 겨우 오렌지가 뭐냐 하시며 우리의 마지막 말은 "주여, 자비를 베푸소서"여야 한다고 말씀하셨고, 나는 그 말을 깊이 새겨듣고 있었다.

연세가 들면서 선생님께서는 눈이 건조하고 부시다고 하여 환한 불빛을 피곤해하셨다. 침상에 누워 계실 때 몇몇 소수의 사람이 병문안을 오게 되면 나는 사진을 찍어 두고 나중에 선생님께 보여 드리곤 하였다. 어떤 경우는 사진이 잘 나오기도 하고 어느 경우는 너무 어두운 것을 발견하고 조명이 문제라고 하니까 그 후부터 선생님은 사진을 찍을 때마다 눈이 피곤한 것도 참으시면서 가느다란 손가락으로 조명을 밝히라고 나에게 손짓을 하실 정도로 거의 마지막까지도 정신이 맑으셨다. 누워계신 안방 벽이 너무 허전하기도 하고, 선생님의 마지막 기도가될 수 있도록, 침상 머리 쪽 벽과 맞은편 벽에 초록빛 나뭇잎 바탕에 다음과 같이 글을 써서 두 개의 현수막을 걸어두었다.

주여, 자비를 베푸소서!

Lord, have Mercy!

Kyrie Elesion!

선생님 묘비 전면에는 다음과 같이 새겼다.

본디풀 박순경

原草 朴淳敬

주여, 자비를 베푸소서!

원초 묘비 전면

묘비의 후면에는 다음과 같은 글을 새겼다.

민중해방, 민족해방, 여성해방, 평화통일,

세계평화를 염원하시며, 이 모든 해방을

온전히 성취시킬 수 있는 하나님의 혁명을

증언하고자 자신의 삶을 바쳐 연구와

실천에 몰두했던 사랑하고 존경하는

스승 박순경 교수님 하나님의 영원한

안식에 들다.

원초 묘비 후면

함께 음악을 들으며 시간을 보내던 어느 날 우리는 전인권의 노래, 〈걱정하지 말아요. 그대〉를 듣게 되었다. "우리 다 함께 노래합시다. 새로운 꿈을 꾸겠다 말해요"라는 마지막 부분이 끝나자, 나는 선생님께 어떤 새로운 꿈을 생각하시냐고 물었다. 선생님은 잠시 생각하시더니 작은 음성으로 "민중해방·민족해방·여성해방·민족통일·세계평화"라고 대답하였다. 평소 원초는 1789년에 발생한 프랑스혁명의 기념일로 지키는 7월 14일에 당신이 태어난 것(1923년 7월 14일)을 기뻐하셨다. 당신이 혁명가로 불리길 원했던 선생님의 뜻을 받들어 나는 원초의 묘비 뒷면에 저러한 글을 새겨 드렸다.

사랑하는 선생님, 제가 하나님의 부르심을 받고 선생님 곁으로 가면 저를 꼭 알아보시고 반갑게 맞이해 주시길 간절히 기도합니다. 하나님 품 안에서 영원한 안식을 누리소서!

박순경 교수님을 그리며

민영진*

내가 그에게 드린 처음이자 마지막 정성(精誠)이라면 「신학과교회」 (해암신학연구소, 제3호, 2015년 여름, 357~377쪽)에 실은 박순경 지음, 『삼위일체 하나님과 시간』(신앙과지성사, 2014)의 서평일 것이다.

2015년 12월 22일 오전에 명현이와(나의 아내) 나는 지리산 피아골에 있었다. 한성수 목사의 부인인 여금현 목사가 자기 차에 우리를 태우고 지리산 피아골 일대를 드라이브하며 그곳의 자연과 역사를 설명하는 중이었다. 휴대폰이 울렸다. 동승자들에게 양해를 구하고 내 휴대폰으로 걸려 온 박순경 교수님의 전화를 받았다.

그렇지 않아도 나는 『삼위일체 하나님과 시간』 서평을 「신학과교회」에 발표한 이후부터 그의 전화를 불안하게 기다리고 있던 터였다. 박순경 교수님과의 전화 통화는 55분 동안 이어졌다. 박 교수님은 곧바로 서평 문제로 가지 않고 말씀을 빙빙 돌리셨다.

---

* 전 성서공회 총무

"2권『신약편』집필할 때는 황
현숙 교수가 돕기로 했어요."

"사람 잘 찾으셨습니다. 황현숙
박사야말로 박 교수님의 의도를
누구보다도 잘 이해할 겁니다. 3
권『성령편』은 이미 말씀하신
대로 박 박사님께서 집필하시지
않고, 김애영 교수에게 집필을
부탁하신 건가요?"

박 교수님의 책을 들고

"그래요. 참, 김애영 교수는 김도
경으로 이름을 고쳤어."

"그래요? 무슨 도에 무슨 경이지요?"

"아마, 길 도(道)에 옥 경(瓊)일 거야. 김도경(金道瓊), 이름 좋지?"

"좋습니다. 이젠 헷갈리지 않겠어요. '김애영', '김영애'는 흔한 이름인데
다가, 우리 신학계에 두 이름이 다 있으니까, 때로 이름을 바꾸어 부르기도
했는데, 도경(道瓊), 뜻도 좋고요."

"그렇지?"

그러다가 화제를 바꾸신다.

"'신앙과지성사'에서 북 콘서트 계획하고 있는데, 그때 민 박사가 와서 이번에 「신학과교회」에 쓴 바로 이 서평, 거기에서 가감 없이 그대로 발표해 주면 좋겠는데."

드디어 서평 이야기를 시작하신다. 나의 서평에 나타난 찬사(讚辭)와 혹평(酷評)을 둘 다 다 기쁘게 받아들인다는 말에 나는 얼마간 안심이 되었지만, 나의 서평을 혹평으로 받아들이셨다니, 죄송한 마음 금할 길 없다. 하지만 내가 '혹평'을 했다는 것은 박순경 교수님의 과장이다. 나는 다만 박 교수님이 당신의 저서에서 성경 본문 인용하실 때 우리말 번역 성경을 인용하지 않고, 영어 RSV를 사역(私譯)하여 인용하신 것 가운데 더러 오해될만한 번역이 있어서 조심스럽게 지적한 것뿐이다. 굳이 하나 더 첨가한다면, 박순경 교수님의 우리말 번역 성경에 대한 불신이 그의 인식 저변에 깔린 것 같아서 섭섭한 마음을 살짝 비춘 것뿐이었다. 고맙게도 박 교수님은 나의 그런 번역 비평을 흔쾌히 받아들인다고 하시면서 미국에 건너가서 다시 배운 영어를 회고하신다.

"'그 아무개가 내 제자예요'라고 할 때 내가 '제자'를 disciple이라고 했더니, 미국 친구들이 그럴 때는 disciple이라고 하지 않고, former student라고 한다나 그리고 어떤 미혼 여성을 virgin이라고 말했더니, 그럴 경우엔 unmarried woman이라고 해야 한다고 해서 내 영어 조금 고치긴 했는데, 영어 성경 잘못 번역했다가 민 박사한테 딱 걸렸구면. 지적해 주어서 고마워요. 정말 그러네, 우리말로도 미혼(未婚) 여성이면 그게 바로 unmarried woman 아냐? 미국말이랑 우리말이랑 똑같네?"

하며 웃었다.
마지막 통화였다.

　이 세상에 와서 박순경 교수님 만나 뵈어 반가웠습니다. 우리가 예루살렘에 살 때 누추한 우리 집에 머무시면서 함께 여행했던 소중한 추억 줄곧 간직하고 있겠습니다. 편히 쉬시기를 바랍니다.

원초 박순경 선생과 교회,
민족의 어머니 성모 마리아

박원근*

　1987년 여름이었다. 처음으로 이탈리아, 오스트리아를 거쳐 프랑스 파리에 도착했다. 개신교 목사인 나에게 가장 충격적인 일로 다가온 것은 성모 마리아가 유럽 사회를 지배하고 있는 것을 보는 것이었다. 성당뿐이 아니었다. 대도시 광장은 물론 상징적인 거리, 명소마다 어김없이 성모 마리아상이 서 있는 것이다. 구교의 성모 숭배 사상과 성상 숭배라는 부정적인 시각으로 각인되어온 나에게 주는 첫인상은 이방 세계에 온 것 같은 강한 거부감이었다. 그러나 서구사회에서 처음 느꼈던 그러한 감정은 얼마 가지 않아 자연스러움과 평온함으로 변해갔다. 그 이유는 무엇일까?

　그 후 나는 원초 박순경 선생의 "교회 어머니 성모 마리아의 민족사적 의미"라는 글을 읽고 느끼는 것이 많았다. 개신교가 잃어버린 성모 마리아를 찾아 교회의 여성됨의 근거를 회복하고, 신구교회의 일치를

* 기장 목사. 한국기독교장로회 총회 농어촌특별위원회 위원장

바라는 마음으로 선생님의 1주기 추모 글 출판에 이 글을 드린다.

가톨릭교회의 전통적인 성모 마리아론

가톨릭교회가 성모 마리아 숭배에 빠지게 된 이유를 그들의 전통적인 마리아론을 보면 쉽게 알 수 있다. 성령에 의한 아기 예수의 동정녀 탄생이라는 성서를 근거로 해서 '영원한 동정녀'라는 마리아론이 대두하게 된다. 예수의 탄생은 출산이라는 자연·생물학적 법칙을 초월하는 하나님의 자유로운 결정, 즉 성령의 역사하심에 따라 이루어진 사건이라는 뜻이 동정녀 탄생 설화의 주된 의미라 하겠다. 그런데 고대의 교부들은 예수의 동정녀 탄생과 마리아의 영원한 동정성을 생리학적으로 증명하려고 해서 문제를 초래하게 된 것이다.

성모 마리아는 4세기부터 '하나님의 어머니'(Theotokos)라고 불리기 시작했는데, 인간이 어떻게 '하나님의 어머니'가 될 수 있느냐(?)는 격렬한 논쟁이 야기되기에 이르렀다. 결국 종교개혁자들까지 이 용어를 승인하게 되는데, 예수 그리스도는 말씀의 육화라는 요한복음의 증언(1:14)이 진리라면, 그의 어머니는 '하나님의 어머니'라고 일컬어질 수밖에 없다고 생각했기 때문이다. 그런데 원초 선생은 이 칭호와 관련해서 검토되어야 할 문제점들이 많다고 보았다.

첫째로 가톨릭교회 마리아론은 마리아를 신격화할 가능성을 다분히 내포하고 있으며, 그 가능성은 특히 '하나님의 어머니'라는 칭호에 뿌리박고 있는 것 같다고 했다. 이와 관련해서 17세기 스페인에서는 마리아를 삼위일체 하나님의 '넷째 위격'으로 주장했고, 남미 해방신학자 보프도 하나님의 여성적 차원이 성모 마리아에게서 역사화 혹은 구체화되었다고 주장했는데, 이렇게 주장함으로써 그는 교회 전통의 남성적 하나님 상을 보완, 수정하려 한 것이다. 원초 선생은 그의 주장은 여성신학적 의미를 가질 수는 있겠으나, 전통적인 마리아론의 마리아 신격화 문제를 간과하고 있다고 한다. 그리고 예수 그리스도의 부활에 의해서 인간성이 삼위일체 하나님의 넷째 차원 혹은 넷째 위격으로 생각될 수는 있겠으나, 그것은 피조물 인간의 차원, 즉 삼위일체 하나님 자체와 구별되는 차원이라는 것이 명시되어야 한다고 본다.

전통적 마리아론 중, 마리아 숭배를 가중시킨 것 중에 마리아가 원죄에 물들지 않은 순결한 상태에서 아기 예수를 잉태했다는 "무염시태" 교리를 들 수 있다. 마리아가 동정이든 아니든, 어느 인간도 아담과 이브의 원죄로부터 자유할 수 없음에도 불구하고 성령의 역사하심에 의해 아기 예수를 잉태한 것은 원죄로부터 자유한 무염시태 사건으로서 승인되어야 한다는 것이다. 그러나 자연, 생리학적 동정이 교리의 척도라면 성모 마리아는 막달라 마리아 혹은 모든 어머니와 상관없이 신화적인 개인 추앙의 대상이 되고 말 것이다. 원초 선생은 죄 가운데 온 예수가 죄의 멍에를 짊어지고 죽고 부활했다는 사건에 비추어서 보아야 비로소 무염시태는 의미를 가지게 된다고 말한다.

끝으로 마리아의 몸이 죽은 후에 하나님의 부르심을 입어 승천했다는 몽소승천 교리를 살펴보기로 하자. 예수 그리스도의 부활과 승천이라는 성서적 증언에 비추어 마지막 날에 일어날 인간들의 부활을 미리 투사하는 예시적 사건이 바로 마리아의 승천이라고 말할 수 있다. 원초 선생은 이 사건은 예수 그리스도의 부활에서 그의 현실성을 찾아야 한다고 말한다. 그런데 후세 가톨릭교회 교인 중 많은 신자가 그리스도와 관계없이 마리아 몽소승천에서 자신의 부활의 현실성을 찾으려는 마리아 숭배 신앙에 빠져들게 되었다.

마리아 찬가

원초 선생은 성모 마리아가 교회와 민족의 어머니라는 근거를 누가복음 1장 45~55절에 있는 마리아 찬가에서 찾고 있다. 그것이 어떻게 가능한 것일까? 죤스(Stanley Jones) 목사는 마리아 찬가는 이 세상에서 혁명을 말해주는 개혁문서라고 말했다. 그는 마리아 찬가는 마리아를 통해 탄생할 그리스도를 통해서 3가지 혁명이 일어나게 될 것을 예언하고 있다고 했다. 첫째는 도덕적 혁명(51절)이다. 둘째는 사회적, 정치적 혁명(52절)이다. 셋째는 경제적 혁명(53절)이다. 마리아 찬가에 나타난 이러한 혁명적 메시지가 원초 선생의 성모 마리아가 교회와 민족의 어머니라는 근거를 제공해 준다.

원초 선생은 마리아 찬가의 원형을 사무엘의 어머니 '한나의 노래'(삼상 2:1-6)에서 찾고 있으며, 그것은 하나님의 구원과 정의를 담지하고 세울 아기의 탄생을 노래한다고 보았다. 원초 선생은 마리아 찬가의 첫 번째 의미를 아기 예수의 잉태와 탄생은 온 이스라엘의 종말적 궁극적 구원을 의미한다고 말하면서, 성모 마리아는 예수의 탄생에 의해서 온 이스라엘의 구원의 어머니가 되고, 동시에 구원을 인류 전체에 매개 혹은 중재함으로써 인류의 어머니가 된다고 말한다. 또한 제2 이사야가 예언한 고난의 종에게서 개체로서의 이스라엘과 전체로서의 인류가 하나가 된다고 본다. 이러한 고난의 종의 역사적 현실은 신약에 와서 예수 그리스도에게서 종말론적으로 구체화된다. 그는 온 이스라엘과 온 인류의 궁극적인 운명과 구원을 결정하는 분이다. 바로 그의

선생님의 장례식장에서

어머니 마리아는 이스라엘과 인류의 어머니이며, 따라서 우리 인류의 어머니시다고 말한다.

원초 선생은 이런 맥락에서 우리는 전체와 개체의 통일성을 인식해야 한다고 말하면서 이스라엘과 원 인류의 구원을 위하여 탄생하고 죽고 부활한 예수 그리스도가 모든 인간성을 대표하며, 여기에서 개체와 전체가 완전히 일치한다고 본다. 그와 유사하게 그의 어머니 마리아는 개체이자 보편적 인류의 어머니라고 말한다.

원초 선생은 마리아 찬가의 둘째 의미를 "비천한 여종 마리아가 세세도록, 즉 영원토록 하나님의 축복을 받은 '복된 자'라고 일컬어질 것이라는 말"(48~49절)에서 찾고 있는데, 가톨릭교회는 이 '복된 자'라는 두 번째 의미에 특별히 관심하고 있는 것 같다고 했다. 여기에서 가톨릭교회가 기복적인 마리아 숭배에 빠졌다는 것이다.

마리아 찬가의 세 번째 의미는 "아기 예수의 잉태와 탄생이 세상의 권력자와 부유한 자에 대한 하나님의 심판, 이들을 공수로 돌리는 심판을 가져오며 권력 없는 자와 굶주리는 자, 민중을 위로하고 좋은 것으로 채워 주는 것이 하나님의 구원이라는 선포다(51~53). 원초 선생은 여기에서 구원은 세계의 잘못된 정치·경제적 문제에 대한 심판이요, 변혁을 의미한다고 말하면서 "세계문제와 분리된 예수 그리스도의 경배가 헛된 일이듯이 세계문제와 상관없이 추앙받는 마리아도 허상일 뿐이다"고 말한다. 이 세 번째 의미는 남미 해방신학 혹은 남미 여성신학에서 강조하는 점이기도 하다. 원초 선생은 권력 없는 자, 굶주리는 자, 민중의 해방이라는 의미를 도외시해 온 교회 전통의 그리스도론이나 마리아론은 알게 모르게 반민족·반민중적 교회를 창출할 수밖에 없도록 만들었다고 본다.

원초 선생은 여기에서 언급해 둘, 여성신학적 교회론의 문제가 있다고 지적하면서 미국 여성신학자들은 전통적 마리아론을 언급하신다. 가톨릭교회는 성모 마리아, 영원한 동정녀를 신격화하여 추앙하면서 현실적인 교회 여성 혹은 여성 일반을 비하시키고 가부장제 남성 지배구조의 교회를 견지해 왔다고 비판하였다. 성모 마리아보다는 교회 전통에서 천시되어온 부활의 첫 증인 막달라 마리아를 교회의 여성됨의 모델로 보는 경향이 대두된 것이다. 그러나 원초 선생은 전통적 마리아론에 대한 교회의 그러한 비판은 일면 정당한 측면이 있으나 교회의 여성됨의 성격은 먼저 성모 마리아에게서 확립해야 하고, 그의 의미를 막달라 마리아에게서도 읽어내야 한다고 했다.

가톨릭교회든 개신교이든 교회의 남성 지배구조는 민족과 인류의 정치·경제적 지배구조와 불가분적으로 얽혀 있고, 그러한 구조에 머물러 있는 한 교회는 눌린 자와 굶주리는 자, 민중 혹은 여성의 구원을 중재하거나 대변할 수는 없는 것이다. 원초 선생은 이제 마리아론은 마리아 찬가의 이 세 가지 의미들을 종합하여 새롭게 재건될 필요가 있다고 말한다.

중재자로서의 교회와 민족의 어머니 성모 마리아

가톨릭교회의 종교개혁이라고 할 수 있는 1962~1965년에 제2 바티칸공의회에서 '교회의 어머니'라는 마리아의 칭호는 찬반 논란 끝에 교리로서 받아들여지지 않았고, 대신 교회의 중재자(Mediatrix)라는 칭호를 교리로 채택하였다. 이 점에서 원초 선생은 가톨릭교회 이상으로 마리아론을 변호했다고 볼 수 있다. 그 이유를 이렇게 정리하고 있다. 원초 선생은 1980년대 이래 '교회와 민족의 어머니'를 한국 여성신학의 주제로 생각하고 있었다고 한다. 그런데 교회의 어머니 됨의 원형을 성모 마리아에게서 찾을 수밖에 없었다는 것이다. 그래서 마리아론에 새로운 관심을 가지게 된 것이다. 원초 선생은 자신이 흠모하는 교부들 (Church Fathers)을 생각하다 보니, 교모들(Church Mothers)이라는 칭호가 교회 역사에 없다는 것을 발견하게 되었다. 이와 관련된 또 다른 문제는 신부라는 칭호가 타당하다면 신모라는 칭호가 수녀에게도 적용되어야 한다고 주장하지 않을 수 없게 되었다고 한다.

원초 선생은 '성모 마리아는 이들 교모들, 신모들의 원형이 아니겠는가?'라는 문제를 제기하면서 그렇다면 그녀는 '교회의 어머니'라고 일컬어져야 마땅하다는 것이다. 그렇게 주장하다 보니 전통적 남성 지배구조가 송두리째 문제 되기에 이르더라는 것이 그의 생각이다. '교황은 꼭 남성이어야 하나!' 그것은 하나님의 자유와 신앙의 자유를 저해하는 요인이 된다고 말하면서, 교회의 남성 지배구조는 비천한 여종 마리아의 현실적 모습을 망각할 수밖에 없고, 따라서 권력 없는 자, 민중들과 여성들 위에 군림하는 세상의 제국주의적 지배 세력들을 종교적 보편애라는 이름 아래 몰락하게 되었다고 말한다. 이러한 교회 구조 안에서의 성모 마리아, 순결하고 거룩한 영원한 마리아는 현실적으로 불의를 당하는 민족·민중·여성과는 아무 상관이 없는 허상이 되고 말았다는 것이다. 원초 선생은 이러한 생각을 하다가 83년 '여신협이 주관한 아시아 여성신학 정립'을 주제로 한 세미나에서 '교회의 어머니 마리아'를 주장하게 되었다고 한다.

원초 선생은 "교회가 예수 그리스도의 몸이라면, 마리아는 그의 몸의 모체로서 마땅히 교회의 어머니가 아니겠느냐?"고 묻는다. 그는 한국 개신교 초대교회에서 죽도록 충성하는 전도 부인들의 모습을 지켜보면서 저들이야말로 '교회의 어머니들'이 아니겠느냐는 생각을 하면서 성모 마리아의 의미를 재발견하기 시작했다고 한다.

원초 선생은 성모 마리아가 교회의 어머니일 뿐만 아니라, 민족의 어머니임을 우리 민족의 수난사에서 찾고 있다. 그는 80년대 초, 특히 항일투쟁 시대의 아버지들과 이들을 뒷바라지하며 애통해했던 어머니들, 항일투쟁의 길에 나선 아들딸들과 이들을 뒷바라지하고 애통해했던 어머니들의 눈물을 회상하면서 또 민족분단 이래 희생하고 죽어간 우리 민족의 아버지와 어머니들, 아들딸들을 애도하면서, 이들을 총괄하는 모체로서의 어머니 됨을 한국여성신학의 주제로 설정하게 된다. 그러면서 원초는 그것이 내 육친의 어머니를 되살려낸다고 생각했다는 것이다. 민족의 멍에를 짊어지고, 민족과 인류의 죄악 하에 고난받고 허덕이던 아버지들과 아들, 딸들을 포함하는 모체 어머니의 궁극적 종말적 구원은 성모, 교회의 어머니 마리아를 통해서 중재된다고 생각한 것이다. 원초 선생은 마리아는 예수 그리스도의 몸의 매체요, 또한 우리 민족에게 매개 혹은 중재가 된다고 말한다.

제2차 바티칸공의회는 '교회의 중재자'로서의 마리아 역할론을 긍정하였다. 이 중재자 개념은 사제직 개념과 동일하다고 생각한다. 16세기 종교개혁은 '오직 은총으로만, 오직 믿음으로만, 오직 성서로만' 우리가 구원받을 수 있다고 주장함으로써 하나님과 인간 사이의 중재자라는 사제의 인간적 역할은 그것이 인간의 공적을 내세우는 것이라 하여 거부하였다. '만인 제사론'이 제창되기는 했으나 특수 사제직은 해소되어 버린 셈이다. 그래서 사제직 제도는 여러 다른 형태의 교직제로 변형되었고, 마리아론이나 사제의 중재를 의미하는 미사는 사라지게 되었다. 원초 선생은 '오직 은총으로만, 오직 믿음으로만, 오직 성서로만' 구원받는다는 종교개혁 원리를 인정하면서 동시에 인간의 응답으로서의 협동 혹은 중재역은 인정되어야 한다고 본다.

원초 선생은 "성모 마리아는 예수 그리스도의 어머니, 교회의 어머니로서 이스라엘의 구원과 인류의 구원을 매개한 것이며, 따라서 '교회의 중재자'다"라고 주장한다. 그러나 그의 중재역이 전통 교회에서처럼 우리 민족과 세계의 구체적이고 현실적인 문제들과 무관하게 예수 그리스도의 은혜를 신도들에게 중재한다든지, 신도들의 신앙심을 고무시켜준다든지, 신도들의 소원과 복을 하나님께 상달시켜준다든지 하는 차원에 머물러 있다면, 우리 민족과 인류를 위한 마리아의 해방적 의미와 구원의 중재역이 상실되어 버린다고 보았다.

원초 박순경 선생은 "한국교회는 많든 적든 서양 지배 세력에 예속되어왔기 때문에 우리 민족 근현대사의 해방의 함성을 제대로 듣지 못했고, 민족분단의 상황에 있어서는 대내외적 분단 세력들과 밀착하여 반민중적 역할을 담당해 왔다"라고 말한다. 따라서 한국교회는 대체로 하나님의 구원을 민중·민족 운동에 중재하지도, 민족·민중을 하나님의 구원으로 지지하지도 못한 셈이 되었다. 원초 선생은 아직도 우리 귀에 쟁쟁하게 울리는 80년대의 통일운동의 함성을 한국교회가 이제라도 잘 들으면 한다고 말하면서, 교회가 어떻게 하나님의 구원을 우리 민족·민중에게 중재할 수 있을지를 배워야 한다고 말한다. 이제부터라도 "교회는 성모 마리아의 교회로서 우리 민족과 사회를 구원으로 해방시키고 중재하는 길을 모색해야 할 것이다"라고 말한다. 이 점이 한국교회가 원초 선생을 통해서 각성하고 계승해야 할 중요한 과제라고 본다. 그럴 때 한국교회는 가난한 자와 눌린 자, 민중을 해방시키고 평등사회를 지향하고, 분단된 민족의 통일을 이루어내는 민족사적 과업을 쟁취하는데 큰 기여를 할 수 있게 될 것이다.

'하나님의 어머니' 성모 마리아는 마리아 숭배라는 우상화를 통해서 모든 어머니와 상관없이 서구사회에 광범위하게 신화적인 개인 추앙의 대상이 되어온 측면이 있다. 또 한 면은 그녀가 서구사회 일반을 지배함으로써 서구사회는 다른 어느 사회에 비해 가부장적 남성 지배구조를 극복해내고, 여성이 남성과 대등한 사회를 빠르게 만들어갈 수 있었다고 본다. 한국개신교는 여전히 가부장적 남성 지배구조가 강하다. 만일 개신교가 '하나님의 어머니' 성모 마리아론을 수용해서 우상숭배라는 함정에 빠지지 않고, 역사화해낼 수만 있다면 개신교는 구교와 진일보한 일치를 이루어낼 수 있을 뿐만 아니라 교회의 여성됨의 근거를 마련하고, 잃어버린 모성을 회복하는 일석삼조의 과업을 성취할 수 있게 될 것이다.

통일신학자 박순경

방석종*

최근 동북아 정세에서 나타나는 지각변동이 21세기 평화의 기적으로 이어질 것 같다. 과거 영국이 팔레스타인 땅 서안지구 일부를 이스라엘 디아스포라에 인양시켜 영광스러운 탈출을 이루어냈다. 또한 미국이 아주 최근 예루살렘을 이스라엘 수도로 인정할 수 있었던 것은 중·소 군사력을 능가하는 미국의 군사력 때문이라 할 수 있다. 미국은 1) 공산전체주의 위협 아래 약소국을 자유민주주의 영토화, 2) 강대국 안에 강점된 약소국 영토를 찾아 약소국에 귀속시킴으로 그 영향력을 확대해 왔다. 그러나 무엇보다 미국은 대통령이 성경에 손을 얹고, 대법원장 앞에서 대통령 권한을 서약하는 자유민주주의 신정 통치의 권능 때문이기도 하다.

보라! 간음죄로 고발당한 다윗이 백성들 앞에서 통회한 것은 무엇 때문이었는가? 북왕국 이스라엘 장로들이 헤브론으로 와서 다윗에게 인격연합 군합국 통치를 맡긴 후 다윗은 법궤를 예루살렘으로 옮기면

---

* 감리교신학대학교 명예교수

원초의 자택에서

서 옷이 벗겨지는 줄도 모르고 덩실덩실 춤을 추었다. 이것은 이집트 종살이 400년 후 시내산에서 하나님께 십계명을 받아 자유를 얻어 애굽으로부터 탈출하고, 이제 하나님 통치로 독립한 하나님 백성의 통치자가 된 기쁨 때문에 백성들과 섞여 춤을 추었던 것이다. 북왕국의 왕 사울이 죽은 후 남왕국 유다 지파의 다윗이 블레셋 군대를 물리치는 군사력을 가지고 있었을 뿐만 아니라 다윗은 북이스라엘이나 남유다가 공통적으로 1) 이집트 세력에서, 즉 노예근성에서 벗어난 탈이집트 출애굽 정신, 2) 시내산 십계명 신앙, 3) 금송아지 숭배의 왕권통치 거부, 4) 히브리 노예집단의 자유민주영토 정착, 5) 하나님 계명을 지키는 신정 통치로 이스라엘을 통일시켰다.

강한 군사력과 경제력 위에 자유민주의 신정 통치력이 21세기에 이르러 험난한 공산당 세력을 무력하게 하는 날이 왔다! 동해물과 백두산이 마르고 닳도록 하나님이 보우하시는 만세의 국가 자손과 함께하는 창조주 찬양이다. 이는 시편에 "천지는 없어져도 주는 영존하시고 그것은 다 옷같이 낡으리니 의복같이 바꾸시면 바뀌려니와 주의 연대는 영원하고 주의 자손이 주의 앞에 굳게 서리이다"(시 102:25-28)라는 창조주 찬양과 공통점이 있다.

조선족의 하나님 사상은 고조선 역사의 환인 하나님이 환웅에게 삼위태백에서 홍익인간을 계시하신 후 신시로 파송하여 5부 체제 백성을 먹여주고, 생명을 존중하고, 병을 고쳐주고, 죄를 형벌하며, 송사는 선과 악을 분별하여 세상을 다스리는 사명을 주셨다.

즉, 한 나라의 통치는 정치적인 힘과 군사력만으로 가능한 것이 아니라 하나님께서 이 땅 가운데 우리에게 주신 사명을 잘 깨닫고 이를 잘 실현해 나가는 데에 있는 것이다. 통일에 있어서도 마찬가지이다. 통일은 단순히 경제적인 이익과 힘을 확장하는 도구가 아니라 홍익인간의 이상향을 실현하고, 이 나라를 하나님의 나라로 바로 서게 하는 데 그 목적이 있는 것이라 할 수 있다.

통일신학과 통일신학자

통일은 정치적 또는 역사적인 의미의 국가적인 변화이다. 1945년 이후 남쪽 대한민국 북쪽 조선인민공화국이 분단되어 38선을 서로 넘지 못하고 있는 데에서 한반도 백성은 동족끼리 서로 자유롭게 합쳐져 살 수 있는 것을 통일이라 생각하고 있다.

그런데 이 땅의 백성들이 근본적으로 원하는 통일의 방향성보다는 "대한민국 자유 민주체제의 통일인가?" 아니면 "북조선의 전체주의 체제의 통일인가?"라는 노골적인 이념 체제의 갈등에만 빠져 있는 듯하다. 국민은 그런 이념 따위는 거들떠보지 않건만, 정치 정당 체제가 '통일'을 자신들의 전유물인 양 정권에 비중을 두고 엎치락뒤치락할 뿐 국민을 위한, 국민에 의한, 국민의 통일은 염두 두지 않고 있는 듯하다. 왜 그래야만 하는 것일까?

이는 정치로 뛰는 사람들이 국민의 나라보다 정치 집단과 정당에 집착하여 정권 장악에 수단·방법을 가리지 않는 데에 문제가 있는 것 같다. 여당, 야당의 뚜렷한 정책 노선이 예전 같지 않게 되었다. 주사파 누룩이 안 퍼진 데가 없다. 북조선이 대한민국보다 경제적으로 50배나 뒤떨어져 굶고 병들며 궁핍하여 인도적으로 도와주어야 한다는 친북 노선에 있다. 무조건 도와야 한다는 건 선한 사마리아인으로 보인다. 정치적으로는 공산주의 국가 국민이지만, 민족적으로는 조선족인 동족이다. 북조선에 가족을 두고 대한민국으로 넘어왔으면 탈북민이요, 이산가족이다. 그러나 북조선 인민의 인도주의적인 정책에 북조선 당원들이 침투하여 섞여서 있는 통에 이적행위를 모면할 수가 없다. 그럼에도 햇볕정책 바람에 저자세로 북조선 국민과 만나는 것이 아니라 공산당원을 만나면서 비핵화 정책의 갑론을박으로 세월을 보내고 있는 것 같다. 북조선 공산당은 자유민주를 전복하는 기회를 삼는 데 주력하고 있지만, 그런 행위를 진보주의로 쳐주고 있다. 대한민국 기독교인들과 목회자들은 나름대로 성경 말씀대로 공산당에 대립하는 설교를 열심히 하고 있다. 나서는 분들이 다섯 손가락으로 셀 뿐이다. 통일신학을 위해 나서질 않는 눈치이다. 그래도 1950년대 자유당 말기 때는 이승만 독재를 비판하다가 감옥에 투옥되거나 감시받는 자유민주투사들이 많았다.

지금은 중국 공산당이 개혁개방정치를 하면서 교육적으로는 제2외국어로 중국어를 배우게 하면서 공산화 공정을 할 정도로 조직적, 이념적으로 우리 민주사회를 공산 진보주의와 병합시키려는 데 큰 위협이 되고 있다. 국민이 말은 안 하고 있지만, 반독립적인 행동을 안 하는 게 아니다. 중국어는 직업 관계로 배울 뿐이다. 영어로 굿모닝 인사는 해도, 길거리에서 중국어로 '니 하오' 인사하는 것을 듣는가?

선한 사마리아인 비유

역사적으로 유대인과 사마리아인은 동족이지만, 남유다 지파와 북이스라엘 지파들은 앙숙, 철천지원수 관계로 동선을 피하면서 적대관계를 유지하고 있었다. 그러나 열왕기상 3장 11~12절에서 "솔로몬은 장수, 부귀영화나 적에 대한 복수를 구하지 않고, 송사를 듣고 분별하는 지혜를 구하였으니… 내가 네 말대로 지혜롭고 총명한 마음을 주노니"라는 계시의 말씀이 있다. 이는 고조선 역사 기이편에 환인과 함께 있던 환웅이 세상을 탐하는 마음을 갖고 있었지만, 환인이 5부 체제 중 마지막에 주선악, 즉 선과 악을 판단하여 백성을 다스리는 마음에 일치하는 신정 통치라 하겠다.

이처럼 성서와 단군 사화는 모두 경제적, 정치적 그리고 이념 관계를 초월한 연합을 강조하고 있다. 통일은 어느 일부 정치 집단의 일부로 작용해서는 안 되며, 모든 백성을 이롭게 하는 신정 통치의 관점에서 이루어져야 할 것이다.

박순경 신학의 새로운 것

박순경 교수는 삼위일체 하나님과 시간에서 하나님의 심판과 구원사를 하나님 혁명사로 개념화한 것은 세상 왕권이나 우주적 왕권이 인간이나 그 어떤 세력에 있지 않고 하나님 통치 아래 있음을 확정한 것이다. 이런 혁명사는 이스라엘 왕권이 동이족의 왕권과 혼동되는 것을 지적함과 동시에 어느 왕권이나 피조체의 왕권도 하나님 혁명에서 심판과 구원이 주어진다는 데서 박순경의 신학은 삼위일체의 신정 통치

(Theokratie)를 확정하고 있다.

문제는 역사적으로 이스라엘 왕권이 동이족 왕권과 혼동되고, 북조선 인민 민주주의가 자유민주주의와 혼동하고, 공산혁명이 하나님 혁명과 혼동하는 변론 상황이다.

이를테면 복음서의 인자(人子)는 중국의 현인들 공자(孔子), 맹자(孟子), 순자(荀子)의 아들 자(子)와 같은 칭호로 볼 수 있는 것이라든지, 하나님의 아들 예수의 위치가 중국의 제왕 천자, 일본의 천조대신, 고조선 역사에서 환웅 서자가 환인 하나님의 아들로 신격화되는 것에서 하나님의 유일신이 다극화·다원화되는 것과 혼동됨을 볼 수 있기 때문이다. 지상의 강대국들이 오늘도 자기들의 국왕들에게 신권적 이념을 부여하여 약소국들을 강압하는 데서 피조물의 영웅들이 창조주 하나님을 대신하려는 유혹이 인류 역사의 비극을 만들고 있다. 박순경 신학은 이를 유한한 시간성 안에 범죄의 역사요, 최후심판의 대상으로 증언하면서 죽음을 넘어선, 즉 예수의 우주적 통치의 지평에 나타나는 부활의 세계를 증언한다. 인간 주체의 영웅들이 걸려 넘어지는 시험하는 자들의 3가지 시험들을 이긴 인자 예수(마 4:1-11 참조)를 하나님 혁명사에서 보게 한다.

말씀이 육신이 되어 우리 가운데 거하시매
(요한복음 1:14)

배은영*

사람이 떡으로만 살 것이 아니요, 하나님의 입으로부터 나오는 모든 말씀
으로 살 것이라 하였느니라 하시니(마태복음 4:4).

훌륭한 스승의 가르침은 마치 하느님의 말씀이 육신이 되듯이 또
인간이 떡으로만 살 것이 아니라 말씀으로 사는 것과 같이 우리들의
전 생애에 걸쳐 정신적인 영향을 미쳐 삶의 방향과 내용의 중요한 부분
을 형성한다.

내가 대학에 입학했던 때는 1986년 전두환 대통령이 집권하던 시기
였다. 학교에 들어가자마자 광주 민주항쟁에 대한 진상 규명을 요구하
는 데모가 수시로 열렸고, 교정에서는 데모하던 학우들이 머리채를 질
질 끌려가며 전경에게 잡혀가는 일이 허다했다. 그해 10월 건국대학교
에서 전개된 학생 민주화운동으로 같은 기독교학과의 송록희라는 학우

* 이화여대 기독교학과 기독교윤리 전공, Canada Vancourver Cankor Markting 대표

가 건국대 안에 잡혀서 나오지 못하는 일이 있었다. 당시 정부는 건국대 건물에 단수를 하여 학생들은 물도 음식도 못 먹은 채 갇혀 지냈었다. 추후 황소 30이라 명명된 경찰의 입체 진압 작전에 의해 강제 해산됐으며 1,525명이 연행되고 이 중 1,288명이 구속됐다. 당연히 나의 과 친구 록희도 연행되어 구속되었다. 학생들에게는 용공 좌경 분자라는 죄목이 적용되었다. 지금까지도 계속되는 참으로 지긋지긋한 빨갱이 만들기 이야기이다. 그 후로도 학교 앞 지하철역에서 수시로 전경들이 가방을 검색하기도 하고 늘 곳곳에 전경들이 배치되어 있었다. 2학년이 되었던 1987년 6월에는 6월 항쟁이 일어났고, 학생들은 조를 짜서 명동성당으로 대규모 집회를 위해 떠났다. 나 역시 담당한 후배 몇 명을 데리고 명동성당으로 가기 위해 전경들이 수시로 학생들을 연행해가고 최루탄이 곳곳에서 터져서 연기가 가득하고 숨 쉴 수 없는 거리를, 명동거리를 헤매고 다녔다.

이러한 나날들 속에서 기독교 신앙이고 신학이고 불의한 인간과 역사 그 모든 것에 회의를 느끼지 않을 수 없었고, 그러한 역사적 현장에서 수업하는 교수님들의 모든 가르침에 대한 환멸과 회의를 극복할 수 없었다. 신은 어디에 있고 신은 무엇을 하고 있단 말인가…. 그 불의의 현장을 외면하는 모든 신앙인과 신학자들에 대한 환멸과 회의 속에서 방황으로 1, 2학년의 시간을 허송하며 지냈었다.

그런데 3학년으로 올라가 박순경 교수님의 조직신학 강의를 듣게 되었다. 그 강의는 박순경 교수님의 마지막 은퇴 강의였다. 3시간 연속 강의였는데 그분은 종이 쳐도 강의를 끝낼 줄 모르시고 열변을 토하시곤 했다. 대부분의 교수님들은 3시간 연강의 경우 2시간 반 정도만 하시고 일찍 강의를 끝내시곤 한다. 그리고 대부분의 교수님들은 늘 노트를

배은영의 초청으로 성사된 원초의 캐나다 강연 후 로키산맥에서(배은영, 이한나, 원초, 김애영)

읽어내리시곤 했다. 그러나 그분은 노트 없이 3시간 속강을 열변을 토하며 종이 울린 후에도 멈추지 못하시곤 했다. 끝나지 않는 그 열강은 지루하지 않았고 감동의 도가니였다. 35년이 지난 지금에도 나는 누스(그리스어: νους, nous 이성, 지성, 정신, 영혼 등을 의미하는 희랍어)라는 용어를 설명하시며 먼 곳에서 흘러나오는 정신을 가리키는 듯한 제스처를 취하시던 그분의 모습이 강렬하게 남아 있다. 깊고 진지한 고뇌로부터 출발한 학문적 열정은 창조적 사상을 잉태할 수밖에 없고, 그런 사상가의 강연은 노트를 필요로 하지 않고 마치 영혼 깊은 곳에서부터 우러나오는 것과 같은 울림이 있고 깊이가 있고 감동이 있다.

어느 날 학생들의 데모에 대해서 "내가 앞장서지 않아서 어린 학생들이 다친다"라고 하시며 "내 탓이다"라고 눈물을 흘리시던 그분의 모습이 떠오르면 35년이 지난 지금도 내 눈에 눈물이 흐른다. 불의에 가슴 아파하고 고뇌하는 '진지한 인간의 모습'을 그분을 통해 처음으로 볼 수 있었고, 참 기독교 신앙과 신학은 바로 저러한 모습이어야 하지 않은 가 라는 생각을 하게 했다. 나는 처음으로 교수님 같은 인간이 역사 가운 데 단 한 명이라도 존재한다면 인간과 역사에 존재의 가치를 부여할 수 있겠다고 생각했었다.

미국 유학 당시 미국은 밝아서 귀신이 없을 줄 알았는데 원주민 귀신 들이 득실득실하더라 말씀하시며 설명하셨던 귀신론에 대한 신학 강 연, 또 미국 유학 당시 "위로하라, 위로하라 내 백성을 위로하라"라는 이사야의 구절이 나오는 헨델의 메시아라는 음악을 들으며 민족분단의 현실에 눈물 흘리곤 하셨다던 이야기 등은 여전히 내 기억 속에 명료하 게 남아 있다.

잠시 이야기를 돌려 그분의 신학을 내가 더 사랑하는 이유를 설명하 고 싶어 나의 소싯적 경험을 이야기하고자 한다.

나는 우범 지구에 속하는 봉천동에서 고등학교 시절까지 보냈다. 판자촌에 사는 친구들은 가난해서 점심을 싸 오지 못하고 굶기도 했고, 겨울에 옷을 살 돈이 없어서 두꺼운 코트를 입고 오지 못했다. 동상이 걸려 있고 목욕을 하지 못해서 손등이 다 갈라져 있었다. 학비를 내지 못해서 선생님들에게 맞기도 했다. 학비를 내지 못하는 것이 왜 그들이 맞아야 할 일이란 말인가? 왜 가난하게 태어났기 때문에 그들이 굶어야 하고 추위에 떨어야 한단 말인가? 나는 인간이 가난하게 태어났기 때문 에 그러한 대우를 받아야 한다는 것, 운명이 결정지어진다는 것에 대해 크게 의문과 회의를 갖지 않을 수 없었다. 그러다가 중학교 시절 '어둠의 자식들'이라는 가난한 자들의 삶의 현실을 적나라하게 고발하고 있는 소설을 읽고 심하게 쇼크를 받아 인생은 살 만한 가치가 없다고 판단하고 모아둔 수십 알의 수면제를 먹고 자살을 시도하게 되었다. 그러나 빠른 위세척으로 살아나게 되었는데 그 후로도 난 늘 삶이란 참으로 부당하고 불의한 것으로 가득한 무가치한 것이라는 생각을 벗지 못한 채 생에 대한 의미와 기쁨을 느끼지 못하고 대학까지 흘러 흘러 살아가게 되었다.

그런데 대학에 들어가서 마르크스의 사상을 접하게 되었고, 마르크스라는 사람에 대해 아주 심하게 감동되었다. 태어났기 때문에 결정된 부당한 가난의 구조에 대해서 나는 회의하고 절망하고 자살을 선택했으나 그는 그 문제를 극복하기 위해 역사와 사상을 연구하고 이데올로기를 만들고 혁명을 제안한 것이다. 이 얼마나 대단한 일인가? 문제가 있을 때 회의와 절망이 아니라 그것을 극복할 수 있는 방법을 찾아 해결하고자 한다는 것 …. 그러한 삶의 태도에 나는 크게 감동하여 그의 사상에 잠시 매료될 수밖에 없었다. 그러나 폭력적인 혁명의 부분 그리고 인간이 건설할 것이라고 보는 공산사회에 대한 미래의 확신 등, 불완전한 인간이 완전한 유토피아를 이룬다는 것에 대해 석연치 않다는 의문을 버릴 수 없었다. 따라서 인간존재와 역사에 대한 나의 환멸은 완전한 종지부를 찍을 수 없었다. 그런데 박순경 교수님의 신학 강의 속에서 나의 그러한 의문에 대한 모든 답변을 찾을 수 있었다. 그분은 사회주의와 기독교의 만남을 신학적으로 다루고 계셨다.

그분의 신학은 개인 구복과 피안의 세계로 향하는 일반 기독교 신앙의 한계를 넘어서서 역사적 현실 안에서 불의를 극복하고자 실천하는 길을 제시하고 있었고, 사회주의 사상의 의의를 확고하게 인정하지만 궁극적으로 모든 인간의 행위는 삼위일체 하나님의 빛 아래서 다시 재조명되어야 하고 상대화되어야 한다는 것을 이야기함으로써 더욱 완성된 사상의 세계로 인도하고 계셨다. 이후로 간신히 낙제를 면하던 방황을 종료하고 학업에 열중하게 되었고 심지어 우등장학금을 받기도 하고 과대표를 맡기도 하였다. 기독교 신앙과 신학에 대한 나의 환멸과 회의는 극복되었고 박순경 교수님의 신앙과 신학이라면 진정 의미 있고 가치 있는 학업의 길이라고 자부할 수 있게 되었다. 나는 그분의 사상이 그 어떤 세계적인 신학자 이상의 신학사상이라고 여겼고 이에 그분의 사상을 계승하고 싶다는 생각으로 대학원을 진학하게 되었었다. 내가 보는 그분은 이 시대의 이사야였고 예레미야였다.

대학원을 진학하였으나 또다시 방향을 잡지 못하고 방황을 하게되었는데 어느 날 그분에 대한 구속 소식을 듣게 되었다. 교수님께서는 이화여대 은퇴 후 바로 문익환 목사님과 재야인사들과 함께 범민련에서 활동하시는 등 재야 통일운동 및 민주화운동 등을 시작하셨다. 이화여대 은퇴까지 60평생이 외로웠으나 재야운동에 뛰어들면서 비로소 외롭지 않았다고 말씀하셨던 것이 늘 기억이 난다. 재야운동을 하는 가운데 일본에서 하신 주체사상과 신학에 대한 강연으로 인해 구속되셨다는 소식을 접하고 나는 석방대책 위원회라는 곳을 찾아가게 되었고 꿈같은 재회가 일어나게 되었다. 나는 감옥을 방문하게 되었고 그분의 석방대책 위원회에서 김애영 교수님을 도와 일하게 되었다. 내 인생에 있어서 가장 주옥같은 운명의 시간으로 그때를 기억한다. 당시 홍근수 목사님과 옥중 서신을 교류하시던 일도 기억이 나고 임수경의 방북에 함께하셨던 문규현 신부님의 동생 문정현 신부님과 함께하는 식사자리에 따라가서 그분들의 이야기를 들었던 경험 등은 내 인생의 가장 뜨겁고 의미 있는 기억들이다.

그분을 처음 뵈었던 때가 벌써 33년 전의 일이 되었다. 20년이 지날 때까지 나는 그분의 뒤를 이은 신학 사상을 계승해야 한다는 숙제를 잊지 못하고 신학교 청강을 하곤 했었다. 그러나 삶의 모든 정황은 나로 하여금 그러한 신학 사상 계승의 꿈을 완전히 산산 조각낼 만큼 힘든 상황으로 내몰아갔다. 학업으로 사상을 계승하지 못한다면 그분에게 배웠던 실천적인 기독교 신앙과 신학의 정신, 남북통일 문제에 대한 것들을 내 정황에 맞게 작게라도 실천하며 살아야겠다는 형태로 나는 숙제를 포기하지 않고 여전히 이어가고 있다. 나의 작은 실천들은 밴쿠버에서 6.15 남북 공동선언위원회의 멤버, 평통 위원, 캐나다 NDP 당의 outreach, NDP 후보들의 선거를 돕는 일, 캐나다 수상에게 북한과의 수교 재개에 관한 탄원서 제출 운동, 박순경 교수님의 애제자이신 김애영 교수님을 모시고 밴쿠버 강연회 개최 등의 작은 일들을 통해서 이루어지고 있다(NDP당은 캐나다에서 사회주의 정신을 가진 정당으로 의회 민주주의를 통해서 사회주의 정신을 실현하고자 하는 정당이다).

마지막으로 그분의 주옥같은 글의 일부를 발췌하여 이글을 맺고자 한다.

신학한다는 것은 구체적으로 주어지는 역사 사회에로 하나님, 예수 그리스도, 성령, 즉 삼위일체 하나님이 현재적으로 오신다는 교회의 선포에서 출발하여 이것을 비판적으로 검토하고 동시에 역사, 사회 세계의 문제들을 하나님의 구원의 빛에서 비판적으로 밝혀내고 역사 사회 세계를 새롭게 하는, 즉 변혁하는 계기를 역사 사회 세계에 열어놓아야 한다는 것을 의미한다. 교회와 신학은 그럼으로써 역사 사회 세계를 하나님의 종말적 구원 혹은 그의 나라의 종말적 도래에로 변혁하고 행진해 나가도록 하는 삼위일체 하나님의 역사하심에 동참 동역하게 된다.

이러한 일들을 위한 구체적인 그분의 신앙과 신학은 바로 세계사의 비극인 민족분단의 현실에 대한 신학적 조명이 되어 통일신학이라는 실천신학으로 이어진다.

우리 개개인은 민족 공동의 죄악과 멍에를 운명적으로 지니고 있으며, 따라서 우리 개개인은 민족의 문제들과 씨름할 수밖에 없으며 이렇게 함으로써 우리 민족의 새로운 미래를 개척해야 한다.

우리 민족의 새로운 미래를 위해 그분은 반공 기독교에 대한 비판과 민족통일의 과제를 한국 신학의 우선적 과제로 제시하셨다. 민족통일을 평생의 신학의 과제로 삼으셨지만 끝내 민족통일을 보지 못하고 영면에 드셨으나 그분이 남기신 정신적인 영향은 말씀이 육신이 되어 우리 가운데 거하듯이 제자들의 삶에 면면히 스며 살아계신다. 마지막으로 그분의 뒤를 이어오신 김애영 박사님께 가슴 깊은 감사를 올린다.

"손이 깨끗한 사람의 마음도 깨끗해요…"
― 손도 마음도 깨끗한 박순경 선생님

서광선*

내가 난생처음으로 박순경 선생님을 뵌 것은 1951년 6.25 한국전쟁이 치열해져서 북조선 인민군과 남한의 국군이 대구 북쪽 낙동강 하류에서 피 터지게 싸우고 있을 때, 부산 피난지였습니다. 만나게 된 곳은 '미실회'라는 미국 감리교 선교사가 세우고 지원하는 복지단체였습니다. '미실회'는 6.25 전쟁이 일어나자, 전쟁 통에 평양에서 반공 친미 목사라고 인민군에게 총살당한 순교자들과 서울과 남한 각지에서 인민군에게 납치되어 행방불명이 되었거나 총살당한 남한 교회 목사님들의 유가족을 구제하는 '한국전쟁 순교자 유가족 복지 선교회'였습니다. 나는 평양에서 탈출해서 구사일생, 목숨을 건지고 부산까지 내려와 대한민국 해군 소년 통신병으로 자원입대해서 하얀 해군 수병 복장을 하고, 순교자 가족의 한 사람으로 주말 진해로부터 부산으로 가족 방문차 외출하게 되면 '미실회'를 방문해서 미실회 회장이신 김동숙 사모님에게

---

* 이화여자대학교 명예교수

인사드리곤 했습니다.

처음 박순경 선생님을 만나게 된 것은 내가 김동숙 사모님에게 인사차 '미실회'에 들렀을 때였습니다. 해군 수병의 흰색 군복을 입고 사모님의 소개로 박순경 선생님과 인사를 나누었습니다. 선생님은 서울대학교 철학과 학생으로 '미실회'의 순교자 유가족을 위해서 위로금을 송금해 주는 미국 후원자들에게 보내는 유가족 아이들의 감사 편지를 영어로 번역해 보내고, 미국의 후원자 가족이 보내는 편지를 우리 유가족 아이들을 위해서 우리 말로 번역해주는 일을 한다고 했습니다. "와, 그러면 영어를 아주 잘 하시겠네요!" 나는 큰 소리로 놀랍다는 찬양의 '함성'을 질렀습니다. 그리고 "감사합니다" 인사하며 허리를 굽혔습니다.

그리고 선생님의 얼굴을 정면으로 대했습니다. 선생님은 웃으시면서 만나서 반갑다는 인사의 말씀을 하셨습니다. 나는 선생님의 얼굴을 똑바로 쳐다볼 수 없었습니다. 선생님의 얼굴은 찬란하게 빛나고 있었습니다. 초롱초롱한 커다란, 빛나는 눈을 똑바로 쳐다보기에는 너무도 눈부셨습니다. 선생님의 음성은 음악 소리처럼 아름답게 울려 퍼지고 있는 것 같았습니다. 황홀한 만남이었습니다. 서울대학교 학생은 모두 다 이렇게 머리가 좋고 총명한데, 게다가 내가 좋아하는 철학을 공부한다고 하니 부럽고 존경스러울 수밖에 없었습니다. 꼭 70년 전 이야기입니다. 선생님은 7년 선배였습니다.

나중에 들은 이야기지만, 박순경 선생님의 서울대 철학과 동기생이 안병무, 허혁 선생님이었다고 합니다(안병무 교수는 서울대 사회학과 출신이고, 허혁 교수는 감신대 출신인데, 허혁 교수가 독일로 유학을 떠나 연락이 두절 되었다. 원초가 미국에서 제임스 로빈슨 교수와 가까웠고 로빈슨 교수가 당시 미국 교수로서는 거의 유일하게 독일 신학자들과 교류가 있어 독일을 왕래하기에 허혁을 찾아 달라고 하니 당시 유학 중이던 안병무 교수 주소를 가져왔고 차후에 유학 생활을 마치고 온 안병무 선생이 중앙신학교를 맡게 되자 허혁, 박순경 세 분이 의기투합하여 중앙신학교를 제대로 된 신학교로 만들려고 했으나 안병무, 허혁 선생이 결렬되어 세 분의 관계가 제대로 이어지지 않았다고 한다). 그토록 친하면서도 그토록 철학적으로나 신학적으로 티격태격, 기회만 있으면 논쟁을 벌이는 것을 보면, 저분들이 정말 대학에서 둘도 없는 친구들이었다는 게 믿기지 않을 정도였습니다. 그래서 더 박순경 선생님과 선생님의 신학이 돋보였고, 멋있어 보였습니다.

나는 해군 수병의 흰 군복을 입고 그 후에도 '미실회'를 방문했고, 방문할 때마다 박순경 선생님을 혹시 뵐 수 있을까 기대를 가지고 갔지만, 실망할 때가 더 많았습니다. 그러는 동안에 나는 미 해군 종합학교에 가서 훈련을 받고 돌아왔습니다. 1953년 7월, 한국전쟁의 치열한 싸움을 그만하고 좀 '쉬자'는 어정쩡한 '휴전'을 하고, 서울이 수복되었고, 남과 북을 가르던 38선 대신 '휴전선'이 그어졌습니다. 그리고 박순경 선생님은 서울로 떠나 버렸습니다.

부산 동래에 순교자 유가족 촌에 살던 우리집 동생들과 새어머니도 다른 순교자 유가족들과 함께 서울 장충동에 미국 감리교 선교사님들이 마련한 임시 숙소로 이사했습니다. 나는 진해에서 부산으로 기차 타고 주말여행을 할 수 있었지만, 서울 수복 후에는 한 달에 겨우 한 번 정도밖에 서울로 이사한 가족 방문을 할 수 없게 되었습니다. '미실회'도 순교자 가족들과 함께 서울로 이사 갔기 때문입니다. 박순경 선생님은 서울의 정신여자고등학교의 영어와 독일어 교사로 상경해서 서울대 대학로 근처에 하숙하고 계시다는 소식을 들었습니다.

1954년엔가, 55년엔가 확실하지 않지만, 선생님이 미국으로 유학

가신다는 소식을 '미실회'에서 들었습니다. 그래서 용기를 내서 선생님 하숙집을 찾아갔습니다. 부엌도 없는 단칸방에 이 해군 졸병을 환영해 주셨습니다. 내가 듣기로는 선생님과 사귀던 남자 선생이 미국으로 혼자 훌쩍 떠났기에 애인 따라 떠난다는 소문이었지만, 나는 감히 그것을 확인할 수 없었습니다. 미국 유학길에 올라 한국 땅을 떠난다는 선생님이 대견스럽고 존경스럽고 자랑스럽기만 했습니다. 선생님의 차 대접을 받았는지, 점심 대접을 받았는지 기억이 나지 않지만, 나는 선생님이 하시는 말씀에 귀 기울이고, 선생님의 질문에만 간신히 대답할 뿐이었습니다. 내가 미국 해군에 가서 받은 훈련 이야기며, 미국 동부까지의 긴 여행과 미국 해군 친구들 이야기며, 나도 곧 미국에 공부하러 가게 될 거라는 이야기는 꺼내지도 못하고 선생님 말씀하시는 걸 쳐다보고만 있었던 것 같습니다. 연상의 여인을 짝사랑한다는 것이 이토록 사람을 바보로 만드는 것인 줄 전혀 깨닫지 못하고 있었습니다. 마냥 행복하기만 했습니다.

자리에서 일어나면서 겨우 한 마디, "선생님, 미국 잘 다녀오십시오." 그래도 선생님은 손을 내밀어 내 손을 잡아 주셨습니다. 일제강점기 말기에 세브란스 고등간호학교에서 간호사 공부를 하면서 생긴 결벽증 때문에 웬만한 남자하고는 절대로 악수를 안 하기로 소문난 선생님의 손을 잡았던 것입니다.

나는 그때 선생님의 하숙집을 나오면서 이제 우리 인연은 이것으로 끝이구나 했습니다. 선생님이 혹시 대문까지 나오셔서 작별의 손이라도 흔들어 주시지 않을까 해서 몇 번이고 돌아다 보았지만, 헛수고였습니다. 우리는 그렇게 헤어졌습니다.

1962년 가을, 나는 미국 서부에 위치한 아주 작은 기독교 인문대학의 철학과 종교학과에서 3년 동안 공부한 후 시카고 근처에 있는 일리노이 주립대학의 대학원에서 철학으로 석사학위를 받았습니다. 그리고 순교자 아버지의 뒤를 이어 신학 공부를 해야겠다는 결심을 하고, 뉴욕의 유니온신학대학원에 진학하였습니다. 입학식 첫날, 200여 명의 석·박사 신입생 가운데 한국 학생이라곤 박형규 목사님과 나, 그렇게 두 사람뿐이었습니다. 거기서 우리는 평생 신학 동지가 되었고, 목사님은 나의 과외 교수로, 한국교회 역사와 신학을 가르쳐 주셨습니다.

신학대학원에 입학하자마자 첫 학기였는지, 두 번째 봄 학기였는지 기억이 확실하지 않지만, 뉴욕에서 서남쪽으로 기차 타고 한 시간 거리에 있는 유명한 감리교신학대학원인 드류대학교 신학대학원에 한국 신학자 목사님들이 박사학위 공부를 하고 있다는 소식을 듣고 있었습니다. 그 대학원에서 개최한 뉴욕 지역 신학생들의 모임에 초대받아 박형규 목사님을 모시고 드류신학대학원을 방문하기로 했습니다. 박형규 목사님은 드류신학대학원을 말씀하시면서 적이 흥분해 있었습니다. 드류에는 서울 감리교신학대학교의 신약학 교수인 김용옥 목사도 와 있고, 조직신학자 변선환 교수도 와 있다고 하는데, 무엇보다 여성 신학자로 칼 바르트에 미쳐 있는 박순경 선생이 박사학위 공부하러 와 있다는 것이었습니다.

나는 무엇보다 박순경 선생님을 미국에서 뵐 수 있다는 데 흥분하고 있었습니다. 그때 서울대학 근처, 선생님 하숙집에서 작별 인사하고 헤어진 것이 우리 인연의 끝이 아니었구나 하는 설렘과 함께 기차에 올라탔습니다. 공식 행사를 마치고 저녁 시간이 되어 박형규 목사님을 비롯해서 김용옥, 변선환 목사님들과 함께 박순경 선생님의 기숙사 방에 몰려갔습니다. "오, 서 선생도 왔구나? 신학 공부를 한다고? 반가워요." 박순경 선생님은 우리 누구와도 악수를 청하지 않았습니다. 서울 하숙집에서 작별 인사를 드린 지 10년 가까이 됐는데도 선생님은 하나도 변하지 않은 것 같았습니다. 눈빛은 옛날보다 더 빛나는 것 같았고, 음성은 더욱 분명해진 것 같았습니다.

좁은 방에 쪼그리고 둘러앉아 선생님의 저녁상을 기다리고 있었는데, 그야말로 미국식으로 구운 빵 조각하고, 치즈 조각들과 붉은 색깔의 고기 조각들하고 둥글게 자른 토마토 조각들이 전부였습니다. 목사님들이 모두 놀라 소위 저녁 밥상을 내려다보고 있는데, 맥주 깡통이 상위에 올라왔습니다. 밥상 차리는 심부름은 자연히 최연소자인 내가 하고 있었습니다.

모두 조용히 앉아 있는데, 박순경 선생님이 손을 닦으면서 자리에 앉자마자, 박형규 목사님이 소리 질렀습니다. "아니 먹을 게 이게 다야? 예? 난 미국 와서 샌드위치에 식상이 나 있는데, 여기서까지…." 박순경 선생님은 그 말을 들은 척 만 척, "목사님, 식사 기도해주세요" 하는 바람에 모두 머리를 숙였습니다. 기도가 끝나고 모두 머리를 들고 나서는 파안대소 큰 소리로 웃으며, 평생 친구들처럼 그동안 지나온 이야기와 서울의 4.19 이야기를 비롯해서 5.16 박정희 군사 쿠데타에 대한 이야기와 쿠데타에 대한 찬반 논쟁, 신학 이야기꽃을 피우면서 밤이 깊어가는 줄 모르고 있었습니다.

1963년 봄학기에 박형규 목사님과 나는 유니온신학대학원 총장의 초청으로 오신 이화여대의 김활란 총장님을 환영하게 되었습니다. 1961년 5.16 군사 쿠데타로 정권을 잡은 박정희 장군이 한국 대학의 60세 이상의 대학 총장을 모두 은퇴하게 해서 1961년 가을, 이대 총장직을 약관 40세의 김옥길 총장에게 넘기고 휴양차 뉴욕, 우리 신학교로 오신 것이었습니다.

　나는 김활란 박사님에게 처음으로 인사드린 날부터 많은 사랑을 받았습니다. 내가 일리노이 주립대학에서 석사과정으로 철학을 공부하고 있을 때 만나 사랑에 빠져서 약혼한 사람이 김활란 총장님의 비서로 일하다가 내가 다니던 학교 근처의 감리교대학에 유학했던 인연이 있었기 때문이었습니다. 약혼자가 공부를 마치고 이대로 귀국해야 한다는 약속을 지키기 위하여 시카고 기차역에서 작별하고, 나는 같은 기차역에서 뉴욕으로 신학 공부를 위해서 기차를 탔던 것이었습니다. 김활란 박사님은 우리가 그렇게 약혼까지 하고, 약속한 대로 약혼자를 이대로 돌아오게 했다는 데 놀라고 감동받으셨다는 것이었습니다.

　박형규 목사님은 박순경 선생님을 몇 번 만나고서는 결심을 하셨습니다. 박순경 선생은 드류신학대학원에서 신학으로 박사학위를 끝내면, 곧바로 이화여대 교수로 가야 한다는 것이었습니다. 그러니까 김활란 박사님이 우리 신학대학원에 계시는 동안, 박순경 선생을 만나게 해서 박순경 선생님이 박사학위를 받자마자 이화여대로 가실 수 있게 해야 한다는 것이었습니다.

　어렵사리 김활란 박사님을 설득해서 박순경 선생님과의 면접이 이루어졌습니다. 몇 년이 더 걸릴지 모르지만, 박사학위 논문이 통과되자마자 이화여대 교수로 초빙하겠다는 약속을 받아 내는 데 성공했습니다. 한국 최초의 여성 신학박사 박순경 박사를 이화여대 기독교학과 교수로 초빙한다는 역사적 의미와 여성 신학자를 추대한다는 커다란 의미가 있다는 것을 박형규 목사님은 거듭 강조하고 있었습니다.

　나는 아직 신학교 1학년 학생으로 박순경 선생님의 신학, 바르트, 바르트, 선생님 말끝마다 바르트를 말씀하시는 걸 들었지만, 아직 그

뜻이 무엇인지 분명히 이해하지 못하면서도 박순경 선생님의 학문적인 성공에 찬사를 보내고, 존경하는 마음은 깊어 가기만 했습니다. 그러나 나 자신도 김활란 박사님의 초청으로 이화여대 기독교학과 교수로 귀국하게 될 것을 꿈에도 생각하지 못하고 있었습니다.

박형규 목사님이 뉴욕의 유니온신학대학원에서 석사학위를 받고 귀국하신 다음에는 박순경 선생님과의 연락이 끊어졌습니다. 선생님은 선생님대로 박사학위 논문에 매달려 있었을 테고, 나는 나대로 신학 공부에 몰입하고 있었기 때문이었습니다. 그리고 김활란 박사님의 초청으로 이화대학 교목실의 인턴으로 1년간 일하면서 기독교학과에서 전임강사로 강의하는 기회를 얻게 되었습니다. 1964년 봄 학기가 끝나는 대로 그해 5월 이화대학 캠퍼스에 발을 들여놓을 수 있었습니다. 미국 시카고 기차 정거장에서 기약 없는 이별을 하고 떠난 약혼자와 결혼식을 올리고, 당시 박정희 군사 정권이 시작한 한일정상회담에 반대하는 학생들과 교수들 그리고 기독교 지도자들의 활동을 지켜보면서 한국의 정치 상황에 대해서 많은 것을 배웠습니다. 정치적인 고민뿐 아니라, 신학적인 고민과 함께 신학자로서의 정치적 책임에 대해서 더 큰 고민을 하면서 많은 실존적 질문을 스스로 던지면서 소중한 1년을 보냈습니다.

1965년, 이화여대에서 소중한 1년을 보내고, 우리 신혼부부는 뉴욕의 유니온신학대학원으로 돌아와 학교 아파트에 자리를 잡고 새살림을 시작했습니다. 그리고 1966년 봄 학기가 끝나면서 나는 유니온신학대학원에서 신학사(B.D.- Bachelor of Divinity, 지금의 M.Div.- Master of Divinity) 학위 수여식에 참석하고, 드류신학대학원의 박순경 선생님의 신학박사 학위 수여식에 참석하여 선생님의 학업 성취를 진심으로 축하할 수 있었습니다.

우리 둘을 반기시면서도 다른 수많은 축하객 틈에서 정신이 없으셨습니다. 우리의 축하 인사에 신경 쓸 여유가 없었겠지만, 덤덤한 재회였던 것 같습니다. 우리가 이화대학에서 결혼식을 올리고 왔다는 이야기, 선생님은 곧 이화대학 교수로 귀국하신다는 이야기를 할 틈도 없었습니다. 수많은 졸업생과 하객들은 우리 부부 두 사람에 대해서 별로 아는 바가 없을뿐더러 박순경 선생님과의 관계에 대해서는 더욱 아는 바가 없어서였는지 우리의 존재는 거의 무의미했던 것 같습니다. 그러나 우리는 선생님의 박사학위 수여식에 참여한 것을 후회하지 않았습니다. 진심으로 자랑스러웠고, 박사학위 가운을 입은 선생님의 모습이 더없이 자랑스러웠습니다.

박순경 선생님 학위 수여식에서 그렇게 덤덤하게 만나고, 또 그렇게 덤덤하게 헤어졌습니다. 그리고 그해 여름, 박사학위 공부를 위해서 미국 남쪽 미국 감리교의 도시라고 하는 테네시주 내쉬빌에 위치한 밴더빌트 대학교 대학원에 진학했습니다. 그러는 동안 다시 박순경 선생님과의 연락은 두절되었고, 서로 소식을 전할 일도 없었습니다.

1969년 8월, 드류 신학대학원 학위 수여식에서 박순경 박사님에게 축하 인사를 드린 지 만 3년 뒤, 나 역시 신학으로 철학박사학위를 받고 새로 태어난 아들과 함께 우리 부부는 이화여대로 귀국했습니다. 박사학위 공부가 끝났다는 보고를 김옥길 총장님에게 보고드리자마자 총장님의 축하 서신과 함께 뜻밖의 임명장이 날아왔습니다. 이화여대 문리대학의 기독교학과 과장으로 임명한다는 친필 임명장이었습니다.

내가 취임 인사를 드린 기독교학과 교수님들로는 우리 결혼식에서 축가를 불러주신 유니온신학대학원 대 선배 현영학 교수님을 비롯한 또 한 분의 유니온 선배 목사님이신 이병섭 교수님 또 교목실장 마경일 목사님, 조찬선 목사님과 한준석 목사님 그리고 김흥호 목사님 등 남자 교수님들과 여자 교수님들로는 박순경 전임 학과장과 정의숙 교수님 그리고 신옥희 교수님과 손승희 선생 그리고 연로하신 장원 교수님 등 이었습니다. 미국 대학에서 박사학위를 취득한 교수들로는 박순경 박사님과 나, 두 사람뿐이고 미국서 석사학위를 취득한 분이 두세 분, 이화여대 석사학위 취득자, 한두 분이고 나머지 교수님들은 주로 일제강점기 일본의 신학대학에서 수학한 분들이었습니다.

첫 번째 정식으로 모인 학과 교수회의에서부터 박순경 선생님은 나를 환영하는 것 같지 않았습니다. 내 기억으로는 축하한다든지 환영한다든지 하는 빈 인사말조차 없었던 것 같습니다. 말하자면 아주 가혹한 '환영'이었습니다. 하긴, 과장 임기가 아직 1년이나 남아 있는데, 난데없이 약관 40도 안 된 새까만 후배 교수가 자기 자리를 밀고 들어 왔으니 기분이 좋을 리가 없었습니다. 나는 머리를 조아리면서 느닷없이 예기치 않게 귀국 직전 총장의 임명장을 받아 놀랐고, 어떻게 해야 할 바를 모르고 이렇게 돌아왔는데, 대선배이며 특별히 존경하는 박순경 박사님의 대를 잇게 된 것을 무엇으로 어떻게 미안하고 죄송스럽다고 할지 몸 둘 바를 모르겠다는 요지의 취임 인사를 했습니다.

취임 후 2년인가 3년 동안, 박순경 선생님의 나에 대한 태도와 언사는 변함없이 냉랭했고, 학과 교수회를 할 때마다 과장이 제안하는 의제에 대해서 매번 반대하는 발언으로 일관하셨습니다. 나는 선생님의 심기를 충분히 이해하는 입장으로 정중하게 내 생각을 설명하고, 다른 선배 교수님들의 동의를 얻어 기독교학과 발전과 교과과정 정립 등 과제를 추진해 나갔습니다. 박순경 교수님뿐 아니라, 거의 모두 나보다

10년 선배 되시는 기독교학과 목사님들을 모시고 최연소 과장 노릇을 한다는 것이 이만저만 어려운 일이 아니었습니다. 이러한 분위기에서 심리적, 정신적으로만 아니라 학문적으로 시련을 극복해 나가는 가운데 나 자신이 인간적으로 단련을 받으며 성숙할 수 있다는 것을 깨달으면서 감사하고 있었습니다.

박순경 선생님은 학과장의 책임을 내려놓으시고는 강의에 보다 열중하시고 학생들을 지도하는 데 성의를 다하시는 것을 지켜볼 수 있었습니다. 학생들의 이야기를 들어보면 박순경 선생님의 신학 강의는 주로 칼 바르트의 신학이 주제지만, 그 어려운 바르트의 학설을 성의를 다해서 학생들에게 이해시키려는 노력에 감사하고 감탄하고 있었습니다. 대한민국 어디에서도 더 이상 훌륭한 바르트 신학을 배울 수 있는 곳이 없다고 할 정도로 학생들은 박 선생님의 강의를 좋아했습니다. 그러면서 박 선생님을 어려워했고 학문적으로 존경했습니다. 선생님의 강의를 모두 다 이해하지는 못했어도 선생님의 신학 사랑, 학문 사랑, 바르트 사랑에 탐복하고 따랐습니다.

1970년대 초, 박정희 대통령이 유신헌법을 강압적으로 통과시키고 이를 반대하고 일어선 학생들과 지식인들 그리고 종교계를 진압하기 위한 긴급조치들을 남발하고 대학가의 유신반대 운동은 치열해지기만 했습니다. 대학교수들, 특히 기독자 교수들은 유신정권에 반기를 들고 학문의 자유와 인권 그리고 정치의 민주화운동을 조직적으로 전개하기 시작했습니다. 한국의 신학계는 서남동, 안병무, 현영학 교수들을 중심으로 하는 '한국 민중신학'의 정치·신학적 기치를 들고 나가 박정희 유신정권에 정면으로 대치하고 있었습니다. 그리고 많은 대정부 성명서를 발표하면서 민주주의와 인권, 특히 노동 민중의 인권을 주장했습니다.

박순경 선생님은 학원의 민주화 투쟁과 신학자들의 인권 투쟁, 특히 민중신학 운동의 한 가운데서 침묵을 지키고 있었습니다. 바르트가 말한 "그리스도인들은 한 손에 성서를 들고, 다른 한 손에는 신문을 들어야 한다"라는 명언에도 박순경 선생님은 한 손에 든 성서만 고수하고 계셨습니다. 즉, 바르트가 말한 세 가지 하나님의 말씀들인 성서와 예수 그리스도와 주일 강단에서 외치는 목사의 설교 중에서 성서와 바르트의 『교회 교의학』만을 논하고 있었던 것 같습니다. 그리고 민중신학에 대해서는 "민중신학이 한국 민중을 말하지만, '민중 여성'에 대해서는 무지하거나, 한국 여성의 억압적이고 차별적인 고난의 상황을 말하지 않는다"라고 비판만 하셨을 뿐이었습니다.

유신 긴급조치 압정의 와중에 박순경 선생님은 유럽으로 신학을 공부하기 위하여 출국하셨습니다. 1970년대 독일은 아직 동독과 서독으로 분단되어 있었고, 서독의 신학자들은 공산주의 지성인들과의 대화와 토론에 열중하고 있었습니다.

선생님이 유럽 유학에서 귀국하신 지 얼마 되지 않은 1979년 10월 26일 밤, 청와대 근처 궁정동, 박정희 대통령을 모신 술자리에서 터진 총소리가 우리 역사를 바꾸어 놓았습니다. 대통령의 측근 중앙정보부장 김재규가 술자리에서 일어나 "이 버러지 같은 놈" 하면서 대통령 경호실장 차지철을 쏴 죽이고, 이어서 대통령을 총살한 것이었습니다.

1980년, 박정희 유신 군사 독재정권이 암살됐다고 해서 곧바로 민주화가 된다고 생각하고 기대한 것은 큰 오산이었습니다. 더 무섭고 살인적인 군사 정권이 들어서고 있었습니다. 1980년 5.18 광주민중민주운동은 전두환 특전사가 주동한 양민 시위대 학살로 피바람과 함께 좌절됐습니다.

유럽 신학 탐방에서 귀국한 박순경 선생님과는 유럽 이야기를 들을 기회가 없었지만, 학생들을 통해서나 선배 신학자들을 통해서 들은 이야기로는 확실히 달라졌다는 소문만 듣고 있었습니다. 그중 한 가지는 유럽, 특히 서독의 신학자들이 기독교와 맑스주의와 진지한 대화를 하고 있는 데서 큰 충격과 깊은 인상을 받고 오신 것 같다는 이야기 정도였습니다. 그리고 남미 해방신학자들이 주동이 되어 시작한 EATWOT: Ecumenical Association of the Third World Theologians(제3세계에큐메니칼신학자협의회)에 가담하여 남아메리카 해방신학자들, 아프리카 대륙의 해방신학자들과 아시아 신학자들 그리고 미국의 흑인 해방신학자들의 제3세계 해방신학공동체의 주요 멤버가 되셨다는 것입니다. 곧이어 1980년 4월 한국여신학자협의회를 창설하시고, 초대 회장직을 맡기도 하셨습니다.

선생님은 1970년대 말 어느 날, 필리핀의 해방신학자이며 여성신학자인 파벨라(Virginia Fabella) 수녀가 이화여대로 선생님을 방문했을 때 나를 특별히 소개하고 제3세계신학자협의회의 멤버가 되게 하셨습니다. 그뿐만 아니라, 내가 1980년 전두환 쿠데타 정권의 합동수사본부 형사에게 강제 연행되어 김대중내란음모사건 참고인으로 조사를 받고 이화여대에서 해직되어 대학 강단에서 추방되었을 때, 박순경 선생님의 주선으로 미국의 마리놀(Maryknoll)수도회 신학 저서 연구비를 받게 되었습니다. 당시 이화여대에서 같은 이유로 해직당한 교수들 가운데 기독교학과 교수들로는 현영학, 한준석, 서광선 등 3명이었고, 사회학과의 이효재 교수, 불문학과의 김치수 교수, 법학과의 백재봉 교수, 사범대학 교육학과의 백명희 교수와 정용재 등, 전국적으로 30여 명의 기독자 교수들이 해직되었을 때였습니다. 나는 미국 매리놀수도회가 지원한 연구비로 나의 신학 여정과 함께 한국 민중신학을 소개하는 *Korean Minjung in Christ*(CCA, 1983)라는 제하의 영문 서적을 출판할 수 있었습니다. 선생님의 배려에 대해서 정식으로 감사하다는 말씀을 드릴 기회를 놓쳤지만, 해직 기간 4년 동안 그 연구비로 책을 쓸 수 있었을 뿐 아니라 생계에 크게 도움이 되었던 것을 잊을 수가 없습니다.

1980년 5.18 광주민중민주혁명운동은 전두환이 주동한 신군부에 의해 좌절되었다고 하지만, 사실상 1970년대의 시민사회의 민주화운동세력을 강화하였다고 평가할 수 있습니다. 1970년대 시민운동 세력은 한편 '선 통일, 후 민주,' 이를테면 "남북통일 없이는 한국의 민주화는 불가능하다"라는 입장이 있는가 하면, '선 민주, 후 통일,' 즉 "민주화되지 않고서는 통일 논의는 불가능하다"라는 입장이 있었다고 하겠습니다. 1970년대의 기독교 에큐메니칼운동 세력은 '선 민주, 후 통일'론이었습니다. 그러나 5.18 광주 혁명을 경험한 에큐메니칼 한국교회 민주화운동 세력은 '선 통일, 후 민주,' 남북 분단상황을 극복하고 통일을 논하기 전에는 민주화는 불가능하다는 것을 통렬히 깨닫고 에큐메니칼 시민운동 방향을 '평화통일' 운동으로 전환했던 것입니다.

한국기독교교회협의회를 중심으로 통일 논의를 시작하였으나 '통일협의회'를 열어 토론을 시작하기도 전에 전두환 신군부 정권은 방해하고 나섰습니다. 모임을 열기도 전에 방해를 놓기도 하고, 모임이 열리자마자 강제 해산을 명하고 물리적으로 모임을 좌절시키기도 했습니다. 그럼에도 불구하고 평화통일 논의는 비밀리에 소그룹으로 모이면서 치열한 논쟁을 전개하면서 지속되었습니다. 이런저런 에큐메니칼 신학자들과 목회자들의 모임에 여성신학을 주도하고 여성운동을 이끌어 온

기독교 지성인들이 적극적으로 참여하기 시작하였습니다. 이 가운데 눈에 띄는 여성 지도자로는 이화여대 사회학과의 이효재 교수와 박순경 교수 그리고 서울여대의 이우정 교수 등이 있었습니다.

분단 한반도, 피비린내 나는 6.25 한국전쟁을 경험한 전쟁 시대의 한국기독교 지성들의 평화통일을 향한 담론은 치열했습니다. 한결같은 논의는 결국, (1) 통일은 자주적이어야 한다. 외세에 의해서 민족분단의 고통을 경험한 한민족은 앞으로 우리 민족 문제는 어디까지나 자주적으로 결정하고 진행하고 수행해야 한다. (2) 6.25 전쟁을 경험한 한국 민족은 전쟁을 수단으로 하는 통일을 절대 반대한다. 통일은 어디까지나 평화적이어야 한다. '적화 통일'도 있을 수 없지만, 군사적 '북진 통일'은 물론 '흡수통일' 역시 반대한다. (3) 한민족의 분단은 이질적인 이념논쟁에 의한 분단이었으나, 공산주의 이념이나 자본주의 이념을 넘어 민족대단결의 정신으로 통합, 국토 통일과 민족통일을 지향한다. 위의 세 가지 원칙은 1972년 7.4 공동성명의 내용이며 정신이었습니다. 에큐메니칼 통일운동 세력은 7.4 공동성명을 전면적으로 받아들이고 자신들의 통일 원칙으로 제시했던 것입니다.

위의 세 가지 통일 원칙에 더하여 인도주의적 원칙과 통일 논의에 민의 참여를 제시하여 논의했습니다. 1987년 6월 전두환 신군부의 민주주의를 역행하는 폭정에 반대하는 시민운동 세력은 다시 일어났습니다. 결국 전두환의 집권 연장은 좌절되고 헌법을 개정하고 민주 정부를 회복하는 대통령 선거의 기회를 만들어냈습니다. 이 와중에 한국기독교교회협의회(NCCK)는 '통일 백서' 기초를 위한 9인 위원회를 조직하여 문서 기초에 돌입하고, 각종 협의회를 통해 '통일 백서'의 내용을 평가하고 조절하고 편집하기 시작했습니다.

이 한국 에큐메니탈운동 세력의 '통일 백서' 기초의 과정에서 박순경 선생님의 참여는 적극적이었고 비판적이었습니다. 선생님의 입장은 위에서 열거한 7.4 공동성명의 3대 통일 원칙에는 찬동하지만, 부족한 것을 지적하셨습니다. 즉, 한마디로 "통일된 조국의 모습이 분명히 보이지 않는다"라는 것이었습니다.

선생님의 입장은 한 가지 정치이념으로만 통일되어서는 안 된다는 것이었습니다. 공산주의 하나로만도 안 되고, 자본주의로만 통일되어도 안 된다는 입장입니다. 두 가지 이념이 공존하든가, 아니면 제3의 이념과 사상으로 민족 통합과 국토 통일이 되어야 한다는 강한 입장이었습니다. 이런 생각들을 '통일 백서'에 들어가도록 해야 한다는 것을 회의할 때마다 역설하셨습니다. 나아가서 여성을 분단과 전쟁의 '희생자'로만 말하지 말고, '평화통일의 주역'으로 인식하고 평화통일 운동에 참여시켜야 한다고 역설하셨습니다.

1984년 NCCK와 WCC(세계교회협의회)의 노력으로 한국교회 지도자들과 세계교회 지도자들이 북조선의 조선그리스도교도연맹(조그런)을 일본 도잔소 YMCA 수련관으로 초청하여 남북분단과 갈등의 역사를 청산하고, 화해와 평화의 한반도를 만들기 위한 에큐메니칼 평화운동을 전개하였습니다.

이를 계기로 하여 북조선의

박순경 교수 정년퇴임기념강연회에서 박 교수님과
필자 그리고 아내 함선영 교수와 함께

조그런 교회 지도자들이 스위스에서 모이는 세계교회지도자 평화회의에 참여하는 귀한 기회가 생겼습니다. 1986년 최초의 모임이 스위스 글리온에서 열렸습니다. 이를 시작으로 1989년에도 열렸고, 스위스를 넘어 미국, 캐나다에서도 계속해서 세계교회 지도자들과 함께 남북교회 지도자들이 한반도의 평화통일을 향한 꿈과 희망을 기도와 예배와 성찬식으로 눈물로 호소할 수 있었습니다.

미국 뉴욕의 스토니 포인트(Stoney Point) 교회 수련회 장소에서 열린 남북교회 지도자들의 모임에 박순경 선생님은 한국교회 여성 대표로 참석하여 북조선의 주체사상 연구가로 이름난 박승덕 선생의 강연을 경청하면서 북조선의 주체사상에 매료되었고, 큰 관심을 갖게 되면서 북조선의 박 선생과 심도 있는 대화와 친교를 통해서 북조선의 정치이념과 통일정책에 깊은 이해를 하게 되었습니다. 스토니 포인트에서의 모임은 1991년 5월 28~30일에 걸쳐 개최된 북미기독학자 연차대회였는데, 여기에 남과 북의 학자들이 모였고, 북의 참가자 중 박승덕 선생은 북의 사회과학원 주체사상연구소장이었습니다.

미국 모임에 이어 일본에서 1991년 7월 9일부터 12일까지 재일대한기독교회가 주최한 '평화통일과 선교에 관한 기독자 동경회의'에서 "기독교와 민족통일의 전망"이라는 제목의 주제 강연을 하셨습니다. 이 재일교포 그리스도인 모임에서 박순경 선생님은 진솔하게 북조선의 주체사상에 대해서 배운 대로, 믿는 대로 열정적인 강연을 하셨다는 것입니다. 반공 '국가보안법'이 시퍼렇게 살아 있는 무서운 세상에서 우리 선생님은 '적성국 북한 찬양 죄목'으로 안기부와 검찰의 조사를 받고, 같은 해 8월 9일 구속되어 세 번에 걸친 재판을 받게 되었습니다. 무시무시한 재판장에서 우리 선생님은 당당하게 '주체사상'에 대한 강연뿐 아니라 민족의 평화통일을 위한 연설을 그 명쾌한 논리와 뜨거운 열정으로 설득력 있게 말씀하셨습니다.

박순경 선생님은 바르트 '말씀의 신학'을 우리의 정치신학으로 승화시켰을 뿐 아니라 몸으로 실천하셨습니다. 독일 나치스 밑의 바르트와 본회퍼의 '바르멘 선언'에서 표명한 정치신학을 우리 한반도의 정치신학으로 말과 행동을 통해 반공 악법의 감옥과 재판장에서 소크라테스로 변신하고 있었습니다.

우리 박순경 선생님은 어디까지나 민족주의 이상으로 민족을 목숨만큼 사랑하는 한국의 지성이었습니다. 예수님의 말씀 "진리가 너희를 자유케 하리라"는 말씀을 믿고 진리를 찾아 헤매고 탐구하여 자유를 찾은 자유인이었습니다. 박 선생님의 자유는 학생들뿐 아니라 많은 사람을 자유하게 하셨습니다. 그리하여 자유롭게 불의와 부정과 억압과 탄압과 압정과 포악한 독재 군사 권력 앞에서 하나님의 정의와 사랑과 평화의 길과 진리를 당당하게 말할 수 있었습니다.

박순경 선생님은 하늘나라에서 지금 우리가 선생님을 추모하는 이 순간에도 우리를 위해서 코로나 재앙의 한가운데서 북조선의 어른과 아이들이 전염병과 굶주림에 사경을 헤매고 있는 것을 눈물로 지켜보시면서 간절한 기도를 하고 계실 것입니다. 그리고 올해 안에라도 남쪽 박순경 선생님의 통일운동 동지들이 코로나 백신과 약품과 쌀가마니를 새로 개통된 철로를 달리는 화물차에 싣고 평양에 갈 수 있게 되기를 간절히 기도하고 계시리라 믿고 싶습니다.

선생님의 깨끗하고 따뜻한 손길이 그립습니다. 선생님의 그 뜨거운 마음, 민족을 사랑하는 그 마음을 우리의 신학과 행동으로 실천하겠습니다. 선생님의 사랑하고 감사합니다. 그리고 존경합니다.

다시 색동옷 입고 얼쑤!

송병구[*]

1996년 가을, 통일희년 사업의 연장으로 재독한인교회들이 뜻을 모아 세미나를 열었다. 재독한인교회협의회 통일특별위원회가 주관한 일이다. 주 강사로 한국에서 박순경 선생님을 초청했는데, 그만하면 재독 동포들의 수준에서 얼마나 공들여 행사를 준비했는가를 짐작할 수 있을 것이다.

이 행사에 특별손님으로 박순경 교수님과 함께 나란히 이영빈 목사님이 자리하였다. 이 목사님은 1955년 독일로 유학 온 이래 재독한인사회의 산증인이었다. 1960년대 초창기 파독 광부와 간호사들과 함께한 목사로서, 이어서 독일교회(EKD) 목회자로서 일하는 동안 반(反) 이승만부터 최근 통일 대화까지 민족민주운동의 줏대를 지키며 살아왔다. 그런 이유로 귀국을 할 수 없는 신세였다.

남과 북의 교회가 합의한 대로 1995년 통일 희년을 선포했지만, 기대와 달리 한반도 안에서 의미 있는 화해 사건도, 공동행사도 없었다.

---

[*] 색동교회 담임목사, 고난받는 이들과 함께하는 모임 이사장

지지부진한 중에도 재독 동포들의 희년 잔치를 위해 멀리서 날아오신 박순경 교수님과 이미 은퇴하여 현역과 멀어진 이영빈 목사님이 기꺼이 참석하신 일은 큰 기대를 불러일으켰다.

원초의 하관식을 집례하는 필자

사실 희년의 의미는 거창한 데 있지 않았다. 주빈으로서 나란히 앉은 두 분은 그 자체로 희년 사건이었다. 해방공간인 1946년 감리교신학교 입학 동기생으로 만난 두 사람은 50년 만에 통일을 염원하는 한 공간에서 재회한 것이니 말 그대로 희년의 의미를 더하였다.

그해 고희를 맞은 이영빈 목사가 쓴 자서전 『경계선』은 이렇게 기억하고 있다. 두 사람이 입학하던 1946년 봄, 신학교 밖이든 안이든 무질서가 지배하던 혼돈의 시대였다. 입학 동기생 40여 명의 생각도 갈래갈래였다. 그때 만난 인물이 박순경이었다.

나와 같이 신학적 혼돈에서 자력으로 신학을 찾아가는 동기들이 몇몇 있었다. 박순경, 허혁, 정대호 그리고 유동식이다. … 우리는 바르트에게 배운 신학을 계속하였다. 신학을 학문적으로 더 추구하기 위해 박순경 씨와 정대호 씨는 서울대학 철학과 대학원으로 들어갔다. 허혁 씨와 나는 대전감리교회의 부목사로 목회를 실천하면서 신학을 계속하기로 하였다"(『경계선』67~69쪽).

두 분의 우정을 확인할 수 있는 증거가 있다. 그들은 바르트 신학 서클을 만들어 『복음과 율법』(Evangelium und Gesetz)을 번역하였는데, 바로 허혁·박순경·이영빈이 공역한 작품이었다. 당시 책의 표제어는 『福音과 律法』(금용도서주식회사)이고 '카-ㄹ. 빨트 著'란 이름이 인상적이다. 물론 공역자 세 사람의 이름도 담겨있다. 표지에는 등사용 철판(일명 가리방)으로 그린 포도송이 하나를 중심에 두었다. 이즈음 「사도신조」(Credo)도 함께 발간하였다. 그러나 한국전쟁이 일어나는 통에 판매가 이루어지지 못하였다.

박순경, 이영빈 두 분의 만남이 해방공간부터 시작되어 현재까지 50년 동안 한길로 이어진 사실만으로도 경이로움이다. 박순경 교수에 따르면 신학교 안에서 몇 안 되는 민족과 통일에 대한 관심을 지닌 친구들이 할 수 있는 일은 '독학신학'을 하면서 독일 신학자 칼 바르트를 연구하는 일이었다고 한다. 우리와 마찬가지로 분단된 독일에서 신학적 지주와 가교역할을 한 바르트를 통해 교회의 화해자 역할을 배우겠다는 마음이 서로 이어진 셈이다.

박순경 선생님은 세미나 전후로 열흘 남짓 복흠 시에 있는 우리 집에 머무셨다. 당시 복흠한인교회 목사이고 통일특별위원장인 내가 초청 강사의 뒷바라지를 책임 맡았기 때문이다. 그런데 손님 대접은커녕 둘째 아이를 임신한 아내가 입덧으로 심한 고초를 치르던 중 덜컥 병원에 입원하는 바람에 박 선생님은 온통 내가 독차지하게 되었다. 당시 숱하게 나눈 이야기 중에 이 말은 여전히 강한 인상으로 남았다.

"송 목사, 사람이 여든까지는 살아야지?"

그때 칠순을 조금 넘긴 박 선생님은 나이 드는 일이 점점 빨라진다며 칼 바르트도 번역해야 하고, 통일신학도 해야 하고, 여자들도 키워야 한다면서 아직 산더미처럼 쌓여 있는 일감에 대해 조바심을 내셨다.

처음 박순경 선생님과 곁을 나누게 된 것은 1991년 구속 직후였다. 물론 전에도 먼발치에서나마 알고 있었지만, 가까이하기에는 먼 여성 신학자 정도로 생각했을 뿐이다. 일찍이 감리교신학교를 나왔지만, 감리교회와는 무관한 이미 교파 의식을 넘어선 분이었다. 그런데 막상 박 선생님이 구속되었을 때 석방 활동을 벌이던 제자들이 감리교회에서 거들 만한 사람을 찾았다. 또 석방 후 출판기념회를 열면서도 초청장을 받을 마땅한 이들을 골랐던 것 같다.

사실 박 선생님의 구속은 갑작스러운 일이어서 젊은 우리에게도 충격이었다. 사회운동을 하다가 심경이 바뀌어 자신의 내면세계를 추구하는 역(逆)주행 경우는 종종 보았지만, 세상의 허물과는 담 쌓은 듯이 살아온 까다로운 조직신학자가 늘그막에 통일의 거리로 나선 것은 뜻밖의 일이었다. 그 의외성 때문에 파장도 넓고 영향도 깊었다.

1988년 즈음 '고난받는 이들과 함께하는 모임'을 주선하던 내 눈에 박 선생님의 구속은 신선한 인권상품과 같았다. 당시 고난 모임은 가까이에 있는 감리교인 양심수를 찾았다. 또 우리 시대의 가장 큰 고난인 분단의 희생자들을 발굴하여 연결하던 중이었다. 이창국, 이병설, 정영, 장의균, 이규영 님들이 그랬다. 그런 인권의 안경으로 내다보니 박순경 교수의 구속은 고난 모임의 적절한 관심사이자, 분단 현실의 단면을 보여주는 대표상징이었다.

「고난함께」 소식지에 이런 글을 썼다(23호, 1991년 9월. '묶인 박순경 교수의 노구를 핏발선 두 눈으로 볼 수 있는 사람은 복이 있나니').

> 박 교수의 신학 역정을 보면 해방공간부터 북방정책을 추진하는 오늘까지 단 한치도 발전하지 못한 분단 현실을 볼 수 있습니다. 1940년대 후반 감리교신학대학 상급생 시절, 당시 민족지도자 중 존경하는 인물에 대한 설문 조사에서 '여운형 선생'이라고 써낸 네 명의 동기생들 중의 하나인 그분은 이 사건으로 봉변을 겪을 뻔하더니, 드디어 1990년대에 범민족회의를 주관하는 장본인이 되어 누진형을 사시게 된 듯싶습니다. 애초부터 박 교수님의 신학적 토양이 애국적이었고 그의 사상은 통일의 밑거름임을 새삼 확인케 하는 중요한 교훈입니다. 늘 제 백성의 내일을 번거롭게 하는 조국은 언제까지 우리를 이 땅에서 이방인 취급을 하려는지.

나중에 박 선생님이 고난 모임의 강력한 지지자요 후원자가 된 것은 자연스러운 일이다. 특히 우리 시대의 분단 병을 가장 험하고 오래도록 치르고 있는 비전향 장기수 노인들에 대해 진한 연대감을 지녔다. 또래 노인으로서 그분들의 연약함을 걱정하였는데 인간에 대한 인정과 도리는 여느 젊은 축들과 남달랐다.

1989년 이제 막 사회안전법이 폐지되어 비로소 세상으로 나오던 노인들께 고난 모임이 나서서 밥 한 술, 술 한 잔 대접하며 사람 사는 인정을 나누려 했던 시도는 박 선생님에게 따뜻한 지지를 받았다. 돌아보면 해방정국의 혼란기에 잠복하였다가 1990년대 들어 빛을 보기 시작한 노인들과 박 선생님의 이력이 묘하게 겹치는 것은 흥미로운 일이었다. 평생 박 선생님이 보여준 삶의 의외성은 이미 해방공간의 신학생 시절부터 그의 생각과 사상 가운데 발아되어 미래의 희망으로 자라나고 있었던 것이다.

2002년 5월, 여전히 통일특별위원장을 맡고 있던 중에 조선그리스도교연맹 초청을 받았다. 독일교회 대표단과 함께였다. 평양을 방문하는 동안 이곳에 정착한 장기수 어른들을 찾아뵙겠다고 요청하였다. 저녁 미팅마다 부탁하고 으르던 끝에 강영섭 위원장에게 답을 들었다. 다음날 먼저 떠나는 독일교회 대표단의 환송 만찬을 하고 나서던 길이었다. "송 목사, 이번에 비전향 장기수 노인들을 만나 보고 가지. 몹시 반가워할 거야. 아마 저녁 식사에 초대한다지?" 내 부탁 이전에 그들의 배려가 있었다는 품새였다. 어쨌거나 눈물이 핑 돌 만큼 반가웠다.

2000년 6.15 남북공동선언 이후 9월 2일, 비전향 장기수 63명은 그리던 북행길에 올랐다. 우리 일행도 마침내 억지를 부린 끝에 그분들과 재회하였다. 요청한 네 분이 모두 나오셨다. 평양역이 내려다보이는 동흥동 고층아파트에 사시는 김석형 노인 댁을 방문하여 저녁을 대접받았고, 같은 아파트 위에 사는 김중종, 조창손 노인도 찾아뵈었다. 이경구 노인은 독신이어서 다른 곳에 살았다. 반갑게 맞아 준 식구들과 사진도 찍고, 다음 식사 초대를 기약하였다.

누군들 평양에서 장기수 노인들과 다시 만날 꿈을 꾸었을까? 고맙게도 나는 목사로서 세 가정을 심방할 수 있었다. 살다 보니 현실이 되는 꿈도 있다는 걸 깨달았다. 여전히 잔정으로 가득한 장기수 노인들은 남녘 땅에 사는 동안 사랑의 빚을 진 고마운 사람들을 일일이 떠올리며 안부를 전하였다. 물론 박순경 교수에 대한 문안도 빼놓지 않으셨다.

노인들을 뵙고 돌아오면서 북쪽 조그런 안내자들 역시 한껏 기분이 좋았다. 내 덕분에 귀한 대접을 받았다고 여기는 그들에게 슬그머니 이런 제안을 하였다. "시편 23편을 평양말로 옮겨봅시다. 우리 교인들은 조선 8도에서 왔는데 그중에 평양 출신도 있습니다. 자기 고향 말로 시편을 들을 수 있다면 얼마나 좋은 선물이 되겠습니까?"

그 밤, 들뜬 기분 때문에 가능한 사건이었다. 이정로와 박광 두 사람은 내 감언이설에 동의하였고, 평양을 떠날 남은 이틀 동안 우리 세 사람은 머리를 맞대고 킬킬거리며 시편 23편 평양말 번역에 몰두하였다. 그럼에도 겨우 세 절만 옮겼을 뿐이다.

여호와레 내 양몰이꾼이 실라므니
아 내레 세상 부럼 없다이.
아바이레 나 풀밭에다 뉩퍼멘서
도랑창가에서 펜히 쉬라고 보장해 주시드라구.
기래서 내꺼 영혼 힘내라 길멘서
곳감 체면 올리게 남 눈티 보디 말구
똑바루 살라는 기야.
길더니 내 보구…
(시편 23:1-3, 평양말 버전)

군이 따지자면 박 선생님의 통일신학에서 배운 신학 작업인 셈이다. 박 선생님은 만날 때마다 내 젊음을 부러워하셨다. 독일에 있는 동안 연락을 드릴 때마다 "송 목사, 빨리 돌아오시오. 감리교회에서 통일 운동해야지" 하시던 박 선생님이었다. 그러나 귀국한 지 어느새 20년이 다 되었지만, 나는 박 선생님에게 신통한 제자 노릇을 못 하고 살았다. 시간은 언제나 남아 있고, 기다려주려니 생각했기 때문이다.

언젠가 박 선생님께 전화를 드렸더니 『삼위일체 하나님과 시간』(신앙과지성사)을 저술하여 출판기념회를 하신다고 했다. 2014년 일이다. 애초에 3권을 작정하신 일인데 드디어 1권을 마무리하셨다. 신학의 길에 들어서서 70년 가까이 한결같이 두어 온 관심사이지만, 백수(白壽)를 하신다고 해도 턱없이 시간이 부족할 숙제였다. 그렁그렁한 눈빛에는 여전히 백두산처럼 징하게 쌓여 있는 그 할 일들이 얼마나 많이 보이셨을까?

늘 자신의 청춘시대를 그리워하던 박 선생님은 가뿐히 팔순을 넘고, 구순을 지나쳐 곧 백수를 앞두고 아쉽게 먼 길을 떠나셨다. 박 선생님은 영원한 청년일 줄 알았는데 갑작스러운 부음(訃音)에 놀랐다. 세월을 촌음처럼 아끼던 박 선생님이기에 아직 시간 주머니가 여유 있을 거라 생각하였었다.

천안공원 묘지에서 하관식을 집례하면서 색동스톨을 어깨에 둘렀다. 온 생애를 유언처럼 유산으로 우리 시대에 남긴 선생님에 대한 나름의 상찬 의식이었다. 박순경 선생님, 부디 곱디곱게 색동옷 차려입고 그토록 소원하던 통일나라 저편에서 우리를 지켜보소서.

박순경 선생님을 그리며...

오신택*

박순경 선생님의 존함을 처음 접한 것은 대학교 2학년 때였다. 누군가 그리스도인이라면 포이에르바하의 『기독교의 본질』을 꼭 읽어야 한다는 말에 학교 앞 서점을 뒤졌다. 서가 한 귀퉁이에 꽂힌 그 책 표지에는 "루드비히 포이에르바하 지음 박순경 옮김"이라고 적혀 있었다. 나는 박순경이라는 사람이 당연히 남성이라고 생각했다. 당시는 경찰들에 대한 반감이 강했던 시절이라 '순경'이란 이름에 약간 아쉬움도 느꼈던 것 같다.

그로부터 30여 년이 지나는 동안, 나는 학생운동 현장과 노동 현장에서 살아보려 했지만, 성서의 말씀에 대한 궁금증에 사로잡혀 한신대학원에 들어갔다. 김애영 교수님의 지도 아래 석사학위를 받고 교수님을 심사위원장으로 모시고 경북대에서 박사학위를 받는 데까지 이르렀다. 인간이란 참으로 한치 앞도 내다보지 못하는 존재란 말이 실감난다. 이 시기에 몇 차례 박순경 선생님을 뵙고 말씀을 듣는 기회가 있었

---

* 자인중부교회 목사, 경북대학교 철학과 강사

기에 선생님을 추모하는 책에 나 같은 사람이 참여하게 된 건 모두 하나님의 은혜라 여긴다. 『기독교의 본질』 역자 서문에서 선생님은 "당신은 내가 어떤 사람인가를 나에게 묻는다. 그러나 기다려라, 내가 이 세상을 떠날 때까지"라는 경구를 소개한다. 선생님께서 이 세상을 떠나셨으니 살아남은 우리는 생전에 선생님이 밝혀주신 하나님 나라를 향해 기도하며 실천하는 가운데 선생님을 올곧게 기억할 수 있으리라 믿는다.

박순경 선생님을 만나게 해 주신 김애영 교수님과 만남으로부터 기억을 되살려본다. 민중신학의 본산이라는 한신 대학원에 2000년 입학했지만, 첫해에 그만둘까 하는 생각이 들었다. 내가 찾던 성서의 사회 변혁적 해석은 거의 다루지 않았고 광주민중항쟁을 기억해야할 5월 그날에도 대학원은 조용하기만 했다. 이런 공부를 하려고 등록금을 내고 다닌다는 일이 사치로 여겨졌다. 다행히 진보적인 의식을 가진 동기들의 만류로 한 학기만 더 다녀보자고 결심했다. 2000년 2학기에 김애영 교수님을 〈여성신학의 그리스도론〉 수업에서 처음 만났다. 뭔가 분명히 인식되진 않았지만 가장 약한 이들과 함께하는 그리스도를 느끼게 해주셨다. 이때부터 학기마다 김애영 교수님의 강의를 들었다. 그리스도의 복음을 사회 변혁적으로 해석해주는 내용들이 내 맘에 맺힌 응어리들을 풀어주었고 "신학을 제대로 하면 믿음이 생긴다"라는 교수님의 말씀이 그대로 내 삶에 적용되기 시작했다. 조직신학, 여성신학, 생태여성신학 등을 아우르면서 조용히 그러나 강단 있게 하시는 말씀들은 성서에 철저히 기반하면서도 우리 사회의 여러 문제들에 가닿고 있었다. 교수님의 첫 논문집 『한국여성신학의 지평』이라는 책을 선물로 주셔서 열심히 밑줄 쳐가며 읽은 기억이 난다. 이 책 내용 중 「포스트모더니즘에 대한 단상」이란 짧은 글은 당시 우리 학계가 주체적 사고와 기반에 근거하지 않고 서구의 사조를 비판 없이 수용하는 문제를 지적하신 글로 기억에 남는다. 이 책의 머리말에서 교수님은 박순경 선생님을 언급하셨다. 신학의 길을 열어주신 스승은 날이 갈수록 연로해 가시는데 스승의 연구를 계승 발전시켜야 할 자신은 그 기대에 부응하지 못하고 있다는 안타까움을 토로한 내용이었다. 교수님의 학위논문을 1991년 9월에 대한기독교서회에서 단행본으로 내면서도 제사에 이렇게 적어놓았다. "세상의 헛된 꿈에 현혹됨 없이, 세상의 참된 의미를 추구하도록 이끌어주신 박순경 교수님께 이 책을 바칩니다."

내가 기억하기로는 2001년 첫 학기 개강 수련회에 박순경 선생님께서 오셨다. 김애영 교수의 부축을 받으며 천천히 강단에 오르시던 모습이 지금도 눈앞에 떠오른다. 천천히 그러나 또렷한 말씀씨로 통일신학·여성신학·민족신학·민중신학을 선생님의 삶에서 우러나는 이야기로 들려주셨다. 그날 저녁의 강연은 내가 처음이자 마지막으로 듣고 본

한신대 신대원 석사과정을 마친 후 원초와 도경 선생님과 함께

선생님의 '대중강연회'였다.

그때까지도 나는 두 교수님이 함께 살고 계시는 줄 몰랐다. 2001년, 2002년 4학기를 줄곧 김애영 교수님 강의를 수강했다. 교수님은 학기를 마치는 날마다 가난한 학생들로서는 꿈도 꾸지 못할 식당으로 초대해 밥도 먹고 좋은 말씀도 하셨다. 그러다 보니 스승과 제자인 두 교수님이 함께 사신다는 것도 알게 됐고, 댁을 찾아뵙는 영광도 누렸다. 우여곡절 끝에 들어간 한신 대학원, 그러나 서녘으로 해 질 무렵이면 자주 허무함을 느꼈다. 언젠가 너무 쓸쓸하고 허무해서 어둑어둑해지는 신대원 기숙사 오솔길을 내려오면서 문득 선생님 목소리가 듣고 싶었다. 댁으로 전화를 드렸다.

"선생님! 저 오신택입니다. 선생님은 허무하거나 쓸쓸하지 않으세요?"

"뭐가 허무해! 그런 거 없어요."

선생님 댁을 처음으로 찾아뵌 때가 떠오른다. 시골 촌놈이 서울에 사시는 선생님 댁을 간다고 차려입을 옷도 제대로 없었다. 재활용 매장에서 산 흰 반팔셔츠와 검은색 바지를 입고 갔다. 문을 열고 들어서니 선생님과 교수님이 서 계셨고 화장실에 가서 손을 씻으라 하셨다. 그리고 악수를 했다. 그때만 해도 선생님이 그렇게 대단한 분인 줄 잘 몰랐다. 소파에 가부좌를 틀고 앉았다. 선생님께서 말씀하셨다.

"그러고 앉아 있으니 혁명가 같네!"

2020년 2월 무렵이었다. 김애영 교수님이 박 선생님께서 입원한 병원에서 퇴원하시는데 시간이 되면 좀 도와달라고 하셨다. 규모가 그리 크지 않은 방배동의 종합병원이었다. 입구에는 발열 확인과 방호복을 입은 사람들이 늘어 서 있었다. 내가 들어서니 선생님은 손사래를 치며 다가오지 말라는 표시를 하셨다. 병실 생활로 불어난 짐들을 머리는 나쁘고 힘만 센 내가 양손에 들고 병실 문을 열고 장승처럼 버티고 서있었다. 선생님은 보행기를 짚고 천천히 나오시다가 돌아서서 남아 있는 병실 사람들에게 말씀하셨다.

"저 때문에 여러분에게 많은 불편을 끼쳐 미안합니다. 잘 치료받고 건강하세요."

그리고 고개를 숙이셨다.

김애영 교수님은 보행기를 조수석에 실으라 하셨다. 선생님은 뒷자리 왼편에 나는 오른편에 앉았다. 창문을 조금 열고 마스크를 쓴 채 댁에 도착했다. 선생님께서 들어가시면서 말씀하셨다.

"고마와요!"

이것이 내가 마지막 들은 선생님 목소리다.

언젠가 선생님 댁에서 나와 엘리베이터를 기다리는 데 아파트 문을 열고 말씀하셨다.

"그라시아(gratia, 은총, thank you)!"

선생님께서는 1991년 1월 11일 홍근수 목사님과 청주여자교도소에 갇힌 임수경을 면회하셨다. 그해 7월 9일부터 12일까지 재일대한기독교회가 주최한 〈평화통일과 선교에 관한 기독자 동경회의〉에서 「기독교와 민족통일의 전망」이란 주제 강연으로 8월 9일 구속되셨다. 공교롭게도 이 시기는 내가 청주교도소에 있던 기간과 겹친다.

선생님께서는 키에르케고어의 정치사회적 해석에 관한 논문으로 박사학위를 취득한 나에게 당신의 마지막 저서, 『삼위일체 하나님과 시간 제I권 구약편』을 주시면서 다음과 같이 적어 주셨다.

"사랑하는 오신택 박사!
키에르케고어를 거쳐서 통일전선에 우뚝서기를,
축하해요!"

내가 만난 박순경 교수님, 참으로 그립습니다!

윤영애*

나는 1985년부터 1993년까지 한국교회여성연합회 총무(예수교 장로회 통합 측)로 재직하였다. 한국교회여성연합회는 1966년 아시아교회여성연합회 총회에 참석했던 한국 대표들이 돌아와 한국교회여성연합회를 조직하기로 하고, 1967년 4월에 창립총회를 개최하고 탄생한 대표적인 한국교회 여성들의 에큐메니칼 단체이다. 우리 회는 1974년부터 원폭투하로 피해 입은 재일 원폭 피해자들을 돕기 시작하였으며, 그 후 생명운동, 평화운동을 활발하게 전개해 나갔다. 마침내 1987년 5월에 열린 17회 총회에서 평화통일 특별위원회를 설치하기로 결정하였으며, 이 특별위원회의 우리 회 위원들로는 채남술(감리교), 이우정(기장), 오카타리나(성공회), 전택인(대한복음교단) 그리고 전문위원들로는 박순경(신학), 이효재(사회학), 신현순(교육학) 교수님들과 한국기독교교회협의회(NCCK) 윤수경 선생이 위촉되었다. 나는 말로만 듣던 저명한 여성학자들을 전문위원으로 모시게 되었으니 모든 게 조심스럽고 어려웠지

---

* 전 한국교회여성연합회 총무

만 이런 연유로 박순경 교수님과 처음 만나게 되었다.

한국교회여성연합회가 평화통일 특별위원회를 설치하게 된 맥락을 잠시 언급해 보자면, 1981년 6월 서울에서 모인 제4차 한독교회협의회를 계기로 1982년 10월 세계교회협의회(WCC) 국제위원회가 일본 도잔소 회의를 개최함으로써 한국기독교의 통일 문제 논의를 본격적·공식적으로 다루기 시작하였다. 1985년 5월 제1회 한국기독교교회협의회 통일 문제협의회를 개최한 이후 이러한 통일 문제를 위한 활동은 한국기독교의 공식적인 시도로 자리 잡게 되었고, 이러한 흐름에 힘입어 한국교회여성연합회의 평화통일특별위원회가 출범하게 되었다. 민족분단 이래로 1970년대까지 한국 기독교계는 통일 문제에 대한 어떤 공식적인 태도 표명이나 언급을 하지 않았다는 사실에 비추어 보면, 1980년대에 들어서면서 이미 우리 사회에서 통일의 열망이 고조되기 시작한 큰 흐름은 한국기독교 그리고 교회 여성들이 외면할 수 없었다는 것을 잘 말해주고 있다.

박 교수님과의 만남에서 가장 기억에 남는 일은 1991년 7월 일본 도쿄에서 일이다. 재일본대한기독교단이 주최한 "제2차 조국의 평화통일과 선교에 관한 기독자 도쿄회의"가 YMCA 회관에서 열렸는데 박순경 교수님께서 이 통일 세미나의 주제강연을 하게 되었으며, 나도 참석하게 되었다. 어렵게만 여겼던 선생님은 의외로 소탈하셨고 잘 웃으시고 농담도 잘하셔서 주위를 웃기기도 하셨다. 하지만 막상, 강연을 하게 되니 박 교수님은 매우 날카롭고 예리하셨다. 나는 강연 내내 행여 문제가 될 일은 없을까 하며 마음을 졸였다. 도쿄회의 참석자들은 대부분 6.25를 경험하신 분들로 매우 보수적인 기독교 목회자들과 장로들이 많았다. 당시 캐나다에서 참석한 한인 목사님은 박 교수님의 주제강연을 듣고 큰 상처가 난 자신의 팔을 내보이며 6.25 전쟁 때 부상당한 것이라고 하며 흥분을 감추질 못하였다. 사실 나는 그날의 박 교수님의 강연 내용이 지금은 잘 기억 나지 않는다. 당시 한국에서 특히 기독교 중심으로 통일에 대한 이야기들이 활발히 논의되기 시작하고 있었으나 국가보안법이 시퍼렇게 우리를 옭아매고 있었기에 어떤 단어 하나를 가지고도 귀에 걸면 귀걸이, 코에 걸면 코걸이로 작동하여 법망에 걸려들 상황이었다. 아니나 다를까 박 교수님은 결국 1991년 8월 9일 구속되어 같은 해 11월 1일, 11월 8일 그리고 같은 해 11월 22일 3차 선고 공판에서 징역 1년 6개월, 자격정지 1년 6개월, 집행유예 2년을 선고받고 석방되었다. 아래의 서신은 박 교수님께서 서울구치소에 구속되어 있었을 때 나에게 보낸 글이다.

사랑하는 윤영애 총무님!
1991. 10. 29

여러분들이 함께 써 보내신 카드 소식 감격하여 읽었습니다. 회답을 속히 드리지 못한 것은 그동안 모두진술을 200자 원고지 240매 정도 쓰고 오늘 아침에 제출하느라 그랬습니다. 편지 거래에 걸리는 날짜가 약 5, 6일 걸려요. 10월 초순 공소장 받은 이후 이에 대한 해명과 반론을 쓰느라고 열중하고 잃고 그랬어요. 어제저녁(10. 28) 일단 쓰는 일을 마치고 답장 못 한 편지들을 읽었지요. 여러분들이 사랑과 격려를 보내 주셔서 다시 격려받고 감사했어요. 윤 총무님이 내 제자라고 하니, 내가 큰 물고기를 어찌 얻었단 말인가 하고 좋아합니다. 윤 총무님이 사랑스러운 여성이라는 것을 늦게 발견했어요. 윤 총무님 남편 아주 착하고 멋있어 보였어요. 내가 잘못

보지 않았겠지? 내가 철창신세가 되면서 여러분들의 은혜와 사랑을 너무 많이 받고 있으니, 이것이 웬일인가 어리둥절하고 가마를 타고 가는 것 같기도 하고, 내 목숨이 내 목숨이 아니구나 하는 칠십 평생에 처음 고백했습니다. 빨리 나가서 여러분들을 만나고 싶습니다. 엄마리 총무님, 박재희 위원장님, 성봉희 장로님, 우리 친구 박순금 회장님, 박재희 위원장님, 이미화 사관님, 김희원 권사님, 이혜숙 권사님, 이분들에게 따로 서신 못 보내니, 안부 전하여 주시기 바랍니다. 격려와 위로의 말씀들을 마음에 새겨 둔다고요. 11월 1일 공판의 결과가 어떻게 될 것인지 답답한 심정입니다. 더 추워지기 전에 이 철창문이 열려져야 하겠는데 — 내 몰골이 너무 처량하오. 原草 들풀 박순경

박 교수님의 서신에 나타나 있듯이 우리 교회여성연합회 임원들은 보수 교단에 속한 분들도 있었지만 이를 극복하고, 박 교수님 석방을 위한 기도와 탄원서(김애영 교수가 중심이 되어 전개한 석방 운동의 일환으로)에 서명하여 석방을 촉구하고 면회도 갔었다. 그 당시 박 교수님은 나이도 많으시고 몸도 건강하신 편이 아니었기에 많은 염려가 있었다. 한편, 박 교수님의 구속사건과 석방 운동을 계기로 교회 여성들은 하나가 되었다. 박 교수님이 구속되자 한국여신학자협의회를 비롯한 여러 단체가 석방대책위를 꾸리고 1991년 8월 20일 "한국 최초의 여신학자, 칠순의 노신학자 박순경 박사를 즉각 석방하라!"는 첫 번째 성명서를 우리말과 영문으로 발표하고 국내외에 널리 알리고 한시도 쉬지 않고 기도회, 강연회, 가두시위들을 통한 석방 운동을 할 때 우리 교회여성연합회도 늘 함께 힘을 실었다. 사람들은 모두 박 교수님의 구속 기간이 최소한 1년은 될 것이라고 여기며 어떻게 수감생활을 견딜 수 있을까, 엄청

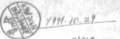

사랑하는
윤영애 총무님?

여러분이 함께 써 보내신 카드소식 감격하게 읽었습니다.
회답을 축히 쓰기 못한 것은 그동안 모두진술을 200자
원고지 240매 정도 쓰고 오늘 아침에 제출하느라
그동안 — 된지 거대에 거대는 날자라 약 5,6일걸려요.
10월 초순 공소장 1분은 이후 이어 대한 解明 가소論
쓰느라 여휴하지 않고 있었어요. 어제저녁 (10.28)이란
쓰는 일로 마치고 답장 못한 편지들은 다시 복원지요.
여러분이 사랑한 격려를 보내주셔서 다시 기력받고
감사했습니다. 윤총무님이 내 제자라고 하니, 내가
큰물고기를 어찌 열었던 말인가 하고 돌아합니다 —
윤총무님이 사랑스러운 여성이라는 것을 늘 알(삼)긴 했어요.
윤총무님 남편 아주 착하고 멋있어 보였어요. 대개 잘못
보기는 않았겠지? 내가 철창신세가 되면서 여러분들의
은혜와 사랑을 너무 많이 나누고 있어, 이것이 된 일인가
여기도절하고 가마로 하러 가는 것 같기도 하고, 내목숨이
백목숨이 아니구나 하는 70평생에 처음 고백을 맺습
니다 — 빨리 나가서 여러분들은 만나고 싶습니다.
엄마서총님, 안두오 선생님, 성봉희 장로님, 우리친주 박순금
회장님, 백재의 위원장님, 이이화 사람님, 김희선 권사님,
이제옥 권사님, 이분들에게 따로 서신 못보내, 안부전
하세 옥시기 바랍니다 — 격려와 위로의 말씀들을
미안에 새기운다고요. 11.1 공판의 결과가 어떻게 될것인지
답답한 신령입니다 — 더 추워지기전에 이 철창문이 열려줘야
하겠는데 — 내몸이 너무 취약하요. 경후 로동 '93순경

서울구치소에서 구속되어 있던 박 선생님이 보내온 서신

염려했으나 국내외의 치열한 석방 운동 덕택이었는지 당시 노태우 정
부의 사법부는 이례적으로 거의 매주 재판을 속행해서 박 교수님을 석
방하였기에 우리의 기쁨은 이루 말할 수 없었다.

박 교수님은 1991년 11월 석방되셨고 석방 이후에도 활발하게 통일 운동에 몰두하셨다. 내가 교회여성연합회 총무의 임기를 마치고 미국에 있을 때(1994년 즈음) 박 교수님께서 직접 국제전화를 걸어 오셨다. 박 교수님은 나에게 당신이 속한 통일운동 단체의 실무자로 추천하고 싶다고 하시면서 통일운동을 같이 하자는 제안을 하셨다. 나를 인정해 주신 것에 대한 감사한 마음이 가득했으나 나는 공부를 더 하고 싶었으므로 박 교수님의 귀한 제안을 받아들이지 못했다. 매우 아쉬워하시는 선생님의 목소리를 지금도 잊을 수 없다. 박 교수님을 떠올리면 미소 짓게 되는 또 하나의 기억이 있다. 박 교수님과 일본 도쿄회의에 함께 참석한 기념으로 나는 예쁜 접이식 돋보기를 두 개 사서 하나를 선생님께 드렸는데 어린아이처럼 좋아하셨다. 지금도 나는 그 돋보기를 사용하면서 때때로 선생님의 환한 모습을 떠올리곤 한다.

박순경 선생님, 우리가 함께 참으로 열정적으로 민족분단을 극복하고 평화통일을 성취하고자 애썼던 그 시절이 그립습니다. 교수님께서 돌아가시고 2021년 서거 1주기를 위한 추모집 발간을 계기로 지나간 그때의 추억을 떠올리며 교수님과의 소중한 인연을 되새겨 보았습니다. 민족통일의 날을 고대하시며 열정적으로 헌신하신 선생님, 이제 하나님의 품 안에서 영원한 안식과 평안을 누리시며 우리를 위해 기도해 주시길 간절히 기원합니다!

'나이듦'에 관하여

─ 박순경 선생님의 경우

이부영*

　박순경 선생님께서 돌아가신 지 한 해가 되었다. '추모 문집을 준비하겠지' 생각할 즈음에 동행자인 제자 김애영 한신대 명예교수로부터 글을 써달라는 부탁이 왔다.

　박 선생님과의 인연을 돌아봤다. 1989년 1월 21일 전국민족민주운동연합(전민련)이 발족함으로써 전혀 연이 닿을 수 없는 여신학자 박순경 박사를 만나게 되었다. 필자는 전민련의 상임 공동의장에 선출되었다. 한국전쟁 이후 최대의 민족민주운동단체라고 평가되었던 전민련 상임의장에 내가 큰 세력이 있어서 선임된 것이 아니었다. 우리 모두 알다시피 1987년 대통령 선거에서 김대중·김영삼의 분열로 민주 세력이 패배하자 감옥에 갇혀있어서 분열의 책임이 없다고 평가된 필자가 상임의장에 추대된 것이었다. 전민련의 과제는 크게 세 가지로 나뉘었다. 하나는 탈냉전 시대를 맞아 크게 고조되고 있던 통일운동이었다.

---

* 자유언론실천재단 이사장

원초의 안양 자택에서 원초와 필자 부부

둘은 노학연대를 통해 강력하게 등장한 노동운동이었다. 셋은 광주학살의 진상 규명이었다. 1987년 6월 민주항쟁의 승리를 통해 등장하게 될 민주정권과 함께 새롭게 전개되는 탈냉전 시대에 남북의 교류·협력환경을 통일운동으로 열어가고자 했던 통일운동 세력은 비록 노태우 준 군사 정권 치하이지만 새로 등장한 전민련을 통해 강행하려 했다.

1989년 정월 초하루 전민련의 상임고문으로 내정되었던 문익환 목사가 1월 3일 우이동 자택으로 혼자 와달라는 연락이 왔다. 그렇지 않아도 여러 동지와 함께 세배를 해야 하지 않을까 생각 중이었다. 당시 민주화운동 진영은 대선 패배 이후 분열의 후유증을 앓고 있었기 때문에 세배하러 다니지도 않고 있었다. 문 목사는 "평양에 가야겠다"라고 말씀하셨다. 『꿈을 비는 마음』 시집 한 권을 주셨다. 말씀을 듣는 순간 전민련의 미래, 우리 민족민주운동의 앞날을 생각하지 않을 수 없었다. 필자의 걱정을 말씀드리자 문 목사는 "걱정하지 말라. 우리 운동이 이런 정도의 충격으로 침체하지는 않을 것"이라고 문 목사 특유의 낙관론을 내놓으셨다. 시기와 방법에 대해서는 자세히 말씀하지 않았지만, 1월 21일 전민련 발족 이후 조속한 시일 안에 결행하실 것으로 보였다. 발족 초기의 분주한 각종 투쟁 사업 중에 상임고문의 방북으로 조성될 탄압에 대응해야 했다. 그렇다고 공식회의에서나 주변 인사들과 상의할 수도 없었다. 전민련에서는 조국통일위원회와 민중생존권위원회 그리고 5공비리청산과 광주학살진상규명 위원회를 구성, 세 갈래 운동 방향을 구체화해 나갔다. 조국통일위원회 위원장에 이재오가 선임되었고 박순경 박사는 위원회 고문으로 위촉되었다. 1989년 3월 1일 전민련 조국통일위원회는 판문점에서 범민족대회 개최 예비회담을 갖기 위해 북측 대표단과 회동하겠다고 버스 편으로 출발했지만, 경찰의 제지로 무산되었다. 버스에는 위원장 이재오, 단장 오충일과 한상렬, 전창일 등 27명이 동승했다.

　예상했던 대로 문익환 목사는 3월 25일 정경모, 유원호 선생과 함께 베이징을 경유하여 평양에 도착하셨다. 남북 정부 사이의 대화가 아니라 전민련 상임고문 자격으로 남쪽 민간인을 대표하여 가시는 것이므로 한국전쟁 이후에는 처음 이루어지는 역사적 북행이었다. 노태우 정권도 남북대화에 적극적으로 나서려고 했기 때문에 유연한 반응을 한편으로는 기대했지만 역시 그들의 본질은 옛날 그대로였다. 그래도 문 목사 일행이 김일성 주석에 이어 허담 조국평화통일위원회 위원장을 만나 합의한 〈4.2 공동성명〉은 "1) 자주 평화통일 민족대단결의 3대 원칙에 기초해 통일 문제를 해결, 2) 한반도 분열의 지속 반대, 3) 정치 ·

군사 회담 추진과 이산가족문제 등 다방면의 교류와 접촉 실현, 4) 공존 원칙에 입각한 연방제 방식의 통일 지지에 합의"하는 큰 성과를 냈다. 문익환 목사와 유원호 선생은 귀국하자 바로 구속됐고 전민련에서는 이부영, 이창복, 이재오, 조성우 등이 구속되었다. 정경모 선생은 그 뒤에 남북정상회담이 셀 수 없이 열렸어도 반세기 이상 귀국할 수 없었고 망명지인 일본에서 별세했다. 필자는 전민련 초기에 구속되었으니 박순경 선생님과 말씀 한번 제대로 나눠보지도 못하고 헤어졌다. 필자도 박 선생님도 구속에서 풀려난 뒤 안양의 관악산 남쪽 관양동 아파트로 선생님의 호출을 받으면서 가까워졌다.

전민련 조국통일위원회의 고문으로 참여한 박순경 여신학자의 현실참여는 신학을 통한 조국 역사에 대한 고뇌를 넘어서 신산고초의 조국의 현실을 몸의 고통으로 체험하는 과정으로 이어졌다. 전민련 조국통일위원회가 시간이 경과하면서 1990년 7월 4일과 1991년 8월 3일 조국통일 범민족대회추진본부(범추본)로 진화했고 이 기구에 박 선생이 고문으로 이름을 올렸다. 이 과정에 범민련 남측본부 준비위원장 문익환 목사와 함께 부위원장에 선임되기도 했고, 이 기구는 1991년 6월 29일 남·북·해외 대표가 참가하는 베를린 범민족대회를 준비했다.

박순경 선생의 역경은 전민련도 범추본도 아닌 곳에서 불거졌다. 1991년 7월 9~12일에 도쿄 재일 한국YMCA에서 대한예수교장로회 총회 북한전도대책위원회 위원장인 조승혁 목사 등 남한 측 인사 30여 명과 미국 거주 홍동근 목사 등 해외교포 30여 명을 비롯하여 북한 조선기독교도연맹 중앙위원회 고기준 서기장을 비롯한 북한 측 인사 4명 등 모두 60여 명이 참석한 '제2차 조국의 평화통일과 기독교 선교에 관한 기독자 도쿄회의'에 참석하여 7월 10일 제2 일째 회의에서 "기독교와 민족통일의 전망" 제하의 주제강연을 했다. 이 강연에서 신학자 박순경 교수는 한국의 '반공 기독교와 극우세력'의 역린을 건드렸다. 검찰은 공소장에서 아래와 같이 공소사실을 적시했다.

- 반공 기독교는 본래 미국을 비롯한 자본주의 서양의 세계지배와 팽창 세력과 유착한 서양 기독교 선교의 유산이며 바로 우리 민족의 분단이 종교적 이데올로기이다. 바로 그러한 기독교가 반공, 반통일 세력으로서 작용해온 것이다.
- 한국기독교는 대체로 미국의 식모살이, 즉 신식민주의적 예속을 복음의 자유와 은혜라고 여겨온 것이다. 한국기독교―이승만 반공 정권은 미국의 반공 강화정책과 완전히 합일했고, 민족모순, 즉 민족의 예속성, 즉 자주성 상실이라는 자가당착은 그와 같이 한국전쟁 이후 심화되기에 이르렀다…그 때문에 재야 통일운동이 민족해방을 외친다. 한국기독교는 대체로 왜 민족해방이 필요한지조차 모른다. 통일은 바로 그러한 분단 세력들의 극복이요 민족해방을 의미한다.
- 민족 복음화는 민족으로 하여금 민족을 사랑하게 하는 것이다. 민족을 사랑한다는 것은 개인을 사랑할 뿐 아니라 민족사회 내의 불의한 구조적 모순 혹은 계급모순, 사회·경제적 불평등 구조를 극복하고 변혁한다는 것을 의미한다. 사회·경제적 평등화가 바로 남한의 재야 민중운동이 외치는 민중민주주의라는 것이다.
- 남한에서의 민족·민중해방과 민주·통일운동 탄압의 도구는 보안법인데 이 법에 입각한 탄압, 공안정국은 남·북의 평화공존 혹은 연합체제 유지에 배치되는 자가당착이요 결국 보안법은 폐지되어야 할 것이다.
- 북조선의 혁명이념이나 남한 내의 인민운동 세력은 싫든 좋든 소련과 동

유럽의 변화된 상황과 어느 정도 보조를 함께하면서, 민족·민중해방과 통일된 새 민족사회 창출을 민주적으로 차근차근 실현해 나가고, 미·일과 같은 군사주의·자본주의 지배 세력들을 민족 자주적으로 견제하면서 세계의 지배·피지배 구조 극복과 평등한 새로운 세계 경제 질서 확립, 즉 민족혁명, 세계혁명을 지향해야 할 것이다.

- 남·북의 평화공존 혹은 체제 국가연합은 결코 그 자체로 머물러 있을 수 없으며 단지 연방제 실현에 이르는 과도기적 성격을 가져야 한다. 연방제는 국가연합과 같은 두 독립 국가들의 병존이 아니라 두 체제를 포괄하는 단일한 연방국을 의미한다. 남으로의 북의 흡수통일이 불가능하다면 연방제 통일이 가장 가능하고 합리적인 방안이다.

- 외롭게 버티는 북조선을 남한은 도와야 한다. 그래야만 민족 자주성이 성립된다. 그럼으로써 남한의 자본주의는 새로운 민족적 의의를 획득하게 될 것이니, 즉 자본주의 경제체제를 지배자들에서부터 탈취하여 통일된 민족공동체 형성에 봉사하는 도구로 만들게 될 것이다. 북조선의 혁명 원리는 남한 자본주의의 미래이다.

라는 내용을 발표함으로써 "국가의 존립, 안전이나 자유민주적 기본질서를 위태롭게 한다는 점을 알면서 반국가단체인 북한 공산집단의 대남적화 선전·선동 활동에 동조하여 이를 이롭게 한 것이다." 이렇게 검찰은 박 선생을 국가보안법을 위반했다고 기소했다.

위에 나열한 박순경 교수의 국가보안법 위반 혐의 사실들은 공소장에 적시한 것들의 극히 일부에 지나지 않는다. 68세의 여신학자의 한 회 강연에서 내놓은 내용이 한반도 전체 사회과학계가 감당하기에도 벅찬 내용이었다. 지난 세월 어떤 신학자의 삶을 살았기에 이런 무게

실린 강연을, 열리기도 힘든 남북한 기독인들의 모임에서 풀어놓았을
까. 신학, 철학, 국제정치학, 역사학, 사회학 더 나아가 주체사상 등을
당시의 현실에 비춰 설명하고 있다. 한바탕 풀어놓고 국가보안법의 법
망 안으로 걸어 들어가는 모습이었다. 70, 80년대 수많은 정치범 수감자
들의 행렬을 바라보면서 그들이 고난의 행군을 하는 동안 속으로 속으
로 고통을 삭이면서 정리한 내용이었을 것이다. 이것은 남쪽의 기독교
나 극우세력에게만 제기하는 것이 아니고 북한의 주도 세력에게도 들
이대는 논리이기도 하다. 또한 이승만, 박정희, 전두환 독재정권들에
대항해서 민주화운동, 통일운동을 해 온 동지들에게도 가차 없이 내려
치는 죽비이기도 하다.

자신이 받는 재판에 대한 박 교수 자신의 소회도 주목해야겠다. 이
재판과 재판에 대한 반향을 통해서 자신의 신념과 신학을 평가받게 되
리라는 것이었다. 박 교수는 당시 심경을 이렇게 피력했다. "내가 겪는
고통은 근·현대의 우리 민족사의 고난에 비하면 티끌과 같다. 그럼에도
불구하고 이 고난에 참여했다는 봉인이 내 존재에 찍혔다는 것을 나는
감사한다. 둘째로 보람이 있다면, 그것은 범민련 준비위의 동지들과
통일신학회 동지 홍근수 목사와 다른 통일운동 동지들이 철창에 갇히
는 마당에 내가 철창 밖에서 숨 쉬고 산다는 것이 마음에 편하지 않았기
때문이며, 나도 갇히게 되니 육신은 괴로웠으나 마음은 오히려 편했다
는 효력이다. 셋째로 보람이 있다면, 그것은 통일신학강연의 장, 법정이
주어졌다는 것과 도쿄 강연의 여파라고 생각된다."

도쿄 강연에서 무엇보다 중요한 쟁점은 신학과 유물론의 관계, 수령
론에 대한 박 교수의 언급이었다. 박 교수의 관점은 도쿄 강연에서 만난
북한의 사회과학연구원 주체사상연구소 소장 박승덕 교수의 강연을

들으면서 신학과 공산주의 유물론 사이의 괴리를 극복할 수 있는 단서를 포착했다는 것이었다. 또한 "주체사상은 유물론과는 달리 존재와 의식 혹은 물질과 정신을 이분법적으로 생각하지 않는다는 주장을 이전에는 무심히 읽어 넘겼다가 박승덕 교수의 강연을 들으면서 확 깨닫는 바가 되었다고. 그런데 기독교의 영생관이 주체사상의 집단영생관과 합일한다는 그의 주장에 대해서는 나는 보류하고 있다고 토로하자 그는 침묵했다"라고 밝혔다.

특히 박 교수는 자신에게 위험부담이 크다는 것을 알면서도 북한의 수령론을 다루기로 했다는 사실이다. "집단영생 혹은 영속하는 사회공동체를 생각할 때 그것의 통일성을 가능하게 하고 유지하게 하는 주체—수령의 존재를 우리는 원리상 혹은 논리적으로 생각하지 않을 수 없다. 그런데 영생하는 집단공동체의 유일한 주체— 수령은 상대적 인간 수령 이상일 수밖에 없다는 신학적 착상에서 나는 수령론의 신학적 재해석을 시도한 것이다.… '신은 관념'이라는 맑스주의·공산주의의 오류는 헤겔 철학에 직결되어 있다. 주체사상도 이 오류를 넘어서지 못하고 있다. 이 오류를 극복하기 위하여 나는 주체사상의 수령론을 재해석하고자 했던 것이다. 하나님은 관념이 아니다. 역사의 시간은 그에게서부터 오는 것이다. 이러한 신학의 주체 개념이 특히 수령론에 있어서 하나님 없이 궁극적으로 성립될 수 없다는 생각에서 나는 수령론의 자리는 궁극적으로 하나님에게 양도되어야 한다고 도쿄회의에서 주장했다. 이러한 재해석은 수령을 하나님 앞에 세운다는 것을 의미한다." 그러나 회의에 참석한 반공 목사들은 반공·분단 논리의 전제 때문에 박 교수의 주장을 전혀 알아듣지 못하고 박 교수를 주체사상·수령 찬양론자라고 단정하기에 바빴다.

박순경 선생의 개인사를 알아야 이 강연이 나온 내력을 알 수 있을 것 같다.

1942년 박순경 선생이 19세에 연세대 간호대학 전신인 세브란스 고등간호학교에 입학했다. 집을 떠나서 기숙사에 입주하여 교회에 마음대로 다니기 위해서였다고 한다.

한학자 집안의 부모님은 신학문과 기독교를 서학과 서양 종교라고 극렬히 반대했으므로 그동안 교회를 몰래 다녀야 했다. 간호학교에서 무수한 시체들을 자신의 손으로 다루었는데 죽은 자들이 자주 꿈에 나타났으며 심각한 우울증에 시달려야 했다. 더욱이 1944년 말과 1945년 봄에 어머님과 아버님이 잇따라 돌아가시자 죄책감으로 인한 우울증은 더 심해졌다. 간호학교에 재학 중이었던 1943년 항일민족운동에 관심을 갖게 되어 민족운동가들을 만났다. 부모님들이 별세하시기 전인 1944년 봄에 몽양 여운형 선생을 만났고 민족운동에 참여할 길을 찾았다. 좌익 민족운동가들과 신의 존재 문제에 대해 대화를 나눴지만 그들의 무신론을 받아들일 수 없었다. 그러나 그때부터 기독교와 공산주의의 문제가 커다란 숙제로 자신의 내부에 자리 잡았다고 했다. 이 시기에 일제의 패망을 예견하고 건국을 준비해야 한다고 판단한 몽양 여운형 선생은 비밀 항일조직 '건국동맹'을 조직하고 있었던 시기였다.

간호학교에서의 우울증, 부모님의 별세, 신앙과 이념적 방황, 갑자기 닥친 8.15해방 속에 박 선생은 감리교신학전문대학으로 진로를 택했다. 1946년 봄 감리교신학전문대학 입학 직후 정치 여론 조사가 실시되었는데, 자신은 여운형 선생 계의 인민공화국 통일노선을 지지했다. 남학생 한 사람, 여자 친구 한 사람 그리고 자신 등 셋이 지지표명을 했다. 학교에서 물의가 일어나자 남학생은 자취를 감춰버렸다. 학교에서 쫓겨날 지경이었으나 몇 사람의 중재로 겨우 퇴학 처분을 면제받았다. 그때부터 반공 기독교가 옳으냐, 자신이 옳으냐 하는 문제를 보류했다. 1948년에 감리교신학전문대학을 졸업했다. 대학에서 기독교를 이해하게 된 것이 아니라 회의를 거듭했다. 신학을 더 추구하기 위해서 서울대 문리대 철학과 2학년으로 편입했다.

1945년 8월 해방으로부터 1950년 6월 한국전쟁 발발까지의 이 시기에 박순경 신학생-대학생이 어떤 고뇌 속에 살았을까. 1947년 7월 19일 지지했던 몽양 여운형 선생이 혜화동 로터리에서 암살당했다. 좌·우 협상은 결렬되었고 지지 정치 세력들은 뿔뿔이 흩어졌다. 좌·우의 협상과 평화통일을 지향하던 중도 정치세력이 구심을 상실하자 남한 사회는 극우의 이승만 세력과 극좌 박헌영 세력으로 양분되고 있었다. 박 교수께서 술회한 대로 반공 기독교가 옳으냐, 자신이 옳으냐 하는 문제를 보류해야 했을 것이다.

1950년 전쟁이 일어났을 때 자신의 심정이 착잡했다고 술회했다. 1951년 1.4후퇴 시 남쪽으로 피난길을 택했다. 그것은 기독교와 친구들이 모두 남쪽으로 피난을 가버렸기 때문이었다. 자신은 기독교를 더 알아야 했다. 1955년 말 미국으로 유학길을 떠났다. 유니온신학교 에큐메니칼 회원으로 정신없이 공부했다고 한다. 항일 민족운동, 민족분단, 한국교회의 반공이 옳으냐, 기독교와 공산주의는 필연적으로 만나야 한다는 자신의 생각이 옳으냐 등의 문제를 비로소 검토하기 시작했고 자신이 옳다는 결론을 내렸다고 썼다. 1960년 드류대학 대학원에서 박사과정을 이수하면서 민족 문제를 더 생각하게 되었는데 풍요로운 미국 사람들을 생각할 때마다 우리 민족을 생각했고, 기원전 1,300년경 이집트제국에서 노예 생활을 했던 이스라엘 백성의 처지로 생각되었다. 이스라엘이 하나님의 민족이라면 한민족도 하나님의 민족이라는 생각이었다. 크리스마스 때면 기숙사에 혼자 남아서 몰래 헨델의 메시아를 듣곤 했다. 첫 레시타티브의 구절이 이사야 40장 1~2절의 "위로하라. 내 백성을 위로하라"고 하나님이 이르신다라는 선포로 시작하는데 박 선생은 이 낭송이 시작되면 우리 민족을 생각하면서 목놓아 울기 시작하곤 했다. 성탄절 텅 빈 기숙사에서 헨델의 메시아가 울려 퍼지고 젊은 여성의 통곡 소리를 누군가 들었다면 유령소동이 벌어지지 않았을까.

1966년 귀국하여 이화여대에서 가르치던 박 교수에게 홀연히 발표된 1972년의 7.4 남북공동성명은 "내가 지금 뭘 하고 있나"라는 충격과 함께 의식 속에 잠재해있던 통일 문제를 일깨워냈다. 박 교수는 1974년부터 1년 반 동안 유럽에서 오늘의 신학 점검과 아울러 맑스주의 사상연구에 집중했다. 1975년에 유럽에서 두 가지 결단을 내렸다고 했다. 첫째로 한국 신학은 한민족과 통일 문제를 주제로 삼아야 한다는 것, 둘째로 한국기독교는 사회주의를 포용함으로써 통일을 성취해야 한다는 것이었다. 한국기독교의 반공은 한민족 분단의 정신적 요인이므로 기독교의 반공이 극복되지 않고서는 한민족의 새로운 미래는 없다는 단안을 박 교수는 내리게 되었다.

박 교수의 발걸음은 좀 더 나아갔다. 1980년 한국여신학자협의회 회장이 되면서 한국 여성신학의 과제를 숙고하기 시작했다. 한국 여성신학은 민족·민중의 어머니, 교회의 어머니를 주제로 삼아야 한다고 했다. 자신의 어머니 모델을 한국 여성학의 주제로 해서 글을 쓸 때마다 어머니를 다시금 애도하고 그 혼령에 감사했고, 민족 선열들의 어머니들의 눈물을 생각하며 울었고, 제국주의 남성 지배에 의해서 짓밟힌

정신대 여성들의 희생과 수치에 가슴 아파했고, 과거에 교회의 전도 부인들의 볼품없었던 모습을 존경하게 되었다고 회고했다.

박 선생은 결론적으로 아래와 같이 술회했다.

"민족은 민중과 여성보다 더 포괄적인 말이다. 그러나 민족은 눌린 자, 민중과 여성의 시각에서부터 봐야 한다. 그렇게 볼 때 민족 내의 모순, 불평등, 불의가 드러나게 된다. 민중은 평등한 새로운 민족사회로의 행진과 변혁을 위한 모델이다. 민족통일은 단순히 민족의 동질성 회복이 아니다. 일반적인 민족 동질성은 미래의 평등한 사회 창출에서 재설정되어야 한다. 사회주의란 바로 이것을 대변하는 것이다. 1970년대의 민중신학의 민중 개념은 1920년대의 민중 개념, 피식민지의 한민족과 세계혁명의 영향 속에서 등장한 민족해방·민중해방을 지향한 민중 개념에 의해서 보충되어야 한다고 생각해왔으며 80년에 등장한 민족 통일을 지향한 민중 개념의 방향으로 재해석될 필요가 있다고 생각한다."

박 선생님의 지향은 지난해 2020년 별세하시기 전까지 저술에 정진하시면서 앞으로 더 나아갔으면 갔지, 반 보(步)도 뒷걸음질 친 기색이 전혀 없었다. 만년의 유고(遺稿)가 정리되어 다시 읽을 기회가 있기를 기다려 본다.

다만 최근에 우리 근대 민족 운동사의 원형질로 부각되고 있는 동학농민봉기에 관한 탁월한 연구 업적인 원광대 총장 박맹수의 『개벽의 꿈, 동아시아를 깨우다』와 철학자 김용옥의 『동경대전』 1~2권을 전 세기에 접하셨더라면 박순경 신학자에게서 어떤 새로운 비전 혹은 접신(接神)이 일어났을까 상상해보면서 아쉬움을 느낀다.

이 글의 제목을 "'나이듦'에 관하여 — 박순경 선생님의 경우"라고 달았다. 필자 자신도 80세에 이르면서 얼굴과 이름을 내미는 글쓰기와 언론 노출을 삼가게 된다. 박순경 선생님께서는 여신학자로서 학문의 길을 걸어오시다가 전민련 조국통일위원회와 범민련에 참여하시면서 70에 가까운 연세에 투옥되셨다. 필자의 이 글에서 알 수 있듯이 나이가 들어갈수록 고난에 가득 찬 민족사와 그 근원에 대한 날카로운 접근을 멈추지 않았고, 나이가 들어가는 데 따르는 책임감과 지혜를 후생들에게 나눠주는 데 주저함이 없었다. 사람의 수명이 늘어남에 따라 90세, 100세를 향유하는 경우가 늘어가고 있다. 98세를 누리신 박순경 선생님의 경우도 천수를 누리셨다고 하겠다. 선생께서는 "아직도 더 써야 할 게 있는데…"라고 하시면서 자신의 건강이 온전치 못함을 안타까워하셨다고 한다. 선생님께서는 후학들에게 남기실 만큼 많이 남기셨다. 그러나 100세를 넘긴 분들 가운데 우리 사회의 기득권의 특권을 더 보태고 축복하지 못해 안절부절못하는 분들을 본다. 극우 언론의 고정 필자가 되어 극진한 대우를 누리는 모습은 전쟁 위협과 불평등에 짓눌려 사는 다수 시민의 삶과는 유리된 별천지 삶이다. 좀 더 말씀하시고 일깨워 주셔야 할 박 선생님은 떠나시고 침묵하시는 것이 금(金)이 될 분들은 비싼 원고료를 누리시면서 너무 자주 조선일보와 동아일보의 지면을 장식한다. 말씀과 모습이 귀해지는 것이 과다노출보다 낫다는 것은 나이 들어가면서 더욱 절실해지는 게 아닐까 생각해 본다.

한국 '토착화' 신학자 원초(原草) 박순경 선생님 하늘 가시는 길을 추모하며*

이은선**

2020년 10월 24일 새벽 6시 58분 김애영 선생님의 "조금 전 눈물을 흘리심. 호흡도 아주 약해지고!"라는 카톡 메시지를 접한 후 마음을 함께 모으고 있는 가운데, 오전 9시 '운명하셨다'라는 전언을 보았습니다. 그렇게 하늘길 여행을 떠나신 선생님! 지금 어디쯤 가고 계시는가요? 原草 박순경 선생님! 선생님의 원래 호(원초: 본디 풀)의 뜻대로 이 세상에 대한 모든 미련과 후회를 홀홀 털고서 잘 가고 계신 것이지요? 그런데 어제저녁 다시 한국여신학자협의회 식구들의 조촐한 추모 예배에서 선생님 마지막 날들의 언어가 "잘못했습니다!", "고맙습니다!"였다는 이야기를 듣고 또 한 번 놀랐습니다. 그러면서 저도 우리가 이생을 마치고 하늘로 돌아갈 적에 이 두 마디 외에 어떤 다른 말이 더 필요할까

* 이 글은 원래 2020년 10월 25일 저녁 6시 서울대병원 빈소에서 장례식의 한 일정으로 통일사회장 장례위원회가 마련한 추모의 밤에서 읽은 것인데, 1년여 이후 오늘 그에 더해서 그날의 기억을 되살리고, 장지였던 천안공원묘원에 다녀오면서 느낀 소감을 중심으로 수정 보완하였습니다.
** 한국信연구소 대표, 세종대 명예교수

생각해 보았습니다.

그렇게 선생님은 이 세상에 둘도 없는 조직신학자와 통일운동가, 아름다운 여성, 인간, 스승으로 사시면서 항상 원초적으로 '근본'을 생각하셨고, 그래서 무슨 일에서든지 '기초'와 '토대'를 놓는 일에 힘을 쓰셨습니다. 우리 한민족의 통일 일을 그중에서도 가장 기초적이고 본질적인 일로 생각하셨고, 그 일을 위해 2014년 92세의 연세로 『삼위일체하나님과 시간 제I권 구약 편』(신앙과지성사, 2014)을 내놓으셨으며, 돌아가시는 순간까지 제II권 『신약 편』을 마무리하고자 하셨습니다. 이어서 제3권 『성령 편』은 "성령의 바람은 불고 싶은 대로 분다"라는 성서 말씀에 따라서 다음 세대의 일로서 선생님의 사랑하는 제자 김애영 선생에게 남겨놓으셨다지요.

선생님이 나중에 그 돌봄에 대한 고마움의 마음으로 "어머니"라고도 불렀다는 제자 김애영 선생은 오늘 우리 시대에 모든 '집'이 해체되고, 그래서 대부분 사람이 자신의 마지막을 자기 집이 아닌 밖에서 맞이하고 있는 때이지만, 그녀는 선생님의 하늘길을 바로 선생님 '집'에서 마중했습니다. 그렇게 하려고 그녀가 쏟았을 눈물과 정성, 수고를 보시고, 바로 선생님 초기 조직신학의 날카로운 구분과 분별의 언어 대신에 그 모든 것을 통합하고 화합하고 화해시키는 언어인 한국 여성신학의 귀중한 말, '어머니'라는 언술로 그녀를 부른 것이 아닌가 생각해 봅니다.

선생님은 개신교 신학자이시면서도 가톨릭 전통의 '성모 마리아' 상을 매우 의미 있게 받아들이셨습니다. 그래서 그 언어로 가톨릭과 개신교의 분열을 넘어서고자 했고, 남성과 여성, 교회 밖과 교회 안, 세상과 몸의 일을 신앙과 교회와 그리스도와 하나님의 낳고 살리는 성령의 일과 다르지 않다고 보셨습니다. 그래서 선생님은 어떻게든 우리

'추도의 밤'에 추도사를 하는 필자

'민족'의 일을 '하나님'의 일로 보시면서, 그 일의 온전한 이룸을 위해 애쓰셨습니다. 그 일이 바로 분단된 민족의 '통일'이었고, 남북의 화해였으며, 오랜 시간 동안 자주적으로 살지 못하고, 자신이 가진 좋은 것이 무엇인지를 몰라 좋은 것이 항상 밖에서만 오는 줄 알고 서로 싸우고 갈등하며 살아가는 우리 민족의 오랜 피식민지성, 분단과 자기학대와 민중 억압의 병을 치유하기를 원하신 것입니다.

1991년 8월 13일, 선생님은 1980년대 말부터 시작된 조국 통일 범민족 연합(범민련)의 일과 거기서 남측 준비위 조직과 부위원장으로 재일 대한기독교회가 주최한 동경에서의 통일 세미나에 참석하여 행한 주제강연이 문제가 되어서 국가보안법 위반 혐의로 구속되셨습니다. 그때 선생님은 68세의 정년 퇴임 교수셨지요. 일찍이 진정한 기독자라면 사회주의자가 될 수밖에 없다고 언표했던 칼 바르트 신학과 더불어 학문 연구를 시작하신 선생님은 특히 자신의 조국 한반도가 20세기 서구 제국주의와 자본주의 갈등의 첨예한 격전장이 된 현실을 어떻게든 풀어내고자 하셨습니다. 그 숙제를 마무리하기 위해서 선생님은 평생을 바쳤고, 그 가운데서 떠올랐던 모든 화두, 즉 민족, 하나님, 자주, 주체, 독립, 여성, 민중, 교회, 부활, 어머니 등의 언어가 선생님 사유의 길라잡이들이었습니다. 그리고 그것을 자신만의 통합적이고, 불이적(不二的)인 통찰에서 어떻게든 한국민족 고유의 역사와 사상과도 접목하려고 고투하셨고, 한국의 민중뿐 아니라 세계의 민중, 그중에서도 특히 민중 여성들의 고난의 삶에 깊이 주목하셨습니다. 그런 성찰과 탐구, 분투의 결과물 중에서도 특히 앞에 구속과 법정 투쟁 과정의 기록물인『통일신학의 고통과 승리』(한울, 1992)는 한반도 통일운동 과정에서 이정표와 같은 것이라고 저는 생각했습니다.

그런데 그런 모든 성찰과 과정을 선생님이 돌아가시기 며칠 전 되뇌셨다는 두 언어, "잘못했습니다", "고맙습니다"로 모두 정리하고 마무리하고 가셨다고 생각합니다. 오늘 촛불혁명 문재인 정부 초기에 한껏 부풀었던 남북 하나 됨의 꿈이 좌절되는 위기 앞에 놓인 현실에서 남북이 서로 만난다면 나눌 첫 마디로 '잘못했습니다,' 그 이상의 어떤 것이 더 있을 수 있을까요?

그동안의 서로의 완악함과 고집, 자기중심주의, 편파적 주장과 상대방에 대한 비방과 분노를 서로 고백하고 용서를 구하는 일, 남북의 만남은 그러한 서로 간의 죄책 고백으로 시작하는 일이 맞고, 그 죄책 고백 시작의 언어로 선생님은 '잘못했습니다'를 가르쳐주신 것입니다. 그리고 다시 다음으로 그동안 서로 정말 어려운 처지에서 그래도 더 극단으로 치닫지 않고, 각자의 처지에서 최대한 자제하고 노력하고, 온갖 내외적인 어려움과 고통을 물리치고 이 자리에 왔다는 서로에 대한 인정, 그 모진 시간을 서로 견디어 온 것에 대한 고마움, '고맙습니다'라는 발설 외에 다른 것이 더 없다고 생각합니다.

그렇게 선생님은 가시면서 당신이 평생 죽는 순간까지 마음에서 놓을 수 없었던 통일신학과 여성신학, 민족 하나 됨과 인류 나아갈 길의 소망과 메시지를 이 두 언어로 축약해서 주고 가셨습니다. 그래서 우리도 다시 용기를 내고, 잃어버린 마음을 찾아와서 이 땅의 비참과 고통, 전쟁과 분열을 걷어내는 일에 남북이 하나 되어 서로에게 부족한 것을 채워 주고 나누어주면서 다시 통일과 평화의 길로 나아가야 하겠습니다.

선생님은 한민족이 그동안 겪어온 역사에서의 고통과 비참 그리고 특히 1920년대 이후 자본주의와 사회주의 갈등으로 인해 야기된 민족의 분열과 남북 현실이 결코 의미 없이 있었던 일이 아니라는 것을 강조하고 또 강조하셨습니다. '민족통일과 민중해방의 불가분성'을 강조하시면서, 만약 남쪽이 자신 속의 민중의 고통을 돌아보면서 북쪽의 지금까지의 사상적 투쟁이 그동안의 국제적인 고립과 배타의 어려움을 모두 견디면서 민족적 자주성과 자존감을 지켜내려는 고투에서 나온 것임을 알아챈다면, 그래서 서로 각자가 이룬 일과 한계를 알고 서로 손을 잡는다면, 거기서의 열매는 세계 인류 문명과 특히 '제3세계'의 푯대가 될 것이라고 강조하셨습니다.[1]

그런 한민족의 인류 문명적 역할과 소명에 대한 자각으로 선생님은 자신의 통일신학을 점점 더 남북 공동의 민족적 시원에 대한 자각 위에 세우기를 원하셨고, 그래서 동이족(東夷族)의 오래된 역사, '환단고기'

---

1 박순경, 「한민족과 신학」, 『통일신학의 여정』, 한울 1992, 55.

(桓檀古記)에도 관심하시고, 현실의 온갖 다름을 넘어서 남북과 동서, 교회 안과 밖, 여성과 남성을 연결하고, 지금까지의 세대와 가족의 개념도 크게 뛰어넘으면서 창조적으로 사셨습니다. 그런 큰 통합과 사랑, 인고의 삶을 사셨던 선생님이 가장 좋아하던 성서 구절이 이사야서 40장 1~2절이었다고 합니다. 저는 그것이 선생님께서 지금 남북의 위기로 더욱 큰 위험에 직면한 우리 민족에게 그동안의 모든 수고와 아픔을 위로하며 큰 희망을 주시기 위한 말씀이라고 생각합니다.

"너희는 위로하여라!
나의 백성을 위로하여라!"
너희의 하나님께서 말씀하신다.
"예루살렘 주민을 격려하고,
그들에게 일러주어라.
이제 복역 기간이 끝나고,
죄에 대한 형벌도 다 받고,
지은 죄에 비교하여
갑절의 벌을 받았다고 외쳐라"

이상의 이사야서 말씀으로 2020년 10월 25일 빈소에서의 추모의 밤 추모사를 마치고, 다음 날 새벽 저는 선생님이 창립 초대 회장을 지내셨던 한국여신학자협의회 몇몇 선후배 선생님들(김혜원, 유춘자, 신선 그리고 최은영 신임 사무총장)과 함께 장지인 천안 공원묘지로 향했습니다. 아시다시피 한국여신학자협의회는 1980년 4월에 창립되어서 지금까지 한국기독교 여성운동과 신학운동의 두뇌처로 역할을 해왔고, 선생님이 소천하신 후 얼마 있다가 창립 40주년 기념행사를 하기도 했습니다. 선생님은 40여 년 전 초대 회장으로 선임되셔서 그때부터 돌아가시기까지 한국여성신학의 큰 어머니로서 우선 여성신학을 든든한 이론 위에 세우고자 하셨고, 특히 서구 여성신학과는 다른 '한국' 여성신학만의 고유하고 독특한 목소리를 내고자 여러 가지로 주력하셨습니다.

그중에서 선생님이 강조하신 하나님의 명칭에서 여성신학자들에게는 매우 불편한 '아버지 하나님'을 끝까지 놓지 않으신 것도 있지 않나 생각합니다. 또한 '어머니'라는 명칭도 매우 강조하셔서 성령의 차원에서 좁은 인간적 차원의 남성과 여성의 구분을 떠나서 그 둘을 모두 포괄하고 뛰어넘는 총체적 하나님 이름으로 중시하셨습니다. 이러한 입장은 초기 한국 여성학자 또는 여성신학자들로부터 여전히 가부장적 체제 의식 속에 남아 있는 모습이라고 비판을 받았습니다. 그래서 여성신학자들과 소원해지기도 했지만 이번에 저는 선생님도 누워계신 천안공원묘지 선생님 부모님의 묘소 비석을 보면서 그러한 정황을 좀 더 이해하게 되었습니다.

그 공원묘지에는 선생님의 자리로 들어가는 입구에 바로 선생님 부모님과 둘째 오빠를 모신 가족묘가 이미 아름답게 자리하고 있었습니다. 그것을 설명하는 김애영 선생에 의하면 몇 년 전 선생님은 강원도 횡성에 모셨던 부모님 산소를 이곳으로 옮겨와서 당신이 어려운 환경에서도 학문의 길을 가는 데 많은 도움을 준 둘째 오빠 부부도 함께 모셔와 가족묘를 마련했다고 합니다. 거기서 저는 선생님이 손수 지으신 묘비석 글을 읽게 되었는데, 그 글에는 선생님의 부모님을 향한 지극한 효성(孝性)과 사랑, 감사의 마음이 구구절절이 표현되어 있었습니다.[2]

선생님은 먼저 부모님이 "학문을 가장 귀하게 여기신 부모님"이라고 드러내셨습니다. 바로 우리 오랜 유교 전통의 선한 선비 부모님을 두셨다는 것을 밝히면서 "아버님은 엄하고 인자하신" 분이었고, "그렇게도 아름답고 자애로운 어머님"이 부모님이셨던 것을 적시하셨습니다. 이 글을 읽고 나니 선생님이 그렇게 하나님의 호칭으로 '아버지'와 '어머니'를 놓지 않았고, 그 가운데서도 그 둘 모두를 중시여기며 특히 한국신학 또는 여성신학의 고유한 하나님 이름으로 '어머니'와 '모성'을 강조하신 이유와 근거를 좀 더 알게 된 것 같았습니다. 바로 그것은 선생님의 부모님을 향한 '효심'(孝心)에서 나왔던 것입니다. 이 땅의 부모님을 향한 지극한 사랑과 감사가 자연스럽게 하늘 부모님에 대한 사랑과 믿음으로 옮겨졌고, 그 하늘 부모님을 '아버지', '어머니'로 부르며, 그 외 어떤 다른 호칭보다도 더 귀하고 적실한 이름으로 강조하신 것입니다. 이것은 좁은 여성신학적 관념이나 일반 서구적 페미니즘 주장을 넘어서 바로 인간 모두가 참으로 자연스럽고, 여전히 가장 폭넓게 '보편'(the universal)이라고 말할 수 있는 방식이라고 저는 생각합니다. 그래서 여전히 하나님은 우리에게 '아버지'이시고, '어머니'이신 것입니다.

선생님은 자신이 그 부모님으로부터 "귀한 생명을 받고, 끝없이 학문하는 정신을 이어받았다"라는 것을 밝히셨습니다. 그리고 같은 부모의 형제자매로 태어나서 한 오빠는 '형제들을 화목하게 하는 일'에 힘을 쏟았고, "부모님 대신 이 막냇동생을 돌보아 주신 것"을 말씀하시며, 이 '부모 마음'이야말로 한국 전통이 오래전부터 계속해서 전해준 '하늘과 땅의 모든 생명을 낳고 살리고 돌보아 주는 하늘의 마음(天地生物之心/理/性)이라는 것을 아주 자연스럽게, 크게 의식하지 않고 묘비석에 밝히 드

2 묘석 본문의 글은 이번의 수정과 보완을 위해서 본인의 요청에 따라 김애영 교수가 카톡으로 보내주었습니다. 큰 도움을 받았고, 수고에 감사합니다.

러내셨습니다. 그렇게 해서 한국신학, 또는 한국적 신학의 하나님 신앙과 믿음은 자연스럽게 우리 효(孝)의 연장이고, 그것이 하늘 부모님에 대한 신앙과 사랑이 되면서 같은 근거로 한국신학에서 예수 그리스도를 '지극한 효자'(孝子, 예수는 모름지기 효자다)로 보는 관점이 나온 것을 이해하게 했습니다.3 저는 그런 맥락에서 선생님의 통일신학과 민중신학, 여성신학을 또 하나의 '한국 토착화신학'이라고 독해하였습니다.4

저는 앞으로 이와 같은 선생님 신학 독해가 더욱 전개되기를 기대합니다. 평생 선생님 마음에 돌덩이처럼 놓여서 그 문제를 어떻게든 가볍게 하고, 앞으로의 시대와 세계를 위해서 그 물음과 문제가 한반도 땅에서, 특히 한국 여성들의 의식으로 새롭게 전개되고 풀리기를 바라셨던 선생님! '민족', '민중', '여성'의 세 화두 속에 담긴 갈등과 분쟁이 그치고 한 인격과 사회, 국가와 세계 속에서 그 갈등으로 인해 겹겹이 쌓인 오랜 상처와 아픔, 고통이 그치고 해방되는 날이 오기를 그렇게 염원하시고, 그 일을 위해서 몸소 감옥까지 가셨던 선생님!

선생님은 '후손들'이라는 단어를 직접 쓰시며 하늘에 계신 '부모님'과 '하나님'께 그들의 앞날을 부탁하셨습니다. 그러나 여기서 우리는 이미 선생님의 남기신 글과 삶을 통해서 잘 알기를, 선생님에게서 후손은 이미 좁은 물리적 인연과 혈연의 연을 넘어섰다는 것입니다. 선생님은 살아생전 한 제자와 지극한 가족의 연을 이루셨고, 선생님의 사랑과 염려는 한국의 여성신학자들, 그들만이 아니라 한민족의 온 후손과 또한 그 민족적 한계도 넘어서 세계의 온 민중, 특히 '제3세계'의 민중과

---

3 윤성범, "예수는 모름지기 효자다," 「기독교사상」 1976. 7.
4 이은선, "한국 여성신학자 박순경 통일신학의 세계문명사적 함의와 聖·性·誠의 여성신학," 『동북아 평화와 聖·性·誠의 여성신학』 (동연, 2020), 143 이하.

여성에 대한 의식으로 나아가셨습니다. 선생님은 좁은 교회 안과 밖의 경계도 나름으로 넘어서 선생님의 육신의 어머니가 그 어려운 일제 식민지나 전쟁의 시기를 견디시며 '민족'의 어머니로 사신 것이기 때문에 그것이 곧 '교회'의 어머니이기도 한 것이므로 그 어머니를 이해하는데 더 이상의 교회 안과 밖의 구별이 무색해짐을 선언하셨습니다.[5] 그러한 이해 안에 참으로 깊은 인간적인 고민과 갈등, 그런 구별들을 모두 뛰어넘는 말할 수 없는 신비의 통찰이 있으셨을 것이라고 저는 상상해 봅니다.

이제 선생님은 하늘에 계십니다. 오늘 선생님이 그렇게 가슴에 품으셨던 한반도의 현실과 아프가니스탄이나 아이티 등의 가난한 세계 인민들의 처지는 말로 다 할 수 없을 정도로 비참하고 정말 안타깝습니다. 그렇게 살아생전 민중과 여성이 주체적으로 스스로 서는 일을 강조하셨지만, 지구와 인류 사회와 남북의 현실, 거기서의 힘없는 사람들의 처지는 어쩌면 그로부터 더 멀어지는 것이 아닌가 하는 우려를 낳게 합니다. 그러나 선생님, 그럼에도 불구하고 저희 후손들은 선생님이 그렇게 사셨고, 저희에게 부탁하신 대로 "늘 감사하며 최선을 다하여 살아"가겠습니다. 그곳에서 저희를 "지켜주시고 도우소서!" 저희도 그 사랑과 돌보심에 대한 굳건한 믿음으로 "하나님의 은혜와 자비 안에서 다시 만나 뵈올 것을 기원"하면서 선생님 추모의 염을 마무리합니다.

---

5 박순경, 「통일신학과 여성교회」, 『통일신학의 미래』, 사계절 1997, 260-261.

내 인생의 사람, 原草 박순경 선생님

이정이*

글을 열며

작년 10월 24일 토요일 아침, 原草 박순경 선생님이 운명하셨다. "정이, 선생님 가셨다네. 집으로 오게나"라는 소리가 아득하게 들려온다. 지인들과 북한산 둘레길을 걷기로 해 집을 나서던 참이었다. 학문적 스승과 제자로 40여 년간 동고동락해 온 도경 김애영 교수님(이하 '도경'이라 존칭)의 전화였다. 두 분의 인생 여정은 그 어떤 것으로 설명할 수 없는 '하나님 나라의 가족 공동체'라 할 수 있을까, 아니면 인생의 동반자라고 해야 할까나! 두 분의 아름다운 동행은 그 무엇으로 정의하거나 해명하기 어려운, 세상에 단 하나뿐인 관계이다. 제자가 선생님을 모시고 살며 학문적 성취를 이룬 것도 그렇지만, 와병 중에 계신 선생님을 지극 정성으로 돌보는 '도경'을 보면서 더욱 그런 생각이 들었다. 작년 추석 즈음에 선생님께 인사드리려 연락했더니 2월에 편찮으셔서 입원

---

* (전)아름다운재단 사무국장, 한국여신학자협의회 실행위원.

했다가 회복 중에 낙상을 당해 누워 계신 지 석 달째라며 나중에 오라고
한다. 그런데 간병인이 주말이면 귀가해 선생님 등의 궤양을 소독하고
처치하려면 붙잡아줄 사람이 필요하다고 해서 찾아뵙게 되었다. '도경'
은 의식주는 물론 전문 의료인이 다 된 듯 24시간 내내 곁에서 시중들며
정성을 다해 간병하고 있었다. 선생님은 쇠약해질 대로 쇠잔해져 있었
지만, 안정되고 평온한 미소로 맞아 주셨다. '도경'의 지극한 돌봄으로
여전히 깨끗한 하얀 피부와 반짝이는 선생님의 눈빛을 보며 옷깃을 여
미고 귀가했다. 생명이 다하는 날이 언제인지 우리는 모두 알 수 없다.
문득 선생님의 마지막 1주일을 돌아보니 영원한 하나님 나라의 안식에
들어갈 준비를 하고 계셨던 것은 아닌가 한다. 오래도록 와병 생활을
한 필자의 시어머니도 작년 4월에 잠자듯이 세상 떠나신 것을 목도한
터라 여러 가지 상념이 인다. 댁에 가보니 요양병원 못지않은 간병 체계
를 구축하고, 선생님이 언제든지 잘 드실 수 있도록 음식을 준비해 놓고
있었다. 그래도 노환으로 누워 계신 분들이 바깥 기온이 많이 떨어지면
세상 떠나신 것을 간혹 보아서인지 추위지면 어쩌나 하는 불안감이 들
었다. 그런 가운데 가을 내내 미소도 짓고 대화도 나누곤 했는데, 찬
서리가 내린다는 삼강(양력 10월23일)이 되자 밤사이 기온이 뚝 떨어진
다음 날 오전 9시경에 운명하셨다.

　전화 너머 들리는 "선생님, 가셨다"라는 소리에 황망한 마음을 추스
르며 방배동 자택으로 향했다. 댁 근처에 언제 도착했는지 모를 정도로
전철을 타고 내리는 사이, 119가 와서 서울대병원으로 운구 중이니 다
시 혜화동으로 오라고 한다. 갈피를 못 잡고 허둥대며 장례식장에 겨우
들어서니 통일사회단체 분들이 먼저 와서 장례위원회를 꾸리고 있었
다. 상주가 된 '도경'과 삼 일 밤낮 빈소를 지키며 '통일사회장'으로 선생

님과 이별하는 시간을 보냈다. 장례식 내내 선생님을 추모하는 사회 각계각층의 사람들을 맞느라 슬퍼도 슬픈 줄을 몰랐다. 선생님은 운명하시기 직전까지도 민족과 사회를 위해 기도했다고 한다. 기나긴 투병 생활 중에도 감사하다, 행복하다고 하시며, '도경'에게 늘 "딸아, 사랑한다, 고맙다"를 말씀하시곤 했다고 한다. 장례식 마지막 이별 예식인 입관 예배는 친족만이 참여하는지라, 젊은 시절 선생님 공부할 때 도움을 주었던 둘째 오라버니 손자와 생의 마지막까지 함께한 세상에 둘도 없는 딸 '도경'과 필자를 비롯한 몇몇 장례집행위원이 참관하기로 했다. 그런데 여든이 넘은 1세대 여신학자분들이 빈소를 지키고 있어, 누구든 '선생님의 가족'이라고 생각하면 입관 예배에 들어오시라고 했더니, 이 구동성으로 '나도 선생님의 가족'이라며 입관 예식에 들어와 선생님의 차가워진 몸을 만지며 마지막 이별을 고했다. 필자도 그제서야 '선생님이 정말 떠나셨구나'하는 생각이 들어 장례식 이후 처음으로 눈물이 주르륵 흘렀다. 우리 모두 언젠가 다시 만날 수 있을 거라는 애도와 소망의 눈물이었다. 선생님은 늘 인간은 '본디 풀'이라며 자신의 호를 '原草'라고 하셨다. 동시에 삼위일체 하나님 나라와 시간 안에서 새 하늘, 새 땅, 새로운 존재로 부활하는 '올람'(olam)의 존재라고 하셨다. 原草, 박순경 선생님은 한국 근현대사 질곡의 시기인 1923년에 태어나 21세기 문명사적 전환기인 2020년 10월 24일 오전 9시, 98세를 일기로 타계하셨다. 사는 내내 당신이 얼마나 아름다운 향기를 내 뿜는 사람인지 모른 채, 생의 마지막까지 향기를 내며 '본디 풀'로 돌아가셨다. 이제 1주기 즈음하여 내 인생 어느 한 시기에 함께하고 싶었던 "내 인생의 사람, 原草 박순경 선생님"을 추모하며 회고하고자 한다.[1]

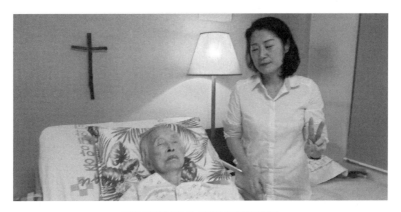

투병 중이신 원초와 신학적 대화를 마치고

原草 박순경 선생님과 첫 번째 만남

선생님을 처음 만난 것은 37년 전, 이화여자대학교 기독교학과 강의실에서이다. 조직신학 전공선택인 '현대사회와 기독교' 첫 수업 시간이었다. 강의실에 들어오시는 선생님을 처음 보는 순간 경이로운 탄성이 절로 나왔다. 단아한 키, 넓은 이마와 오뚝한 콧날에 깊은 눈매와 다부진 입매를 지닌 선생님은 한마디로 '수려함' 그 자체였다. 필자는 마치 소울메이트를 만난 듯 첫눈에 반해 선생님과 같은 신학자가 되고 싶다고 결심했던 기억이 난다. 20대 초반이었던 내게 선생님의 첫 모습은 그렇게 각인되어 있다. 선생님의 연세는 당시 은퇴를 5여 년 정도 남겨둔 60세 정도였던 것 같다. 나중에 안 일이지만 선생님을 처음 만난 사람들 대개 선생님을 흠모했다고 한다. 한마디로 '흠모'라는 단어가

---

1 한겨레신문, 2004. 01. 07 "내 인생의 사람"(http://www.hani.co.kr/arti/legacy/legacy_general/L57/423.html). 원고청탁을 받아 박순경 선생님과의 만남에 대해 처음 쓴 글을 참조에 붙인다.

가장 잘 어울리는 분이라는 것을 선생님을 만난 사람은 누구나 공감할 것이다. 그리스도의 수난적 사랑을 아는 감수성과 지성이 넘치는 영혼을 지닌 선생님의 강의실은 선생님의 신학과 인품에 반한 제자들로 북적이곤 했다.

그런 우리들의 선생님은 늘 예수 그리스도 말씀의 신학에서 하나님 나라와 종말론적 구원을 선포하고, 20세기 시대정신의 산물인 칼 바르트의 『교회교의학』 강의 시간에는 한국적 상황에서 '하나님 나라와 민족의 미래'를 논하며, '교회, 여성, 통일'의 주제를 설명하고 해석해주셨다. 그럴 때마다 고요하게 숨죽이며 귀 기울이던 강의실의 열기가 지금도 아련하게 떠오른다. 3시간 연속되는 3학점 강의는 때로 1시간이 넘어가면 집중력이 흐트러지고 졸음이 오기 마련이다. 그러면 선생님은 "누구 나와서 노래 좀 해라" 하신다. 수강생이나 동문 중에 재간꾼이 많아 눈을 번쩍 뜨며, "저요, 저요" 한다. 선생님의 수업을 들은 사람은 누구에게나 익숙한 풍경이어서 서슴없이 나와서 멋들어지게 노래를 부르거나 심지어는 춤을 추는 학생들도 있었다. 우리는 그렇게 선생님의 강의실에서 '삼위일체 하나님의 나라와 민족의 미래'를 논하며 선생님의 신학적 여정에 경도되어 있었다. 현대 철학과 신학, 종교학, 물리학, 심지어는 톨스토이 문학에서 러시아 농민 혁명과 부활 신앙을 논하며 우리 역사에서 일어나는 모든 주제를 총망라하는 다학문적 접근을 할 수 있었다. 결론은 언제나 민족분단의 원인과 통일의 관점에서 교회와 세계를 언급하며, 마지막에 가서는 민족의 어머니 됨으로서의 여성성을 잃지 말라고 강조하셨다. 선생님의 신학을 더 깊이 연구하기 위해 박사과정에 들어가지는 못했지만, 그런 선생님의 가르침은 언제나 고난의 현장과 삶에서 신학적 성찰을 하는 여성 신학자로 살아가게 하는 동력이었다.

재학시절 언더서클에서 공부한 마르크스의 자본론과 공산당 선언에 나온 프롤레타리아 독재에 대한 신학적 응답이 무엇이냐고 질문하면, 선생님은 '너 어느 별에서 온 애니' 하는 표정으로 물끄러미 바라보신다. 그러다가 마르크스가 자본주의 종말을 내다보며 공산주의 혁명을 선언한 것이야말로 불의한 자본주의에 대한 심판이자 예언자적 선포 행위라고 선문답 같은 말씀을 하신다. 당시 다른 과에서 선생님 소문을 듣고 수강하러 온 운동권 학생들도 있는 편이었는데, 그게 도대체 무슨 소리냐고 웅성대던 기억이 난다. 그러나 선생님은 아랑곳하지 않고, 마르크스 또한 하나님 혁명의 도구로 쓰임 받은 존재라며, 구약의 예언자적 전통의 반열에 올려놓는다. 소위 '386'이라고 하는 1980년대 학번은 대개 언더서클에 가입해 학교에서 가르치지 않는 사회과학 학습을 하며 현장성을 신봉하던 세대였다. 당시 필자는 시골에서 막 상경한 가난한 여성 노동자들이 작은 봉제공장에서 일하며 공부하는 노동야학의 교사로 주변부 운동권이 되어가고 있던 시기였다. 그러다 보니 아카데믹한 학교 공부에 취미를 붙이지 못했으나, 선생님의 수업만큼은 전공 필수든 선택이든 빠지지 않고 거의 다 수강했다. 특히 포이에르바하의 『기독교의 본질』을 번역한 선생님의 책을 읽고 나서는 선생님 같은 신학자가 되어야겠다는 중대 결심을 했을 정도였다. 선생님은 헤겔에서 시작된 독일의 관념론은 자기 투사로서의 종교, 즉 서구적 허위의식의 산물인 기독교의 신은 존재하지 않는다는 마르크스의 『포이에르바하에 관한 테제』를 설명하시며, 누구든 포이에르바하라는 '불의 강'을 건너지 않고는 인간과 질적으로 차이가 있는 전적 타자로서의 하나님을 제대로 인식할 수 없다고 가르치셨다. 마르크스가 포이에르바하의 유물론적 한계를 지적하며 '공산당 선언'에서 "종교는 민중의 아편"이라고 주장한 무신론의 역사적 배경을 이해해야만 전적 타자로서의 하나님을 만날 수 있다고 가르치신 것이다. 19세기 자유주의적 낙관론 이후 등장한 마르크스와 공산주의 혁명은 하나님의 자유한 역사 가운데 일어난 혁명적 사건으로, 종말론적 심판의 빛 안에서 이해해야 한다고 가르치셨다. 그러면서 인간의 역사에 대한 하나님의 심판으로서 예언자적 선포를 한 마르크스 자신이 무신론의 역설을 주장하기는 했지만, 유대인이었던 그가 자신을 '무신론자'라고 주장한 문헌은 하나도 없다고 강조하였다. 칼빈 정통주의 장로교 보수 신앙에 젖어 세상의 빛과 소금으로 선량하게 살고자 기독교학과에 들어왔다가 사회과학에 경도된 대학생에게, 마르크스 또한 하나님의 미래로부터 오고 있는 하나님 혁명의 도구라고 하시는 선생님의 말씀은 그 어디에서도 찾아볼 수 없는 그야말로 '혁명적인 신학'이었다. 그러나 역사 안에서의 인간의 혁명은 언제나 실패하며, 미래로부터 오고 있는 하나님의 혁명을 준비하며 희망을 잃지 말라고 가르치셨다. 그러기 위해서는 인간은 언제나 하나님 앞에서 겸손하게 하나님의 주권적 임재를 기다리며 준비하는 과정이 '신학함'이라고 하셨다. 돌이켜 보건대 그런 선생님의 가르침이 없었다면, 필자의 어려운 형편과 386 운동권이라는 자의식을 지닌 이화여대 여대생이라는 허위의식에서 갈팡질팡하다가 대학을 중퇴했을지도 모른다. 그런데 선생님을 만나 철학, 신학, 종교사회학, 정치경제학, 역사 및 교육학, 심지어는 물리학적 기초 소양을 다지며 무사히 대학을 마칠 수 있었다고 본다. 선생님 같은 분이 이화여대에 계셨기에 필자는 학교를 졸업하고 오늘에 이르는 여러 인생의 변곡점의 터널을 지나올 수 있었다고 본다.

그렇게 4년여 시간을 보내다가 사회에 나갈 준비가 아무것도 되어 있지 않아 처음으로 선생님 연구실을 찾아갔다. 그동안 선생님 강의만큼은 빼먹지 않고 반짝거리는 눈으로 열심히 강의를 들었던 터라 반갑게 맞아 주셨다. 앞으로 무엇을 할 거냐고 하셔서 마음에 품었던 생각을 단도직입적으로 말씀드렸다. 칼 바르트 인생의 동반자였던 샤롯테 폰 키르쉬바움처럼 선생님의 비서가 되고 싶다고 했다. 폰 키르쉬바움은 알려진 바와 같이 바르트를 25세에 만나 비서 일을 하다가 나중에는 신학자로 『교회교의학』의 많은 부분을 공동 저작까지 한 소울메이트 연인이다. 필자 또한 형편상 석사과정에 진학하지 못하는 데다, 소위 '여자'가 일반 회사에 취직하기는 매우 어려운 시절이었던지라, 25세의 폰 키르쉬바움처럼 선생님을 모시고 공부하며 재야의 학자로 살고 싶다고 한 것이다. 선생님이 물끄러미 바라보시더니, "남자친구 있지?" 하시며 "좋아하는 사람 있으면 결혼도 하고 자식도 낳고 네 갈 길을 가야 한다"라고 하신다. 이미 당신 곁에는 나 같은 생각을 실천에 옮긴 제자가 있다며! 나중에 안 일이지만, 그 제자가 바로 도경 김애영 교수님이었다. 필자는 정말 순수하고 순진한 마음으로 선생님이 좋아서 결혼도 안 하고 공부하며 돈도 안 받는 무급 비서로 곁에 있고 싶다고 한 것인데, 이미 그런 선배가 있다고 하니 한대 얻어맞은 기분이었다. 나와 같은 생각을 하는 사람이 누구인지 정말 너무 궁금했으나 대학을 졸업하고 선생님을 떠난 지 오래지 않아 향린교회 홍근수 목사님이 주관하는 통일신학회에서 도경 김애영 교수님을 만나게 된다. 우연히 만난 '도경'은 선생님에게 내 이야기를 들어 잘 알고 있다며 반가워했다. 이후 선생님과 '도경'을 어느 회의나 모임에서 만나게 되면 누구에게나 제자라고 소개하시며 필자가 으쓱해질 정도로 자랑하셨다. 그리고 '도경' 앞에서는 "언니가 말이지", "언니는 말이야"라며 '도경'이 필자의 자매인 듯 지칭하셨다. 졸업 전에 선생님의 비서가 되고 싶다는 소망을 언급한 이후, 나도 모르게 선생님의 제자이자 가족이 되어 있었다. 그런 선생님은 내 인생의 유일무이한 참 스승님이시다.

原草, 박순경 선생님과 두 번째 만남

졸업 후 사회에 나온 필자는 야학에서 만난 길벗과 결혼해 박순경 선생님의 민족, 통일, 여성을 화두로 민중교회를 시작하였다. 지금은 흔적조차 찾아볼 수 없는 소규모 공장이 난무하던 성수동과 서울의 마지막 달동네였던 삼양동에서(당시 난곡이나 상암동은 서울이 아니었음) 글쓰기 교실, 지역아동 방과후교육, 주부한글교실 등을 운영하며 20대와 30대 초반을 보냈다. 1990년대 한국 사회는 글로벌 3대 호황(저금리, 저유가, 저물가)으로 상대적인 경제성장을 구가하며, 사회구성체 이론과 실천이 서서히 바뀌어 가고 있었다. 이러한 전환기에 이론과 실천의 프락시스 과정으로서의 신학 공부를 다시 하기 위해 한신대 신학대학원에 가게 된다. 선생님이 '신학은 교회에 봉사하는 학문'이라고 말씀하신 것처럼 석사 논문 역시 몰트만의 "성령의 능력 안에 있는 교회론"을 쓰면서 뜻이 맞는 신대원 교우들 몇몇과 교회개혁의 일환으로 공동목회를 시도했다. 그런 와중에 딸의 탄생을 계기로 다시 페미니즘을 공부하며 늦깎이 여성신학자로 입문하게 된다. 대학에서 여성학을 배우긴 했으나, 여성신학을 공부하지는 못했다. 여자 중·고등학교, 여자대학을 다니면서 어쩌면 살을 에는 차별을 받고 자란 적이 없어서 관념에 그친 여성주의자였는지 모른다. 그런데 분신이라 할 '딸'이 태어나니,

내 삶의 지향과 목표가 달라지게 되었다. 딸아이가 살아갈 세상은 여성이 차별받지 않는 정의롭고 평등한 세상이어야 한다고 생각했다. 그동안 사회적 약자를 위한 사회운동과 민중운동을 하면서 이타적인 삶을 살았다고 자부했지만, 이타성이란 자신의 살과 몸과 마음이 에이는 아픈 경험이 없이는 언제나 관념에 그치는 게 아닌가 하는 생각이 드는 요즈음이다. 그래서인지 교회개혁의 일환으로 시작한 공동목회는 현실에서 여러 가지 한계에 부딪혀 좌초되면서 실험에 그치고 말았다. 이후 '도경'의 권유로 한신대신대원 졸업과 동시에 한국여신학자협의회(이하 '여신협')에서 일하게 되었다. 여신협은 1980년에 박순경 선생님을 초대회장으로 모시고 창립한 80년대 최초의 여성단체이다. 이후, 여성의 지위 향상과 권익을 표방하는 여성운동 단체들이 생기기 시작했다. 당시 박순경 선생님과 같은 여성지도자가 많지 않던 시절이어서 여성단체들이 선생님을 강사로 자주 모신 것으로 안다. 그렇게 여성주의 운동이 성장해가던 무렵, 선생님을 다시 만나 여성신학운동에 참여하게 된 것이다. 그러나 1995년 무렵, 선생님은 정치권에서의 여성할당제 등 입법운동으로서 양성평등을 주장하는 여성주의 운동의 한계를 넘어 통일사회단체의 이론적 정신적 대모로 활동 영역을 넓혀가고 계셨다. 그런 선생님과 함께 필자 또한 자신도 모르게 여성 인권의 마지막 복합 모순이라 생각되는 일본군 위안부 문제를 끝으로 여성운동을 떠나게 된다. 당시 전 세계 여성들이 일본군 군위안부로 끌려가 참혹한 세월을 보낸 역사의 증언자들이 히로히토 천황을 일본군 성노예 전범으로 규정하고, 국제 민간 법정에 전범자로 소환해 기소하는 2000년 성노예 국제법정 한국 측 대표인 한국정신대문제대책협의회 스텝으로 잠시 일하면서 북한 문제에 다시 눈을 뜨게 된다. 2000년 국제법정에 남북이 하나로 대표단을 구성해 공동기소문을 작성해 국제회의에 참석해야 하는데, 남북이 분단된 지 50여 년간의 역사를 바라보는 인식의 간극이 너무나 커서 남북공동기소문 작성이 난항을 겪게 된다. 그런 와중에 인권 변호사에서 시민운동가가 된 故 박원순 변호사가 공동검사단에 참여하면서 일본군 위안부 문제를, 한 국가가 군대를 조직적으로 동원해 성폭력을 자행한 역사 인식 문제로 차이를 좁혀가면서 남과 북이 어렵게 공동기소문을 합의하여 동경에서 열리는 2000년 국제법정으로 향하게 되었다. 통일신학을 공부하며 축적해가고 있었지만, 통일운동에 참여할 기회가 별로 없었던 필자가 동경에서 처음으로 북측대표단을 만나면서 새로운 여정에 들어서게 된다. 그동안 선생님의 제자라는 자부심은 있었으나 학문적 신학 공부에 정진한 것은 아니었기에, 현장에서 만나는 뜨거움 같은 게 있었다. 북측대표단 얼굴은 기억마저 희미해 다시 만나도 못 알아보겠지만, 통일이 되면 찾아보리라 생각하며 당시 주고받은 명함을 아직도 간직하고 있다. 그렇게 남북 공동기소 검사단장이었던 박원순 변호사를 2000년 국제법정에서 만나 참여연대에서 일하게 된다.

새 밀레니엄이 시작되는 2000년은 그렇게 일상의 작은 시민운동이 거대한 변혁의 물줄기를 만들어내는 시대정신을 내포하고 있었다. 그런 시대에 강의실에서 접한 선생님의 신학 이론을 현장에서 검증하며 실천적 변화를 이끌어내는 시민운동에 참여하게 된 것이다. 2001년 참여연대 재직 당시, 선생님이 근처에 오셨다며 당시 사무처장이었던 故 박원순 변호사를 만나고자 하니 주선하라고 하신다. 이미 여든이 다 되어가는 선생님이 박원순 변호사의 손을 꼭 잡고는, 당신이 "아끼는 제자, 이정이를 데려갔으니 복 있는 사람"이라며, 마치 취직을 한 자식의 직장 상사에게 잘 부탁한다고 말하는 어머니처럼 당부하던 선생님을 잊을 수가 없다. 이후의 여정은 2007년 가을, 「한국여성신학」 겨울호의 몸으로 실천하는 여성신학동지 탐방 인터뷰 "길이 처음부터 길이었더냐?"에서 자세히 나와 있다. 선생님은 '내 인생의 사람'으로 20대에 처음 만나 학문과 인생의 스승으로 여기며 시대정신의 빛 가운데서 예수 그리스도의 뜻대로 살고자 노력할 수 있게 해 준 원천이다. 20대 초반에 선생님을 만나 배운 가르침이 필자의 삶에 배태되어 여신협을 거쳐 참여연대와 아름다운재단에서 익명의 그리스도인으로 세상을 바꾸겠다는 꿈을 꾸었다.

原草, 박순경 선생님과 세 번째 만남 그리고…

사람 사는 곳은 어디나 씨줄과 날줄로 빚어지는 인생의 빛과 그림자가 있게 마련이다. 아름다운재단에서 나눔 운동을 미션으로 각계각층의 다양한 분야의 상위 1% 사람들을 만나다 보니 어느덧 운동가로서 열정은 사라져가고 있었다. 2007년 대통령 선거를 거치면서 나눔운동은 나눔의 문화로 자리 잡으며 조직 내 대내외적 전환기를 맞게 된다.

아름다운재단 전체를 조망하며 나눔문화를 이끌던 필자가 북한의 인재를 해외에서 공부시키는 유학 프로그램을 전담하는 전문위원으로 일하게 된다. 조직 내외 변화로 자의 반 타의 반으로 선택한 일이었지만, 마음 깊은 곳에서는 선생님의 가르침대로 살고자 예정된 불가사의함이라고 느껴진다. 대학 강의실에서 만난 原草, 박순경 신학에 경도된 제자가 직업적 삶을 선택하면서 예지예정론 같은 이야기를 하게 되었으니 말이다. 선생님께 신학을 배우긴 했지만 그런 운명론 같은 예정론이와 닿지 않는 매우 이성적인 사람이기 때문이다. 그러한 과정을 거쳐 다시 북한 문제 일로 선생님을 찾아뵙고 통일과 평화공존에 대한 자문을 구하게 된다. 당시 선생님은 이미 수 차례 평양을 방문하고, 조선그리스도교연맹 사람들과 주체사상과 통일신학을 논하며 자신의 역사신학을 전개해가고 계셨다. 그러나 안타깝게도 2007년 12월 이명박 정부가 탄생하며 노무현 정부 때 추진했던 모든 일이 반동적으로 회귀하며 강대강 대결 국면으로 점철된다. 정부가 직접 나서지 않으면 민간조직에서는 북한을 돕거나 지원하는 일을 할 수 없는 상태가 된다. 북한 해외 인재 장학사업 역시 남북의 이념적 갈등이 해결되지 않으면 한 발짝도 뗄 수 없는 그런 상황이 되었다. 선생님이 말씀하신 세계체제와 분단체제를 다시 공부하며 남북관계 개선을 위한 전략을 새롭게 수립해야 하는 시대였다. 이후 벌어진 천안함 사태나 연평도 폭격 사건 등으로 남북 간에는 아무것도 할 수 없는 긴장이 고조되는 국면이어서 인내하며 하나님의 시간인 '카이로스'를 기다리며 다시 공부를 시작하게 된다.

필자는 이러한 우여곡절 끝에 신학과는 전혀 무관한 고려대 경영전문대학원에 입학하였다. 이윤과 성장이라는 시장 자본주의 경영 논리는 신학과는 거리가 멀었지만, 남북이 교류 협력하는 길은 오히려 비즈니스 모델을 통해 상생하고 경제발전 하는 일이라는 통찰력을 갖게 되었다. 5학기 MBA 수업 과정을 통해서 완전히 새로운 눈으로 남북관계를 바라보게 되었다. 신자유주의 포스트모더니즘 이후 작동하는 시장 논리와 경제 논리를 비판할 수 있는 논리와 안목도 생김과 동시에, 이상적으로 생각했던 사회연대운동이나 심지어 여성운동조차도 시장화되어 그 비전과 동력을 상실한 것은 아닌가 하는 비판적 인식도 생기기 시작했다. 그러던 중 디아스포라 코리안들이 통일을 위해 해외에서 인도적 지원과 원조를 계속해가며 경제 경영 지식교류사업을 하고 있는 것을 알게 되었다. 이러한 국제 네트워킹을 통해 수많은 북한의 IT전문가, 외교관, 교원 지식인 등을 국제무대에서 만나게 되었고, 그들 스스로 자본주의 시장경제를 익히며 개혁, 개방을 준비하는 내적 동력을 축적해가는 모습을 보며 통일에 대한 인식이 평화 공존에로 전화되어 갔다. 동서문제로 대변되는 사회주의와 자본주의 이념 문제와 남북문제로 대변되는 빈부격차와 불평등 문제가 세계 분단의 문제로, 그러한 복합 모순을 내포한 남북의 분단체제가 세계 분단의 볼모라고 말씀하시던 선생님의 가르침이 관념이 아닌 현실의 문제라는 것을 통섭적으로 깨닫게 되었다. 인간이 주도하는 내적 혁명이 아닌 미래로부터 오고 있는 하나님의 혁명이 주권적으로 임해야만 이 분단의 질곡이 끝나고 새로운 통일 한국이 될 수 있다는 선생님의 신학을 상기하며 다시 찾아 뵙기 시작했다. 작년, 선생님을 추모하는 통일사회장 장례식 내내 선생님의 영전에서, 생전의 말씀대로 하나님 나라의 의의 혁명이 도래하기를 기다리며 One Korea Two regime의 체제로 남북이 균형, 발전하고 평화 공존할 수 있는 길을 이제는 한국교회와 함께 계속해야 한다는 결심을 하게 되었다.

글을 마치며

필자는 작년에 시작된 팬데믹으로 교회 출석이 어려워지자, 선생님의 신학을 복기하고 딸에게 알려주고자 2014년에 발간한 선생님의 책 『삼위일체 하나님과 시간』[2]을 통독하고 있었다. 딸이 이해하든 못하든 엄마가 존경하는 선생님의 책을 통해 성경공부 겸 역사 공부를 하자고 제안한 것이다. 사실, 90년대생인 딸이 선생님의 책을 읽기에는 난해하고 이해하기 어려울 텐데 마다하지 않고 따라와 준 것은 순전히 코비드 덕분이다. 그런 시간을 내기 위해 딸아이와 주일마다 벌어지는 크고 작은 갈등이 있었지만 한번 시작한 것은 끝을 맺자고 다독여가며, 마침내 지난 주일, 9월 5일에 통독을 마칠 수 있었다. 책의 마지막 장에 선생님이 직접 쓴 "결론을 대신하여"를 보면 선생님의 신학과 사상이 함축적으로 축약되어 있다. 37년 전, 선생님을 처음 만나 느꼈던 신학의 경이로움과 신앙의 여정을 1주기를 맞이하는 선생님을 추모하는 글에 고스란히 담았다. 原草, '본디 풀'이란 뜻처럼 선생님은 오늘 하루 피다 아궁이에 던져지는 들풀이 될지언정 언제나 최선을 다해 현재를 사는 들꽃과 같은 분이다. 그런 '내 인생의 사람, 原草, 박순경 선생님'과의 만남과 가르침 덕에 오늘날의 내 삶이 정초 되었다고 해도 과언이 아니다. 선생님 떠나신 지 1주기 즈음하여 지난날을 회고하니 선생님의 삶의 숨결이 다시 한번 뜨겁게 느껴진다.

---

2 『삼위일체 하나님과 시간 제I권 구약편』, 박순경 저, 총 700쪽, 신앙과 지성사 발간 (2014.11.13).

박순경 선생님을 추모하는
'이야기 정체성'

임상빈*

　먼저 리쾨르(Paul Rcoeur)의 '이야기 정체성'(Narrative Identity) 개
념을 살펴보고, 선생님을 추모하는 이야기 되지 않은 이야기(prefigu-
ration, 할 말)를 시작해 보겠다. 이야기란 경험을 이야기하는 것이고,
경험은 본질적으로 시간적이다. 우리는 경험을 이야기하면서 과거에
질서를 부여하고 미래의 방향을 설정한다. 자신의 시간 경험에 대한
이야기를 통해 우리는 '나는 존재 한다'에서 '나는 할 수 있다'로 나아갈
수 있을 것이다.

　리쾨르는 어거스틴의 시간론과 아리스토텔레스의 『시학』(詩學)을
종합해서, 인간의 시간 이해를 이야기하는 능력과 연관시켜서 이야기
한다는 실천행위가 어떻게 인간의 실존적, 윤리적 조건과 의미를 밝히
는 데 기여하는가를 탐구했다. 그에게 윤리란 단순한 도덕 규범이 아니
라 세상을 바꾸는 정치적인 일과 관련된 것이다.

---

* 전 한성신학대학 교수

우선 어거스틴의 시간론부터 살펴보면, 그는 시간을 외부에 존재하는 대상이 아니라 정신의 체험이라고 본다. 시간 체험은 먼저 '정신의 분산'(ditentio animi)으로 나타난다. 즉, 과거는 지나간 것으로, 현재는 지나가고 있는 것으로, 미래는 아직 오지 않은 것으로 체험된다. 분산된 시간 체험의 불협화음(discordance) 때문에 과거와 현재와 미래가 존재한다. 하지만 불협화음에 화음(concordance)을 부여하려는 '정신의 집중'(intentio animi)이 또 다른 시간 체험을 만들어낸다. 현재를 중심으로 과거와 현재, 미래의 균열을 통합하려는 의지가 정신의 집중으로 나타나는 것이다. 어거스틴에게서 시간 체험은 분산된 실존을 극복하고 통합하려는 노력이다. 이러한 시간론은 아리스토텔레스의 『시학』과 만나면서 새로운 국면으로 접어든다. 이야기의 본질은 미메시스(mimesis), 즉 '행동의 재현'이다. 이야기가 행동을 재현한다는 것은 현실을 그대로 옮겨 놓는 게 아니라 일어난 일들 가운데 취사 선택하여 배치하는 줄거리(muthos) 구성이라는 허구적 작업에 따라 재구성된다는 것을 말한다. 어거스틴의 시간 체험이 정신의 분산과 집중, 즉 균열된 시간을 극복함으로써 불협화음(discordance)에 화음(concordance)을 부여하려는 인간 정신의 활동을 가리킨다면, 아리스토텔레스가 말하는 뮈토스란 이리저리 흩어진 사건들을 하나의 일관된 행동의 시간적 단위로 묶는 것이다. 경험된 시간의 균열은 이야기하는 행위를 통해 일관성을 유지하며 통합된다. 이야기의 줄거리는 잡다한 사건들을 전체적이고 완전한 하나의 이야기 속에 포괄하고 통합함으로써, 하나의 전체로 간주되는 이야기에 결부되는 이해 가능한 의미작용을 도식화한다. 사상(事象)들의 배열이라는 뮈토스는 화음을 강조한다. 살아 있는 시간성은 화음을 이루는 불협화음이며, 이야기는 불협화음을 내포한 화음이다.

리쾨르는 '시간'과 '이야기' 사이의 관계를 두고서 "이야기는 시간의 관리자(guardian)다"라는 은유를 말한 적이 있다. 이 말은 우리가 이야기 활동을 통해 우리의 시간 체험이 어떻게 나름의 방식으로 조율되고 형상화되는지를 보여준다. 아직은 다소 혼란스럽고 지리멸렬한 그리고 아직 명료히 언표 불가능한 삶이 한편에 존재한다. 하지만 언어 속으로 가져오지 않은 이런 일상적 삶과 경험은 여전히 소통 불가능한 것이고 맹목적인 것이다. 이때 작가(글 쓰는 주체)가 개입하여, 언어 속에서 산발적이고 혼란된 일상과 흐트러진 생활의 조각에 전혀 다른 형태와 모습을 부여함으로써 이를 재조직화하면서 비(非)일상성과 유의미성을 일구어낸다. 그리하여 이야기를 하는 능력은 인간을 무의미로부터 구출하는 창조적 작업이 된다. 그것은 어거스틴이 시간을 이해한 방식과 비슷하다. 불협화음을 내포한 화음이다. '이야기 정체성'은 우리가 체험한 시간을 형상화하는 이야기를 구체화하는 것에서 구성된다. 삶이란 매 순간 봉착하는 실존적 선택을 통해 자기 이야기를 만들어가는 것으로, 결말을 염두에 두고 미래를 향해 자기를 투사하는 것이다. 과거의 삶을 재구성하면서 미래를 예견하고 현재를 살아가는 '삶'은 이야기 방식을 닮았기에 '이야기 정체성'이라고 부른다. 한 사람의 삶을 그가 누구인가를 시간의 변화와 경과를 통과하면서 이야기하는 것이다. 한나 아렌트(Hannah Arendt)도 누구의 이야기가 바로 그가 누구임을 드러내는 유일한 매체라고 주장한 바 있다.

아직 오지 않았지만, 그렇다고 결코 지금-여기와 무관할 수 없는 미래의 도래를 기획해내는 작업이 이야기의 형상화와 재형상화 작업에 주어져 있다. 그러므로 이야기 속에서 과거는 더 이상 조작 불가능한

벽이 아니며, 미래는 그 어떤 형체도 짐작할 수 없는 미궁이나 미로가 아니다. 시간 체험의 형성과 해명에 중요하게 기여하는 개념인 '이야기 정체성'을 둘러싼 다양한 의미들 가운데 가장 중요한 것은 이야기를 통한 독자의 자기 정체성일 것이다. 우리가 이 추모집을 내는 것도 바로 이와 같은 맥락에서 박순경 선생님과의 과거의 시간 체험을 기억하고 미래를 예기하며 현재에서 모아 '이야기 정체성'으로 형상화하는 작업일 것이다.

선생님과 함께했던 소중한 과거를 회상하면서 글을 쓰려고 책상 앞에 앉으니 만감이 교차하면서 제자 된 도리를 다하지 못한 죄책감만 떠올라 면목이 없다. 박순경 선생님을 처음 뵙게 된 것은 1981년 여름 이대 대학원 기독교학과 면접시험에서였다. 인자하신 눈빛을 가진 선생님께서는 초면임에도 불구하고 신학 전공자가 왔다며 아주 반갑게 맞아 주셨다. 보잘것없는 나에 대한 선생님의 사랑은 이렇게 첫 만남에서부터 시작되어 평생 지속되었다. 이 이야기는 선생님의 제자 사랑의 한 에피소드에 불과하다. 우리는 모두 열정을 다하여 많은 제자를 가르치시고 배려하며 이끌어주신 선생님의 그 유명한 제자 사랑에 대한 이야기를 각기 이야기되지 않은 이야기, 즉 '할 말'(prefiguration, 전형상화)로 기억하고 있을 것이다.

인간은 '의미를 추구하는 존재'(homo poeta)이기 때문에, 이야기할 삶이 있으며(prefiguration, 할 말, 전형상화), 이야기는 삶을 이야기하는 것이다(configuration, 한 말, 형상화). 그리고 독자는 그 이야기를 통해 삶을 다시 그려본다(refiguration, 다시 하는 말, 재형상화). 이야기의 상류인 이야기되지 않은 '할 말'은 미메시스 1이다. 그 '할 말'을 '한 말'이 바로 텍스트, 즉 미메시스 2이다. 그리고 그 텍스트를 읽는 독자가 텍스트가

'지시하는'(reference) 새로운 세계에 자신을 투사하여 '다시 말하는 것'
이 미메시스 3이다. 미메시스 3에서 독자는 텍스트의 진리를 '내 것으로
삼기'(appropriation, 전유하기)도 하지만, 독자 자신의 이데올로기나 텍
스트의 이데올로기를 모두 비판하는 '거리두기'(distanciation)도 한다.
여기서 독자는 '할 말'과 '한 말'을 지평 융합하여 '다시 말하기'를 하면서
세상을 창조적으로 혁신하는 재형상화를 하게 된다. 즉 이야기의 하류
인 재형상화에서 독자는 텍스트 해석을 통해 의미혁신(semantic in-
novation)을 해서 행동으로 나아간다. 삶은 행동으로 이루어지며 행동
은 본질적으로 시간적이다. 이렇게 해서 정체성 문제는 시간적 차원에
따른 불변항(identité-idem, 동일 정체성)과 가변항(identité-ipse, 자기 정
체성)을 함수로 하는 일종의 이야기 방정식으로 나타난다. 리쾨르는 정
체성 문제에서 동일성(moi)과 자기성(soi)을 매개하는 것이 이야기 기
능이라고 본다. '이야기 정체성'은 두 극단, 즉 동일성과 자기성이 겹쳐
짐으로써 시간이 흘러도 변하지 않는 동일성이라는 극과 동일성의 도
움 없이 정체성을 유지한다는 자기성이라는 변화의 극 사이에 놓이게
된다. 여기서 주로 이야기되는 정체성은 영구불변한 정체성이 아니라
해석을 통해 끊임없이 자기를 찾아가는 정체성이다. 즉, 그것은 죽은
동일성이 아니라 다름의 운동을 간직한 역동적인 같음이다.

　박순경 선생님으로부터 배운 가장 중요한 신학적 입장은 칼 바르트
(Karl Barth)의 좌파적 견해다. 선생님을 통해 기독교와 사회주의가 양
립할 수 있는 가능성에 대한 전망을 얻었다. 그 후 골비처(Helmut
Gollwitzer), 프레이리(Paulo Freire), 라이머(Everett Reimer), 일리치
(Ivan Illich) 부르디외(Pierre Bourdieu) 등 급진적 좌파 학자들에 대한
공부를 하게 된 것은 모두 선생님의 강의를 듣고, 그 영향으로 진행된

연구들이다. 또한 석사과정에서 '평화교육'으로 학위논문을 썼고, 박사과정에서 리쾨르의 해석학(hermeneutics)을 공부하게 된 것도 다 그와 같은 맥락에서였다. 리쾨르 또한 칼 바르트에게서 기독교와 사회주의가 양립할 수 있는 가능성에 대한 전망을 얻어 그의 해석학을 전개했다. 선생님께서 말씀하시는 '하나님 나라가 어떻게 세계와의 관계에서 혁명의 동력으로 작용하는가?'가 리쾨르에서는 '의미 혁신'(semantic innovation)을 통한 신앙의 윤리적 실천 차원과 연계된다.

한편 나는 선생님의 역사신학 수업에서 '한국 공산주의 운동사'를 발제하면서 나의 큰아버님이신 임봉순에 대한 기록을 만나게 되었다. 당시 큰아버님께서는 논산 지역의 면장으로 일을 하시면서 생계가 어려웠던 대부분의 지역민들에게 쌀을 나누어주는 등 공산주의 운동을 몸소 실천하시다가 미군의 헬리콥터 폭격으로 돌아가셨다는 얘기를 나의 아버님을 통해 들었었다. 그러나 집안에서는 레드컴플렉스로 쉬쉬해왔기 때문에 큰아버님의 활약상을 잘 알지 못했는데, 대학원생이 되어서야 비로소 큰아버님께서 공산주의 운동사에서 한몫을 하셨다는 것을 확인할 수 있었다. 내가 초등학교에 다닐 때 마을 어귀에서 사람들이 세운 "임봉순에게 감사한다"라는 내용으로 된 감사비를 보았던 기억이 난다.

역사신학 시간에 민족분단의 입장에서 평화 문제를 공부하면서 나는 평화교육으로 석사학위 논문을 쓰게 되었다. 나의 전공이 기독교교육이었음에도 불구하고 논문지도를 해 주셨던 점을 감사하게 기억한다. 당시 논문 자료를 수집하면서 놀랐던 것은 평화에 대한 한국의 자료들은 거의 모두가 안보 이데올로기의 입장뿐이었다는 점이다. 논문 자료 문제로 고민을 하고 있었는데, 미국에서 석사학위를 마친 후 잠시 들어온 정현경 교수를 우연히 만나 평화교육 논문 얘기를 하자 주제가 너무 좋다면서 자신이 미국에 가서 자료를 보내주겠다고 하여 기다리게 되었다. 그런데 몇 달이 지나도 논문 자료가 안 와서 정교수에게 편지를 했더니 이미 오래전에 보험등기우편으로 보냈다는 것이었다. 결국 정 교수가 미국 우체국에 독촉해서 내가 그 책들을 받게 되었는데, 안기부에서 얼마나 열심히 책에 줄까지 치면서 읽었던지 헌책이 된 것을 받았다. 대학원생이 쓰는 논문 자료까지 안기부가 점검하는 분단 상황 하에서 평화는 매우 위험한 주제였다. 당시 한국은 물론 미국에서도 평화교육에 대한 연구가 전무한 상황에서 어렵게 평화교육 논문에 도전을 하게 된 것은 교육적 입장에서 민족분단의 문제를 접근해야 하는 당위성에서 비롯된 것이었다. 선생님께서는 늘 "신학은 신학 하는 자의 역사적 정황과 직결되어야 한다"라고 역설하시며, "한국신학의 과제는 어디까지나 한국민족의 삶과 문제여야 하고, 우리 민족의 분단에 대해 신학적 성실성을 가지고 응답하는 것이 되어야 한다"고 말씀하시며 통일신학을 전개해 오셨기 때문이다. 선생님은 평생 민족의 모순, 즉 분단된 민족의 비극을 극복하고 평화통일을 이루기 위해 기도하시면서 통일신학 연구에 전력을 다하셨다.

석사과정을 마친 후 나는 한국기독교 100주년 기념사업협의회 여성분과위원회 역사편찬위원장이셨던 선생님의 권유로 1984~5년에 걸쳐 기념사업협의회 일을 하면서 초교파적으로 교회 여성들을 만나 교회 여성들의 문제를 알게 되었고, 다른 한편으로는 『한국기독교 여성 100년사』를 일곱 명의 교수들과 함께 저술하게 되었다. 나는 한국기독교 1세대 지도층 여성들을 만나 직접 인터뷰를 해서 한국교회사에서 누락된 '그녀들의 이야기'(her story)를 남산 도서관의 한국사 사료들과 대조하며 "기독교 여성들의 현재적 증언"이란 제목으로 글을 썼다. 당시

1세대 기독교 여성들은 연세가 많으셔서 돌아가시기 전에 서둘러 역사서 작업을 진행해야 할 형편이었다. 한국기독교 백 년의 역사에서 '그녀들의 이야기'(her story)는 온전히 삭제되어 전무했었다. 그래서 선생님께서는 한국기독교 100주년 여성분과위원회를 위해 "여성! 깰지어다, 일어날지어다, 노래할지어다"라는 주제를 만들어 여성분과위원회를 이끄시면서 한국기독교여성백년사를 기획, 출판하셨던 것이다. 선생님은 "한국기독교백주년기념사업회"를 통해 이론적인 여성 신학을 교회 여성들의 삶의 현장에서 구현하는 실천적 작업들을 헌신적으로 하셨다.

그 후 선생님께서는 1986년 봄 학기에 성공회대학교의 총장님께 '여성신학' 과목 개설을 부탁, 내가 강의를 할 수 있도록 배려해 주셨다. 당시 성공회 교단에서는 여성 문제를 별로 중요하게 생각

왼쪽부터 임상빈, 원초, 나선정, 박영주

하지 않았었기 때문에 그 수업은 학생들을 의식화시키는 수준에서 진행했었다. 또한 나는 목원대학교에도 출강하다가, 1988년 3월에 한성신학교에서 전임교수가 되었다. 그런데 이듬해인 1989년에 학교의 비리 문제에 직면하게 되어 문제제기를 하게 된다. 그때 내가 한성신학교의 비리 문제를 비판할 수 있는 용기를 갖게 된 것은 선생님의 말씀대로 정의를 위한 삶, 즉 하나님 나라에 대한 신앙적 응답의 차원에서 비롯된 것이었다. 그러자 학교는 나를 곧바로 면직시켰다. 민사소송으로 면직무효 재판을 하며 힘들어할 때도 선생님께서는 안타까워하시며 위로의

말씀으로 그 모든 어려움을 극복할 수 있는 힘을 주셨다. 당시 선생님께서는 이화여대를 은퇴하시고 목원대학교에서 대학원 초빙교수로 강의를 하고 계셨는데, 일주일에 하룻밤을 우리 집에서 지내셨기 때문에 나의 상황을 너무 잘 알고 계셨었다. 그런데 민사소송을 통해 복직 절차를 밟는 것은 3년이라는 긴 시간이 걸린다는 것이었다. 그래서 나는 빠른 약식재판을 통해 억울하게 면직된 사람들을 복권시키는 '충남 지방노동위원회'에 면직 무효 소송을 의뢰하게 된다. 바로 1심판결에서 승소 판결을 받게 되어 나는 한겨레신문과 연합통신에 인터뷰를 했었는데, 그때도 선생님께서는 나의 기사를 읽으시고 전화로 인터뷰 내용에 대해 칭찬을 하시며 기뻐해 주셨다.

다른 한편 선생님께서는 신학이 지닌 민족에 대한 사명을 실천하기 위해 대안 목회로 '겨레교회'를 하셨다. 선생님은 기독교회가 해방 이전부터 분단을 예비하고 조장한 책임이 있으므로 반공 기독교를 청산해야 한다고 하시며, 분단 조국의 현실에 대한 치열한 고뇌 속에서 비롯된 통일신학을 주장해 오셨다. 그러다가 1991년 일본에서 주체사상에 대한 통일신학적 입장을 발표하신 것이 문제가 되어 보안법 위반 혐의로 구속되시게 된다. 나는 동료인 곽분이 교수와 함께 서울구치소에 계신 선생님을 면회하였는데, 푸른 수의를 입은 초췌한 모습의 선생님을 뵈니 눈물만 나올 뿐이었다. 교회가 남과 북 사이에 화해자로서의 소명을 감당해야 한다고 하시며 꾸준히 통일신학을 전개하시면서 민족 문제에 신앙적 양심으로 응답하신 것이 보안법 위반이라는 것이었다. 당시 나는 대전의 지역 신문에 칼럼을 연재하고 있었는데, 선생님의 훌륭하신 실천적 신앙 행동에 대한 존경심을 칼럼으로 표현했었다.

2005년 1월에 선생님을 찾아뵈었을 때도 선생님은 '팔순 기념문집'

을 주시며 신학을 다시 시작해 보라고 하셨다. 내가 박사과정을 수료하고 교수와의 갈등으로 논문을 포기한 상태였기 때문이다. 선생님을 찾아뵙겠다고 할 때마다 선생님은 "내가 해야 할 일이 많아" 하시면서 거절을 하셨는데, 어느 날 오라고 하셔서 가보니 선생님께서 번역하신 칼 바르트의 『교회교의학』 책을 주시는 것이었다. 그런 선생님을 뵈면서 나 자신의 삶을 반성하고 박사과정에서 다 못 읽은 책들을 다시 잡게 되었다. 2017년 2월에 찾아갔을 때는 선생님께서 그동안 열심히 저술하신 책 『삼위일체 하나님과 시간 제I권 구약편』을 주시면서 "사랑하는 임상빈! 우리의 과거가 다 사라졌다는 허무가 이제 다시 살아나오니 하나님의 영원한 시간 속에서 함께 걸어가자"라며 책의 앞 페이지에 서명을 해 주셨다. 선생님은 이 저서에서 미래의 시간은 사회 역사의 혁명의 원리와 부활의 원천에서 주어지는 은혜의 시간이라고 하셨다. 그래서 미래의 시간은 사회적 관계 속에서 우리의 생명과 존재를 가능케 한다는 것이다. 이는 초월의 영역을 희망의 근거로 삼아 세계변혁을 위한 우리의 신앙적 실천을 촉구하는 의미라고 생각된다.

평생 학문의 열정과 인간에 대한 따뜻한 애정, 민족통일에의 염원에 온 힘을 다 쏟아 오신 선생님을 보면서, 선생님께서는 죽음 이후가 아니라 삶을 궁극적으로 긍정하는 행위인 '죽기'를 기획하신 것 같다는 생각이 든다. 죽는 행위를 삶의 행위로 만들겠다는, 다시 말해 죽음을 죽을 수밖에 없는 존재의 관점에서 바라볼 것이 아니라 삶의 관점에서 보셨던 것 같다. 하이데거는 "죽음을 향한 존재의 결단"을 말하지만, 선생님은 죽음을 향한 결단보다는 삶의 종말에 이르기까지 자기를 포기하지 않고 버텨내는 존재의 의미에 무게를 두신 것 같다. 자신이 살아있는 한 내일 죽을 존재로 자신을 취급하지 않으신 것이다. 노쇠한 몸으로 돌아가시기 얼마 전까지 쉼 없이 평생을 학문에 정진하셨던 선생님을 회상하면서 이제 '나는 누구인가?' '나는 무엇을 할 수 있는가?'를 묻게 된다. '이야기 정체성'이란 미리 정해져 있거나 영구불변한 정체성이 아니라 해석을 통해 끊임없이 자기를 찾아가는 정체성이다. 이제 나 자신의 시간 경험에 대한 이야기를 통해 '나는 존재한다'에서 '나는 무엇을 할 수 있다'로 나아가야 할 것이다.

한번은 선생님한테서 선생님의 애장품인 산호 반지를 선물로 받게 되었다. 내가 감동하여 "반지를 낄 때마다 선생님을 생각할 거예요"라고 하니 선생님께서 말씀하시길 "그러라고 주는 거야"라고 하셨다. 그 반지는 내가 대학원에 다닐 때 선생님께서 늘 끼고 계셨던 반지였다. 또한 언제인지는 기억이 잘 나지 않는데, 선생님께서 스웨덴 여행을 다녀오시면서 스웨덴 작가의 크리스탈 조각 작품을 사다 주셨는데, 지금도 나의 서재에서 선생님에 대한 기억을 되살리고 있다. 이제 선생님이 안 계시니, 그 크리스탈 조각 작품이나 산호 반지는 나에게 그냥 일상성 속의 사물이 아니라 하나의 의미심장한 상징으로 다가온다. 그것들은 선생님께서 말씀하신 진리들을 기억하면서 현재에서 모아 (집중하여) 과거의 불협화음을 화음으로 전환하여 나의 미래를 예기하는 '이야기 정체성'을 형상화하도록 독려하는 에피소드 상징이 되었다. 이 과제를 성취하기 위해 내가 살아있는 한 내일 죽을 존재로 나 자신을 취급하지 않고, 선생님처럼 삶의 관점에서 삶의 종말에 이르기까지 자기를 포기하지 않고 버텨내는 존재가 되도록 노력할 것이다. 분산된 시간 체험인 불협화음으로부터 일어나, 불협화음에 화음을 부여하려는 '정신의 집중'(intentio animi)으로 또 다른 시간 체험을 만들어 무의미를 의미로 바꾸는 작업을 리쾨르의 사후 저서인『죽기 전까지 살아있는』이라는 책 제목처럼 살면서 시도해 보리라.

　내가 보기에 이 추모집을 읽을 독자들은 이 책의 독자들이 아니라 그들 스스로 자신을 읽는 독자들이라고 생각된다. 왜냐하면 이 책 덕분에 독자들은 그들 스스로를 읽는 방법을 제공받게 될 것이기 때문이다. 우리 인간은 자신이 누구인지를 직관적이고 직접적인, 즉 코기토(Cogito)의 방식으로 이해할 수 없다. 이미 의심의 대가들인 니체, 마르크스, 프로이드는 직접적 자기이해가 불가능하다는 것을 밝혔다. 이제 텍스트가 인간 주체의 자기이해를 성찰하는 매개체로 등장한다. 리쾨르는 종래처럼 텍스트 뒤에 숨은 저자의 의도를 찾는 것이 아니라, 독자는 텍스트가 전개시키고 발견해내고 드러내 주는 것으로서 텍스트의 세계와 마주함으로써, 텍스트에 독자 자신을 노출시키고 그것에 자신을 개방시키며, 그것으로부터 보다 폭넓은 자기를 수용하는 것을 강조한다. 이것이 바로 해석학에서 새로운 주체의 자기이해인 텍스트 앞에서의 자기이해이다. 자기이해란 텍스트가 이룩하는 새로운 세상의 가능성 안에서 새로운 자기의 가능성을 발견하는 것이다. 자기는 텍스트 앞에서 끊임없는 해석을 통해 도달해야 하는 결과이자 기대치인 것이기 때문이다. 희망과 가능성이 해석의 원리다. 자기를 새롭게 이해함으로써만 인간은 자기를 이해하는 셈이다. 텍스트가 새로운 뜻을 만들어내듯이 우리는 텍스트 해석을 통해 새로운 자기 삶의 뜻을 만들어내야 할 것이다. 자기이해의 목적은 자기가 누구인가를 아는 데서 그치지 않고 자기가 무엇을 할 수 있는지를 아는 것, 할 수 있는 인간으로서의 자기를 받아들이고 행동으로 옮기는 것이다. 그리고 그러한 자기이해를 통해 우리는 삶을 더 잘 버틸 수 있게 된다.

　선생님께서 하늘나라에 가신 지 벌써 1년이 되었다. 아름다운 옛

추억을 소환하여 추모의 글을 쓰다 보니 선생님에 대한 그리움은 불협화음을 내포한 화음의 이야기로 전개되면서 나에게 행복한 시간을 허락하였다. 날개 달린 시간에 의한 찢김으로 나타나는 선생님의 죽음은 기억을 통해 글쓰기로 모아 이야기하면서 나에게 또 다른 시간 체험을 할 수 있도록 이끌었다. 아직 오지 않은 미래의 시간이 하나님의 영원성을 위한 변혁의 기회로 주어진다는 선생님의 말씀을 상기하면서, 우리 모두가 무의미로 가득 찬 세상으로부터 자신을 구출하는 이야기로 정체성을 형상화하면서 세상을 혁신하는 작업을 통해 삶을 꾸려가며 자유를 이뤄가기를 기대해본다. 우리가 새 세상을 그리워하는 것은 인간 안에서뿐만 아니라 인간 밖, 즉 초월의 영역인 하나님의 영원성의 영역을 희망의 근거로 삼는 것이다. 해석이란 결국 그러한 세상을 바라보면서 그 빛 속에서 자기 가능성을 찾는 일이기 때문이다.

박순경 박사와 미리암

정숙자*

박순경 박사님을 추모하며

박순경 박사님, 사랑합니다! 그동안 받은 사랑에 대한 감사를 표하고자 추모하는 글을 쓰기로 했습니다. 박 선생님은 많은 사랑을 주셨습니다. 한국여신학자협의회 초대 회장이 되시고 저에게 2대 총무직을 맡겨주셨고, 3년 후에는 한국여성신학회 회장으로 계시면서 다시 초대 총무직을 맡겨주셨습니다. 왜 그러셨을까! 재일동포 출신으로 한국어에 능통하지 않았던 나에게!

추측할 수 있는 이유는 단 하나뿐이라고 생각됩니다. 1970년대에 들어서 군사 정권의 탄압이 거세진 가운데 한국신학대학에서 문동환 박사가 선교신학대학원을 개원했고, 1975년에 여성 그룹을 개설했는데 그 그룹의 지도교수가 이화여대의 이효재 박사였습니다. 제가 그 과정을 밟았기 때문에 이 교수님이 박 박사님에게 저에 대한 이야기를

---

* 남양주이주노동자여성센터/이주여성교회

했을 것이 아닐까 하는 추측입니다. 제가 이 교수님 밑에서 배우면서 노동 여성 분야를 맡아 평화시장 여성 노동자 실태조사에 나갔고, 그 결과로 평화시장 여성 노동자들을 위한 야학을 시작했습니다. 사실 그들에게는 모임의 기회와 장소가 필요했고, 성서밖에 몰랐던 나는 무엇을 가르쳤다기보다 오히려 그들에게 많이 배웠습니다.

일본에서 대교회 전도사로 시무하다가 1962년에 한국어를 배우기 위해 캐나다장로교회의 장학금으로 모국에 왔는데, 공부를 중단하고 결혼해 버린 어리석은 나에게 다시 찾아온 이런 기회들은 하나님이 주신 선물이었습니다. 여신협 총무가 된 덕분에 예일대학의 러셀(Rev. Dr. Letty Russell) 박사를 만났고, 그분의 도움으로 샌프란시스코신학 대학(San Francisco Theological Seminary)에서 목회학 석사(M. Div.) 와 목회학 박사(D. Min.) 학위를 받을 수가 있었습니다. 이효재 교수님과 박순경 박사님, 두 분이 살아계시는 동안에 찾아뵙고 감사의 인사를 드리지 못했으니, 내 가슴에 한으로 남습니다. 이 자리를 빌려서 큰절을 올립니다.

많은 남성 신학자들과 남성 목회자들 속에서 단 한 분인 여성조직신학자로서 외로이 자기 자리를 지키고 계셨던 박순경 박사님, 존경합니다. 제가 신학자들의 여러 모임에 참석하고 가장 뒷자리에서 박 박사님을 지키고 있었습니다. 그래서 남성 신학자들의 말투나 태도에 아주 불쾌감을 느끼기도 했습니다. 왜냐하면 그들의 말투가 박 박사님을 희롱하는 것처럼 들렸기 때문입니다. 그런데 1983년에 러셀(Letty Russell) 박사가 한국에 왔을 때, 강연회의 원고들이 너무 어려워서 모두 이해가 안 된다는 의견이 나왔기에 쉽게 해달라고 말씀드렸더니, 미국에서도 유럽에서도 쉽게 이야기하면 남성 신학자들이 무시해서 그랬다고 말씀하셨

제3세계신학자협의회 아시아
회의 Sri Lanka에서(왼쪽부터
정숙자, 박순경, 김애영)

습니다. 이제 와 돌이켜보면 박 박사님이 그러한 환경에서 신학을 하는
한국여신학자들의 현실을 고민하셨다고 생각하니 죄송할 뿐입니다.

그러한 신학 세계 풍토를 몰랐던 한국여신학자협의회는 석사학위
이상인 회원을 중심으로 여성신학회 그룹을 만들었고, 기독교학계에
가입신청을 했습니다. 그런데 보이콧을 당했습니다. 그 이유가 한국여
신학자협의회가 학자들의 모임이 아니라는 것이었습니다. 결국 여신
협이 여성신학회를 독립시켰고, 여성신학회 명의로 재신청하여 기독
교학회에 여성신학분야가 탄생된 것입니다. 그렇게 한국여신학자협의
회와 여성신학회를 지도해 주시고 부족한 내가 성장하도록 기회를 주
시고 지켜봐 주셨던 박 박사님의 사랑과 은혜는 잊을 수가 없습니다.

한국여신학자들과 함께, 제3세계 신학자들과 함께, 한민족과 함께,
통일을 위해 수고하시는 분들과 함께한 박 박사님, 감사합니다. 평생
하나님을 연구하면서 일본제국주의 식민지하에서, 군사 정권의 억압
속에서, 분단의 아픔과 고난 속에서 살아온 한민족과 함께하신 박 박사

님, 그 인생을 통일신학으로 마무리하셨습니다. 나는 이러한 박 박사님의 마음을 출애굽 사건의 숨은 공로자 미리암의 이야기 속에서 찾아보고자 합니다.

여성 차별 속에서 꿋꿋하게 살아온 미리암 이야기

애굽에서 노예가 된 이스라엘 민족을 살리기 위해 앞장섰던 지도자가 애굽 왕 딸의 양자 모세였고, 그의 대변인이 아론이었다고 출애굽기에는 기록되어 있습니다. 그러나 나는 출애굽의 주 지도자는 3인이었다고 확신합니다. 출애굽 하여 홍해를 건넌 기적 속에서 승리의 노래를 부르며 춤을 춘 민족의 지도자는 아론의 누이 예언자 미리암과 여인들이었기 때문입니다.

출애굽 이야기는 가난 때문에 애굽으로 건너가 살아남은 이스라엘 민족의 노예화로 시작됩니다. 지푸라기가 없는 벽돌 만들기로 시작되어, 노예 탄압은 사내아이를 산파의 힘으로 죽이는 방법까지 사용되었습니다(출 1:15-21). 그러나 이 방법은 산파들의 지혜로 실패했고, 다음 수단으로는 사내아이를 낳자마자 나일강에 던져 죽였습니다(출 1:22). 그런데 그 내용은 자세히 기록되어 있지 않습니다. 어머니들의 슬픔과 절규도 성서 속에는 없습니다.

오직 성서는 다음과 같이 기록합니다. "이스라엘 자손의 고된 일 때문에 탄식하며 부르짖으니, 고된 일 때문에 부르짖는 소리가 하나님께 이르렀다. 하나님이 그들의 탄식하는 소리를 들으시고…"(출 2:23-24). 우리 여성들은 이 탄식이 어머니들의 탄식이요, 아기들의 울음소리라고 해석합니다. 성서는 철저히 여성들의 이야기를 제외했습니다.

물론 하나님은 여성들의 '한'을 알고 계셨다고 생각합니다. 하나님이 들으신 탄식은 어머니들의 탄식이었고, 하나님이 들으신 울부짖는 소리는 어머니와 아기들의 울음소리였을 것이 확실합니다.

하나님은 모세라는 어린아이를 살려냈다고 성서는 기록합니다(출 2:1-10). 그 아기 살리기의 모험을 한 사람들은 모두 여자들이었습니다. 물론 남자들은 벽돌 만들기에 바빴습니다. 모세 살리기 이야기는 그 당시 얼마나 많은 어머니가 자기 아기를 살리려고 애썼는가를 암시하고 있기도 합니다. 이런 일은 한 사람의 힘으로 되는 것이 아니었습니다. 나는 나일강에 던져진 모세의 바구니를 지켜보던 '아이의 누이'(출 2:7)가 미리암이었을 것이라 추측합니다. 모두가 합심하여 만들어낸 협동 작업의 결과가 한 아이를 살린 것입니다. 그런데 마치 모세만이 중요한 인물이기에 하나님이 살려내셨고 모세로 하여금 출애굽의 단독지도자가 되게 하신 것처럼 기록합니다(출 3:1-12).

예언자 미가는 놀라운 선언을 하고 있습니다.

백성들아 들어라! 내가 너희에게 어떻게 하였느냐? ….
나는 너희를 이집트 땅에서 데리고 나왔다 ….
모세와 아론과 미리암을 보내서,
너희를 거기에서 데리고 나오게 한 것도 바로 나다(미 6:3-4).

미가는 출애굽 사건의 지도자가 바로 3명이었다는 사실을 하나님의 말씀으로 우리에게 남겼습니다. 그런데 성서에는 미리암의 이름이 이곳 외에 세 군데밖에 더 나오지 않습니다. 하나는 홍해 바다를 건넌 후에 춤과 노래를 했다는 '아론의 누이요 예언자인 미리암'으로 소개되고(출 15:20-21), 둘째는 모세를 모함한 죄인으로서 하나님의 벌을 받고 피부병에 걸렸다는 이야기(민 12:1-12)의 주인공으로 등장합니다. 그리고 셋째는 미리암의 죽음에 대한 언급이지만, 한 절밖에 없는 기록입니다. "첫째 달에, 이스라엘 자손 온 회중이 신 광야에 이르렀다. 백성은 가데스에 머물렀다. 미리암이 거기서 죽어 그 곳에 묻혔다"(민 20:1). 모세의 죽음은 신명기 34장에 별도로 '모세의 죽음'이라는 제목으로 기록했고, 아론의 죽음은 민수기 20장 22~29절에 한 단락으로 '아론의 죽음'이라는 제목이 붙어 있는데, 미리암의 죽음은 '가데스에서 생긴 일'이라는 제목으로 시작된 이 단락 첫 절에 기록되어 있습니다. 확실히 이것은 여성 차별입니다.

트리블(Phyllis Trible)은 "승리의 이야기 속에서마저 미리암은 출애굽기 '편집자들'에 의해 차별당하고 있다고 말합니다. 이들은 미리암의 입에서 나왔던 노래를 말을 잘 못 하는 모세에게 줘서 이스라엘의 노래와 혼합해서 모세의 노래로 만들었습니다"(Phyllis Trible, Bringing Miriam out of the Shadows, 1989, 19)라고 설명합니다. 트리블은 미리암이 가부장제의 모든 권력을 파괴시킨 하나님을 춤과 노래로 찬양한 첫 여성이 된 것이라고 그녀를 칭찬합니다(Trible, 34). 나는 "성서 본문들은 마치 남성이 여성과 원주민이 이주민과 백인이 흑인과 강자가 약자와 대립하는 것처럼 규정해 놓았다"(Trible, 22)고 설명하는 트리블 의견에 동의합니다.

구약성서 속에서 미리암과 이브는 하나님과 직접 얼굴과 얼굴을 맞대고 대면한 여성들입니다. 왜 성서는 이들의 이야기를 남겼을까요? 그 기록은 이들이 모두 하나님의 벌을 받았다는 것입니다. 그 이유가 어떻든 이 두 여인 덕분에 여자들도 남자들과 동등하게 하나님 앞에

설 수 있다는 사실이 증명된 것은 사실입니다. 성서 기자들은 성서를 여성 차별의 원천으로 만들고 있지만, 하나님은 여성과 남성을 차별 없이 상대하고 계신다는 증거입니다.

그러면 우리는 여성 차별을 한 민수기 12장 1~12절의 기록을 재해석해야 합니다. 민수기 기자는 아론과 미리암이 모세라는 훌륭한 지도자에게 반기를 들었기 때문에 하나님이 진노하시고 그들에게 벌을 내리셨는데, 미리암이 피부병에 걸렸다고 기록합니다. 우리는 하나님의 분노의 원인을 명백히해야 합니다. 또한 미리암의 병의 원인도 밝혀야 합니다. 하나님은 그저 모세 편에만 계시지는 않았습니다. 그 증거로 하나님은 모세가 하나님과 백성들 앞에서 화를 냈다는 이유로 모세를 가나안에 못 들어가게 하셨기 때문입니다(민 20:1-13).

하나님의 분노는 백성들의 분노와 일치합니다. 여기서 우리는 이 출애굽 공동체가 지켜야 할 중요한 점이 무엇인가를 짚고 넘어가야 합니다. 그것은 하나님이 독재적인 지도자를 세우지 않는다는 것입니다. 미리암과 아론의 불평은 모세가 구스 여자와 결혼했다는 사실에서 시작되었습니다(민 12:1). 구스는 성서의 주에 따르면 미디안과 같은 지역입니다(합 3:7). 미디안은 모세가 애굽에서 도망갔을 때 머물렀던 땅(출 2:15)이며, 모세의 부인 십보라의 아버지 이드로가 제사장으로 있는 지역입니다(출 18:1). 이드로는 모세에게 군대 조직과 같은 천부장, 백부장, 오십부장, 십부장 제도를 만들게 한 장본인입니다(출 18:25). 출애굽 공동체가 계급적인 공동체 그리고 끝내 왕을 세우는 공동체로 발전하는 시작이 된 셈입니다.

모세는 구스 족과 친분이 있었고 구스 여자와의 결혼은 이 두 부족 사이의 연합이나 협동을 의미했던 것입니다. 모세의 결혼이 정치적인 것이었다는 뜻입니다. 모세의 이러한 변신을 두 지도자는 묵인할 수가 없었습니다. 그래서 항의했습니다. 만일 모세가 자기들의 의견을 듣지 않으면 결별할 생각까지 한 것입니다. 그래서 하나님과의 교류는 모세의 몫이었는데 자기들과도 하나님이 말씀하신다는 것을 강조했던 것입니다(민 12:2). 출애굽 공동체가 위기를 맞은 셈입니다. 지금까지 함께 해 온 3인 지도력에 금이 가기 시작한 것입니다. 지도력 분열에 대한 하나님의 분노는 당연했습니다. 두 사람의 항의는 모세가 더 이상 두 사람과의 협력이 아니라 조직의 힘으로 단독지도자가 되어가는 것을 막는 행위였습니다. 그러나 그 항의로 두 사람과 모세 사이는 더 멀어져 갔습니다. 하나님의 분노는 세 사람 모두에게 내려졌습니다(민 12:4). 모세에 대한 하나님의 증언은 두 사람에게 모세를 이해시키기 위한 설명이지 모세 찬양이 아닙니다. 하나님의 목적은 비판받은 모세와 두 사람을 다시 합치려는 데에 있었습니다.

그런데 미리암이 악성 피부병에 걸렸다는 것입니다. 피부병의 특성상 체내에 균이 침입한 후 당장 발병하지 않고 일정 기간 잠복기를 거쳤다면 미리암은 이미 악성 피부병에 감염이 되어 있었다는 이야기입니다. 당시 많은 피부병이 발생하고 있었고(레 13장 참조), 그 환자들을 돕는 역할은 여자들의 몫이었습니다. 하나님 앞에 세 사람이 섰을 때 하나님의 분노에 가장 마음 아파한 것도 미리암이었습니다. 보균자는 어떤 쇼크를 받았을 때 그 병이 갑자기 밖으로 표출된다고 합니다. 미리암의 경우가 그랬던 것입니다.

중요한 것은 미리암의 병으로 이 세 사람이 화해를 했다는 점입니다. 미리암의 병을 본 아론이 모세에게 말을 하면서 하나님의 치유를 부탁했습니다. 두 사람 사이에 대화의 길이 열린 것입니다. 미리암의 병 덕분에 세 명은 본래의 지도자로 돌아왔습니다. 모세는 하나님과 대화하고, 아론은 그 내용을 민중에게 전하고, 미리암은 민중과 함께 살았습니다. 미리암의 민중과의 친밀한 교류는 미리암의 병에 대한 민중의 결정에도 나타납니다. 일반적으로 환자는 진 밖에 격리되고, 백성들은 이동 시기가 되면 진을 걷고 이동해나갔습니다. 이동하지 않고서는 이들의 광야 생활이 불가능했기 때문입니다. 그런데 민중은 미리암이 나을 때까지 7일간이나 이동을 중지하고 기다렸습니다. 얼마나 미리암이 민중에게 존경받는 지도자였는가를 전해주는 기록입니다.

학자들이 말한 구약성서의 가장 오래된 문서인 미리암의 노래[1]를 현대판으로 고쳐 소개합니다.

하나님을 찬송하여라.
끝도 없이 가장 낮은 자리까지 내려오신 분,
가부장제와 독재, 군사문화와 핵무기,
여성 폭력과 성차별을 바다에 던져 넣으셨다.

2000년도 초에 필자도 미리암의 노래를 모티브로 하여 구약시대의 미리암과 신약시대의 예수의 어머니 마리아 그리고 오늘의 한국여신학자들을 주제로 가사를 써서 찬송가공회에 내놓았습니다. 감사하게도 그 가사에 아름다운 곡이 붙여져서 21세기 찬송가(100번)에 실렸습니다.

---

1 Alexander Campbell, *The Covenant Story of the Bible*, 1963/86, 37-38; Martin Noth, 『출애굽기』 국제성서주석 2 (서울: 한국신학연구소, 1981), 135.

1. 미리암과 여인들이 춤을 추며 노래하고 전쟁 무기 멀리하고 하나님을 기뻐하네. 온갖 수난 이겨내고 평화 세상 바라보며 역사 안에 살아계신 하나님을 찬양하리

2. 마리아는 이웃들과 기도하며 노래하고 비천함을 높이셨던 하나님을 기뻐하네. 갈릴리의 사람들과 평화 세상 바라보며 세상 속에 태어나실 예수님을 찬양하리

3. 오랫동안 기다려온 백성들이 노래하고 구원실현 약속하신 하나님을 기뻐하네. 분열 분쟁 사라지는 평화 세상 바라보며 평등인간 창조하신 하나님을 기다리세

위 가사가 대강절의 찬송가로 채택되고, 편집위원회에서 약간의 수정을 요청하였기에 받아들였습니다. 여러 교회 성가대에서 대강절에 불러주신다는 소식을 듣고 감사했습니다. 우리 여성들의 삶은 그 자체가 미리암의 자리입니다. 요즘 젊은 부부들이 서로 자리를 바꿔서 살아간다는 이야기는 우리에게 기쁜 소식입니다. 그 자리가 절대로 열등하거나 쓸모없는 역할이 아님을 절감하는 남성들이 솔선해서 평등사회를 만들어가고 있으니 감사합니다.

구약성서에 나타나는 여성들의 이야기는 드보라, 홀다 등 소수의 지도자 외에는 거의 차별과 폭력의 대상으로 소개되어 있습니다. 우리가 살아온 한국 사회도 그랬습니다. 그런 현실 속에서 끝까지 여성의 권위를 지키고 굳건히 살아오신 선배님들이 계셨기에 우리가 있고 이어 가는 후배들이 있습니다. 하나님의 품 안에서 행복하소서!

박순경 박사님의 1주기를 기억하여 이 글을 올립니다.

통일신학자 박순경 교수님을 추모하며

최진섭*

토요일 오후, 평소 즐겨 찾는 관악산에서 내려와 휴대폰으로 페이스북을 보다가 '고 원초 박순경 선생 통일사회장'이란 부고 소식을 발견했다. 아, 이를 어쩌나. 얼마 전부터 전화를 한번 드리고 싶은 생각이 여러 차례 떠오르곤 했다. 미루지 말고 얼른 했어야 했는데…. 후회막심이다.

1991년 9월의 첫 만남, 서울구치소 접견실

박순경 교수님을 처음 만난 것은 지금으로부터 30년 전인 1991년 9월 8일이고, 장소는 서울구치소 여자 접견실이다. 당시 월간 「말」 기자로 일하던 나는 연재물 '분단과 사람들'의 주인공으로 선정된 박순경 교수님 만나기 위해 옥바라지를 하던 김애영 교수와 함께 서울구치소를 찾았다. 이화여대 교수를 거쳐 목원대 대학원 초빙교수로 있던 박순경 교수님은 그해 여름 일본에서 열린 평화통일과 선교에 관한 기독자

---

* 도서출판 「말」 대표

도쿄회의 주제강연과 관련하여 구속, 수감 중이었다.

강연 발표문 중에 문제가 된 내용은 주체사상을 언급한 부분, 특히 수령을 가톨릭의 교황에 비유한 대목으로 알려졌다. 어쩌면 우리 사회는 30년이 지난 지금도 이 같은 강연을 자유롭게 허용하지 않을 것이다.

교회 구조에 비유하자면 수령은 가톨릭교회의 교황과 같다. 누가 교황을 독재자, 우상이라고 규정하는가?

박순경 교수님은 수령론을 언급하면서 결론적으로 "주체사상은 그 혁명이념의 궁극성 때문에 유일성을 함축하고 있음에도 불구하고 남한의 다원적인 사상의 조류들, 기독교와 타 종교 사상 조류와의 대화, 따라서 상대화 과정을 통과하면서 민족사상으로 정립되고 전개되어야 할 것"이라고 말했다. 우리 사회에서 금기시되는 주제를 건드리자 도쿄에서 강연을 듣던 목회자 일부가 예민하게 반응하고 결국 공안 기관이 여성 신학자에게 국가보안법의 칼을 꺼내 들었던 것이다.

서울구치소 여자 접견실에 만난 박순경 교수님은 고희를 바라보는 나이치고는 고운 인상이었지만, 머리가 희끗희끗한 것이 그 나이의 여느 할머니와 다를 바 없었다. 평소 옷매무새가 깔끔한 멋쟁이 여신학자라는 소리를 듣고 왔지만, 접견실에서 본 '수번 72번 박순경'은 허름한 푸른색 옷을 입은 수인일 뿐이었다. 면회 시간 10분의 대부분은 박순경 교수님이 함께 살던 제자 김애영 교수에게 학생들의 논문지도, 읽을 책, 먹을 약 등을 얘기하는 데 쓰였고, 기자는 간단한 인사말 몇 마디만 하고 헤어져야 했다.

민족신학의 개척자로 통일신학의 지도자로

　　잠깐의 만남으로 간파할 수 없는 박순경 교수의 삶과 체취를 느끼기 위해서 안양시 관양동에 있는 그의 자택을 방문했다. 렘브란트의 예수 초상화와 칼 바르트의 사진이 걸린 서재에서 김애영 교수와 간접 인터뷰를 했다. 그리고 종로 5가 기독교회관에서 열린 박순경 교수 석방을 위한 목요기도회 등에 참석해 여러 지인의 얘기를 듣고 자료를 건네받았다. 이를 참조해「말」10월호에 "기독교와 공산주의 잇는 여신학자 박순경"이라는 제목의 기사를 썼는데, 여기 소개된 동료 목사, 신학자들의 몇몇 인상기를 옮겨 적는다.

　　1970년대 이후 지금은 민족신학의 개척자로 통일신학의 지도자로 모두 앞에 독보한다. 나 개인적으로는 지난 민족분단 45년 역사에서 신학자 중 순수하고 진보적이며 민족적인 대표적 신학자는 박순경 교수라 생각한다 (홍동근 목사, 1990).

　　언제나 남색 저고리에 검은 치마를 입고 다니던 그 양반은 미모에다 빼어난 알토의 매력적인 여학생이었어요. 그리고 이때부터 칼 바르트에게 매료돼 독일어 공부에 전념했지요. 여성뿐만 아니라 전체 신학자 중에서도 최고봉의 학자라 생각합니다(감신대 동창 김준영 목사, 1991).

　　내가 보기에 박 교수야말로 신비의 여성입니다. 보기엔 그렇게 냉철하면서도 1968년 칼 바르트가 죽었을 때 그렇고 통곡하고, 또 1988년 이대 채플 기간에 조성만 군의 죽음과 민족의 통일 얘기를 하면서 수많은 사람을 울게 했을까. 또한 그렇게 사랑이 많고 아름다운 분인데 왜 아직도 독신일까. 박 교수는 이러한 여러 가지 수수께끼를 가진 여성입니다. 누군가 박 교수에 대한 전기를 쓸 경우 신학적 전기뿐만 아니라 '여성'이라는 주제로 접근하기 바랍니다(서광선 교수, 1988년 이화여대 정년퇴임 고별 강연장에서).

이런 평을 봤을 때 박순경 교수님은 학자로서, 여성으로서 뛰어난 능력과 타고난 외모까지 겸비한 인물이 틀림없어 보였다. 맘만 먹으면 얼마든지 주류 학계에서 이름 날리며 편하게 살 수 있는 조건을 갖춘 교수였다. 그런데 이런 분이 왜 고초를 자초하고 나선 걸까.

그의 평생의 과제는 분단 극복이었고, 신학자로서 이는 반공신학, 분단신학을 타파하고 민족신학, 통일신학을 세우는 것이었다. 1946년 감리교신학대에 입학했을 때 몽양 여운형 선생이 주도하던 인민공화국을 지지한다고 했다가 '빨갱이 마귀가 거룩한 하나님 동산에 들어왔다'는 비판을 받고 학교에서 쫓겨날 위기에 놓이기도 했다. 이때부터 한국 반공 교회의 벽을 절감한 뒤 '한국교회가 옳으냐, 내가 옳으냐'하는 물음을 끌어안고 민족 신학을 추구해온 것이다. 이러한 물음을 안고, 미국에 유학 가서 얻은 결론은 한국교회의 반공, 반북은 오류고 "기독교와 공산주의는 필연적으로 만나야 한다"였다. 그는 유학 생활 중에 헨델의 '메시아'를 즐겨 들었는데 그때마다 우리 민족의 분단 현실이 떠올라 목놓아 울곤 했다.

이런 신학적 뿌리가 있기에 박순경 교수님은 반공, 분단의 건너편에 서서 국가보안법이 씌워주는 가시면류관의 길을 마다하지 않고 걷게 된 것이다.

1992년 법정 최후진술 참고도서, 박순경 교수의 책

1991년 8월 13일 국가보안법으로 구속된 박순경 교수님은 1심에서 집행유예로 석방됐다. 그런데 얼마 지나지 않아 박순경 교수님과 나는 입장이 바뀐 채 옥중에서 편지를 주고받는 사이가 되었다. 박 교수님이 석방된 다음 해에 나는 분단 50년을 맞이하는 1995년에는 분단을 끝장내고 통일을 이루자는 모임에서 활동하다 국가보안법으로 구속되고 3년 동안 수감생활을 하게 됐다.

이때 재판을 받으면서 나는 정신적으로 매우 혼란스러운 상태였다. 이십 대 초반부터 성서에 기초한 변혁운동을 꿈꿨지만, 머릿속은 기독교, 마르크스주의, 주체사상으로 뒤엉켜 복잡한 상태였다. 어찌 보면 일단 종교와 운동을 분리해서 사고하는 입장이었다. 그런데 박순경 교수님의 저서 『통일신학의 여정』, 『한국 민족과 여성신학의 과제』와 같은 책을 읽고 머릿속이 맑아졌다. 그때의 기억을 정리해보면 '불완전한 인간의 혁명은 하나님의 혁명에 의해 인도되어야 하며, 또한 하나님의 혁명은 인간의 역사적 혁명에 의해 구체적으로 현실화된다'는 논리였다. 하여간 이 논리 덕에 1심 재판의 최후진술을 나 스스로는 만족스럽게 할 수 있었고, 3년 실형 선고를 받은 후에도 나를 감옥으로 인도해주신 하나님께 진심으로 감사기도를 드렸다.

누구나 감옥에 들어가 독방 생활 하면 문학소년, 문학소녀 기질이 살아난다고 한다. 1995년, 통일의 희년을 만들자던 이때 나는 분단의 포로가 되어 부산교도소에서 지내면서 〈원초(原草) 박순경〉이란 제목의 시를 한 편 써서 선생님께 보내 드렸다.

예수를 둘도 없는 길동무로 삼고
신학자 칼 바르트와 죽도록 사랑하고
들풀에 새벽마다 입 맞추며
평생을 홀로 지내시는 분
스스로 수난을 원하시어
수령을 교황에 비유하고
보안법으로 허리를 질끈 동여매신 분
인생은 칠십부터라는 옛말을
몸소 가르치시려
칠순 되어 감옥을 가시는 분
이런 여성의 짝이 될 만한 남성은
연애지상주의자이거나 통일지상주의자이거나
남이든 북이든 통틀어 과연
몇이나 될는지

1995년 10월 출소한 뒤 안양 자택으로 찾아가서 인사를 했고, 서초동으로 이사를 가신 뒤에도 몇 번 방문해서 말씀을 나눌 기회가 있었다. 한 번은 멋모르고 향수를 선물로 사간 적이 있는데 그런 거 사용하지 않는다며 면박을 받은 적도 있다.

「말」지를 그만두고 얼마 뒤에 나름 개인적인 인생의 사연이 있어서 월간 「좋은엄마」를 창간했다고(2000년) 전화했을 때의 반응이 떠오른다. 박 교수님은 적어도 3초 이상 아무런 반응이 없다가 "무슨 엄마?"라고 되물었다. 이때 교수님은 형식적인 덕담도 건네지 않았다. 목소리는 높이지 않았지만 "통일운동에 도움 되는 일을 해야지…" 하면서 실망하는 투의 목소리로 말씀하셨다.

단군 유적이 있는 강화도에서의 인터뷰

그 뒤로 교수님께 10년 넘게 연락을 제대로 못 하고 지냈다. 박 교수님은 통일운동과 칼 바르트 저서 번역에 혼신의 힘을 다하셨고, 나는 교수님과는 전혀 다른 주제의 일을 했기 때문에 오랫동안 볼 일이 없었다. 그러다 다시 만나게 된 것은 어렵게 운영하던 잡지사를 정리하고, 2014년 혼자서 출판사를 차린 뒤 첫 번째 책으로 『분단시대의 지식인들』을 기획한 직후다. 통일운동에 앞장선 강희남 목사, 이기형 시인, 기세문 비전향장기수와 함께 정동익 사월혁명회 상임의장, 소설가 남정현, 청화 스님의 삶을 한 권에 묶어 소개하는 책이었는데, 박순경 교수님에게도 인터뷰를 신청했다. 이때 교수님은 아흔이 넘은 나이였다. 1991년 처음 만났을 때부터 24년의 세월이 흘렀는데, 여전히 온 힘을 다해 민족의 통일과 칼 바르트 신학에 매진하고 계셨다.

여러 차례 무릎 수술, 허리 수술을 해서 거동이 불편했지만, 교수님은 강화도를 가고 싶어 하셨다. 민족주의에 관심이 많은 교수님은 단군 유적지가 있는 강화도를 좋아하셨다. 다리가 아파서 가파른 계단 길을 올라야 하는 마니산 꼭대기에 가보지 못한 것을 아쉬워하신 박 교수님과 전등사 찻집 죽림다원에서 인터뷰를 진행했다. 이때 다른 데서 하시지 않은 말씀을 몇 가지 하셨는데, 이 자리에 그 내용을 옮겨 본다.

북을 위한 기도문인데 내 새벽기도의 일부분이야. 김정은 위원장과 그와 동역하는 일꾼들을 위해서 기도한 다음에 이렇게 해. 통일 대업과 우리 민족의 경제공동체를 결단코 이루어내게 하소서. 모든 인민이 총 단결하여 공화국을 지켜내게 하시고, 그들의 삶이 나날이 풍요로이 채워질 수 있도록, 북의 경제기반을 하나님 당신의 능력으로 도우소서. 평화협정과 주한미군 철수가 이루어지게 하소서. 정의로운 조미관계가 설정되게 하소서. 북과 남의 평화공존과 통일, 남북의 군대 통합을, 연방제통일을 우리가(남과 북이) 결단코 속히 이뤄내게 하소서.

한국기독교는 내제로 왜 민족해방이 필요한지조차 몰라. 통일은 바로 그러한 분단 세력들의 극복이요, 민족해방을 의미하기도 해. 칼 바르트가 교회는 동과 서, 사회주의 공산권과 자본주의 서방 사이에 존재해야 한다고 말했듯이 한국교회는 미국과의 유착 관계와 반공주의에서 해방되어 남과 북 사이에서 참된 민족 화해를 위해 사역해야 하는 거야.

우리나라의 진보적인 식자들은 역사를 잘 모르는 경우가 많아. 서구에서 공부를 잘못해서 그럴 거야. 한국 사학자들도 민족 시원을 잘 몰라. 그래서 내가 『환단고기』를 보면서 독학으로 공부하는 거야. 시대, 인물, 상황이 구체적으로 나오는 걸 보면 『환단고기』 결코 위서가 아녜요. 무슨 재주를 부려서 역사적 상상력으로 꾸며낸 책이 아냐. 한번 읽어 보라고.

근 일 년 동안 상생방송 보면서 공부했지. 1976년 귀국해서 역사학자 책을 봤는데 민족 문제를 제대로 밝힌 역사학자를 찾지 못했어. 진보진영이 걱정할 것은 제대로 된 민족주의가 없다는 것이야. 민족의 과잉이 아니라 민족의 결핍이지.

민족 시원 문제 제대로 밝힌 역사학자 못 봐

2014년 봄, 기독교회관에서 열린 『분단시대의 지식인-통일만세』 출판기념회에 박순경 교수님은 어려운 걸음을 하셨다.

그 뒤 박 교수님은 여러 차례 전화해서 『환단고기』를 꼭 읽어보라고 말씀하셨다. 나는 교수님의 권유에 따라 서점에서 1420쪽에 달하는 『환단고기』를 샀으나 아직 제대로 책장을 넘겨보지도 못했다.

작년에는 돌아가신 강희남 목사님이 쓴 『우리 민족 정리된 상고사』, 『새번역 환단고기』 그리고 김상일 전 한신대 교수님의 상고사 관련 저서 등을 요약, 정리하고 박순경 교수님의 새로운 해석을 보태서 '환단고기와 민족주의'에 관한 책을 펴낼 계획도 세웠다. 교수님은 칼 바르트 저서 『삼위일체 하나님과 시간 제II권 신약편』을 저술하는 작업에 벅차서 다른 글을 쓰실 여력이 없다며 청탁을 거절하셨다. 기회가 되면 찾아뵙고 인터뷰를 해서 녹음이라도 하고 싶었지만 안타깝게도 그런 자리를 마련하지 못했다.

98세의 나이로 돌아가신 박순경 교수님 영전에, 교수님이 마지막까지 붙들고 공부했던 '민족개념', '민족시원'을 주제로 한 책을 발간할 것을 출판인으로서 약속드린다.

교회의 가부장 신학을 깨뜨린 모퉁이 돌*

원초 박순경 선생을 추모하며

한국염**

　　원초 박순경은 가부장제 신학 해체를 위해, 민족분단 해소를 위해 한 획을 그으신 분으로 한국 여성사에서 기억되어야 할 분이다.

　　박순경 선생이 2020년 10월 24일에 영면하셨다. 선생님의 장례식이 통일사회장으로 드려졌다는 것은 그분의 위치가 한국 사회에서는 통일운동가요, 통일신학자로서 자리매김됨을 뜻한다. 그러나 우리는 통일의 족적뿐만 아니라 여성 신학자로서 그분이 교회와 신학계에 끼친 업적과 영향도 함께 기려야 한다.

　　내가 50년 동안 기독여성운동을 하며 체험한 것은 아무리 사회가 여성권익운동을 해도 평등사회를 위한 구호와 열정이 종교에 들어오면 맥을 못 춘다는 것이다. 종교가 가부장적이고 성차별적으로 깊은 늪이 되어 있기 때문이다. 종교에서 성평등을 말하고 행동하는 것은 일반

* 2020.10.27일 자 「여성신문」에 기고한 글임.
** 전 한국이주여성인권센터 대표, 정의기억연대 운영위원장

사회운동보다 더 큰 열정과 투쟁의 에너지가 필요하다. 종교를 포기하면 그뿐이겠지만, 여성들이 종교 인구의 절반이 넘는 현실에서 종교의 본래 정신인 평등, 성평등을 회복하는 것은 가부장제에서 억압당한 여성을 해방하는 길이며, 차별하는 종교인들을 구원하는 길이기도 하다. 종교가 가부장제를 진리로 고착화하는 그 중심에 가부장 신학이 있고, 가부장적 교회 전통이 있다. 그러기에 여성사에서 여성신학자로서 가부장 기독교의 가부장 신학을 비판하고 해체하는 작업을 한 박 선생의 노정은 기억되어야 할 가치가 있다.

가부장적 교회 평등한 교회로

박 선생의 약력에서 제일 먼저 나오는 것이 한국여신학자협의회(이하 여신협) 초대 회장과 한국여성신학회 초대 회장이라는 경력이다. 박 선생은 이화여대 교수 시절부터 기독교계에서 굳이 여성신학자라고 강조할 필요 없는, 조직신학자로서 바르트신학 전문가로 알려졌던 대학자였다. 이 신학자 박순경이 1980년 4월 21일 기독교회관에서 열린 여신학자협의회 창립총회 자리에 나타났다. 본인 말에 의하면 학교에서 이론만 가르칠 것이 아니라 신학의 현장인 교회 여성들을 만나야겠다는 생각을 하게 되었고, 그 첫걸음으로 여신학자협의회 창립총회에 참석하게 되었다고 하는데, 이는 이론적인 신학이 아니라 현장 신학으로 내딛는 첫 행보였다. 아무도 예기치 않았던 박순경 선생의 출현은 창립총회를 열기 위해 모인 사람들에게도 놀라움 그 자체였다.

여신학자협의회는 신학을 공부한 여성들이 가부장적 교회를 평등한 교회로 변혁해보자는 마음으로 결성한 것이다. 총회에서 회원 자격이 문제가 되었다. 여전도사들 중 신학사 학위가 없는 사람들이 있었기 때문이다. 이때 박 선생이 "독일에서는 신학을 하는 사람은 그가 목회를 하든, 교수를 하든 다 신학자라고 부른다. 여러분은 신학을 졸업하고 전도사를 하든지, 교회 여성 활동을 하든지, 집안에서 살림을 하든지 다 신학자이다. 여러분이 평생 신학에 관심을 가지고 신학을 위해 살기 때문이다. 신학자는 학자만의 전유물이 아니다"라고 발언해 회원 자격 논란을 명쾌하게 정리했다. 박 선생의 이 발언은 신학을 하고 집에서 살림하는 사람들, 신학자가 아니면서 목회를 하는 전도사들, 기관에서 일하는 사람들에게 신학자로서의 자부심을 심어주었다. 저명한 교수로 이름을 날리던 박 선생의 이 발언은 신학을 하는 사람들은 모두 같은 길을 걷는 동지라는 느낌을 갖게 했고, 이심전심으로 박 선생을 여신학자협의회 초대 회장으로 선출했다.

창립총회 후 여신협은 교회 여성들의 의식화와 회원들의 역량 강화를 위해 '여성과 한국교회'라는 주제로 첫 공개강좌로 열었다. 박 선생이 "세계교회의 여성운동"이라는 제목으로 주제강연을 하셨다. 요지는 여신학자들이 여성의 눈으로 성서를 읽고 가부장적 한국교회를 개혁하자는 내용이었다. 특히 회원들에게 자극을 준 것은 '아버지 하나님'이라는 호칭과 관련된 교회의 가부장성에 대한 문제 제기였다. 이후 여신협에서 아버지 하나님을 넘어서는 하나님의 이미지에 대한 연구를 하게 되었다. 여신협의 회장이 되면서 박 선생은 이론 신학에서 현장 신학을 접목하게 되었고, 여신협 입장에서는 성차별 교회를 평등교회로 바꾸는 교회개혁 운동의 중요한 이론적 기반을 조성하게 되었다. 한 예로 박 선생님은 기독교의 핵심 주제인 하나님, 예수, 성령 이외에도 마리아상에 대한 깊은 관심을 갖고 여성신학적 해석을 통해 여성해방의 길을 제시하였다. 예수가 동정녀 마리아에게서 탄생했다는 탄생설화에서 동정녀 탄생의 의미를 가부장 질서와 전혀 상관이 없는 새로운 질서를 의미하는 것으로 해석하는 등 여성해방의 새로운 길을 제시하셨다.

여성신학의 초석을 놓다

1985년에 여신학자협의회의 대학원 출신들이 모여 여성신학회를 만들었고 박 선생이 초대 회장이 되셨다. 여성신학회는 여성신학을 기독교학회의 한 전문 신학 분야로 인정받고 이를 신학계에 펼치기 위해 이 학회에 가입을 시도하였다. 그러나 남성들이 대거 포진해 있는 교수와 박사 중심의 이 기독교학회는 "아줌마들이 뭔 신학회냐?"고 무시하며 가입을 일축하였다. 신학 공부를 하고 현장에 있는 사람은 모두 신학자라는 박 선생님의 주장은 설 자리를 잃고 말았다. 몇 년 후에 가입이 되었지만, 박 선생님 회장 시절에 끝내 기독교학회 가입이 이루어지지 않았다. 시대를 볼 줄 몰랐던 한국신학회의 위계적 권위주의와 가부장성 때문이었다. 아무튼 이런 멸시를 받으며 시작한 여성신학회는 박 선생이 회장직을 물러날 즈음에는 교계에 여성신학 전문단체로서 인정을 받기에 이르렀다. 여성신학회는 여성과 사회 현장에서 문제가 되고 있는 주제들을 여성의 눈으로 신학화하며 가부장 신학을 해제하고 평등, 평화 정의를 향한 신학 작업을 하고 있다. 박 선생은 여성신학계를 이끌어 교회의 가부장 신학을 깨뜨리는데 모퉁이 돌이 되신 분이다.

통일신학자로서의 박순경의 여정

박 선생은 통일 문제에도 끝없는 관심을 가지셨다. 여신협 초기부터 통일운동에 불을 붙이셨다. 박 선생은 1983년에 『한국민족과 여성신학의 과제』를, 1986년에 『민족통일과 기독교』라는 통일 서적을 출판하셨다. 여신협은 1987년 제4차 한국여성신학정립협의회를 "통일과 여성신학의 과제"라는 주제로 열었는데 박 선생님이 이 두 책을 중심으로 주제 강연을 하셨다. 박 선생에 의하면 분단은 가부장제의 산물이다. 주제 강연을 통해서 가부장제와 분단의 관계, 민족분단과 여성의 삶이 어떤 관계에 있는지, 왜 통일해야 하는지를 여성신학 입장에서 제시해 주셨다. 이 정립협의회를 계기로 여신협에 통일 문제를 다루는 통일신학작업반이 만들어졌다. 이 작업반 결과물이 『민족통일과 여성신학』이라는 단행본으로 출간되었고, 이후 여신협과 여성신학회를 비롯한 기독여성단체에서 통일 문제가 운동과 연구의 핵심과제가 되었다.

박 선생은 학자로서 민족의 문제, 통일의 문제를 이론으로만 하신 것이 아니라 통일운동의 일선에 서셨다. 박 선생은 1994년 7월 9~12일 '조국의 평화통일과 기독교 선교에 관한 기독자도쿄회의에서 한 "기독교와 민족통일의 전망"이라는 발제 때문에 보안법 위반으로 구속되었다. 이 사건으로 여신협을 중심으로 14개 단체들이 '박순경 교수 석방대책위원회'를 구성하여 석방 활동을 벌였고 '박순경 통일신학연구'모임을 매주 열어 박 선생의 통일신학을 교계에 널리 알렸다. 석방위원회의 맹렬한 활동으로 구속 4개월 만에 박 선생이 석방되었는데, 1992년에 발간된 『통일신학의 여정』과 『통일신학의 고통과 승리』는 박 선생의 통일신학을 중심으로 구속에서 석방되기까지의 법정 기록과 투쟁의 기록이다.

또한 박 선생은 학자로서 범민련 남쪽 본부 준비위원회 부위원장을 맡아 범민련 결성에 참여했고, 민족회의, 통일연대, 민주노동당, 통합 진보당 등에서 중요한 역할을 담당했다.

또한 6.15 남측위원회 상임고문으로 활동하였다. 이러한 활동들은  박 선생이 일찍 터득한 현장 신학의 한 길이기도 했다.

돌아가시기 몇 달 전 꿈이 뭐냐고 묻는 제자에게 "민중해방, 민족해방, 여성해방, 남북통일, 평화통일, 세계평화" 라고 하셨다는 원초 박순경, 그의 발자국을 따라 걷는 사람들에 의해 그가 꿈 꾼 세상이 오리라 믿는다.

원초(原草) 박순경 선생을 보내며 *

한찬욱 **

한평생 신학과 평화통일 운동 그리고 진보정당을 위해 헌신해 오신 박순경 교수께서 지난 24일 오전 9시경 노환으로 별세하셨다. 지난 10월 25일 서울대병원 장례식장에서 〈故 원초(原草) 박순경 선생 통일사회장〉이 거행되었다.

"박순경 교수"하면 〈신학자〉와 〈평화통일운동가〉 그리고 〈통합진보당 엄호 지지 활동〉을 빼놓을 수 없다. 〈신학자〉로 백 세를 앞둔 연세에 운명하는 그날까지 조직신학 집필을 멈추지 않은 영원한 신학자였다. 『통일만세(도서출판 말)』에서 교수님은 "글 쓰는 걸 하지 않으면 이제 무얼 하겠어. 숨이 넘어갈 때까지 글을 써야 해. 이젠 기도하고 글 쓰는 것밖에 못 하잖아, 나가서 활동할 수도 없고, 구약편과 신약편은 내가 쓰는데, 집필 계획의 마지막 셋째 부분인 성령론에 기초한 교회, 민족,

---

* 2020. 12. 25일 자 「민플러스」, 추도사로 되돌아보는 통일원로의 삶(5)에 기고한 글임.
** 사월혁명회 사무처장

세계의 구원 문제를 김애영 박사가 완수하도록 특별히 성령께서 도와달라고 빌어, 내가 살아생전에 신약까지는 쓰고 싶어"라고 말씀하신다.

특히 교수님은 칼 바르트 신학의 전문가였다. 교수님은 공산주의와 기독교, 남과 북의 만남을 절대적인 명제로 내세우는 것은 칼 바르트와 연관되어 있으며 항일민족운동사에도 직결된다고 말한다.

바르트는 1915년 스위스 사회민주당에 가입한 후 행한 연설에서 "진정한 크리스천은 그가 기독교의 개혁을 진지하게 생각한다면 사회주의자가 되어야 한다. …… 공산주의를 악마로 혹은 반공주의를 구원의 천사'로 규정짓는 것을 거부하였다. 또한 "바르트는 '교회는 동과 서, 사회주의 공산 권력과 자본주의 서방 사이에 존재해야 한다'고 말한 것처럼 교수님은 '교회는 반공 서양과 남과의 유착관계로부터 해방되어 남과 북 사이에서 참된 민족 화해를 위해 사역해야 한다'고『통일만세』에서 역설하신다.

〈평화통일운동가〉로 그 누구도 감히 말하지 못한 금기어인 주체사상을 조선로동당 창건 55돌 기념 행사에 참가한 후『월간 말(2000년 12월호)』인터뷰에서 '주체사상 이해해야 통일의 길 열린다'라고 말씀하며 이후 615공동선언 이행에 전념한다.

"주체사상입니다. 전체 인민대중을 주체사상이란 유일사상체계 속에 묶어 세우고 자신들의 지도자, 즉 수령을 중심으로 일치단결하기에 가능한 거죠. 이번에 그 실체를 똑똑히 볼 수 있었어요. 이 엄연한 현실을 남쪽 사람들도 이젠 인정해 주어야 합니다. 이북 체제를 유지, 발전시켜 나가는 그들의 주체사상을 이해하지 않고선 통일의 길은 열리지 않습니다. 냉전과 분단 시대에 주체사상은 금기 대상이었습니다. 서구의 자유주의 시각으로 보면 주체사상과 그 핵심 내용이라 할 수령론은 전체주의 독재체제를 유지하는 '악'의 상징이었습니다. 기독교 시각으로 봐도 그것은 우상숭배와 다름없었죠. 하지만 독재자, 우상이란 자연사물의 신격화와 1인 전횡자를 뜻하는 것입니다. 그러면 이 규정을 가지고 북을 들여다봅시다. 과연 북의 현실이 그런가. 현실은 그렇질 않습니다. 수령이 1인 전횡자였다면 그토록 인민들이 열광하고, 전쟁으로 잿더미가 된 초토 위에서 국가를 다시 일으켜 세울 수 있었겠습니까? 수십 년간 외세의 침략 위협에 맞서 수령을 중심으로 굳게 단결할 수 있겠습니까? 또 다른 사회 같았으면 벌써 몇 번은 무너졌을 상황에서 흔들림 없이 위기를 헤쳐나왔겠습니까? 주체사상은 북의 혁명과 건설 과정의 총체성을 담보하는 사상입니다. 그들이 구현한 이 유일사상 체계를 우리도 이젠 있는 그대로 볼 수 있어야 합니다."

〈통합진보당 엄호 지지 활동〉은 교수님의 이력에서 볼 수 있다. 2000년부터 2014년까지 민주노동당과 통합진보당 고문을 역임하셨다. 특히 2012년 소위 '이석기 내란 선동 사건'과 2013년 '통합진보당 강제해산 사건'에 누구보다 헌신적으로 구명 운동과 당을 엄호 지지하며 진실규명에 앞장섰다. 특히 교수님은 고령의 연세에도 불구하고 알고 계시는 여성계, 정당, 교계, 제시민사회 단체 등을 연락하며 자식처럼 이석기 의원 구명에 몸을 바쳤다. 뿐만 아니라 통합진보당 강제해산 저지를 위해 알고 있는 모든 인맥을 동원하였다. 최근 교수님을 마지막으로 뵌 분이, 아마 유언이라 생각 드는 말씀으로 이석기 의원과 진보당에 대한 당부하였다고 한다.

존경하는 박순경 교수님!

교수님은 가셨지만 우리는 교수님을 보내지 아니하였습니다. 교수님의 조국과 민족 그리고 통일에 대한 신념은 여기 모인 우리들의 가슴속에 살아있고 영원히 불타오를 것입니다. 그리고 마침내 교수님이 못다한 꿈을 우리는 반드시 쟁취할 것입니다.

조국은 기억하리라!

선생님의 이름과 걸어온 길을!

통일만세 출판기념회에서 원초와 함께(필자는 왼쪽 끝)

기도와 투신, 그 청순함을 기리며

함세웅[*]

아름다운 삶

박 교수님은 제자인 신학 교수 김애영 목사님과 40여 년을 함께 사셨습니다. 이 두 분은 모두 독신입니다. 이 두 분은 부부와 혈연에 기초하고 국한한 가족제도 법을 새롭게 바꾸어야 한다고 글과 방송을 통해 호소하고 주창하셨습니다. 이 두 분은 참으로 새로운 유형의 아름다운 삶과 가족 개념을 보여주신 분들입니다.

추도사에서 언급한 대로 저는 박 교수님께서 이화여대 강단을 떠나시면서 행한 고별 강연 말씀을 읽고 신선한 자극을 받았습니다. 해방신학과 함께 여성 신학을 대하면서 많은 것을 깨닫고 박 교수님의 말씀이 새롭게 제 마음에 다가왔습니다.

"신음과 진통!", 수없이 읽고 묵상했던 성서 말씀이었건만 저는 그냥 스쳐 갔을 뿐인데 박 교수님은 두 단어, 곧 이 주제어가 바로 산모의

---

[*] 민족문제연구소 이사장, 안중근의사기념사업회 이사장

투병 중이신 원초와 승리의 V를!

출산고임을 깨닫고 자연과 우주 만물, 모든 피조물이 바로 이 산고의 과정을 겪고 있고 이것이 바로 여성신학적 은유이며 그 이론적 토대라고 주장하셨습니다. 훌륭한 해석입니다. 바로 지금 코로나19 시대에 지구와 자연을 살려야 한다는 환경신학, 생태신학, 생명신학의 토대도 바로 여기에 있습니다.

그 후 저는 여성신학적 시각에서 늘 성서를 새롭게 고찰하며 묵상하고 있습니다. 남성 중심의 가부장적 시대에 집필한 성경 말씀임에도 불구하고 그 안에는 이처럼 여성의 시각, 여성의 가치, 여성의 체험과 삶이 곳곳에 배어 있음을 확인하며 신선한 가르침을 얻었습니다.

통일의 문을 향해

1991년 봄, 명동성당 문화관에서 통일을 위한 심포지엄에서 박 교수님 발제에 제가 토론자로 참석한 일이 있습니다. 박 교수님은 주체사상과 함께 수령론에 대해 명동성당 구내인지라 조심스럽게 수령론과 교황론과의 유사한 점을 언급하셨습니다. 저는 토론 과정에서 유사할 뿐만이 아니라 수령론, 교황론, 일왕론 등을 함께 연계해 고찰해야 한다고 적극적으로 강조했습니다. 사실 19세기 가톨릭의 교회관은 교황 중심의 교회관으로 요한 보스코 성인과 같은 분도 일상 강론 때에는 교황이 바로 가시적 그리스도라고 강조했다는 점과 또 트렌트 공의회 이후 교리문답에서도 교황은 볼 수 있는 그리스도로, 교회의 으뜸이라고 명시했음도 언급했습니다. 사실 1950년대 비오 12세 때에는 추기경, 주교, 사제, 신자들 모두 교황 앞에서 무릎을 꿇고 구두에 입을 맞추고 그 후 교황이 손을 내밀면 손에 친구(親口)했음도 설명했습니다. 그리고 일왕론도 서구 그리스도교에서 차용한 논리이며, 수령론의 이론들도 바로 "그리스도께서 내 안에 계시고, 우리 모두 그리스도 안에서 하나"라는 가톨릭의 교회론과 일맥상통하고 있음도 언급했습니다. 이에 박 교수님은 "아니, 가톨릭 사제가 그렇게 말해도 되나요?"라고 하셔서, "지도 디 교수 신부님으로부터 배운 것입니다" 하고 답했습니다.

그 후 10월 재일본대한기독교단 주최 통일 세미나에서 통일주제 강연 중 명동성당에서의 토론내용 등을 소개하시면서 더욱 힘있게 말씀하셨는데, 이 내용이 주체사상을 찬양했다고 해, 국가보안법 위반으로 구속되셨습니다. 이에 많은 분과 함께 저도 탄원서를 제출했고, 박 교수님 석방을 위한 개신교 주최의 기도회에 참석해 기도하고 증언한 일도 있습니다.

칼 바르트에 대한 선입견

이때 저는 박순경 교수님이 칼 바르트의 저서를 번역하고 소개하신 전공자임을 알았습니다. 저는 바르트를 신학생 시절, 1963년에 군 복무를 마치고 새 학기에 들어가기 전 6개월간 쉬고 있을 때 그의 『교회교의론』을 몇 장 읽다가 도저히 읽을 수가 없었습니다. 교황은 바로 묵시록에 언급한 대 바빌론에 비유하고 비난해 그 책을 집어 던졌습니다. 아니, 개신교의 이렇게 위대한 신학자가 아무리 그래도 교황을 이런 식으로, 이렇게 막말로 표현하다니 언짢은 마음이 들어 어두운 체험을 하고 있었습니다.

그 후 로마에서 바르트의 구원론을 공부할 때 신학생 시절의 어두운 체험이 남아 있어 그 선입견을 지우기가 매우 어려웠습니다. 그런데 이제는 박 교수님을 통해 바르트를 새롭게 이해하게 되었습니다. 박 교수님은 바르트를 큰 스승으로 모셨고 어떠한 경우에서든지 오직 하느님을 중심으로 믿음을 강조한 대목은 크게 제 마음에 와닿았습니다.

칼 바르트에 대한 새로운 이해

1970~80년에는 박정희 유신 독재와 전두환 군부독재에 맞서 싸우는 학생들과 통일을 주창하는 제자들을 지켜보면서 박 교수님은 강단에서 고심하고 고민하셨습니다. 우리의 민족 문제, 남북의 일치와 화합, 평화와 통일을 위해서 서구 신학은 한계가 있음을 절감하고 그 후, 스위스 바르트의 묘소를 찾아가 네 번 큰절을 올리고 오셨다는 것입니다. 네 번의 절은 결별을 뜻하는 것입니다. 서구 신학의 한계를 절감하며 다음과 같이 말씀드렸답니다. "스승님의 가르침은 바로 여기까지입니다. 이제 저는 우리 민족의 아픔을 녹이며, 남북 평화공존을 위해 민족신학, 자주신학, 통일신학으로 가겠습니다."

제2차 바티칸공의회가 끝난 1965년 이후 바오로 6세 교황님은 칼 바르트를 바티칸으로 초청해 두 분이 환담을 나누었습니다. 교회 일치와 화해의 만남입니다.

그런데 박순경 교수님의 석방을 위한 기도회 그날, 제가 교수님과 관련, 바르트에 관한 이러한 내용을 말씀드리며 박 교수님의 순수한 점과 그 신학적 열정을 확인하고 그분의 석방을 호소했습니다. 예배가 끝난 후 김경재 목사님께서 "신부님, 바르트의 마지막 생애를 아십니까?" 하고 제게 질문하셨습니다. 저는 "잘 모릅니다!"하고 대답하니, 그분께서는 임종 전에 바르트가 병상에 계실 때 주일에 꼭 자신을 가톨릭 성당 미사에 데려가 달라고 하시면서 성찬례와 함께하는 기도가 참 전례라고 말씀하셨다는 것입니다. 바르트를 이렇게 새롭게 만나게 해 준 분이 박 교수님입니다.

사실 저는 로마에 있을 때 한스 큉 신부님의 학위논문인 칼 바르트의 "은총론"에 대해 실명을 들은 적이 있습니다. 그분이 그레고리안 대학에 이 논문을 제출했을 때, 교수는 이 논문은 로마에서는 통과시키기 어려우니 이 논문을 가지고 파리로 가라, 내가 연락해 놓겠다 해서 파리로 가서 논문이 통과되었다는 것입니다. 그 논문을 들고 큉 신부님이 바르트를 찾아가 논문을 제시하니 그 논문을 다 읽고 바르트는 "그렇다면 자네와 나 사이에는 아무런 차이가 없네!" 하고 화답했다는 일화가 떠올랐습니다. 두 분은 다 스위스 분으로 개신교와 가톨릭의 신학 대가인데 바르트는 이미 세상을 떠나셨고 큉 신부님은 올해 4월 6일에 선종하셨으니, 이제는 박 교수님과 함께 세 분 모두 은총 충만한 천상 기쁨 속에서 상봉하셨음을 확신합니다.

열린 신앙

교수님이 석방된 후, 1994년경에 저는 박 교수님을 장위동 성당에 모셔서 특강 자리를 마련했습니다. 교수님이 정한 제목은 "교회의 어머니, 민족의 어머니, 성모 마리아"였습니다. 개신교 신학자가 성모님께 대해 강연하니 저는 너무 기뻤고, 특히 개신교의 예를 들면서 옛날에 예배당에서는 여성 전도사들을 바로 "교회의 어머니"라고 불렀다면서 성모 마리아도 마땅히 "교회의 어머니"라고 강조하셨습니다. 그날 강의 중 재미있는 일화는 초세기에 스페인에서는 성모님을 천주 제4위로 모시자는 신학적 신심 운동이 있었다고도 소개해 주셨습니다.

그 후 2001년쯤에 상도동 성당에 다시 모셨는데, 사순절 특강으로 북한을 방문하신 체험을 기초로 말씀하셨습니다. 이때에는 교우들이 이해하기 쉽지 않은 어렵고 민감한 내용도 많았습니다. 예를 들어 남북 대화, 평화공존, 통일 같은 지향과 주제는 매우 좋았지만, 그 전개 방법이 너무 깊고 빨라 일반 신자들은 그 진의를 다 파악할 수 없었습니다. 또한 교수님이 목격한 북한의 모습에 대해 특히 집단 체조 등을 관람하시고는 그 장엄함과 큰 규모에서 고구려의 웅대함, 고구려의 부활을 확인했다고도 하셨습니다.

이처럼 박 교수님은 통일운동에 투신하시면서 전민련 통일위원회 10인 대표, 범민련 실무대표 등을 맡으시면서 통일운동 선봉에 나섰습니다. 2003년 교수님의 팔순 축하 모임에서 저는 축사를 하면서 교수님은 청순하신 분으로 가톨릭의 수도자를 연상시킨다고 말씀드렸습니다. 박 교수님은 수녀님과 같다는 표현을 별로 좋아하지 않으셨지만, 그래도 저는 수녀님 같다고 말씀드렸습니다. 박 교수님은 참으로 초지일관의 삶을 사신 변함없이 한길을 걸으신, 결단의 여성 신학자이십니다. 그뿐 아니라 그는 무엇보다도 개신교와 가톨릭이 꼭 일치를 이룩해야 한다는 점을 역설하셨습니다. 그분은 가톨릭의 장엄한 전례와 7성사에 대해 높은 이해를 하고 특히 성찬의 전례를 귀중한 영적 자산이라고 강조하셨습니다.

2013년 이석기 의원이 구속되었을 때 박 교수님은 펑펑 우시면서 가슴 아파하셨습니다. 그리고 그의 구명운동에 앞장서셨습니다.

민족의 정체성, 동족애와 투신

교수님은 대단한 투지를 지니신 분이십니다. 20여 년 전에 다리를 심하게 다치시어 병원에 입원하셨습니다. 의사 선생님이 회복하시려면 누운 채 침대에서 다리운동을 하루에 1000번씩 세 차례 하시라고 했는데 그 말을 그대로 실천하셔서 의사 선생님이 놀라셨다는 것입니다. 물론 회복도 매우 빨랐습니다.

3년 전 교수님을 방문했던 날, 서너 시간 동안 당신이 살아오신 과정을 말씀해 주셨습니다. 1943년 세브란스 고등간호학교에 입학했을 때 김옥선이라는 가장 가까운 친구가 있었는데 그 오빠가 경성제대 출신, 항일 독립투사로 그분으로부터 민족애와 민족의 정체성에 대해 큰 가르침을 받았다고 말씀하셨습니다.

1944년 봄에는 그 친구와 함께 여운형 선생님을 찾아뵌 일도 있었습니다. 그런데 그 친구의 오빠가 병들어 그분 고향에 찾아가 문병한 일이 있었는데 밤 기차를 타고 신의주에 가서 며칠 있다가 돌아왔습니다. 뜻 있는 여행이었습니다. 그런데 1945년 해방된 이후에는 그분들과 연락이 끊겨 소식을 전혀 모른다는 것입니다. 그 친구와 오빠에 대한 그리움과 사랑이 민족애와 통일을 향한 마음으로 승화된 것이라고 박 교수님은 말씀하셨습니다.

그 후 감리교신학대학에 입학해 졸업한 후, 다시 서울대학교 철학과 2학년에 편입해 졸업하고 연구하던 중 1958년에 미국으로 유학을 떠나 에모리대학 학부를 거쳐 1966년에는 드류(Drew) 대학원에서 학위(Ph. D)를 받고 귀국해 1966~68년까지 이화여자대학교 기독교학과 조직신학 교수로 계시다가 은퇴하셨습니다.

1988년부터 1991년까지는 목원대 초빙교수로 계셨습니다. 그 과정에서 교수님은 제3세계 에큐메니칼 신학자협의회 회원, 한국 여성신학회 초대 회장, 1989년 전민련 조국통일위원회 10인 대표로 통일운동에 투신하셨습니다.

오직 하느님을 중심으로

핵심은 이분의 신관입니다. 삼위일체 하느님, 역동적 하느님, 관계의 하느님, 끊임없이 활동하시며 연계하시는 삼위일체 하느님이 신앙의 중심입니다. 그는 2014년에 『삼위일체 하나님 시간, 제I권 구약편』을 저술하셨고 2020년에는 『제II권 신약편』 서술을 완료하고 출판하지 못한 채 선종하셨습니다. "제III권 성령론"은 제자인 김애영 목사님의 몫으로 남아 있습니다.

저는 늘 교수님께 말씀드렸습니다. "교수님은 참으로 신기합니다. 삼위일체 하느님께 대한 숙고와 묵상, 설명은 그 자체가 오묘한 신비이며 놀라운 일인데 어떻게 삼위일체 하느님을 고백하고 말씀하시면서 그 신앙의 언어로 민족현실, 민족통일 평화통일 그리고 남북 이념대결의 현장에까지 다가가시는지 참으로 신기하고 대단하십니다. 사실 저는 기도와 미사의 자리에 머물러 있으면서, 제가 많이 부족해 역사 현장의 자리에 다가가기까지는 큰 간격이 있어 시간이 오래 걸리는데, 교수님께서는 어떻게 그런 간격이 전혀 없이 그렇게 빨리 쉽게 다가가십니까?" 이에 대해 교수님은 또 관념적 말씀과 설명으로 하느님의 신비, 삼위일체의 역동성을 열정적으로 말씀하시면서 대답을 하셨습니다. 믿음의 고백, 신앙선언이었습니다.

이에 저는 저 나름대로 엘리사벳 존슨 수녀님의 『하느님의 백한 번째 이름』(She who is: The Mystery of God in Feminist Theological Discourse)에 나오는 삼위일체론, 곧 하느님은 관계의 하느님, 연민의 하느님, 인간과 함께 동고동락하시는 하느님과 연계에 묵상하며 이해했습니다.

박 교수님은 계속해서 아침에 일어나자마자 침대에 누우신 채, 한두어 시간 발끝부터 종아리, 배, 허리, 어깨, 목, 눈, 귀, 코, 얼굴, 머리, 팔, 손가락 등을 차례차례 두드리고 주무르시면서 운동하신다며 제게 건강 비법을 말씀해 주셨습니다. 이에 저도 아침에 눈 뜨고 일어날 때, 힘들고 어려워도 박 교수님을 떠올리며 화살기도를 올리면서 나름대로 열심히 운동하는데 쉽지 않았습니다.

임종 전에 제게 전화를 주시면서 당부하셨습니다. 성모 마리아는 하느님의 어머니이시니 가톨릭에서 이점을 더 확실히 더욱 널리 알렸으면 좋겠다는 말씀이었습니다. 이에 저는 성모송에 대한 말씀과 함께 성모님 축일 그리고 교회의 어머니이신 성모 마리아 그리고 미사 중 기도문에도 하느님의 어머니이신 성모 마리아라는 호칭을 사용하고 있다고 가톨릭의 전통을 말씀드렸습니다.

주님, 저는 죄인입니다

박 교수님은 강남 성모병원 응급실로 향하시면서 구급차 안에서 제자 김애영 목사님의 손을 잡고 끊임없이 "주 하느님, 죄인인 저를 용서해 주십시오. 저는 하느님 앞에 죄인입니다. 많은 죄를 지었습니다. 용서해 주십시오." 이 기도를 끊임없이 반복하셨습니다. 의화의 지름길인 세리의 아름다운 살아있는 기도입니다.

교수님 침대 맞은편 벽면에는 "주여, 자비를 베푸소서"라는 기도문이 크게 쓰여있었고, 또 아베마리아 성가도 흘러나왔습니다.

2020년 10월 23일 오후 3시에 저는 임수경(수산나) 님과 함께 교수님을 찾아가 뵙고, 선종 기도를 올렸습니다. 교수님은 숨만 쉬시면서 아주 메마른 상태셨습니다. 김애영 목사님 등, 제자와 저희 넷이서 함께 기도를 올렸습니다.

그리고 24일 오전 9시에 선종하셨습니다. 10월 25일 주일 오후에 교수님이 누워계신 서울대병원 영안실을 찾아가 교수님의 영정 앞에서 박 교수님을 가슴에 모시고 묵묵히 기도 올렸습니다. 한평생 깨어 사셨던 박 교수님의 삶을 되새기고, 특히 지난해와 올해 선종하신 사랑하는 동지들을 기리고, '민족의 평화공존' 실현을 위해 하느님께 자비와 은총, 축복을 간청합니다. 박순경 교수님, 영복을 누리소서. 아멘.

"시간은 사랑이다"

황현숙[*]

『삼위일체 하나님과 시간』

누구에게나 같은 양으로 주어져 있지도 않지만 누구에게나 같은 의미도 아닌, 그러나 모두에게 개별단위로서의 물량은 동일하게 24시간으로 주어져 있는 시간은 영원이라는 하나님의 존재와 깊이 결부되어있다. 같은 양이지만 같은 양으로 느낄 수 없는, 그래서 시간은 일차적으로 물리적, 과학적 차원이기도 하지만 객관적 증명이 어려운 심리적, 주관적 차원이기도 하다.

인간의 유한성은 모든 학문의 주제가 될 수 있고 유한한 인간에 관한 학문은 '시간'이라는 주제를 다루지 않을 수 없다. 그런 의미에서 모든 학문의 가장 핵심이 되는 주제가 '시간'이다. 신학자들에게는 '하나님의 시간'이라는 주제가 구원의 최종 의미이기도 하기 때문에 창조와 종말이라는 시간의 의미는 언제나 신학의 중심에 서 있다.

---

* 협성대학교 명예교수

선생님께서는 시간에 관한 문제를 오랫동안 고심하시고 연구하시다가 구약성서 전반에 관해서『삼위일체 하나님과 시간』이라는 제목의 책을 출간하셨다(2014년). 선생님께서는 이 책 '서언'에서 "나는 꽤 오래전부터 '삼위일체 하나님과 시간'이라는 대주제 아래서 구약과 신약에서의 시간·역사 개념을 규명하려는 계획을 세웠다. 이 주제 규명은 예수 그리스도의 사건에 기초해서 우리의 논의가 전개되어야 하는데, 구약 창세기의 창조 이야기들에 대한 고찰에서 시작할 수 밖에 없다"(4)[1]라고 하셨다.

"하나님의 자체 내적 시·공의 관계 질서는 영원하나, 피조물과 역사에 주어지는 시공은 한정적이고 유한하다. 삼위일체 하나님에 의한 시·공의 유한성과 한정성 없이는 미래에로 변혁하고 진보할 수 있는 계기는 발생하지 않으며, 따라서 시·공이 주어지지 않는다면 역사적 삶과 존재란 없다"(10). 이어서 선생님께서는 "인간의 역사적인 삶의 한정성(finitude)이란 부정성으로 보이지만, 그 한정성이 그가 바로 하나님과 피조물 세계와의 관계 질서들에서 주어지는바, 인간의 자유의지가 촉발되고 제약된다는 데서 어떤 제한된, 구체화된 결단과 행위가 일어나게 되는데, 제약조건들을 넘어서거나 파괴해 버리고 자신의 자유의지를 절대화시키고 제 욕심대로 행위함으로써 주어진 관계 질서들을 파괴해 버린다"(10)라고 말씀하신다. 따라서 인간은 스스로의 자유를 절대화시킴으로 하나님과의 관계를 파괴함으로 인해 이 한정성의 부정성이 드러나게 한다고 말씀하신다.

선생님께서는 이 책을『제I편 구약편』이라고 이름 지으셨지만, 구

---

[1] 모든 인용은『삼위일체 하나님과 시간. 제I권 구약 편』의 인용이며 숫자는 페이지를 나타낸다. 이하의 모든 인용은 각주 표시 없이 인용부호와 숫자 표기로 대신한다.

약성서에만 국한되지 않고 삼위일체 하나님과 시간이라는 주제로 이미 신약성서의 시간 이해, 즉 예수 그리스도를 통한 하나님의 구원의 시간을 충분하게 보여주고 계신다. 그것은 바로 선생님 스스로 "신약성서에 근거하여 예수 그리스도의 시간을 고찰하기 이전에 시간의 삼위일체론적 근거를 명시할 수 없다"(47)고 말씀하셨기 때문이다. 그런 의미에서 시간에 관한 선생님의 연구가 우선적으로 구약성서를 중심으로 설명하셨지만, 구약성서 자체가 신약성서의 그리스도의 구원 사건과 결부되어 있기 때문에 이미 시간에 관한 이 책은 완벽한 구약성서와 신약성서의 시간 이해라고 할 수 있다.

이 책의 소중함에 대해서는 말로 표현하기가 부족하고 구약성서 전반에 걸친 하나님의 시간과 인간의 시간에 대한 선생님의 연구는 우리들로 하여금 구약성서의 시간의 세계뿐 아니라 성서 전반에 대한 창조와 구원 그리고 은혜의 의미를 새롭게 인식하게 하는 계기를 마련해 준다.

창조하는 시간

선생님께서는 창조에 대해 말씀하시며 시간의 지속성을 강조하신다. "시간의 신비로운 지속성은 이러한 창조자 하나님의 영으로부터 오는 시간성이다"(25). "창조 설화들의 서술 양식은 우주 발생과 운동에 대한 물리학적 설명 양식이나 생물학적 진화에 대한 설명 양식과 다르다"(71). 선생님께서는 천체물리학과 진화론, 물리학 등 모든 학문을 망라하여 그 과학적 실체를 파헤치시고, 과학이 말하지 못하는 그 너머의 세계를 말씀하신다. 선생님의 시간 이해는 분량과 내용 면에서 굉장한 집중과 정독을 요구한다. 선생님의 학문에 대한 투자와 열정 그리고 진지성과 정직성은 페이지 곳곳마다 숨어 있는 보석으로 드러난다.

선생님께서는 "인간 생명의 시간성은 하나님의 영 안에서 시작하므로 이 영의 선시간성을 전제하고, 이 선시간성에서부터 주어지는 현재라는 순간에서 다른 순간에로의 지속성을 가진다"(34)라고 하시며 먼저 "인간의 시간은 하나님의 영원성에서부터 주어지는 것이다. 그러나 인간의 타락에 의해서 그의 시간은 창조자 하나님의 말씀과 영의 영원에서부터 분리되고, 그는 죽음과 시간 상실의 문제를 초래한다"(86-87)고 진단하셨다. 선생님께서는 "창세기 1장 설화에서의 6일, 창조의 6일이 피조물의 생명과 존재의 모든 시간을 정초하고 열어주는 태초의 신적인 원시간·원공간이듯이, 2장 설화의 에덴정원도 피조물의 모든 시간의 신적인 원시간·원공간(Urzeit-Urraum)"(88)이라고 말씀하셨다. 그래서 에덴정원에서 인간이 타락한 것은 창조자이신 하나님과의 관계를 파괴한 사건이며 이 관계의 파괴는 인간의 죽음과 상실로 이끌었다고 말씀하신다.

선생님께서는 창조와 하나님의 초월성을 다음과 같이 구별하신다. "창세기 1장의 6일 창조는 피조물의 존속의 시간을 한정하는 표식, 즉 유한성의 표식, 창조자 하나님 자체와 피조물과의 구별을 결정하는 표식이다. 제7일에 그가 쉬시는 날은 피조물들의 날들과 구별하는 그의 날이다. 그는 스스로의 자유에 의하여 자신을 구별한다. 이 자아 구별이 바로 자신을 피조물 세계에 계시하는 바 그의 초월성이다"(684). 그런 의미에서 "따먹지 말라는 야웨 하나님의 계명은 피조물 인간으로 하여금 그를 시인하게 하는 관계 질서의 표식이며, 인간의 최초의 자유한 결단과 행위를 촉발시키는 계기이다(686)"라고 말씀하신다.

그래서 창조는 곧 하나님의 초월성과 더불어 미래와 연결되는데 "역사적 존속성은 미래로부터 현재로 도래하는 시간에 의해서 가능하며 미래시간은 모든 과거에서부터 저절로 주어지는 것이 아니다. 과거는 이미 시간이 아니다. 미래가 현재로 도래하기 때문에 과거의 시간성을 가지는 역사가 있다고 기억되고, 기록되고, 미래에도 존속한다고 생각될 수 있다. 태초의 원시간과 미래의 종말시간, 즉 창조자·구원자 하나님의 시간은 늘 동시성을 가지는 현재의 시간이다"(697). 여기에서 선생님께서 말씀하시고자 하는 내용의 중심이 드러나는데 "그 시간들과 공간들의 현상들이 영원한 창조자·구원자 하나님 자신의 무한시간·무한공간에서부터 발원하기 때문이다"(706). 선생님께서는 과거의 시간과 미래의 시간이 현재에서 만나며 그 현재의 시간은 하나님의 은혜의 시간이며 그 결과 인간의 시간은 하나님의 은혜 안에 있는 시간임을 명백히 밝혀주고 계신다.

그러나 인간은 이 하나님의 은혜를 상실할 가능성이 있고 그 가능성에 대해서 다음과 같이 말씀하신다. "창세기 1장 설화에서의 6일 창조가 제7일의 창조자 하나님 자신의 날에 의해서 한정되고 존속된다. 제7일은 6일 창조와 인간들의 한정된 시간의 시작이며 끝이다"(707). 그렇기 때문에 "우리의 유한한 시간성이 역사의 범죄와 결부되어 문제화된다. 범죄에 의해서 시간성은 하나님의 종말적 심판 아래서 영영 상실되어 버릴 수 있다. 시간 상실은 삶과 역사의 공간 상실이며, 창조자·구원자 하나님과의 의롭고 자유한 관계질서에서부터의, 그의 시간·공간에서부터의 단절에 이르게 될 수 있다"(709).

그런 의미에서 "모든 날들이 창조자·구원자 하나님의 날이지만, 모든 날들과 구별되는 그의 날은 그를 모든 피조물들과 구별하는 그의 초월성과 모든 피조물과 역사의 주재권을 계시하는 날이다"(707). 여기에서 선생님께서는 안식일을 구별의 날, 창조자와 피조물을 구별하며 피조물들의 한계를 설정하고 자신의 초월성을 드러내는 날이라고 설명하신다.

더 나아가서 무로부터의 창조는 그런 의미에서 시간성의 유한함을 의미하지만 동시에 유한한 인간의 무성은 무한한 하나님의 시간 속에서 의미와 가치를 찾아야 한다고 말씀하신다. 시간은 아무것도 아닌 것을 아무것도 아닌 것이 아닌 것으로 만들어 주신 하나님의 절대 사랑의 결과이며 그 사랑으로부터 벗어나지 않는 것이 바로 부활이다. 그런 의미에서 인간의 6일이 제7일 하나님의 안식일과 연결되면서 부활의 의미가 해석된다.

구원하는 시간

"제7일이 거룩하다는 것은 그날이 하나님의 날이라는 것을 의미하며, 피조물의 6일을 한정할 뿐만 아니라 이 6일이 그로부터 주어진다는 것을 의미한다"(57). 그런 의미에서 선생님께서는 하나님의 제7일은 하나님께서 피조물과 자신을 구별(표식)하는 날이며 "그 휴식의 날이 인간에게 주어진다는 것은 하나님의 사랑이라는 것이다"(57). 그래서 선생님께서는 제7일은 구원의 날, 해방의 날이 되며 제7일은 6일이라는 피조물의 시간과 역사의 목표가 된다고 말씀하신다. 이처럼 선생님께서는 창조와 구원을 동시적으로 이해하시며 그 동시성은 하나님의 창조와 구원의 동시성을 말하며 역사의 시작과 끝, 창조의 목적과 구원의 목적을 동시에 하나로 잇는 시간의 완성을 말씀하고 계신다.

"하나님의 미래시간이 인간의 생명·존재·역사사회에 끊임없이 주어지기 때문에, 인간은 죽음의 과거의 공허로부터 새생명·새역사·새사회에로 존속하고 새나라에로 죄악의 세계를 변혁해 나가는 시도를 감행할 수 있다. 이스라엘의 구원사는 세계사의 그러한 역사적 과정의 한 패러다임으로서 한 특수한 보편성을 가진다"(92).

그렇기 때문에 선생님께서는 "시간이 창조시에 신적으로 한정하고, 구원사적으로 시간의 목표(telos)와 의미가 부여되어 신적으로 한정한다면, 시간은 신적인 영원성에로 열려지게 된다"(227~228)라고 말씀하신다. 이어서 선생님께서는 인간에게 주어져 있는 삶이라는 "시간 여정은 한정된 시간 안에서도 자유하고 의로운 영원자를 찾아가는, 그에 상응하는 자유하고 의로운 인간성의 성취, 범죄와 죄악을 극복하고 그의 나라에로 행진하는 순례의 길이다"(228)라고 말씀하신다.

"시간은 그의 자유에 맡겨져 있다. 시간은 그가 자유하고 의롭고 은혜로운 하나님을 승인하는가, 부정하는가 이에 따라서 사회적 관계에서 타자의 자유와 권리를 시인하는가, 박탈해 버리는가 하는 자유한 결단의 계기를 열어주는 공간이다. 윤리적 시간·관계 질서는 사람이 자신의 역사 사회적 관계에서의 삶과 존재임을 인식하게 하는 공간을 열어주며, 시간은 역사사회에서 일어났고 또 일어나는 불의한, 타자의 자유와 인권과 생존권을 박탈하는 불의한 구조를 미래의 의로운 나라에로 변혁할 수 있는 공간을 열어주는 은혜로운 계기이다"(229). 이처럼 선생님은 하나님께서는 시간을 통해서 하나님의 의로운 나라, 즉 하나님 나라를 구현할 수 있는 가능성을 하나님 스스로 열어주셨다고 말씀하신다.

이러한 시간은 동시적으로 현재하는데, 바로 과거와 미래를 구분하지 않고 지나간 사실들은 현재에 지속되며 그 자체로 현실이 되어 있고, 민족의 삶은 과거로 끝나지 않고 그대로 이어져 현재 속에 동속한다. 과거의 하나님이 현재의 하나님이라면 함께하셨던 그 과거도 현재에 함께하시는 것이다. 마찬가지로 미래의 하나님이 현재의 하나님이라면 현재하신 그 하나님께서 미래에도 현재하신다. 선생님께서는 이러한 의미에서 시간은 하나님의 선물이며 구원으로서의 그리스도 사건과 결부되는, 구원이 일어나는 공간으로 설명하시며 공간은 시간의 활동 영역으로서 구체적 삶의 현실이 실현되는 곳이라고 말씀하셨다.

자유하는 시간

과거를 현재화할 수 있는 민족의 능력은 미래 또한 현재로 만들 수 있다. 초막절 행사는 매년 되풀이되지만, 그것은 과거에 대한 회상이 아니라 현재 일어나는 새로운 사건이었으며 율법을 듣는 자들은 그 자리에서 처음 듣는 것처럼 현재 일어나는 사건으로 경험한다. 신명기 5장 2~3절 "우리 하나님 여호와께서 호렙산에서 우리와 언약을 세우셨나니 이 언약은 여호와께서 우리 조상들과 세우신 것이 아니요 오늘 여기 살아 있는 우리 곧 우리와 세우신 것이라." 이스라엘은 그들의 과거를 언제나 자신들의 현재와 결부시킴과 동시에 현재하는 사건으로 이해했고 조상들의 일을 마치 자신들이 호렙산에 올라가 있듯이 선조들과 동일시했다.

선생님께서는 과거와 미래를 현재로 경험할 수 있는 이 특수한 히브리인들의 능력을 보시고, 창조와 구원의 하나님의 역사에서 하나님의 구원 계획은 하나님 스스로 자신의 목표를 달성하기 위해 세우신 은혜로운 미래적 간섭이라고 말씀하신다. "타락한 인간 존재·역사·사회에 미래로부터 도래하는 구원의 시간은 창조 때에 모든 피조물에게 주어진 창조의 시간과 동일한 신적 시간이다. 미래로부터 도래하는 구원의 시간은 인간 생명을 미래로 존속하게 하고, 역사와 사회의 현재의 불의를 심판하여 과거로, 무로 소멸하게 하지 않고, 의로운 관계 질서의 미래적 성취로 역사사회를 이끌어 가게 하는 신적 지혜의 척도로서의 시간의 원천이다. 그것은 신적인 영원한 현재(eternal presence)이면서 피조물의 시간의 처음이며 종말 시간이다. 이브와 아담에게 내려진 신적 심판(창세기 3장)은 인간 생명을 죽음으로, 인간의 시간성을 무로 돌리는 신적 부정을 넘어서서 인간 생명과 존재를 새 미래로 존속하게 하는 구원의 약속과 희망에로 세운다"(107-108).

은혜의 시간

710페이지에 달하는 이 책은 정독하지 않으면 쉽게 이해할 수 없다. 이 책에는 선생님의 학문에 대한 지독한 몰두와 민족의 앞날을 위한 밤을 새운 고통의 흔적이 고스란히 배어 있다. 이렇게 귀한 보물을 제자들에게 아낌없이 안겨주시며 자신의 저작의 고통을 기쁨으로 승화시키신 선생님께 감히 감사하다는 말씀조차 올리기가 부족하다.

시간이라는 주제를 통해 민족의 과거와 현재를 동시성 안에 묶은 후 하나님의 미래를 향해 열어주신 선생님의 혜안에 감탄한다. 그뿐 아니라 시대의 아픔을 몸소 지시고 고민하시며 해결하려 하신 그 숭고한 정성을 잊지 않고 기억하고자 한다. 선생님께서는 언제나 삶과 신학 그리고 신앙이 분리되지 않도록 하라는 말씀을 하셨다. 그렇게 말씀하

시고 가르쳐주신 그대로 선생님께서는 자신의 신학을 실제의 삶에서 분리하지 않으시고 살아내셨다. 선생님께서는 "미래시간은 역사사회의 주체 인간에 의해서 자동적으로 주어지는 것이 아니라 그리스도의 부활의 영, 영원한 하나님의 영으로부터 오는 시간이다. 미래의 새 시간이 주어진다는 것은 역사사회로 하여금 변혁과 혁명에로 열어주는 기회가 허락된다는 것을 의미한다"(43-44)고 선언하시며 민족이 가야할 방향을 제시해주셨고 민족의 미래뿐 아니라 세계 평화와 우주의 창조 회복을 통해 하나님께서 주시는 새 시간의 미래를 맞이할 것을 가르쳐 주셨다.

선생님께서는 평생을 통해 자신이 세운 신학의 방향을 향해 우뚝 서신 모습을 우리들에게 보여주셨다. 삶과 신학을 분리시키지 않고 앞서가시며 보여주신 삶에 대한 진지한 성찰과 정직함은 우둔한 제자에게조차 밝은 길잡이가 된다. 그런 의미에서 과거와 미래를 현재에 살아내신 선생님은 이미 살아계실 때도 하나님의 크신 은혜 안에서 부활을 사셨고, 지금도 하나님의 놀라운 능력 안에서 동시성의 부활을 체험하셨다.

선생님 스스로 쓰신 말씀처럼 "왔다가 가차 없이 사라지는 시간이란 슬프지만 의롭고 은혜롭다. 은혜로운 죽음은 살아있는 자들과 더불어 하나님의 미래 구원과 그의 영원한 나라에로의 부활의 희망 안에서 여전히 시간성 안에 있다"(709). 이제 우리의 과제는 시간과 공간에서 자유하신 선생님께서 남겨주신 이 보물단지를 부족한 머리를 쥐어뜯으며 이해하고 선생님께서 누리신 그 학문적 의미와 가치의 깊이에 조금이라고 가까이 가는 길이다.

선생님께!

이생에서 이토록 많은 가르침을 주셨으니 이후 생에서도 또다시 선생님의 제자로서 배우기를 원합니다. 선생님과 함께한 모든 시간들, 또 그 가르침을 실천에 옮겨야 하는 남은 시간 동안 이 보물단지를 안고 살아가겠습니다. 시간은 하나님의 사랑을 체험하고 그 체험한 사랑을 역사 속에서 실천해야 하는 것임을 깨닫게 해 주신 선생님! 받은 사랑에 겨워 사랑하지 않을 수 없는 존재로 거듭나겠습니다.

사랑은 받아본 자만이 할 수 있고 받은 자는 사랑할 수밖에 없으며 시간은 그 사랑을 하라고 주신 하나님의 선물임을 깨닫게 하셨으니 '시간은 하나님의 사랑'이라는 그 귀한 가르침을 영원히 간직하겠습니다.

원초 박순경을 추모하며*

김상근**

아, 가셨구나! 아픈 생 마감하고 아프게 가셨구나!

선생님의 98년 일생은 예쁜 외모 같지 않았습니다. 남북분단은 선생님의 가슴에 영원한 아픔을 주었습니다. 방금 피어날 듯했던 꿈, 그러나 그것은 70년이 지나도 피어나지 못하였습니다. 이룰 수 없었던 꿈, 그 꿈을 가슴에 안으신 체 이 분단의 땅에서의 삶을 마감하시고 말았습니다. 어찌 한이 되지 않았겠습니까.

저는 선생님과 호주교회 교인들에게 저 먼 한국의 아픈 현실을 알리고 지원을 요청하는 강연 여행을 했습니다. 호주사람들에게 한국은 6.25한국전쟁 때 참전했던 멀고 작은 나라였습니다. 저는 박정희 독재를 이은 전두환 독재의 실상을 폭로했습니다. 민주주의를 살고 있는 호주 여러분이 우리를 도와달라고 호소했습니다. 선생님은 우리가 분단 당하게 된 내막을 까발리셨습니다. 한국전쟁에 깔려 있는 강대국들의 패권욕을 질타하셨습니다. 미국과 하나인 유엔과 호주의 잘못을 지

---

* 2020.10.25. 추모의 밤 순서지에서 발췌함.
** KBS 이사장, 기장 목사

적하셨습니다.

　저는 선생님의 강연에 깜짝 놀라지 않을 수 없었습니다. 저는 당시 많은 지식인들이 그랬던 것처럼 우리의 분단 진실을 알고자 헤매고 있었습니다. 군 작전권을 쥐고 있는 미군을 의심하기 시작하던 터였습니다. 선생님은 호주인들에게 강연하셨지만 제 눈을 뜨게 했습니다. 충격을 받지 않을 수 없었습니다. 저는 우리의 분단 현실을 한국 교인들에게 알리고, 미국 잠에서 깨어나게 하는 일을 했습니다. 한국기독교장로회 기장이 80년대 민주화운동과 통일운동에 한발 앞서갔던 것이 사실이라면 그것은 선생님 덕이었습니다. 선생님의 가르침이 저를 깨웠고, 기장이 민주화운동과 통일운동에 한발 먼저 나가게 했습니다. 선생님, 고맙습니다.

　보름 동안의 강연 여행에서 선생님의 가슴속 이야기도 들었습니다. 선생님은 개인적으로도 분단의 아픔을 오롯이 안고 사셨습니다. 그 아픔을 민족의 화해로 승화시켜 평생을 통일운동에 매진하셨습니다. 선생님의 통일운동은 이 시대 지성인으로서 마땅히 해야 하는 일을 하셨던 것만은 아니었습니다. 내면 깊이에 있는 당신의 아픔을 모든 시대인의 아픔으로 받으셨던 것을 저는 압니다.

　아름다운 아픔입니다. 노후를 아프게 보내시는 모습을 보면서 저는 생각하곤 했습니다. 아름다운 그러나 아픈 노후이시구나!

　선생님, 이제 주님의 품에서 안식하시게 되었습니다. 평생에 못 이룬 꿈, 주님 안에서 이루시게 되었습니다. 남기고 가신 미완의 꿈, 후학들이 이룰 것입니다. 믿음직한 후학들이 여기! 이렇게! 당당히! 있지 않습니까. 저들이 선생님을 이어갈 것입니다.

선생님, 편히 안식하십시오.

오늘 현실을 감히 함께 살았던 김상근이 아름답고 아픈 선생님을 그리며 추도사를 드립니다.

호주에서 원초와 함께

제14회 늦봄 통일상 수상식에서 원초와 함께

추모사*

이규재**

원초(源草) 박순경 선생의 영전에 드립니다.

통일신학자로서 한 생을 학자와 통일운동가로 헌신하신 박순경 선생께서 별세하였다는 비보를 접하고 커다란 슬픔과 안타까운 마음을 감출 수가 없습니다. 먼저, 고인의 유가족들과 김애영 교수를 비롯한 제자들에게 심심한 애도의 뜻을 표합니다.

박순경 선생께서는 민족자주와 조국 통일을 위해 한 생을 바쳐온 열렬한 여성 통일운동가였습니다. 민족사랑 조국 사랑을 실천으로 보여주신 통일운동의 큰 어른이자 스승이셨습니다.

선생은 학계와 여성계를 대표하여 범 민족대회 남북실무회담 대표와 범 민족대회 대표단, 범민련 남측본부 결성 준비위원회 부위원장을 맡으며 분단 이후 최초의 남북해외 3자연대조직인 조국통일범민족연합 결성에 앞장서셨습니다.

이후에도 민족회의 상임공동의장, 통일연대 명예대표, 범민련 남측본부 명예의장, 6.15남측위원회 상임고문 등을 두루 역임하며 민족의

---

* 2020.10.25. 추모의 밤 순서지에서 발췌함.
** 조국통일범민족연합 남측본부 의장

자주와 대단결을 위해 앞장서 오셨습니다. 과정에서 국가보안법으로 구속되는 등 수난을 겪기도 하셨습니다.

선생은 비록 우리 곁을 떠나셨지만, 통일신학을 개척해온 선구자로서 통일운동의 큰 스승으로서 그가 남긴 고결한 생과 애국의 넋은 우리 모두의 가슴 속에 영원히 살아있을 것입니다.

선생께서 그토록 꿈꿔오던 민중해방과 여성해방, 민족 해방과 조국통일의 그날은 반드시 오고야 말 것입니다. 이제 남은 우리에게 다 맡기시고 부디 마음 편히 하나 된 조국 땅, 통일된 세상에서 영면하소서.

다시 한번 유가족들과 김애영 교수에게 깊은 위로의 마음을 전합니다.

추모사 낭독하는 필자(2020. 10.25. 추모의 밤)

추모사*

이창복**

박순경 선생님!

지난여름 직접 찾아뵈었던 기억이 아직도 선명합니다. 숙환 중이셨지만 자신보다 조국의 미래를 걱정하시며, 겨레의 통일을 위해 나아갈 방향을 뚜렷이 말씀하셨던 선생님의 목소리가 아직도 귓가에 들리는데 어찌 그리 먼저 가셨습니까.

먼저 선생님의 제자이자 평생 동지로 가장 큰 슬픔 속에 있을 김애영 교수와 유가족께 삼가 위로의 말씀을 드립니다.

또한 고인이 아끼고 사랑하신 제자들과 벗들, 동지들과도 이 아픔을 함께 나누고자 합니다.

선생께서는 일생을 민중해방과 여성해방 그리고 조국통일을 위해 기도를 멈추지 않으셨고, 꾸준한 가르침을 주셨습니다. 신학자이자 개척자로, 이론가이자 운동가로, 스승이자 동지로 뜨거운 삶을 사셨습니다.

돌아가시는 날까지도 손글씨로 본인의 뜻을 전하셨다는 말씀을 전해 듣고 숙연한 마음을 누를 길이 없었습니다.

---

* 2020.10.25. 추모의 밤 순서지에서 발췌함.
** 6.15공동선언실천 남측위원회 상임대표의장

박순경 선생님!

"전민련, 범민련, 민족회의, 통일연대, 진보연대, 진보당, 6.15남측위원회, 6.15학술본부…"

선생님께서 함께 가꾸어 주시고, 깊은 가르침을 주신 곳들입니다.

지금 이 순간에도 선생님의 제자이자 동지로서 이 땅 가장 낮은 곳을 찾아 자신의 삶을 바치고 있으며, 겨레의 혈맥을 다시 잇기 위한 길을 우직하게 걷고 있습니다.

그 발걸음 하나하나에 선생님의 숨결이 담겨있다고 굳게 믿습니다.

박순경 선생님!

많은 어려움과 부침 속에서도 겨레는 자주의 시대, 통일의 시대로 묵묵히 전진하고 있습니다. 마침내 분단의 장벽을 무너뜨리고 민중이 해방된 세상을 반드시 만들겠습니다. 선생님의 가르침을 가슴에 새기고, 선생님과의 약속을 지키겠습니다. 이제 남은 몫은 우리에게 남겨놓고 부디 영면하소서. 삼가 고인의 명복을 빕니다.

원초의 자택에서 함께

2부

원초 박순경 교수의
삶과 신학

행동하는 양심, 원초 박순경의 신학*

김애영
(한신대학교 명예교수)

1. 시작하는 말

2020년 10월 24일 하나님 안에서의 영원한 안식에 든 스승 원초 박순경 교수의 신학에 대한 원고 청탁을「기독교 사상」측으로부터 받았을 때 너무나 경황이 없었지만 나는 이를 거절할 수 없었다.[1] 1980년대 후반부터 시작된 통일운동과 '제2차 조국의 평화통일과 선교에 관한 기독자 도쿄회의'(1991)에서의 강연이 문제가 되어 원초가 1991년 여름에 구속되자 나는 곧 석방 운동을 전개하기 시작하였다. 원초를 구속한 노태우 정권은 국내뿐 아니라 해외로부터 거센 항의와 석방 운동에

---

* 이 글은「기독교사상」2021년 2월호에 실린 동일한 글(129-142쪽)이 원고 매수 제한으로 인하여 모든 각주들을 제외하고 항목도 줄여야 했기 때문에 미흡하여 이를 보완하여 다시 작성하였다.

1 박 교수의 호 원초에서 원(原)은 평양 조씨 어머님의 성함 조원(趙原)에서 따왔으며, 초(草)는 이사야서 40:6의 "모든 육체는 풀이요"라는 말씀에서부터 따온 것으로, 본디 풀, 원초이다.

놀라 이례적으로 거의 매주 재판을 열어 1991년 초겨울 원초를 석방하였다. 가족이 없는 원초의 석방 운동을 위해 스승의 집으로 들어가게 된 나는 원초께서 세상과 작별하는 마지막 순간까지 함께 살아왔다. 원초를 여읜 슬픔에 잠길 틈도 없이 나는「기독교사상」에 보낼 원고에 매달려야 했다.

원초는 2020년 2월 중순부터 몇 차례 집에서 뒤로 넘어지기 시작하였으나 어느 정도 회복되어 가는 듯 보였다. 결정적으로 7월 9일 심하게 쓰러진 원초는 14일에 걸친 입원 치료를 받고 퇴원하여 자택에서 투병 생활을 하였다. 입원 중에 원초는 가끔 섬망 증세를 보였는데, 그럴 때면 병실의 노인 환자들과 간병인들을 상대로 사도 바울의 말씀을 열렬하게 선포하거나, 면회하러 간 나에게 국가 안보가 위태로우니 통일 문제를 해결해야 한다고 하면서 국회와 청와대에 가서 당신의 뜻을 전하고 일을 진척시키라고 늘 재촉하였다. 퇴원하여 집에서 투병 생활 기간에는 매우 의식이 또렷해진 원초에게 기분이 어떠시냐고 물으면 지금까지 행복했고 모든 일에 감사하다는 답변을 하였다. 코로나19 사태 때문에 간병인이나 그 누구의 도움을 받을 수 없는 상황에 처해 있었는데, 늘 내가 당신 곁을 지켜주길 원했다. 내가 집안일 때문에 잠시 거실이나 부엌에서 지체할 경우, 원초는 침상에서 큰 소리로 "하나님! 사회개혁과 민족통일을 위해 헌신하는 교회로 거듭나게 도우소서!", "하나님! 코로나 사태로부터 인류를 구하소서!", "어머니, 아버지! 저의 불효를 용서하소서! 하나님 저를 용서하소서!"라는 간절한 기도를 올리곤 하였다. 마지막이 다가올 즈음 원초는 반복하여 "모든 일에 제가 잘못했습니다", "고맙습니다"라는 말을 하였는데 점차 음성을 내지 못하게 되었으니 저 말들이 원초의 마지막 말이 되고 말았다. 710 페이지에 달하는『삼위일체 하나님과 시간 제I권 구약편』2을 출판한 후, 원초는 백 세를 바라보는 망백(望百)의 몸으로 혼신을 다해 제II권 신약편의 저술 작업에 매달려왔으나 애석하게도 마무리를 짓지 못하고 하늘의 별이 되었다. 운명하기 얼마 전에 나는 원초에게 마무리를 하려면 얼마나 더 써야 하는지를 물었더니 결론 부분까지 일단 썼으나 결론 부분을 재정리하지 못하였음을 애석해하며 자리를 털고 일어나 마지막 출판작업을 완수하겠다는 의지를 보였다. 이제 나는 슬픔을 딛고 스승의 이 저술 작업의 출판 여부를 결정해야 하는 과제를 수행할 예정이다.

원초의 서거 이후 많은 일을 겪은 나는 어느 날 원초가 혼신의 힘으로 오랫동안 집필해온 『삼위일체 하나님과 시간 제II권 신약편』의 원고를 정리하여 출판 문제를 검토하게 되었다. 출판된 제I권 구약편은 원초가 볼펜으로 쓴 어마어마한 분량의 노트들, 이면지에 쓴 원고, 아르바이트생을 동원하여 컴퓨터 작업하여 출력한 원고들, 수차례에 걸친 원초 자신이 식접 교정한 원고, 출판사가 작업한 원고의 교정본들 모두 잘 보관되어 있다. 나는 제II권의 출판을 그리 어렵게 생각하지 않았으나 웬일인지 제II권을 위한 노트들이 전혀 없었을 뿐 아니라 컴퓨터 작업으로 출력해 놓은 원고에는 아무런 각주가 없이 서술된 것을 발견하였다. 이미 돌아가신 분에게 그 이유를 물을 수 없으니 투병 중이었을 때 원고에 대한 대화를 나누지 못한 것이 너무도 안타까워 어느 때는 원초의 사진을 보며 왜 그렇게 쓰셨느냐고, 어디에 노트와 초고를 두셨는지를 수차례 물어보곤 하면서 원초의 꿈을 꾼 날에는 원고에 관해 질문하지 못한 것을 늘 후회한다. 투병 중에도 원초는 반드시 병을 털고 일어나

---

2 박순경, 『삼위일체 하나님과 시간 제I권 구약편』 (서울: 신앙과 지성, 2014).

병상 건너편 당신의 서재에서 글의 마무리를 하여 출판을 해놓고 세상 하직을 할 기회를 달라고 애타게 기도했던 모습이 지금도 눈에 선하다. 나는 어떤 형식으로라도 책을 출판하여 원초의 묘소에 가지고 가서 전해드릴 생각이다.

2. 조직신학자 · 에큐메니칼 신학자 · 통일신학자 · 여성신학자 · 하나님의 혁명의 열망자, 원초의 신학

1) 칼 바르트 전공자로서의 조직신학자 원초

여의사, 여류 소설가, 여성 정치인이라고 호칭하듯이 그렇게 우리가 원초를 여성 신학자라고 칭할 경우 우리는 소위 페미니즘의 제2의 물결로부터 시작된 바, 여성신학을 전공한 페미니스트 신학자(feminist theologian)로만 간주하는 오류를 범할 수 있다. 그 무엇보다도 원초는 20세기의 가장 탁월한 신학자로 일컬어지는 칼 바르트 신학을 전공한 한국의 대표적인 조직신학자라는 사실을 분명히 할 필요가 있다.

감신대(1948년 졸업)와 서울대 철학과(1951년 졸업)를 거쳐 미국 에모리 대학(B.A)과 드류 대학(Ph.D)에서 조직신학을 전공한 원초는 바르트 신학에 있어서의 인간의 역사성과 시간성에 관한 학위논문, "Man in Karl Barth's Doctrine of Election"으로 박사학위를 취득(1966)하고 귀국하여, 1966~1988까지 이대 기독교학과에서 조직신학 · 역사신학 교수를 역임하였으며, 정년 퇴임 후에는 목원대 대학원 초빙교수(1988~1991)로서 조직신학을 담당하였다. 원초는 '조직신학을 전공한 한국 최초의 여성 박사'(권형택),[3] '국내 첫 여성 조직신학 박사'(서광선)[4]이다.

원초는 감신대 신학도 시절의 삼총사인 허혁·이영빈과 함께 지동식 박사를 통하여 바르트를 비롯한 서구 신학자들을 접하게 되었으며, 이 친구들과 함께 바르트의 독일어판, *Evangelium und Gesetz*를 『복음과 율법』으로 1950년 4월에 번역·출판하였다.[5] 6.25 전쟁이 발발하자 원초는 전쟁 초기에 피란도 가지 않고 서울 한복판에 홀로 남아 바르트의 초기 저작인 『죽은 자의 부활』(*Die Auferstehung der Toten*)을 번역하며 지냈다고 한다. 신태양사에서 1975년에 출판된 세계기독교사상 전집 7권에는 바르트의 논문 3편을 묶어 출판된 *The Humanity of God* (하나님의 인간성)의 원초의 번역본(11~107쪽)이 실려 있다.[6] 대한기독교 출판사에서 1984년에 출판된 원초의 『하나님 나라와 민족의 미래』라는 저서는 4부로 되어있는데 제1부는 칼 바르트의 신학을 다룬 것으로서 바르트의 하나님론의 의의, 그의 신학에 대한 서언, 그의 역사 이해, 그의 하나님론 연구 I, II와 U. 단네만의 "칼 바르트와 종교 사회주의"라는 글의 번역 등으로 구성되어 있다. 바르트의 『교회 교의학』(*Die Kirchliche Dogmatik*)은 (I/1, 2~IV4) 13권으로 되어 있다. 제1권에 대한 중요한 서문에서 바르트는 두 개의 절에 걸쳐 일반적인 교의학의 과제와 특수한 교의학적 프롤레고메나(prolegomena)를 논하고 있다. 이

---

3 권형택, "민족을 위해 기도하는 96세의 통일신학자, 박순경,"「공동선」138호, 74.

4 「신학과 교회」제6호(2016년 겨울호), 9-43쪽에는 2016년 10월 28일 원초의 자택에서 원초의 오랜 기독교학과 동료 교수였던 서광선 교수와의 인터뷰로 진행된 특집 대담, 서광선, "국내 첫 여성 조직신학 박사 박순경의 신학과 인생"이 실려 있다.

5 허혁·박순경·이영빈,『복음과 율법』(서울: 금용도서주식회사, 4283).

6 박순경, "하나님의 인간성," 박순경·전경연·손규태·이상훈 역,『세계기독교사상』제7권 (서울: 신태양사, 1975)

두 개의 절은 모두 뒤이은 엄청난 부피의『교회 교의학』책들에서 지배적인 역할을 하고 있기 때문에, 바르트는 독자들에게 결코 이를 건너뛰고 읽어서는 안 된다고 권고하였다. 한국 바르트 학회가 추진한『교회 교의학』전권 번역사업에서 주도적 역할을 담당한 원초가 번역한『교회 교의학』I/1권을 대한기독교서회에서 2003년에 출판하기 시작하여 2017년에 전집 13권이 완역·출판되었다.

1966년 박사학위를 취득하고 그해 이대 기독교학과 교수로 부임한 원초는 67년에 "칼 바르트의 하나님론의 의의," 73년에, "칼 바르트의 하나님론 연구 I: 하나님 인식", 75년에 "칼 바르트의 하나님론 연구 II: 하나님 존재"를 발표한다. 그러나 당시 한국신학계와 교계의 척박한 현실은 신학도들은 물론이고 대부분의 신학자들조차 바르트의 하나님론에 관한 원초의 발표에 무관심할 정도로 한국신학계와 교계는 이러한 신학적 논의들을 수용할 만한 준비가 되어 있지 않았다는 사실에 대해 원초는 매우 답답해하였다. 1966년부터 이대 기독교학과의 조직신학 교수로 부임한 원초는 기독교학과가 농촌계몽 운동에 주도적으로 나서기를 원했던 김활란 이대 이사장의 바람을 충족시킬 수도 없었을 뿐만 아니라, 학과의 분위기는 이대에서 전개되던 체육대회, 음악경연대회, 레크레이션 등에 전념함으로써 자신이 탐구하고 갈구하는 학문의 방향과 맞지도 않았다고 훗날 토로한다.7 하나님론, 그리스도론, 성령론, 교회론, 신학적 인간학, 종말론 등의 기독교 교리는 교회가 예수 그리스도 안에서 하나님의 부르심에 응답함으로써 스스로를 설명하는 것이며, 이것은 하나님을 향한 인간의 응답이다. 기독교의 교리 혹은

---

7 민주화기념사업회 사료관, "원초 박순경 선생 생애사 구술 1차~5차," 195-200.

교의를 다루는 조직신학자 원초는 대체로 기독교인들의 삶에 있어서 이러한 기독교의 교리들을 '절망적으로 부적절한'(hopelessly irrele-vant) 것으로 간주하는 풍토에 대해서도 큰 장벽을 느꼈다고 한다.

물론 원초는 바르트 신학 이외에도 정치신학, 해방신학, 민중신학, 여성신학을 비롯하여 새롭게 등장하는 다양한 신학적 주제들을 다루어왔다. 이제 우리는 바르트를 전공한 한국의 대표적인 조직신학자 원초는 어떻게 그의 신학을 전개해 왔는지, 특히 일생을 바쳐 탐구해 온 그의 조직신학적 탐구가 어떻게 그의 신학에 유기적으로 작용했는가를 핵심적으로 추적해 볼 필요가 있다.

2) 에큐메니칼 운동가로서의 신학자 원초

원초는 1951년부터 55년까지 성신여고와 정신여고에서 영어와 독일어 교사로 재직한 후 1955년 말에 미국으로 유학길에 오른다. 1958년 에모리 대학 신학부를 졸업한 후(B.D.), 원초는 박사과정에 들어가기 전, 에모리 신학부 시절의 후원자였던 맥 스톡스(Mack B. Stokes) 교수의 추천으로 1958년부터 59년까지 뉴욕의 유니언 신학교가 주최하는 교회의 에큐메니칼 연합을 위한 세계교회 지도자들과의 공동 연구 프로그램에 초청되어 에큐메니칼운동과 신학에 첫발을 내딛기에 이른다. 유니언 신학교의 에큐메니칼 프로그램에 대한 원초의 회상에 의하면, 각국에서 참가한 회원들이 주로 백인들이었으며, 일본, 대만, 인도 등지에서 온 참가자들이 있었다고 한다. 원초는 한국교회의 반공이 옳으냐, 기독교와 공산주의는 필연적으로 만나야 한다는 자신의 견해가 옳으냐 하는 문제로 고심하였다고 한다. 참가자들은 각자 자기 나라 교회 문제들에 관한 논문을 작성하게 되었을 때 원초는 한국기독교의 반공 문제를 다루었다고 한다. 당시 교수들, 특히 기독교 윤리학으로 유명한 존 C. 베넷 교수와 또 한 명의 교수는 원초의 논문에 대해 최고 점수를 부과했다는 점에서 그 교수들이 이념적으로 일그러지지 않은 측면에 대해 원초는 고마움을 피력한다.[8]

원초는 이대 교수 재직시절인 1978부터 아시아, 아프리카, 라틴 아메리카 3대륙에 속한 신학자들의 모임인 제3세계에큐메니칼 신학자협의회(EATWOT: Ecumenical Association of Third World Theologians) 한국 책임자, 신학위 위원, Concilium 신학지 자문위원, *Voice* 신학지 편집위원, EATWOT 한국위 고문으로 수십 년 동안 활약하게 된다. 한국 책임자로서 원초는 고재식, 노정선 교수를 비롯한 신학자들을 EATWOT에 합류시켰으며, 한국여신학자협의회의 자매들인 정숙자 목사와 유춘자 여신협 총무들이 EATWOT에서 활동할 수 있는 발판을 마련해 주었다. 특히 정숙자 목사는 EATWOT의 아시아 코디네이터로 5년간 활동하였으며 그 이외에 EATWOT에서 여러 직책을 수행하였다. 원초가 활동할 당시 EATWOT는 매우 역동적인 모임이었으나 점차 서구 교회로부터 지원이 감소하기 시작하고, 결정적으로 구 소련 연방의 해체와 동구권의 붕괴라는 세계적 대격변기를 맞아 제3세계라는 개념 자체가 성립되느냐 하는 문제까지 등장하면서 쇠락의 길로 접어들게 된다. 어쨌든 원초는 EATWOT에 참여하면서 제3세계가 직면한

---

8 유기성, 『내일을 여는 사람들: 유기성의 인간탐구』 (서울: 삼신각, 1996), 184; 민주화기념사업회 사료관 자료집 형태의 "원초 박순경 선생 생애사 구술 1차~5차," 124-142, 204; 서광선 교수와의 특집 대담, 서광선, "국내 첫 여성 조직신학 박사 박순경의 신학과 인생" 「신학과 교회」 제6호(2016년 겨울호), 28-38.

문제들에 대한 신학적 논의에 활발하게 참여하게 된다.9 이외에도 원초는 1980년부터 85년까지 세계교회협의회(WCC) 신앙과 직제 위원회 위원으로, 1980년부터 86년까지 아시아기독교협의회(CCA) 신학위원회 위원으로서 에큐메니칼운동과 신학에 활발하게 참여한다.

1984년 한국기독교 100주년 기념 행사들의 일환으로 이루어진 바, 한국·호주 기독교 100주년 기념 프로그램으로 기장과 예장 대표들 3명이 한 조가 된 1985년 호주 방문에서 원초는 강연을 한다.10 또한 1984년 WCC가 일본 도잔소에서 한반도의 평화통일을 위한 일련의 노력을 기울여 온 이래로, 1988년 4월 25일부터 29일에 걸쳐 인천 송도에서 개최된 "세계기독교 한반도평화를 위한 협의회" 대회를 개최하게 되었다. 이 대회가 열리기 전, 4월 24일부터 25일에 세계 17개국 여성 대표 114명은 세계기독교 한반도평화를 위한 여성협의회를 개최하였

---

9 서광선 교수와의 특집 대담, 서광선, "국내 첫 여성 조직신학 박사 박순경의 신학과 인생," 「신학과 교회」 제6호(2016년 겨울호), 35쪽에서 원초는 EATWOT에의 참여를 1981년으로 기억하고 있으나 민주화기념사업회 사료관 자료집, "원초 박순경 선생 생애사 구술 1차~5차," 204에는 1978년부터 활동한 것으로 되어 있다. 서광선, "국내 첫 여성 조직신학 박사 박순경의 신학과 인생," 「신학과 교회」 제6호(2016년 겨울호), 37쪽에 의하면, EATWOT의 분위기가 전통 그리스도론이란 민중, 억눌린 자들에 대한 고려가 없다는 이유로 그리스도론을 비판한다는 것이다. 이러한 문제들을 비롯하여 신학 방법론에 대한 원초의 견해를 위해… 참조하라. 이외에도 원초의 활동을 위하여, Park, Soon Kyung, "Theological Significance of Korea People's Unification Liberation Movements Under the York of National Division and Global Capitalization," in Chung, Sook Ja and Marlene Perera eds., *Sustaining Spiritualities with Living Faith in Asia in the Context of Globalization*, Preceedings of the Fifth Asian Theological Conference of the EATWOT, January 9-16, 2000, Lewella, Sri Lanka, 18-29. 이외에도 박순경·피블로 리햐르 외 지음, 『제3세계의 상황신학』 (서울:민중사, 1987)을 참조하라.

10 이를 위하여, Park, Soon Kyung, "Social Justice and Human Rights as the Subject Matter of Theology in Korea," *Trinity Occasional Papers*, Vol. IV, No.2, September 1985, 23-29; "Evangelism and Church Growth in Korea," *Trinity Occasional Papers*, Vol. IV, No.2, September 1985, 30-36를 참조하라.

다. 이 대회에서 원초는 "The Unification of Korea and the Task of Feminist Theology"(한국의 통일과 여성신학)이라는 강연을 담당한다.[11]

원초는 국제 에큐메니칼운동 이외에도 한국기독교교회협의회와 한국교회여성연합회의 신학위원회와 통일위원회를 비롯한 여러 위원회에서 활동한다. 원초는 특히 1984년 한국기독교 100주년을 맞이하여 한국기독교 기념사업회 여성분과위원회가 펴낸『여성! 깰찌어다, 일어날찌어다, 노래할찌어다: 한국 기독교 여성 100년사』의 편찬위원장으로 활동하게 되는데, 여성분과위원회에서 원초는 공덕귀 선생, 나선정 기장여신도회전국연합회 총무와 더불어 맹활약을 펼친다.[12] 앞으로 논할 터인데, 원초는 1980년 4월에 창립된 대표적인 에큐메니칼 신학운동 단체인 한국여신학자협의회의의 초대 회장으로서 한국여성신학의 디딤돌 역할을 수행한다.

원초의 서거 직후 2020년 11월 16일 개최된 한국기독교교회협의회(NCCK) 총회에서 다른 몇 분들과 함께 원초의 에큐메니칼운동과 신학에의 기여한 공을 기리는 시간을 마련했으며, 이에 대해 나는 원초를 대신하여 깊은 감사를 표한다.

---

11 이 강연은 당시의 자료집 형태의 보고서, The National Council of Churches in Korea Women's Committee, "Women's Forum Report International Christian Consultation on Justice and Peace in Korea(세계기독교 한반도평화를 위한 여성협의회 보고서)," 78-86에 실려 있으며, 박순경, "민족통일과 여성신학의 과제," 박순경,『통일신학의 여정』(서울: 한울사, 1992), 291-322에 우리말과 영문으로 실려있다.

12 한국기독교 100주년 기념사업회 여성분과위원회,『여성! 깰찌어다, 일어날찌어다, 노래할찌어다: 한국기독교 여성 100년사』(서울: 대한기독교출판사, 1985).

3) 한국신학으로서의 통일신학의 주창자 원초[13]

원초는 1944년경부터 일본제국주의에 의한 우리 민족의 고난과 항일운동에 대한 관심을 표명해 왔는데, 항일민족해방운동과 1945년 직후부터 전개된 민족분단 상황 때문에 민족이라는 주제가 그의 뇌리에서 사라진 적이 없었다고 한다.[14] 원초는 오랜 신학 탐구와 교수직을 수행하느라 오랫동안 보류해 왔던 민족 문제에 대한 관심을 다시금 재포착하게 된 계기로써 1972년 7.4 남북공동성명이 발표된 사건을 누누이 언급하고 있다. 민족 문제를 다루기에 앞서서 원초는 서양 신학을 점검하고 마르크스 사상을 연구하기 위해 스위스와 독일 등지에서 1974년 가을부터 1년 반에 걸친 연구년을 보내고 한국신학에로의 전환을 결단하기에 이른다. 탐구심이 남달랐던 원초는 기라성 같은 서구 철학자들과 신학자들을 접할 때면 꿈에서 그들과 대화할 정도로 몰두하였기에 한국신학으로의 전환을 위한 어떤 매듭을 짓고자 칼빈, 키에르케고르, 바르트 등의 무덤을 찾아가 이들에 대한 자신의 열정에서부터 한국신학에로의 전환을 알리는 고별인사를 한다. 이를 두고 사람들은 원초가 드디어 서구 사상가들, 특히 바르트와의 관계를 청산하였다고 간주하였다. 그러나 원초는 복잡다단한 서양 신학 전통을 일괄적으로 처리·비판하고 극복하려고 하는 시도들을 경계한다. 서양전통에서 전개된 기독교의 교의들이 실제적 세계 상황과 무관한 이원론적 요소

---

[13] 나는 이미 2019년 6월 8일 한국여성신학회가 "원초 박순경의 삶과 신학: 기독교, 민족, 통일을 말하다"라는 주제 하에서 주최한 학술 세미나에서, "원초(原草) 박순경의 통일신학"을 다루었다.

[14] 박순경, "이화여대 은퇴강연," 25; 박순경, 『한국민족과 여성신학의 과제』(서울: 대한기독교서회, 1983), 8.

들을 내포하고 있다 해도, 이런 신학 전통들에 대한 비판적 검토를 거쳐 선별적으로 원용되어야 하며, 교의들의 유의미성을 상실해서는 안 된다는 것이다. 통일을 갈구하는 우리 신학의 주제는 서양 기독교와 신학 전통을 넘어서는 새로운 사건이기 때문에 통일신학의 명제는 서구 신학 전통을 선별적으로 흡수해야 하나, 서구 전통을 넘어서는 새로운 주제라는 것이다.[15] "그들의 신학이 끝났다는 것이 아니라 한국민족에로의 나의 신학적 주제의 전환을 의미한다"[16]

"통일신학의 회고와 전망"이라는 글에서 자신이 어떻게 통일신학에 이르게 되었는가 하는 계기들을 요약적으로 밝히고 있다.[17] 1985년 "한민족의 신학"이라는 강연에서 원초는 '한민족의 신학'이라는 표현을 처음 사용한다. 이렇게 특징화함으로써 원초는 신학의 주체성의 역사적 의의를 규명하고자 한다는 것이며, 한민족이라는 말은 남북한 전 민족을 아우르는 분단 이전의 민족 전체에 근거해서 채택하였다는 것이다.[18] 원초는 1986년 이대 창립 100주년 기념 논총에 실린 "민족과 신학: 성서적 근거와 신학적 정초"라는 논문에서 한민족의 시원 문제에 대한 신학적 조명의 암시점을 얻었고 이를 민족통일의 과제에 비추어 재해석하려고 했으며[19] '통일신학'이라는 표현을 1990년 전후부터 공

---

15 민주화기념사업회 사료관 자료집, "원초 박순경 선생 생애사 구술 1차~5차," 174-184, 199-204, 246-248; 박순경, "민족신학·통일신학·여성신학의 총괄적 재론," 박순경, 『통일신학의 미래』 14; 박순경, "나의 신학 수업,"『하나님 나라와 민족의 미래』, 22-23; 박순경, "이화여대 은퇴 강연,"『통일신학의 고통과 승리』, 21-24; 박순경, 『한국민족과 여성신학의 과제』, 8-14.

16 박순경, "나의 신학 수업,"『하나님 나라와 민족의 미래』, 22.

17 박순경, "통일신학의 회고와 전망"의 첫 항이 1. 통일신학에 이르는 계기들로 되어 있다. 『과거를 되살려내는 사람들과 더불어』, 498-501.

18 박순경, "한민족의 신학."『민족통일과 기독교』, 166.

적으로 표명하기 시작한다. 『통일신학의 고통과 승리』와 『통일신학의 여정』을 1992년에, 『통일신학의 미래』를 1997년에 출판한 원초는 1975년 독일 베를린에서 행한 강연 이래 발표한 자신의 모든 글은 사실상 통일신학의 성격을 지닌다는 것이다.[20] 1975년부터 원초가 「기독교사상」 1990년 2월호에 "통일신학의 정초를 위하여"라는 글을 발표할 때까지 글들을 보자면, "신학에 있어서의 정치 · 사회적 문제와 과제" (1977), "골비처의 비판적 신학"(1977), "칼 바르트와 종교 사회주의" (1980), "해방신학"(1982), "민족의 문제와 신학의 과제 I: 근대의 사회 변혁과 민족운동"(1982), "민족과 세계의 평화" (1983) ,"기독교와 공산주의의 이론과 현실"(1983), "한국 민족과 기독교의 문제: 민족분단을 넘어서는 길"(1984), "교회 일치와 민족통일"(1985), "한민족의 신학"

19 박순경, 『통일신학의 여정』 머리말, 3-4쪽 참조.

20 박순경, "통일신학의 정초를 위하여,"『통일신학의 여정』, 87-88; 박순경, "민족신학 · 통일신학 · 여성신학의 총괄적 재론,"『통일신학의 미래』, 31; 1986년 6월 30일 창립된 '해외통일신학동지회'의 총무를 역임한 홍근수 박사가 미국에서 귀국하여 향린교회 담임목사로 취임하면서 민족통일에 관심을 지닌 목회자, 신학자들을 규합하여 1988년 12월 서울에서 남한의 '통일신학동지회'를 발족하였으며 1989년 2월 21일에 창립총회에서 남한의 '통일신학동지회'는 회장. 홍근수, 부회장 박순경, 총무 홍성현, 연구부장 이재정을 선출하였으며 문익환과 박형규 목사를 고문으로 추대했다. 홍동근, 『비엔나에서 프랑크푸르트까지』 (서울: 형상사, 1994), 111-112, 210-215 참조; 노정선은 1988년에 자신의 책『통일신학을 향하여』를 출판하였는데, '통일신학'이라는 개념이 유포되어 나갈 수 있을까를 생각하던 차에 원초의 책에서도 이 개념이 사용되었다고 한다. 그러나 이미 제시하였듯이 '해외통일신학통지회'가 1986년에 창립되었으며, 1988년에 남한의 '통일신학동지회'가 출범하였고, 노정선도 창립회원이었다는 점에서 '통일신학'이라는 용어 혹은 개념은 해외통일신학동지회가 처음 사용하였다고 봄이 옳다. 노정선, "박순경, 은퇴 후 빛나는 인간," 박순경 · 박순경 박사 팔순축하문집간행위원회, 『과거를 되살려내는 사람들과 더불어』, 130; Süd-Korea, Dokumentation (Berliner Missions-Werk, 1976)에 실린 베를린에서의 원초의 강연, "Einleitung in die Problem und Aufgaben der Theologie in Korea"을 위해서는 『하나님 나라와 민족의 미래』, 413-430을 참조하라. 박순경, 『통일신학의 고통과 승리』 (서울: 한울, 1992); 박순경, 『통일신학의 여정』 (서울: 한울, 1992).

(1985), "한국 민족과 선교의 문제"(1986), "교회 연합과 민족통일"(1986), "민족과 신학: 성서적 근거와 신학적 정초"(1986), "현대신학과 한국 기독교사상의 이데올로기 비판"(1987), "맑스주의와 칼 바르트의 신학 사상"(1988), "한민족과 신학: 한국신학의 주제와 주체"(1989) 등이 있다.

원초는 '한민족의 신학', '민족신학', '민족교회'라는 표현들을 오랫동안 망설이다가 사용하기 시작했는데, '민족'이라는 용어가 지닌 문제를 잘 알고 있다. 게다가 기독교는 통념적으로 민족주의를 초월해야 한다는 모호한 보편주의를 생각한다는 것이니, 특히 히틀러의 민족주의에 대한 공포를 회상하면서 기독교인들은 민족신학이란 '피의 신학'을 주장하는 것으로 오해하기도 한다는 점을 인식하고 있다.[21] 나는 원초의 통일신학을 다룰 때, 이미 '민족'과 '민족주의' 문제, 특히 민족과 민족주의가 언제 탄생했느냐를 둘러싸고 벌어진 국내외 연구가들의 논쟁을 제시하면서 원초의 민족과 민족주의에 대한 관심사의 타당성과 적합성을 뒷받침하였다.[22] 민족이 유구한 전통을 지닌 것이라는 '전통주의' 견해는 에릭 홉스봄과 베네딕트 앤더슨과 같은 근대주의자들, 즉 프랑스혁명과 같은 국민혁명과 자본주의의 지구적 확산의 산물이라는 '근대주의' 견해에 의해 비판되고 낡은 것으로 치부되었지만, 이들 근대주의자의 주장은 다시 격렬한 반격에 휩싸였다는 사실이다. 최근에 출판된 이스라엘의 아자 가트와 알렉산더 야콥슨의 『민족』이라는 책은

21 박순경, "민족신학·통일신학·여성신학의 총괄적 재론,"『통일신학의 미래』, 21-22.
22 한국여성신학회가 2019년 6월 8일 감신대 웨슬리 제1세미나실에서 개최한 '원초 박순경의 삶과 신학: 기독교, 민족, 통일을 말하다'라는 주제를 내걸고 행한 하계심포지엄 자료집, 김애영, "원초 박순경의 통일신학," 22-29.

근대주의 역사학자들이 주로 유럽의 근대사에 의거해서 민족개념의 형성을 옹호하는 '유럽중심주의' 오류를 지적하며, 근대주의적 민족 이해가 폭증하게 된 원인 중 하나가 20세기 파시즘과 나치즘의 창궐에 있다는 것이며, 근대주의자들이 민족이라는 쟁점을 잘못 이끌어간 '인식론적 오류'의 문제점을 지적하고 있다. 민족과 민족주의를 근대의 발명품으로 해석하는 일군의 역사학자들과는 달리, 이들은 민족이라는 단위는 개인이나 계급으로 환원할 수 없는 인간 실존의 조건에서 탄생한 것임을 강조한다. 민족주의는 민족이 피억압 상태에 처해 있을 때는 해방의 기제로 작용하나 동시에 민족주의는 공격적·배타적 표출로 세계사의 재앙이 되기도 한다는 것이므로 민족주의의 양면을 함께 볼 것을 권하고 있다.[23] 민족주의는 독(毒)이라고 주장하는 미국의 대표적인 탈민족주의자인 P. 두아라와 같은 탈민족주의자들을 무비판적으로 추종하여 민족과 민족주의가 지닌 해악적 요소에만 매몰될 경우, 우리는 탈민족, 초민족론 기획에 의한 민족과 민족주의가 지닌 저항성, 변혁 실천성을 간과하거나 거세하려는 의도에 휘말려 들 수 있다.

한국신학으로서의 통일신학의 방법론에서 원초는 서구 전통신학과의 관계를 다룬다. 자신이 키에르케고르, 바르트 등 서구 사상가들에 몰두해 있을 때조차 느낀 민족적 이질감 때문에 신학적 주제가 우리 민족에로 전환되었으며, 한국신학의 중심은 우리 민족, 특히 민족분단의 극복이어야 한다는 것과 이러한 한국신학을 다루는 주체는 서구 사상가들과 신학자들이 아닌 바로 우리 자신이 주체가 되어야 한다는 것이다. 이러한 맥락에서 원초는 통일신학의 주제와 주체 문제를 상론한

---

23 아자 가트·알렉산더 야콥슨/유나영 역, 『민족: 정치적 종족성과 민족주의, 그 오랜 역사와 깊은 뿌리』 (서울: 교유서가, 2020).

다. 자신이 신학을 공부하기 시작할 때부터 원초는 피억압 식민지 민족의 고난과 분단상황에서 기인한 우리 민족의 문제와 기독교의 관련성에 대해 고심해 왔는데, 오랜 신학 탐구와 교수직 수행에 의해 보류되어왔던 민족 문제에 몰두한 결실이 1986년에 출간된『민족통일과 기독교』이다. 이 책에서 원초는 철저한 기독교 비판에도 불구하고 우리 민족사에 대한 기독교의 의의를 모두 반민족적인 것으로 처리해서는 안 된다는 점도 분명히 한다. 즉, 원초는 반공 기독교에 대한 철저한 비판을 거쳐 분단 극복을 위한 제3의 길이라는 통일신학 방법론의 긍정적 차원을 제시한다. 기독교와 민족이라는 두 축을 중심으로 제3의 길을 모색하는 원초는 종말적인 제3의 길은 궁극적으로 화해의 길이며, 이러한 제3의 길은 남북분단을 단순히 옛 질서로의 복귀가 아니라는 것이다. 제3의 길로서의 민족통일은 우리 민족만의 삶을 위한 과제 이상이며, 이는 모든 피억압 민족·민중들을 위한 빛이 된다는 것이다. 제3의 길로서의 하나님 나라의 초월성은 우리 민족과 제3세계의 중립의 길 이상이며, 역사의 종말적 구원의 의미를 지닌다는 것이니, 원초의 통일신학 방법론은 하나님 나라에 관한 서술에서 절정을 이룬다. 하나님, 예수 그리스도, 성령 등의 기독교 신앙의 내용은 자본주의, 사회주의, 맑스주의와 동일한 것이 아닌 궁극적인 제3의 위치에 선다는 것이다. 바르트는 "동과 서 사이에 있는 교회"(Die Kirche zwischen Ost und West)라는 글에서 제3의 길을 생각하면서 자본주의 서방과 결탁한 기독교를 비판했으며, 프랑스의 공산당 이론가였던 로저 가로디 역시 1960년대에 기독교와 공산주의의 대립을 넘어서는 '제3의 사회'를 제창했으며, 1960년대 독일어권에서 추진된 '크리스천-맑시스트의 대화'에 참여한 동유럽권 신학자들과 맑시스트들 역시 바르트와 가로디와 유사한 제3의 길을 지향했다는 것이다. 이외에도 원초는 여러 사례를 제시하면서 제3의 길이라는 개념에 내포된 모호성을 현재로서는 인정할 수 없으나, 제3의 통일민족 사회 실현 과정에서 제3의 길을 구체화시켜 나가야 할 것을 역설한다.[24]

몇 년 전에 어느 모임에서 은퇴한 한 신학자가, 원초가 여자라서 그의 통일신학에 대한 신학자들의 반향이 없다는 말을 흘리면서 통일신학이라는 작명이 잘못되었으며, 방법론이 틀렸다는 등, 아마도 남자 신학자들 사이에서 그동안 원초의 통일신학에 대해 쑤군거려왔던 이야기들을 작은 소리로 나에게 털어놓았다. 이에 대해 나는 대꾸할 가치도 없었으나, "그렇다면 어떤 신학이라는 이름으로 우리의 통일을 논할 수 있는지 말씀해보세요!"라고 한마디는 응수해주었는데, 이런 나의 요구에 그는 아무런 답변도 하지 못하였다.

한인철은 원초의 통일신학을 포스트모더니즘의 시각으로 행한 한 서평에서, 원초의 저서는 강단 신학, 교회 설교, 현장 강연, 투쟁 경험이 하나로 어우러져 한편으로는 교회와 신학과 이론과 '말/글'이 날줄을 이루고, 다른 한편으로는 세계와 현장과 실천과 행동이 씨줄을 이루어, 원초의 신학은 하나의 텍스트(직물)로 직조되고 있으니, 원초의 신학의 힘은 바로 이러한 이론과 실천의 결합, 곧 그 직조성(織造性, textuality)에 있다고 평가했다.[25] 한인철은 통일운동과 사회변혁 운동에의 원초의 헌신에 대해 그 어떤 언급도 하지 않으나 그는 '행동하는 양심'이며, '분단시대의 지식인'으로서의 신학자 원초를 그 어느 신학자들보다 정확

24 박순경, "통일운동의 원칙과 방도," 앞의 책, 342-343.
25 한인철, "포스트모던 신학으로서의 통일신학,"「기독교사상」1988년 7월, 187.

하게 파악하고 있다. 한인철은 또한 "세계화 시대의 한국신학의 과제와 가능성"이라는 논문에서 통일신학을 한국에만 존재하는 '유일한 신학' 으로 간주하고 있다.26

통일운동과 통일신학에 기여한 공로에 한정된 것은 아니지만 원초는 1995년 10월 26일에 미국 뉴욕에 있는 Socio-Theological Institute Korean community Council in America에서 수여하는 민중복지상 (Award of People's Well-Being)을, 1998년 9월 21일에 감신대를 빛낸 자랑스런 동문상을, 2007년 11월 6일에 학교법인 감리교신학원 이사장과 감리교신학대학교 총장이 수여하는 감리교신학대학교 개교 120주년 자랑스런 감신여성상을 수상한다. 한편 원초는 1988에 이화여대에서 정년 은퇴할 때 정부로부터 '대한민국 석류장'을 수상하였으나 통일운동에 관여한 일로 보안법 위반으로 옥고를 치룬 경력이 문제가 되어 2006년 노무현 정부로부터 상훈 박탈을 당하고 분단의 고통을 다시 한번 뼈저리게 경험한다. 2009년 6월 23일 원초는 사단법인 통일맞이에서 수여하는 제14회 늦봄 통일상을 수상한다.

그 어느 한국 신학자가 민족분단을 그리도 애통해하며 이를 극복해야 할 통일 문제를 위해 헌신했으며 그럼으로써 한국 신학의 미래의 올바른 방향을 열어놓고자 혼신의 힘을 쏟아 놓았는가!27

---

26 한인철, "세계화 시대의 한국신학의 과제와 가능성," 「신학사상」 88호(1995년 봄호), 97.

27 원초가 2020년 10월 24일 운명을 달리하자 목원대 명예교수이며 「기독교사상」 주간인 김홍수는 2021년 2월호에 "박순경의 남북을 잇는 신학"이라는 권두언을 썼다. 나는 이에 대해 간결하나 핵심적으로 원초의 통일운동과 통일신학의 위업을 추모하는 글을 쓴 김홍수 교수와 기독교 사상 관계자들에게 깊은 감사의 뜻을 표한다.

4) 한국여성신학의 정초자로서의 원초

서구 페미니즘의 제2의 물결을 접하게 된 한국의 진보적인 교회 여성 지도자들은 특히 미국에서 전개되기 시작한 페미니즘의 전망에서 논해지는 성서 연구를 학습함으로써 한국에서 여성신학이 전개되는 토양을 마련하였다. 이 교회 여성들은 신학교를 졸업한 여성들로 구성된 초교파적인 여신학사협의회 창립을 목적으로 1980년 4월에 종로 5가 기독교회관에 모였다. 이들은 1919년 서구 여성들이 창설한 국제여학사협회(International Federation of University Women, IFUW)와 1950년에 창립된 한국여학사협회(Korean Association of University Women, KAWU)를 모델로 하여 신학교를 졸업한 여학사들의 모임인 '한국여신학사협의회' 창립을 위해 모였다. 이 모임에 참석한 원초는 사람들이 대체로 신학자라는 호칭을 박사학위를 취득하고 게다가 신학 교수들에게나 타당한 것으로 여기고 있는 일반적인 통념을 깨는 발언을 하였다. 즉, 원초는 신학을 공부한 사람들뿐만 아니라 교회의 삶에 실존적으로 관여하는 사람들은 모두 넓은 의미에서 신학자들이라는 개념 규정을 통해 이 모임의 성격을 여신학자들의 모임으로 변경할 것을 제안하여, '한국여신학자협의회'(Korean Association of Women Theologians, KAWT. 이하 여신협)라는 명칭으로 창립하였다. 여신협은 2020년에 창립 40주년을 맞이하였다. 원초는 여신협 창립의 자리에서 초대 회장으로 전격적으로 추대된다. 여신협 초대 총무를 역임한 안상님은 원초가 창립총회에 참석한 것에 대하여 '혜성같이 나타난 박순경 박사의 출현'이라고 표현하면서 당시 창립을 주도하고 있었던 여성들의 분위기를 보도하고 있다.[28] 여신협을 중심으로 여성신학을 활발하게 전개해 오던 여성들은 더 나아가 한국신학계로의 진입의 필요성을 절감하고, 1985년 여신협 회원들은 '한국여성신학회'를 구성하여 한국기독교학회 가입을 추진한다. 오랫동안 남자 신학자들의 독무대였던 한국신학계는 도대체 여자 신학자들이 몇 명이나 존재하느냐고 하는 매우 깔보는 태도로 한국여성신학회 존재 자체를 무시하였다. 그러나 한국 여신학자들은 어느 신학자도 결코 무시할 수 없는 원초를 한국여성신학회 초대 회장으로 내세우고 우여곡절 끝에 1987년에 한국기독교학회에 가입하기에 이른다.[29] 법학, 과학과 더불어 신학은 학문 전통에 있어서 대표적인 남성 독점적 학문으로 간주되어 왔기에, 여성들은 발표의 기회조차 얻기 힘든 한국기독교학회에서 한국여성신학회라는 통로를 통해 활발한 학문 활동을 전개해 나간다. 이렇게 원초는 한국여신학자협의회와 한국여성신학회 초대 회장을 역임하고 한국 여성신학 정립을 위한 이론작업을 주도함으로써 한국 여성신학의 정초자요 디딤돌로서의 소임을 충실히 수행한다.

여성신학에 관한 원초의 글들을 보자면, "신학과 여성"(1980),[30] "성령의 역사(役事)와 여성해방"(1981),[31] "여성해방의 신학과 세계: 로즈

---

28 한국여신학자협의회 20년사위원회 편, 『여신협 20년 이야기』(서울: 여성신학사, 2000), 14-20, 190-194; 김애영, 『한국 여성신학의 지평』(서울: 한울, 1995), 165 참조; "1980년 4월부터 1982년 4월까지 '여신학자'라는 지칭에 관한 해석에 대하여," 박순경, 『하나님 나라와 민족의 미래』(서울: 대한기독교출판사, 1984), 501-502; 『여신협 20년 이야기』, 18-19를 참조하라. 여신협을 중심으로 여성신학을 전개해 온 초기의 많은 회원들은 신학자라는 명칭에 대하여 오랫동안 부담을 느꼈으나 이를 극복하게 된 이야기들을 여러 방식으로 증언해왔다.

29 박순경, "한국신학을 회고하고 미래를 전망하면서," 한국기독교학회 편, 『한국기독교학회 30년사』(서울: 대한기독교서회, 2001), 26-27 참조.

30 박순경, "신학과 여성," 박순경, 『하나님 나라와 민족의 미래』, 501-518.

31 박순경, "성령의 역사(役事)와 여성해방," 박순경, 『하나님 나라와 민족의 미래』, 519-

마리 R. 류터와 레티 M. 러셀의 재해석"(1981)[32], 1983년에 대한기독교
서회 현대신서로 출판된 단행본, 『한국민족과 여성신학의 과제』, "제3
세계 여성과 신학"(1986),[33] "민족통일과 여성신학의 과제"(1988),[34]
"한국 여성신학의 영성"(1988),[35] "한국신학: 여성신학의 구원사적 의
의"(1990),[36] "민족신학·통일신학·여성신학의 총괄적 재론"(1993)[37]
등이 있다.

여신협 창립대회에서 초대 회장으로 추대된 원초는 즉석 취임사에
서 "한국교회와 사회의 민주화, 남녀평등, 민족통일"이라는 한국 여성신
학의 과제와 원칙을 제시한다.[38] 여신협이 1980년 7월에 처음 개최한
공개 세미나에서 발표한 "신학과 여성"이라는 강연에서 원초는 첫째,
여성신학 이론 자체와 결부해서 우리가 서구 특히 미국 여성신학에 의해
제기된 문제 제기의 의의를 수용하되 종래의 신학 전통에 대한 여성신학

532.

32 박순경, "여성해방의 신학과 세계: 로즈마리 R. 류터와 레티 M. 러셀의 재해석," 박순경,
  『하나님 나라와 민족의 미래』, 533-558.

33 박순경, "제3세계 여성과 신학," 박순경, 『통일신학의 여정』 (서울: 도서출판 한울,
  1992), 261-290.

34 박순경, "민족통일과 여성신학의 과제," 박순경, 『통일신학의 여정』, 291-305. 이 글은
  1988년 4월 24일~25일 인천에서 한국기독교교회협의회 여성위원회가 통일과 교회여
  성이라는 주제를 내걸고 주최한, "세계기독교 한반도 평화를 위한 여성대회"(Women's
  Forum: International Christian Consultation on Justice and Peace in Korea)에서
  발표한 강연이다. 이 강연의 영문, "The Unification of Korea and the Task of Feminist
  Theology"는 『통일신학의 여정』, 306-322에 실려 있다.

35 박순경, "한국 여성신학의 영성," 박순경, 『통일신학의 여정』, 323-345.

36 박순경, "한국신학: 여성신학의 구원사적 의의," 『통일신학의 여정』, 347-357.

37 박순경, "민족신학·통일신학·여성신학의 총괄적 재론," 박순경, 『통일신학의 미래』
  (서울: 사계절, 1997), 13-35.

38 초대회장의 취임사는 1981년 4월 7일 자 〈한국여신학자협의회회보〉 제1호에 게재되었
  다. 김애영, "한국여성신학과 민족통일," 『한국 여성신학의 지평』, 282.

의 비판 자체의 타당성 문제까지도 우리가 주체적으로 재검토·재해석해야 한다. 둘째, 한국 여성신학의 분단 이데올로기 문제와 불가분적 관계에 있는 분단 상황에 대한 인식을 해야 한다는 한국 여성신학의 방향을 설정한다.[39]

이러한 원칙에 의해 원초는 1981년 1월에 개최된 여신협 세미나에서 발표한 "여성해방의 신학과 세계: 로즈마리 R. 류터와 레티 M. 러셀의 재해석"이라는 강연에서, 원초는 미국의 대표적인 여성 신학자들에 대한 신학적 해설을 통해 여성신학의 의의를 한국신학계에 전달하는 동시에 그 의의에도 불구하고 그들의 문제 제기에 대한 신학적 타당성 여부를 비판적으로 재검토한다. 원초는 해방신학이든, 민중신학이든, 제3세계 신학이든 그것이 그 무엇이든 신학을 표방하는 한에 있어서 하나님론, 그리스도론, 성령론, 교회론, 신학적 인간학, 종말론 등과 같은 신학적 주제들을 충실히 다루어야 한다는 것이다. 원초는 "한국신학·여성신학의 구원사적 의의와 과제"라는 발제에서 여성신학의 성서적 근거와 신학적 주제들을 핵심적으로 논하였다. 이 글에서 원초는 삼위일체론에 대한 당시 서구 여성 신학자들의 알레르기적 거부반응의 문제들을 지적해 내었다. 그러나 당시 여신협 회원들은 이러한 박 교수의 지적에 대하여 매우 껄끄럽고 지루한 반응을 보였다. 여성신학이 장구한 신학 전통을 비판하고 이를 여성신학적으로 재구성하고자 한다는 사실이 바로 조직신학의 하나님론, 그리스도론, 성령론, 교회론, 인간학, 종말론 등의 핵심주제 자체에 속할 뿐만 아니라, 신학의 그 어느 분야도 이러한 핵심주제들을 다루지 않는 분야는 없다는 점을 우리는

---

39 박순경, "신학과 여성," 『하나님 나라와 민족의 미래』, 501-518; 김애영, "한국여성신학과 민족통일," 앞의 책, 283-284.

명확히 할 필요가 있다. 원초는 미국 여성 신학자들에 대한 무비판적 수용을 넘어서서 하나님의 호칭, 소위 '하나님 언어'와 그리스도론의 해석 문제, 창조 질서와 남녀 관계, 성령의 역사와 교회 등과 같은 여성신학에서 제기해 온 주요 주제들의 논지와 의의를 소개하고 비판적으로 검토함으로써, 한국 여성신학의 정초자로서의 소임을 다하였다.

원초는 우리의 여성해방운동은 우리의 분단을 지속시키는 강대국들로부터의 민족해방과 여성 민중의 해방이라는 민족통일과 민중해방이라는 이중적 해방의 과제와 결합되어야 함을 누누이 역설한다.[40] 원초가 민족·민중·여성이 통일신학의 주체라는 명제에 대해 말할 때, 그는 한편 성령의 역사하심에 근거해서 주장하며, 다른 한편 그것이 한민족의 근대사와 오늘의 분단 상황과 통일의 과제에 직결되어있는 명제이기 때문에 근대적 의미에서 한민족의 자유한 주체의식이 항일민족운동과 겹부되어 우선적으로 고찰되어야 한다는 것을 제시한다. 성령의 역사하심에 대한 신앙에 근거해서 민족·민중·여성이 통일신학의 주체라는 주장은 "의식적이든 무의식적이든 하나님의 영이 이 땅에서 역사하신다는 신앙 없이는 원칙적으로 성립될 수 없다"는 것이다. 주체성은 자유를 의미하며, 그것은 역사적 과거로부터 주어진 운명과 잘못된 문제 상황에 머물러서는 안 되는, 미래에로 행진할 수밖에 없는 그런 주체성이어야 한다는 것이다.[41] 원초는 여성신학이 통일신학을 비롯한 한민족의 신학으로부터 민족사적 통일신학의 전망을 그리고 통일신학

40 박순경, "여성해방의 신학과 세계: 로즈마리 R. 류터와 레티 M. 러셀의 재해석,"『하나님 나라와 민족의 미래』, 501-518; 김애영, "한국 여성신학과 민족통일," 앞의 책, 284-285.
41 박순경, "통일신학의 정초를 위하여,"『통일신학의 여정』, 70-76; 김애영, "한국 여성신학과 민족통일," 앞의 책, 285.

을 비롯한 한국 신학은 여성신학으로부터 성차별주의적 남성지배 의식을 극복할 수 있는 신학적 전망을 획득해야 한다는 것이다. 한국 신학의 시도들에 남성지배 의식구조가 내포되어 있는 한 그것은 한국 여성신학에 의해 정정되어야 하므로, 한국신학은 한국 여성신학에 의해 재설정되어야 한다는 것이다.[42] 이러한 맥락에서 원초는 한민족은 한국 신학의 주체요, 한국 신학은 한국 여성신학이며 한국 여성신학은 한국 신학이라고 주장한다. 원초는 여성신학이 단지 여성의 권리와 해방만을 위주로 하는 것이 아니라 엄청나게 확대될 수 있는 신학의 지평을 보유하고 있다는 주장을 거듭 강조한다.[43]

1960년대에 이대 기독교학과에서 초기에 교수직을 수행하던 원초는 당시 자신이 추구하던 학문연구의 방향과 다른 분위기 때문에 늘 남자 신학도들을 가르칠 기회를 추구하였다. 그러나 여신협과 한국여성신학회를 비롯한 교회 여성들과의 교류를 통하여 교회 여성들을 발견하고 활동하게 된 것을 그리고 거의 대부분 남자들로 구성된 한국 신학계에서 홀로 오랫동안 활동해 온 원초는 점차 많은 여성 신학자를 배출하는 데 일조하고 자매애로 함께 활동하게 된 것을 크게 기뻐하였고 감사하다고 생애 마지막에 고백하였다.

---

42 박순경, "민족통일과 여성신학의 과제," 『통일신학의 여정』, 304; 김애영, "한국여성신학과 민족통일," 앞의 책, 285.

43 박순경, "한국신학·여성신학의 구원사적 의의와 과제," 1990년 한국여성신학협의회가 펴낸 자료집 형태의 『한국 여성신학 10년』, 41-52; 김애영, "한국 여성신학과 민족통일," 앞의 책, 286.

5) 하나님의 혁명에 대한 열망자로서의 원초

1997년『통일신학의 미래』가 출판된 것을 계기로 성사된 한겨레 인터뷰에서 원초는 통일신학은 민족해방과 사회변혁의 신학이고, 그 목표는 하나님 나라가 도래할 때 성취될 것이며, 성서를 정확하게 해석한다면 개신교는 당연히 사회변혁을 지향해야 한다고 주장한다.[44] 이미 앞에서 밝혔듯이 원초는『하나님 나라와 민족의 미래』(1984) 서언에서 우선적으로는 한국 신학의 주제로서 우리 근대사에 있어서의 민족의 문제와 신학의 과제로, 후속적으로는 '하나님 나라 · 민족 · 세계'라는 주제를 설정하였다. 원초는 '하나님 나라와 민족의 미래'라는 주제는 죽는 날까지 다루어져야 한다는 것이니, 1946년 본인의 신학 수업을 시작했을 때부터 생각해왔고, 1975년부터 구체화했으나 죽는 날까지도 미해결의 주제로 남아 있을 것이라는 고백이다.[45] 예수 그리스도의 십자가와 부활 사건에서 죽음과 허무를 극복하고 모든 시간과 역사의 의미를 성취하였다는 인식에서 촉발된 원초의 삼위일체 하나님과 시간이라는 주제는 2000년에 설정되었다고 한다.[46] 이 주제를 완성할 수 있는 시간을 하나님께서 허락하시는 그날까지 이를 탐구하는 일에 자신의 혼을 바칠 것이라고 다짐하였다.[47] 원초는『삼위일체 하나님과 시간 제I권 구약편』을 출판한 이후『삼위일체 하나님과 시간 제II권 신

---

44 "민족해방 · 변혁의 신학으로 !" 1998년 1월 20일「한겨레신문」인터뷰 기사.
45 박순경, "민족의 문제와 신학의 과제 I,"『하나님 나라와 민족의 미래』, 367; 박순경,『통일신학의 여정』(서울: 한울, 1992), 머리말, 4.
46 박순경, "삼위일체 하나님과 시간,"「신학연구」49집, 224.
47 박순경, "삼위일체 하나님과 시간,"「신학연구」49집, 228.

약편』 저술에 매달렸다. 그러나 원초는 몇 달에 걸친 투병 기간 내내 출판 의지를 불태웠으나 이를 성취하지 못하고 하늘의 별이 되었다.

2005년에 개최된 한국기독교학회 제34차 정기학술대회에서 80세가 넘는 노구의 몸으로 원초는 "하나님 나라, 사회 역사 변혁의 동력"이라는 주제강연을 한다.[48] 수백 명의 신학자가 모인 이 자리에서 자신의 강연에 대한, 학회의 반응에 대한 염려가 자못 크다고 하면서 원초는 하나님 나라에 대한 성서적 고찰을 다룬 후에, 하나님 나라가 어떻게 세계와의 관계에서 변혁 혹은 혁명의 동력으로 작용하는가에 대해 열정적으로 논한다. 원초는 교회가 하나님 나라의 사회 역사에 대한 책임을 다하지 못함으로써 하나님 나라를 무시간적이고 추상적인 사후에 들어갈 어떤 피안의 나라로 여기는 문제점을 비판한다. 현대사에서 맑스주의·사회주의·공산주의 혁명운동이 발생하면서 벌어진 기독교와의 갈등이 점차 양자의 갈등 관계를 넘어서서, 서구에서 '하나님 나라와 세계변혁'이라는 주제로 한 세기 넘게 논의되어 왔으나 한국교회와 신학은 민족분단 상황이라는 장애물로 인하여 그러한 세계적 논의를 듣지 못함으로써 역사적 방향을 상실했다는 것이다. 원초는 '하나님 나라와 세계변혁'이라는 주제를 검토하면서 한국교회가 민족통일의 새로운 미래를 창출하는 데 이바지하길 희망한다. 유럽에서 전개된 가톨릭·개신교계 사회주의 운동들의 역사적 개관들을 추적한 후에, 원초는 독일 루터파의 블룸하르트 부자(父子)의 하나님 나라 신학을 배경으로 하는 라가츠·쿠터·바르트와 같은 스위스 종교사회주의자들에 의해 추구된 "하나님의 혁명"(Revolution Gottes)의 의미를 탐구하고, 1960년대에

---

[48] '하나님 나라·민족·세계'라는 주제를 위해서 박순경, "하나님 나라, 사회 역사 변혁의 동력,"「한국기독교신학논총」41집, 한국기독교학회, 37-88.

전개된 '기독교와 맑스주의와의 대화'를 추적하며, 마지막으로 프랑스의 맑스주의 철학자 로저 가로디에 의해 수행된 맑스주의와 기독교의 상호연관 혹은 일치 작업에 대한 고찰을 수행한다.

3. 마치는 말

이 글을 쓰는 와중에 나는 원초의 묘비도 준비해야 했다. 1970년대 말부터 6차례나 골절상을 입었고, 2004년에 척추 수술, 2014년에 척추 압박골절상, 2015년에 대상포진으로 고생하면서도 통일운동을 비롯한 사회변혁에 대한 열망 의지와 신학연구를 멈추지 않았던 원초는 『삼위일체 하나님과 시간 제II권 신약편』을 끝내야 한다는 일념을 포기하지 않았다. 원초가 집에서 운명하기 전 몇 달에 걸친 투병 기간 중에 무료할 때면, 우리는 늘 찬송가를 비롯한 음악을 함께 듣고 노래했는데 하루는 자주 듣던 전인권의 〈걱정하지 말아요 그대〉를 듣게 되었다. 없는 힘을 모아 원초는 그 노래를 따라 부르길 좋아했는데, "우리 다 함께 노래합시다. 새로운 꿈을 꾸겠다 말해요"라는 마지막 부분이 끝나자, 나는 선생님은 어떤 새로운 꿈을 생각하시냐고 물었다. 원초는 "민중해방·민족해방·여성해방·민족통일·세계평화"라고 대답하였다. 평소 원초는 1789년에 발생한 프랑스혁명의 기념일인 7월 14일이 당신의 생일인 것을 기뻐하였다. 이런 원초의 뜻을 받들어 나는 원초의 묘비에 "민중해방·민족해방·여성해방·평화통일·세계평화를 염원하시며 이 모든 해방을 온전히 성취시킬 수 있는 하나님의 혁명을 증언하고자 자신의 삶을 바쳐 연구와 실천에 몰두했던 사랑하고 존경하는 스승 박순경 교수, 하나님의 영원한 안식에 들다"라는 글을 새겼다. 사람들은 원초를 위해 내가 거기서 더 어떻게 해드리느냐고 말하지만, 훌쩍 떠난 스승을 생각할 때마다 과연 나는 최선을 다했는가 하는 자책과 후회만 남는다. 이런 후회를 떨치고 일어나 고아처럼 눈물 마를 날이 없겠지만, 스승 원초가 나에게 바랐던 일을 조금이라고 성취할 수 있기를 바라며 부족한 이글을 맺는다.

삶 이야기 1 (인터뷰)

국내 첫 여성 조직신학 박사
원초 박순경의 신학과 인생*

서광선
(이화여대 명예교수)

일시: 2016년 10월 28일 14:00~17:00
장소: 박순경 박사(이화여대 명예교수) 자택
진행: 서광선 박사(이화여대 명예교수)
기록: 이민애 / 사진: 김진한

* 이 글은 「신학과 교회」 제6집(2016년 겨울호), 9-43쪽 "특집 대담"에 실렸다.

서광선: 박순경 선생님, 바쁘시고 이 세월 돌아가는 것도, 정치도 그렇고 나라의 꼴이 형편없는데 이렇게 시간을 내주셔서 우리 「신학과 교회」를 위한 대담을 허락해 주셔서 감사합니다.

박순경: 예, 서광선 박사님은 그 누구보다도 제 생애에 많이 개입을 하셨어요. 그렇지 않아도 내가 죽기 전에, 서 박사님한테 할 얘기가 많은 데 어떻게 다 전하나 그런 생각을 했었습니다. 이런 기회를 마련해 주셔서 대단히 감사하구요. 제가 오늘, 서 박사님께 드릴 말씀 다 할게요.

서광선: 네, 좋습니다. 선생님 뵈러 오면서 얘기를 어디에서부터 시작할까 하면서 고민을 참 많이 했습니다. 제가 6.25 때 이북에서 3.8선을 넘어 부산에 가서 대한민국 해군이 되어 세일러복을 입고 처음으로 선생님을 부산에서 뵈었지요.

박순경: 미실회에서!

서광선: 네, 거기서 뵈었는데, 그 이후에 정말 여러 번 선생님의 중요한 인생 가운데 제가 선생님께서 하시는 일, 공부하시고 책 쓰시고 또 가르치시는 일 등을 보며 이화대학 여러 곳에서 선생님을 가깝게 모시고 그래왔지요. 그리고 이제 이렇게 제가 「신학과 교회」 편집위원장으로 선생님을 인터뷰하면서 선생님의 인생, 선생님의 신학, 선생님의

해오신 일들을 듣는 자리가 마련되었습니다. 우리 독자들은 선생님께서 한국 최초로 1960년대에 여성으로서 조직신학 박사학위(Ph. D.)를 받으신 분으로 알고 있고, 많은 분들, 학생들, 제자들이 선생님의 책을 읽고 가르침을 받고 선생님을 존경합니다. 그래서 오늘 우리 이야기의 시작은 어디에서부터 할 것인가를 생각해 보았는데, 제가 제일 인상 깊고 또 정말 고통스러웠던 것은 여성 신학자로서 어떻게 국가보안법을 위반했는가라는 문제에 대한 것입니다. 정치범으로, 양심범으로 감옥에 가서 재판을 받으신 그 얘기가 선생님을 생각할 때 제일 제 가슴이 아프고 화도 나고 그렇습니다.

박순경: 감사합니다.

67세에 국가보안법 위반 혐의로 투옥되다

서광선: 거기에서부터 얘기를 들으면 어떨까 생각을 했습니다. 선생님은 국가보안법 위반 혐의로 재판을 받으시고 감옥에서 고생하신 경력이 있습니다. 오늘 그 이야기부터 시작하면 어떨까요? 선생님의 사상이 무엇이었나요? 그리고 선생님은 아직도 김정일의 '주체사상'을 긍정적으로 평가하고 계신지요?

박순경: 90년 봄에 미국 롱아일랜드에서 북미 기독학자대회가 열렸는데 거기에 남한의 신학자들과 북한의 신학자들이 초청되었어요. 거기 대단한 사람들이 많이 있었는데, 선우학원 교수를 비롯해서 홍동근 목사, 김동수 교수도 있었고, 한시해 UN 주재 북한대사, 북한의 박승덕 박사 등등이 있었어요. 내가 거기서 북쪽 인사들을 처음 만나보았어요. 북한에서는 아홉 분이 왔는데, 학자가 몇 분 있었고, 목사님들이 두세

분쯤 계시고 여자 통역관들과 여자 목사 후보생도 참석하였어요. 거기서 처음 그들을 만났는데, 신학적으로나 사상적으로 날 휘어잡을 수 있었던 사람이 박승덕 박사예요. 그때 나는 그를 몰랐는데 그이는 나를 이미 다 알고 있었어요. 어떻게 알았냐 하면은 1980년대 말경인가, 독일과 미국에 살고 있는 기독자 동포 학자들이 비엔나, 헬싱키 등에서 모이고 했는데, 그들의 모임에서 나에 대한 이야기가 나왔었나 봐요. 나는 이제 박승덕 박사가 기독교에 있어서는 초보생이겠거니 생각했는데, 그 행사가 끝나고 뉴욕에 있는 한국 서점에 갔어요. 그 서점에서 내가 신약 입문 같은 책을 골라서 "이것 어떠세요?" 하고 물었더니 입문 같은 것은 그만두라는 겁니다. 그래서 내가 아이고 잘못 봤구나 싶었어요. 그리고 내가 칼빈의 『기독교강요』 우리말 번역본과 다른 전문 신학 서적들 세 권을 사 드렸어요.

서광선: 우리말로 번역된 것이 있었어요?

박순경: 네, 그걸 드렸더니 박승덕 박사가 "칼빈의 신학이 깊더군요"라고 하잖아요? 그다음에 내가 불트만의 『공관복음 연구서』를 제공했어요. 그런데 그 양반이 뭐라고 하냐면, "박 교수님께서 북한에 한 번 오시면 삼천 명이 모이는 홀에서 강의를 하시겠습니까?" 그러는 겁니다. 갑자기 너무 벼락같이 들은 이야기죠. 그런데 그들이 빈 이야기를 하는 사람들이 아니거든요. 그들은 그런 것을 할 수 있어요. 그런데 나는 그때 그렇게까지 비약할 수 있는 단계는 아니어서 대답을 못 하고 우두커니 서 있었어요. 그래서 내가 한국에 돌아와서 이제 내가 주체사상을 공부 안 하면 안 되겠다 싶었어요. 나는 좀 오만이 있어서 '주체사상이 뭐 사상이겠니' 이랬거든요? 그런데 전혀 준비가 안 된 상태였기에 나도

이제 주체사상을 좀 연구해야겠다 싶었어요. 내가 박승덕 박사한테 지면 안 되잖아요? 그래서 나는 나대로 공부를 시작했어요. 그런데 그때 한국에는 이미 김영환의 「강철서신」이라는 팸플릿 형태의 문건이 유포되어서 주체사상이 통일운동권에서는 아주 일반화되고, 김정일의 주체사상 연구 프로그램의 줄거리를 따라 하기도 하고 있었습니다. 하지만 나는 그런 측면이 아니라, 사상적으로 '주체'라는 개념을 다루어야 신학을 이야기할 수 있다고 생각했어요. 주체라는 개념에서 절대 주체는 인간이 될 수 없다는 게 내 입장인데, 북한에서는 김일성 주석이 한국전쟁 때 그 초토화된 북녘땅에서 인민의 생존권을 일으켜 세웠으니 그가 사상의 주체가 될 수 있겠다고 생각했어요.

그래서 나는 주체사상에 대해 나만의 태도로 한정했습니다. 저 김일성 주석은 우상도 아니고 독재자도 아니고, 인민들을 살린 사람일 뿐이라고. 그리고 내가 90년 여름에 일본에서 이 내용을 "교회와 신학의 역할"이라는 제목으로 강의하면서 이야기했는데, 거기에 남한에서 간 보수기독교 목사와 장로들이 다 모여 있었거든요? 거기서 내가 김일성 주석이 우상도 아니고 독재자도 아니다, 이런 말을 하니까 거기서부터 소요가 일어나는 거예요. 나는 소요가 일어나든 말든 내 할 말을 다 했어요.

서광선: 허허허허.

박순경: 다 했는데, 그냥 그날 저녁에 나는 3층 어느 방에 있었는데 1층에서 소동이 일어났어요. 거기 남한에서 간 기자들과 정보원들이 다 있었죠. 그래서 내가 귀국하면 체포당한다는 이야기가 들렸습니다. 누군가가 말렸어요. 특히 조승혁 목사님이 중재를 하시면서 그래도 좀 말을 들어보고 해야 한다고 해서 일단 공항에서는 체포를 안 당했습니다. 그다음에 소환장을 보내와서 90년 여름에 소환을 당했지요. 소환을 당해서 형사들로부터 수사를 받는데, 청와대 궁정동 어디 근처 안가일 겁니다. 거기서 내가 한 형사와 엄청 싸우다가 거기서 자고 그랬는데, 나를 풀어주자는 말이 돌았는가 봐요. 그때 그들이 나에게 마지막 질문을 했지요. 범민족대회가 8.15에 열리면 참석을 하겠냐 안 하겠냐고 물은 겁니다. 나는 "내 건강이 허락한다면 참석하겠다"라고 한 거예요. 나와 같이 소환돼서 조사받는 사람은 안 하겠다고 했고요. 그래서 그이는 풀려나고 나는 구속되었습니다. 내가 좀 어리석었지… 허허허. 내가 생각이 조금 고지식하잖아요? 고지식한 거 빼면 나 아니잖아요?

서광선: 정말이에요.

박순경: 그러니까 그때 나는 잡혀 들어간 겁니다. 검찰에서는 나를 구속시켜 놓고 이제 큰 사상범 하나 잡아들였다 했어요. 국정원 종교 담당 부서가 이제 큰 물고기 하나를 잡았다고 생각했었거든요. 그리고 거기 협조한 기독교 단체가 아마도 종로5가에 있었는데, 이들이 누구인

지 나는 모릅니다. 왜 그렇게 됐는지 이야기가 필요하면 이따가 할게요. 내가 나중에 박형규 목사님을 만나서 "내가 구속되도록 한 데가 종로5 가가 아니냐"라고 물었는데 가만히 계시더군요. 어쨌든, 서울구치소에 갇히게 되었지요. 거기서 검찰 조사에 불려 다녔습니다. 조사를 받는데, 그 일본 강연회에 참석했던 사람들 열대여섯 명이 증언하기를 모두가 이 사람은 감옥에 가야 한다, 감옥에 집어넣으라고 했어요. 이런 처사는 바로 사람들이 예수를 잡아 죽인거나 마찬가지라고 내가 형사와 검사 앞에서 토로했습니다.

그런데 그 사람들은 일본에서 세미나에 참석하기 위해서 나하고 같은 버스를 타고 회의장으로 갔습니다. 그 이들이 내 뒷좌석에 앉아서 "지금 북한이 꼭 무너져야 되는데 왜 안 무너지냐"라고 이야기하는 거예요. 내가 속으로 저 사람들이 내 사상을 들으면 뭐라고 할까 그런 생각을 하기는 했습니다. 사실 그때 나는 막 주체사상을 공부하기 시작했을 때였어요. 김정일이 정리를 했다는 것도 몰랐고, 나는 그냥 나대로 주체라는 개념이 마르크스주의의 어디에서 나왔는지부터 공부하기 시작한 것이었습니다.

마르크스 초기에 역사의 주체라는 이야기가 나오잖아요? 그리고 김일성 주석이 역사의 주체이기도 한 것은 모든 인간이 주체적으로 역사를 살고 있기 때문이지요. 그러나 그도 상대적인 주체이며, 무엇보다도 정말 신학적으로 말하자면 역사의 주체는 삼위일체 하나님뿐이거든요?

나는 검사 앞에서 이렇게 말했어요. 그런데 검사가 이것을 이해 못하더군요. 그리고 검사가 들으면 들을수록 이 사람은 잡아들일 사람이 아닌 것 같다는 생각을 하는 것 같았어요. 나도 나중에야 나의 주체사상의 출발이 통일운동권 사람들의 주체사상과는 달랐다는 것을 알게 되었어요.

지금은 내가 주체사상을 민족이론으로 대체해서 통일신학을 구성해 냈습니다. 그리고 북한의 주체사상이나 주체 김일성 주석의 역할 등은 북한에나 해당하고 거기에서나 타당하다고 생각해요. 우리가 그것을 우리 식으로 부정할 수가 없고, 그건 거기서 전개되고 또 어떻게 발전할지 모르니까 그건 북한에 맡겨두고, 나는 나대로 민족이론으로 대체하여 논하는 것이 내 입장입니다. 내가 민족의 시원을 찾느라고 그렇게 애를 쓰곤 했는데도 우리 역사학자들에게서 안 나와요. 그래서 내가 이름 있는 학자들 역사책을 모두 읽었습니다.

서광선: 통일 문제를 이야기하려면 1972년 7.4 남북공동성명을 거론할 필요가 있겠습니다.

박순경: 7.4 공동성명이 나오자마자, 아이쿠 내가 민족통일 문제를 진작 취급했어야 했는데 내가 지금까지 못 했구나 싶었지요. 내가 지금까지 안 하고 보류해 둔 것, 그러니까 내가 본래 1940년부터 마르크스주의와 민족과 기독교 등 셋을 어떻게 접목, 결부시키나 하는 문제를 생각했는데, 이게 이제 추구되어야 한다는 결정을 했습니다.

서광선: 네, 잠깐만요. 그러면 감옥에는 얼마나 계셨어요?
박순경: 106일 동안.

서광선: 106일. 감옥 안에서는 재밌었어요? 감옥에 갔다 온 사람들이 다 재미있었다고 그러는데 믿기지가 않아요.
박순경: 아 그것은, 기결수가 돼서 지방으로 이감을 가면 재소자들

끼리 서로 소통을 해요. 서로 대화하고 음식을 나눠 먹기도 하고 그래요. 그런데 미결수는 구치소에 있는데 구치소에서는 그런 소통이 없어요. 서울구치소에 있었을 때 1층에 갇힌 여자애들이 있었는데 간수가 이들과 내가 섞이면 안 된다고 나를 2층에 배치했어요. 이들과 섞이면 내가 한 패거리가 되어 검찰에 보고하기 어렵다는 거죠.

서광선: 여자애들이요?

박순경: 여자애들이죠. 젊은 여자 운동권 활동가들이지요. 그리고 그네들이 아침마다 "선생님 안녕히 주무셨어요!" 하고 인사를 하고 저녁이면 "선생님 안녕히 주무세요"라고 소리쳐요. 그러니까 그들의 인사말에 내가 응답하는 게 재미가 있었어요. 그리고 운동장에 운동하러 나갈 때는 내가 그들의 감방들을 통과하는데, 그럴 때면 그네들이 고개를 내밀어 내다보고 손을 잡곤 했지요. 그것도 재밌었고, 운동할 때 걔네들과 만나는 수가 가끔 있었는데 그게 또 재밌었고, 그런 거지요. 그 외에는 엄청 괴롭습니다. 철문! 그 철문 소리가 그렇게 사람의 신경을 건드리면서 진저리가 나요!

서광선: 그렇죠. 많이 울리지요?

박순경: 맞아요, 철컥! 철컥! 몸서리가 쳐집니다. 그리고 처음 들어갔을 땐 몸을 조사하면서 옷을 몽땅 다 벗겼는데, 조사하고 난 뒤 수의로 갈아입혔지요. 그게 그렇게 괴롭고 죽겠더라고요…. 처음에 들어간 감방은 0.75평, 숨 막히지요.

서광선: 선생님 죄수 번호가 몇 번이었는지 기억하세요?

박순경: 72번이었어요.

서광선: 그리고 독방 쓰셨어요?

박순경: 독방 달라고 그랬지, 내가. 하하하. 본래 사상범은 독방을 쓴대요. 1.5평인데 창문도 두 개이니 0.75평에 비하면 호텔 같더군요.

서광선: 그때 그 병을 얻으셨어요? 지금 그 병으로 고생하시는 것이 그때 이후가 아닌가요?

박순경: 아니에요. 그때는 멀쩡했어요. 나와서 살다가 뼈가 다섯 번 부러지고 다섯 번 수술을 받았습니다. 수술 때문에 손해 본 시일을 계산하자면, 15년쯤 될 걸요.

서광선: 감옥 안에서는 무슨 책 보셨어요?

박순경: 책은 성서를 주로 봤죠. 그리고 외부에 편지도 쓰고요. 그런데 면회 오는 사람들 만나느라고 책 볼 사이도 없었어요. 그러니까 오히려 면회 오는 게 귀찮았습니다. 일반 사람들에게 편지가 많이 왔고 내가 쓰기도 했구요.

서광선: 옥중서한을 출판하실 생각은 없어요?

박순경: 모든 자료들이 준비되어 있어서 출옥하자마자 출판했습니다. 그것이 『신학의 고통과 승리』라는 책이지요.

서광선: 그런데 선생님은 언제부터 그렇게 마르크스를 생각하신 거예요, 선생님은 마르크스주의자예요? 그리고 1945년 해방 정국에서 좌우 갈등이 있을 때 선생님은 여운형 씨를 지지하셨죠?

박순경: 여운형 선생 계통이었는데, 그 이후에 아마도 여운형 선생님보다 더 급진적인 사상을 가졌을걸요. 지금도 급진적이고… 또 한번 마음대로 사상을 풀어놓으라고 하면 얼마든지 급진적으로 풀어요. 그런데 내가 우리의 현실에 얼마나 적응을 많이 했는지에 대한 생각들이 있습니다. 그리고 그분이 그리 돌아가시기 전인 1943년에 나는 세브란스 고등간호학교에 입학했어요. 그리고 거기서부터 내가 확 달라지게 되었습니다.

거기서 그때 나에게 민족이라는 것이 떠올랐던 거예요. 그 민족의 문제가 떠오르기 전에는 뭘 생각했냐면, 인간의 귀신들을 생각했어요. 그저 귀신들이 내 주변에 우글우글해요. 그리고 아프면 헛것이 보이고 그랬는데, 그러다가 내가 윤회설을 가지고 씨름을 했어요. 왜냐하면 우리 어머니가 아들 넷을 낳았는데 막내가 제 목숨을 다 못 살고 죽었습니다. 업혀서 나갔다가 상량식 떡 얻어먹고 들어와서는 급사했어요. 옛날 사람들은 잘 모르고 애에게 떡을 먹였잖아요. 아마 그게 인절미였던 것 같은데 목에 걸렸던 것 같습니다. 그리고 내 태몽이 개예요. 그래서 그 죽은 아이가 재생한다는 생각도 있었어요. 그렇게 내가 윤회설을 가지고 자꾸 추궁하다 보니 사람들을 봐도 저 사람은 전생에 뭐였겠다라는 생각을 하곤 했습니다. 그러다 그런 생각이 막혀버렸어요.

그리고 또 하나 이야기가 있는데, 내가 한 두세 살쯤 되었을 때 아버지의 친구가 상처를 하여 아들 하나를 우리 집에 맡겼습니다. 그런데 내가 그 아이를 그렇게 좋아한 겁니다. 걔가 어리니까 내가 어머니 품에서 내려와 앉아서 걔가 젖을 먹게 하려고 나는 일부러 안 먹는다고 핑계를 댔어요. 그리고 걔가 대소변을 보면 식구들이 야단들 했는데 나는 그런 야단법석이 그렇게 보기 싫더라고요. 그런데 걔가 죽었어요. 그래서 나는 맨날 울면서 개를 데려오라고, 먼 산 바라보면서 개를 생각하고 그랬습니다. 그다음부터 꿈에서 그 아이와 그 아이의 엄마를 찾아다니는 꿈을 열여덟, 열아홉 살까지 꿨어요. 한번은 그 모자를 찾아다니는데 어느 길을 따라가다 보니까 큰 종각이 하나 나와요. 내가 그 종각을 돌면서 '아 걔가 이렇게 종각이 되었구나'라고 생각했는데, 그게 마지막 꿈이고 그다음부터는 안 꾸었어요.

그렇게 그 아이의 꿈을 더 이상 꾸지 않으면서 떠오른 것이 민족이에요. 내가 세브란스에 1943년에 들어갔으니까 열아홉도 채 못 된 나이였죠. 그런데 신입생 환영회 때 나보고 답사(答辭)를 하라는 겁니다. 나는 답사가 뭔지도 모르고 부끄러웠는데 나가라고 하니까 그냥 냅다 나가서 "민족의 영웅이여 일어나라!"라고 소리를 질렀거든요. 그렇게 크게 외마디 소리를 외치고 들어왔어요. 그게 시작이 돼서 내가 민족을 찾기 시작했는데, 세브란스 어디 구석에서 민족을 찾겠어요? 그러고 있는데 동기 중 김옥선이라는 친구가 있었습니다. 그 친구의 오빠가 서울대에서 민족운동, 공산주의 운동을 했어요. 그 오빠가 폐병이 걸렸고, 그의 둘째 오빠는 이미 이전에 운동하다가 감옥에서 옥사했지요.

서광선: 일제하에요?

박순경: 네, 일제하에 항일운동하다가 죽었어요. 그리고 큰오빠가 중퇴를 했었는데, 가끔 옥선이가 보약이 귀한 시절에 토닉을 한 병씩 오빠 드린다고 들고 갔었어요. 나는 민족을 찾으려고 했었으니까 김옥선에게 접근했는데, 김옥선은 종종 형사들이 와서 지키곤 했습니다. 내가 옥선이를 찾아가는 것을 보면서 선생들은 나를 염려했지요. 그런데 한번은 김옥선이 오빠한테 가서 돌아오질 않아서 내가 토닉 한 병을

사서 신의주로 갔습니다. 이름도 주소도 안 묻고 한밤중에 기차를 타고 비밀리에 움직였지요.

서광선: 서울에서요?

박순경: 네, 서울에서 출발했어요. 기차를 타고 좌석도 없으니까 바닥에 앉아서 그렇게 밤을 새면서 그 이튿날 오후 서너 시경에 도착했어요. 신의주역에 내려서 김옥선네 집이 어디냐고 물었다오.

함께: 하하하.

박순경: 알음알음 물어서 그 집에 찾아가니까 집은 괜찮았어요. 농가인데 산이 있었고, 거기 그의 큰오빠는 앓아누워 있고, 김옥선은 내가 가니까 좋아서 어쩔 줄 몰라 했지요. 내가 거기서 일주일간 묵고 돌아왔는데, 그때 김옥선 큰오빠의 영향을 많이 받았어요. 그가 나에게 무슨 설득을 했거나 그런 건 아니었지만, 내가 거기서 기독교와 공산주의와 민족을 떠올렸거든요. 피지배 민족은 공산주의가 아니면 자본주의 세계를 택해야 돼요. 서양 미국을 택해야 하는 거죠. 그런데 서양은 우리 식민지 역사에 있어서 일본과 협잡한 사람들이거든요. 그래서 내가 그건 안 된다, 그러니까 길이 공산주의밖에 없다는 생각을 한 거예요. 기독교와 민족과 공산주의, 이 삼자가 만나야 된다는 것을요. 이것을 8.15전에도 생각했고 그 이후에도 생각했습니다.

그리고 44년에 김옥선과 같이 여운형 선생을 만나러 갔어요. 해방되기 전이었죠. 갔더니 집이 왁자지껄했는데 거기가 아마 혜화동이었던 것 같습니다. 왁자지껄했는데, 우리는 아무것도 아닌 애들이었지 않아요? 그래도 그 어른이 딱 나와서 우리를 만나줬어요. 그런데 무슨 이야기를 했는지 생각도 잘 안 나는데 말이지, 그분 풍채가 기가 막히게 정말 좋았어요. 여운형 선생이 풍채가 아주 좋아요. 그냥 질려서 나는 눈도 살짝 떠서 얼른 슬쩍 얼마 보지도 못했지요. 그런데 딱 한 마디 기억나는 말씀이 있습니다. "얼마 안있으면 일본이 항복할거다"라고 했어요. 그때가 44년이었으니 그렇잖아요. 그러면서 "조금만 더 참아라, 기다려라" 이래요. 참긴 뭘 참아요. 우리는 어렸기에 한 것도 아무것도 없는데. 하여튼 그 말을 듣고 돌아왔습니다. 그리고 나는 여운형 선생의 딸들도 그렇게 사모하고 흠모하고 그랬어요.

서광선: 그분들은 아직 살아 계신가요?

박순경: 지금은 다들 없지요. 하여튼 그 만남이 계기가 되어 공산주의 운동하는 사람 몇을 만났어요. 그런데 이것은 신론(神論)에서 걸려요. 그 사람들은 다 무신론자들이죠. 그런데 나는 귀신들을 봤잖아요? 하다못해 마귀들도 있는데 어떻게 하나님이 안 계시느냐고 생각을 하기 시작한 겁니다. 그래서 나는 신학을 공부하기 시작했지요.

서광선: 그러면 김옥선 씨나 여운형 씨를 만나기 전에, 그러니까 세브란스의 고등간호학교에 들어가시기 전에 이미 기독교 신자였어요?

박순경: 내가 내 주변에 있는 귀신들을 물리쳐야 되니까 기독교가 필요했거든요. 그런데 우리 어머니는 불교에 심취하셨던 분이고 아버지는 유학자셨어요. 내가 두 분을 다 닮은 것 같아요. 그리고 어머니는 예수님을 야소 씨라고 하시더라고요.

서광선: 맞아요. 옛날에는 그렇게 표현되곤 했죠.

박순경: 그러시면서 야소 씨는 서양 종교이기에 안 된다고 하시고, 나를 교회에 못 가게 하셔서 내가 몰래 나가 기도하곤 했죠. 그리고 나는 학교 교육 과정을 순서대로 못 밟았었는데, 아버지의 친구 한학자가 학원 선생님이셨고 그분께서 우리 아버지를 설득하셔서 내가 그 학원에서 공부하기 시작했어요. 2학년에 편입되어 시작했지요.

서광선: 그게 미션스쿨이었나요?

박순경: 그렇지는 않아요. 한학자인데 좀 개방적인 분으로 아버지와는 아주 어려서부터 동문수학한 분이셨습니다. 그분이 나를 2학년에서 4학년으로 옮겨놨는데 내가 그걸 따라갔어요. 그리고 좀 있다가 원주 봉산소학교(국민학교)에 편입시험을 쳐서 들어갔어요. 그래서 5, 6학년은 일제하의 국민학교에서 공부했지요.

서광선: 그때 일본말로 공부하셨어요?

박순경: 일본말로 공부를 했는데 잘은 못했죠. 그래도 내가 언어에 소질이 있기 때문에 일본어 문법은 잘 알았어요. 공부하면서 일본말을 습득한 셈이지요. 그다음에 서울사범에 시험을 쳤는데 거기서 떨어졌어요. 글을 쓰라고 하면 내가 쓰겠는데 그 해 따라 유난히 구술시험을 다 봤거든요. 내가 말을 잘 못해서 떨어졌던 것 같습니다.

서광선: 믿어지지가 않네요.

박순경: 떨어져 가지고 갈 데가 없는 겁니다. 그래서 고아 사업을 해야겠다 싶어서 두 친구와 고아원을 찾아다녔고 고아원으로 갈 준비

도 다 마쳤었어요. 그런데 원장이 나보고 안 된다고 했어요. 왜냐고 물으니, 내가 거기서 밥을 잘 먹질 못했었는데 원장이 그걸 봤는지 어쨌든 나는 실격이라는 거예요. 그래서 고아원에 못 가고 있었는데 해방이 되었어요. 해방이 되니까 비로소 공부를 해야겠다는 열정이 다시 생기더군요. 어떻게 뭘 공부해야 할지 모르잖아요? 갈 데도 없고. 그런데 안국동 중앙중학교 옆에 이희승 선생님 같은 훌륭한 분들이 한글 강습소를 만드셨어요.

한글 강습회에 갔습니다. 세브란스에서 매일 8~10시간 근무한 뒤 중앙중학교가 있는 안국동까지 걸어서 오갔어요. 제대로 먹는 것이 없이 일했습니다. 그런데 한글 강습소에서 하루 6시간씩 공부했지요. 그렇게 3일을 다니다가 결국 병이 났는데 늑막염이었습니다. 절망을 하고 병원에 입원해 있었는데, 이때는 부모님이 다 돌아가셨을 때였거든요. 1945년에 두 분, 다 돌아가셨으니… 그만 인생 허무감에 떨어져 고민하기 시작했습니다.

서광선: 완전 고아네요, 그때부터는.

박순경: 그렇죠, 고아죠. 그래서 그때부터 부모님에 대한 내 불효 때문에 밤마다 울었습니다. 한 14, 15년을 울었어요. 미국 가서도….

서광선: 왜 눈물이 그렇게 나요?

박순경: 잘 때면 아주 울 채비를 하고 잤어요. 왜냐하면 세상에서 우리 부모님을 기억하는 사람이 나밖에 없는 거예요. 자식들도 다 멀어지고… 부모님을 기억하면서 맹숭맹숭할 수 없잖아요? 그래서 울면서 불효자식인 나의 죄를 회개했지요. 그러다가 1946년에 신학 공부를 시

작했습니다.

서광선: 세례는 언제 받으셨어요?

박순경: 세례는 46년에 감리교신학교에 들어가서 받았지요.

서광선: 그럼 감리교인이군요?

박순경: 감리교이든 다른 교파이든 그런 건 상관이 없는데, 내가 처음에는 조선신학교를 찾아갔었어요. 조선신학교는 장로교죠. 그런데 세브란스 졸업으로는 입학이 안 된다고 그러더군요. 학력이 순조롭지 않았지요. 내가 상명실천여학교를 들어가서 본과 3년은 너무 길어서 전수과 2년을 했어요. 어딜 들어가든 1등을 하는데 내가 자꾸 1등만 하다가 졸업 때는 아마 4등인가 5등을 했어요. 어쨌든 그것 가지고도 학력이 안 된다고 하더군요. 그래서 수간호원 하다가 늑막염 걸려서 오빠네 집에 있다가 감리교 신학과에 들어갔습니다. 거기서 본과는 안 된다고 해서 전수과로 들어갔습니다. 사실 학생들 실력은 본과나 전수과나 비슷했고, 나중엔 두 개가 합쳐졌어요. 그래서 3년제 본과생이 되었죠.

서광선: 그때 허혁 박사가 계셨어요?

박순경: 네, 계셨어요. 좀 냉정하고 말을 조리 있게 하는 사람이었지요. 감신에서 제가 논란을 일으킨 적이 있는데, 정치계에서 여론조사를 왔을 때 내가 여운형계를 지지한다고 손을 들었거든요. 그랬더니 학교가 발칵 뒤집혔죠. 하나님의 동산에 붉은 세력이 틈타 들어왔다면서요. 나를 내쫓으려고 하는데 그때 날 옹호해준 사람이 윤상범 교수였고,

몇몇 학생들도 같이 옹호해줬어요. 그래도 공부하러 왔는데 어떻게 내 쫓느냐면서요. 나는 그때 아무것도 모르고 울기만 했었죠. 어쨌든 우수한 성적으로 졸업은 했습니다.

서광선: 그러다가 6.25 한국전쟁 때는 그대로 부산으로 피난을 가셨나요?

박순경: 아니에요. 감신 재학 시기에 내내 어학에 치중해서 희랍어, 영어, 독어, 불어를 공부했어요. 오빠가 돈을 얼마간 지원해주면 굶으면서도 학원에 다녔습니다. 그러면서 서울대 편입시험을 쳐서 합격하여 들어갔어요. 고려대도 합격했는데 서울대가 학비가 싸고 거리상으로도 가까웠어요. 그게 1948년경이었습니다. 철학과에 입학했습니다. 거기서 1년을 지냈는데 그래도 거긴 독일어로 세미나를 했거든요. 라틴어도 했어요. 나중에 미국에 가서 모두 다시 했죠. 영어, 독어, 불어, 희랍어, 히브리어까지. 제가 에모리대학에 다니면서 그 언어들을 모두 별도로 공부했어요. 그때 운이 좋았던 것은 저를 도와준 스톡스(Mack B. Stokes) 교수의 가족이 한국의 선교사이셨습니다. 동생 찰스 스톡스가 한국에 있었던 것이지요. 스톡스 교수는 미국 에모리대학에 있으면서 나의 후원자가 되어주었습니다. 그분은 제가 언어를 배우겠다고 하면 다 허락을 해줬어요. 돈을 현금으로 준 적은 없고 사무적으로 처리를 했지요. 나는 식권을 사무실에서 타서 그것을 식당에 가서 돈으로 바꿔서 식비를 절약하고 그것으로 책을 사서 공부했죠. 먹을 것이 많은 미국에서 식사는 하루에 한 끼만 먹고.

서광선: 선생님을 후원해준 것은 에모리대학이었군요.

박순경: 네, 에모리가 디딤돌이 되어주었어요. 하지만 스톡스 교수와는 신학관이 맞지 않았습니다. 스톡스는 보스턴의 퍼스널리즘 계통을 밟는 사람이었습니다. 하나님을 탁월한 인간형으로 보고, 인간의 주체 의식을 강조하는 관점이지요. 나는 한국에서부터 바르트(Karl Barth)를 공부했거든요. 내가 스톡스 밑에서 공부했다면 장학금이라든지 여러 가지 편리한 점이 많았겠지만 내가 바르트 편이니까 그게 안 되더라고요. 그래서 북쪽의 드류 대학교로 갔습니다. 유니언 신학교와 하버드에도 지원을 했었어요. 등록금 장학금을 약속받았는데 드류 대학교가 전액 장학금을 약속해서 그쪽으로 갔습니다.

서광선: 유니온신학교에 1년인가 계셨잖아요?

박순경: 그건 에큐메니칼 스터디 때문이었습니다. 그것도 스톡스 교수가 그 프로그램을 소개해줘서 알았지요. 자기 밑에서 공부 안 해도 된다고 하면서. 미국 사람들은 이렇게 아량이 있어요. 그렇게 제가 그의 추천으로 유니언을 거치면서 유명한 니버(Reinhold Niebuhr)에 대한 환상을 버리게 되었어요. 틸리히(Paul Tillich)에 대해서도 그렇고요. 틸리히의 카이로스론이 사회주의와 가까웠거든요. 그런데 틸리히도 니버도 아니었어요, 바르트만이 달랐지요. 바르트는 대단한 사회주의 계열 신학자이지요.

칼 바르트의 '제3의 길'과 '민족' 이론

서광선: 선생님은 한국 여성 신학자로 철저한 바르트 신학자로 알려져 있습니다. 바르트 선생님이 돌아가셨다는 소식을 들으시고 대성통

곡했다는 소문이 지금 신화가 된 정도입니다. 왜, 무엇이 바르트 신학에 끌리게 되셨는지요.

박순경: 얼굴을 대한 적은 없어요. 바르트는 미국의 초청을 여러 번 사양했는데, 꼭 한번 미국에 오셨지요.

서광선: 프린스턴에서 초청을 했죠?

박순경: 프린스턴에서 초청한 것 하나만 받았어요. 유니언에 파우크(Wilhelm Pauck)라는 역사학자가 있는데, 그이가 바르트와 가까웠지요. 파우크가 바르트 보고 이렇게 말했답니다. "당신은 미국에 대해서 너무 편견이 심한 것 아닙니까? 왜 그렇게 안 오시는 거죠? 당신은 미국 모르지 않지 않나요?" 이랬더니 바르트가 파우크를 쳐다보다가 "사람이 바닷물을 다 마셔봐야 짠 거를 아느냐? 혀끝으로도 짜다는 것을 알지 않느냐"고 답을 했답니다. 그랬더니 좌중에 있는 사람들이 다 그냥 깔깔거리고 웃었다지요.

서양 사람들은 참 여유가 있어요. 우리 한국 사람 같으면 '제까짓 게 뭐!' 이럴 거 아니에요? 서양 사람들의 너그러운 부분은 한국 사람이 배워야 돼요. 그렇게 껄껄거리고 모두 웃었어요. 바르트의 유머가 아주 대단하거든요. 한번은 그가 이발하러 갔는데 이발사가 "당신은 유명한 칼 바르트를 아느냐"고 물었답니다. 그랬더니 바르트가 올려다보면서 "그럼 알다마다요. 내가 그분의 수염을 매일 아침 깎아 준다우"라고 했답니다.

함께: 하하하하하.

박순경: 바르트가 유머가 아주 유명해요.

서광선: 그런데 바르트 돌아가셨을 때 정말 울었어요?

박순경: 제가 울었냐고요? 본래 눈물을 잘 흘리니까 펑펑 울었지요. 그렇다고 통곡을 한 건 아니었고요.

서광선: 소리 없이 눈물을 그렇게 흘리신 이유가 뭐예요? 뭐가 그렇게 안타까워서 우셨어요?

박순경: 큰 신학자가 갔다, 이거였어요.

서광선: 그것만은 아닌 것 같은데….

박순경: 하하, 그거 이상 뭐가 있겠어요? 그리고 또 하나, 1974년에 바르트가 있었던 학교 바젤에 갔을 때 생긴 일이 있군요. 1972년 7.4 남북공동성명이 발표된 다음에 내가 민족 문제를 다뤄야겠다 싶은데 먼저는 이념 문제를 해결해야 하니까 유럽에 간 거예요. 1974년에 나가서 1976년에 들어왔는데, 내가 바젤에서 변선환 교수(감신대)를 만났거든요. 내가 마르크스주의를 연구하러 왔다고 하니까 그 사람이 눈을 아주 휘둥그레 뜨면서 "한국의 반공은 세계적으로 공헌을 한다!"라고 하는 거예요. 하하하.

그러니까 그때부터 변선환과 나는 만나기만 하면 싸웠어요. 내가 변선환 교수에게 중매했던 신옥희 선생은 나를 보면 "박 선생님 참으세요. 참으세요"라면서 중재를 하곤 했지요. 그러면 내가 "이게 참을 문제야?"라면서 아주 만나기만 하면 둘이 고래고래 소리 지르면서 싸웠어요. 나도 안 지고 변선환도 안 지거든요. 둘이 아주 눈을 부라리고 튀어나온 눈을 데굴데굴 굴리면서 그렇게 야단을 부렸지요. 그런데 말이에요. 그렇게 싸우면서도 역시 친분이 있으면 달라요. 변선환이 나를 데리고 안내를 해줘서 바르트 무덤에 갔지요. 내가 거기서 무덤 앞에서 절했는데 그것을 변선환이 카메라로 찍어서 나중에 사진을 나에게 주었어요.

서광선: 혹시 그 사진 있어요?

박순경: 어딘가 있을 거예요. 그때 내가 바르트 무덤에서 절을 한 걸 두고 "이제 마지막"이라고 그랬다는 소문이 돈 겁니다. 스위스에 있는 사람들은 그런 쓸데없는 것을 또 좋아해요. 막 좋아하면서 그걸 한국에도 퍼트렸어요. 사실은 그런 게 아닙니다. 내가 2014년 11월에 나의 책 출판기념회 때 밝혔어요. 함세웅 신부가 축사하면서 "바르트를 넘어서"라고 그럽디다. 나는 그동안 바르트를 넘어선 사람을 못 봤습니다. 그런 말을 하게 된 배경에는 바르트가 우리 민족이 아니고, 우리 민족의 문제를 모르기 때문이라는 사실이 놓여 있을 겁니다. 나는 우리 민족이론과 통일 이론을 말하고자 해서 한국 신학으로 전환해야 했을 뿐이거든요.

서광선: 마르크스도 우리 민족을 모르잖아요. 바르트보다 더 모를걸요?

박순경: 내가 공부를 많이 한 건 아니지만 마르크스를 들여다보면 이게 성서와는 쌍둥이 같아요. 그래서 내가 "마르크스주의는 기독교와 쌍둥이다"라고 말한 적이 있어요. 이것을 홍동근 목사가 좋아했습니다. 그리고 이제 미국과 북측 사람들이 만나면서 이런 이야기들도 다 전달이 되었어요. 그런데 내가 구약을 공부하면서 무슨 전제를 가지고 추구한 것은 아니었어요. 구약의 예언 전통의 종말론, 묵시론적 역사 최후의 종말론이 모두 하나님의 심판에서 비롯되더라구요. 이것은 다름 아니

라 역사 혁명의 계기들입니다. 칼 마르크스의 혁명론이 그러한 구약의 종말론과 비슷하다는 것을 확인했어요. 하지만 묵시론적 종말론과 관련해서는 무슨 이원론이니 신화니 갖다 붙이면서 완전히 다른 말을 하는 경우들이 많더군요. 마지막 최후의 역사를 이야기하려면 처음을 이야기해야 하는 겁니다.

창조 이전으로 가서 창조자 하나님으로부터 시작해야 하는 겁니다. 하나님은 심판을 선포하시면서 혁명의 계기를 제시하시지요. 그래서 나는 구약을 연구하면서 하나님의 혁명을 말했던 것입니다. 마르크스, 칼 바르트 그리고 스위스 종교 사회주의자들도 혁명을 말하지요. 종교 사회주의자로는 라가츠(Leonhard Ragatz), 쿠터(Hermann Kutter) 등이 있습니다. 나와 같이 살고 있는 한신대 김애영 교수가 이걸로 박사논문을 썼어요.

종교사회주의에서 나온 게 '하나님의 혁명'이라는 개념입니다. 마르크스주의의 영향을 받은 신학자들이 유럽에 많아요. 우리나라가 반공 때문에 이렇게 됐지만, 서양에는 아주 많습니다. 바르트는 자펜빌에서 목회를 시작했을 때부터 노조운동을 했거든요. 바르트는 '빨갱이 목사'라고 일컬어졌어요. 우리나라에서는 내가 마르크스주의를 대표할수는 없지만, 어느 정도는 마르크스주의자라고 이야기할 수 있겠어요. 우리나라는 일제 식민주의 치하에서 겪은 고통이 이루 말할 수 없는 상태에 처해서 마르크스주의가 아니라면 자본주의로 가야 하는 운명이었죠. 식민지배 체험을 한 아시아 민족들이 대체로 처음에는 사회주의로 될 뻔했는데, 미국의 입김이 세고 영·미의 세력이 강하니까 우리도 미국을 따라갔어요. 그런데 사실상 식민주의 피억압 민족은 미국을 따라갈 수 없지요. 하지만 그때 나는 미국을 그렇게까지 인식하지 못했었고, 어쨌든 자본주의는 안 된다고 했어요. 그렇다면 공산주의로 가야겠죠. 그래서 우리 민족과 기독교와 공산주의는 만나야 된다고 내가 1945년 해방 정국에서 생각하기 시작했어요.

서광선: 선생님이 80년대 초부터 민족의 미래와 통일 문제에 대해서 책을 많이 쓰셨는데, 여성 신학자의 입장에서 선생님의 통일의 비전을 말씀해 주십시오.

박순경: 네, 그거 이전에 조금 더 이야기할 게 있어요. 내가 어떻게 남미 해방신학에 관여하게 됐는지에 관한 것인데, 제3세계 에큐메니칼 신학자협의회(Ecumenical Association of Third World Theologians, EATWOT)라는 게 있어요. 내가 1981년도부터 참여를 했지요. 한국 연락책을 맡았었습니다.

서광선: 그때는 제가 해직되어 있었을 때인데 그때 선생님 때문에 제가 여기 들어오게 되지 않았습니까?

박순경: 아, 그랬구나! 내가 제3의 길이라는 것을 홍콩회의 때 자꾸 얘기했잖아요? The Third Way, 제3의 길이란 것이 어디서 나왔냐는 거예요. 그때 서광선 박사님과 이우정 선생님이 제게 반립(反立)했어요. 두 분은 나의 말이 무슨 소리냐 이거였지요. 이우정 선생은 북한도 안 되고 남한도 안 된다는 입장, 오직 김대중 선생만을 따르려는 입장이었어요. 서 박사님은 제가 말하는 제3의 길이 사회주의 지향이라는 것에 대해 반립해 계셨구요!

서광선: 저는 순교자의 아들이거든요.

박순경: 그래요, 나도 알아요. 서 박사님 아버님이 그렇게 총살되셨지요. 김동수 박사도 그래요. 그런 부분은 제가 이해를 하지요. 하여튼 그 제3의 길이 어디서 나왔냐면, 바르트가 "between East and West"를 말했는데 이게 제3의 길이예요. 그가 말한 제3의 길이 얼마나 정확했는지 몰라요. 1940년대에 동유럽을 방문했을 때, 그는 동유럽 청년들에게 공산주의와 협력하라고 했어요. 그리고 체코에 로마드카(Josef Hromadka)가 있죠. 로마드카는 공산주의 편이었는데 한국 편도 많이 들었어요. 한국전쟁이 났을 때 미군을 파병하면 안 된다, 분단 문제는 한국이 해결하게 하라고 말했던 사람이에요. 그가 WCC에도 영향을 많이 끼쳤죠.

그 사람이 바르트와 가까웠고, 바르트는 동구권에 가면 공산당에 협조하라고 했었지요. 공산당은 공산주의와 기독교를 혼동하지 않는데, 서양 자본주의는 기독교를 기독교 자본주의로 혼동한다는 겁니다. 그는 동유럽 젊은이들에게 강의를 많이 했어요. 나는 제3세계 에큐메니칼신학자협의회에 가서 이것을 강조했고, 제3의 길을 소셜리스트(사회주의)라고 주장했습니다. 소셜리스트가 아니면 캐피털리스트(자본주의)가 되어버리는 거니까요. 다른 길이 없어요. 자본주의자들의 종말을 우리는 현재 보고 있으니까요.

민족을 위해 기도하는 통일신학자, 박순경*

권형택
(전 민주화운동기념사업회 사료관 전문위원)

417호 대법정이 통일신학의 강연장이 되다

1991년 11월 1일 오후 2시 서초동 서울지방법원 대법정 417호실에서는 칠십을 바라보는 노령의 여신학자 박순경 교수에 대한 국가보안법 위반사건 1심 재판이 열렸다. 백여 명의 방청객이 법정을 가득 메운 가운데 재판장 정호영 부장판사가 개정을 선언하자 희끗희끗한 머리를 뒤로 빗어 넘기고 구치소 수감자들의 겨울용 회색 한복을 단정하게 차려입은 박순경 교수가 여교도관의 부축을 받으며 법정으로 들어왔다. 왼쪽 가슴에는 수인번호 '72'를 새긴 명찰을 달고, 까만 털실 양말을 장갑으로 끼고 있었다. 여기저기 가벼운 탄식 소리와 함께 방청석이 잠시 술렁거렸다. 박 교수는 방청석의 낯익은 얼굴들에 잠시 고개를 돌려

---

* 이 글은 가톨릭 잡지 〈공동선〉 No. 138 2018년 1.2월 합본 69-77에 실렸다.

눈인사를 나누고 교도관에 이끌려 피고인석에 앉았다. 검사석에는 조영수 검사가, 변호인석에는 홍성우, 한승헌, 강철선, 백승헌 등 변호인단이 이미 나와 앉아 있었다.

재판장의 인정신문으로 재판이 시작되었다. 이름과 직업, 주소를 묻는 간단한 확인이 끝나자 피고인의 모두진술 시간이 주어졌다. 박순경 교수는 구치소에서 공들여 작성한 장문의 모두진술서를 낭랑한 목소리로 읽어 내려갔다. 1시간 반에 걸친 모두진술에 이어 검사 심문, 변호인 반대 심문, 판사 심문 순으로 재판이 진행되었다.

박 교수의 국가보안법 위반사건에 대한 검찰의 공소사실은 크게 2가지로 압축되었다. 첫째는 1990년 3월부터 정부가 불허하는 범민족대회 예비회의에 참여하는 등 범민족대회추진본부(이하 범추본)에 간부로 참여하여 활동하였고, 이후 1991년 1월 문익환 목사 등과 함께 이적단체인 범민련 남측본부 준비위를 결성하여 부위원장으로 활동하였고, 둘째 1991년 7월 일본 동경 재일 한국YMCA에서 개최된 '제2차 조국의 평화통일과 기독교선교에 관한 기독자 동경회의'에 참석하여 "기독교와 민족통일의 전망"이라는 주제강연을 통해 북한의 주체사상에 적극동조하고 찬양하였다는 것이다.

모두진술에서 박 교수는 검찰의 공소사실에 대해 하나하나 반박해 나갔다. 박 교수는 검찰이 현직 교수이며 신학자인 자신을 구속한 사유가 동경강연에 초점이 있었다고 보고 두 번째 공소사실에 집중하였다. 반론의 요점을 요약하면 우선 자신의 동경 강연은 주체사상에 대한 신학적 재해석 시도이고, 내용상으로도 결코 '찬양'이라고 할 수 없다는 것이었다. 이 강연에서 보인 주체사상에 대한 재해석 시도는 오히려 주체사상을 상대화시키고 따라서 그에 대한 비판 가능성을 열어놓은 것이라고 주장하였다. 범민족대회와 범민련준비위 참여에 대해서는 자신의 활동 내용을 검찰이 부정확한 자료에 근거하여 부당하게 확대 해석한 점을 지적하였다.

박 교수의 모두진술은 250~260매에 달하는 장문으로 읽는 데만 2시간 반 이상이 걸리는 것이었지만 백승헌 변호사의 조언에 따라 요약해서 낭독했다. 그런데도 1시간 30분 정도가 소요되었다. 그중에서도 동경 강연에 대한 신학적 변증은 거의 학술논문 수준으로 대법정을 신학 강연장으로 바꿔놓은 듯했다. 그것은 박순경 교수가 의도한 것이기도 했다.

이날 재판은 5시간쯤 진행되었고, 재판장이 11월 8일 2차 공판을 선언하면서 폐정했다. 이날 재판은 일반 언론에 크게 주목받지는 않았지만, 한겨레신문에 죄수복을 입은 박순경 교수의 사진과 함께 보도되어 민주 진영 안팎에 큰 감동을 던져 주었다.

11월 8일 결심공판에서 검사는 박 교수에게 징역 3년 자격정지 3년을 구형했다. 변호인 변론에서 변호인들은 박순경 교수가 '학문의 외길을 걸어온' 학자로서 민족사의 정의를 대변하는 '예언자적 사명'을 수행했다고 주장하면서 박 교수에 대한 국가보안법 적용이 부당하다는 점을 강력하게 변론했다.

마지막으로 최후진술에 나선 박 교수는 모두진술에서 밝힌 통일신학과 통일운동의 정당성에 대해서 다시 한번 역설하였다. 아울러 연약한 몸으로 겪는 철창 속의 고통을 호소하면서도 그 고통 속에서 "나는 홀로가 아니고", "내 목숨이 내 것이 아니라"는 깨달음을 얻었다고 고백함으로써 방청객의 심금을 울렸다.

1991년 11월 22일 선고 공판에서 박순경 교수는 징역 1년 6월, 자격정지 1년 6월, 집행유예 2년을 선고받고, 그날 저녁 9시경 서울구치소에서 구속된 지 106일 만에 석방되었다.

이 재판과 수형생활을 겪으면서 박순경 교수는 8.15해방과 분단 이후 수많은 애국지사가 걸어온 고난과 희생의 길에 동참하고 민족 통일운동의 역사에 뚜렷한 족적을 남기는 인물이 됐다. 그리고 박순경 교수가 법정에서 제기한 신학적 과제는 이후 통일신학뿐만 아니라 통일운동 전반에 중요한 영향을 미쳤다.

예견되었던 박순경 교수의 구속 - 범민족대회와 동경회의

박순경 교수는 1991년 8월 9일 국가보안법 위반 피의자로 서울지방경찰청 옥인동 대공분실로 소환되어 조사받고 8월 12일 구속영장이 떨어져 종로경찰서 유치장에 수감되었다. 경찰 조사 3주 만인 8월 29일 검찰로 송치되어 조사를 받고 서울구치소에 수감되었다. 그리고 약 한 달간의 검찰 조사 끝에 9월 27일 기소되었고, 11월 1일 첫 재판이 열린 것이다.

사실상 박 교수의 구속은 연초부터 어느 정도 예견되었었다.

1991년 1월 23일 향린교회에서 계훈제, 이창복, 김희택, 김희선 등 60여 명이 참석하여 '범민련 남측본부 준비위원회 결성대회'를 개최, 준비위원장에 문익환 목사, 부위원장에 계훈제, 윤영규, 박순경, 권종대, 김종식 등 5명을 선임하고, 홍근수 목사, 이창복 등 12명의 준비위원을 임명했다. 이 회의 직후에 정부 당국은 이창복 집행위원장, 김희택 사무처장, 권형택 사무차장 등 실행 간부들을 전격적으로 구속하고, 범민련준비위를 이적단체로 규정하여 일체의 활동을 불법화하였다.

문익환 위원장은 감옥에서 나온 지 얼마 되지 않아 구속은 면했지만, 부위원장, 준비위원과 더불어 일거수일투족 감시대상이 되었다. 준비위 부위원장 박순경 교수, 준비위원 홍근수 목사, 김쾌상, 한충목 등은 결국 나중에 구속되었다.

이 회의는 1989년 1월 21일 전국민족민주운동연합(이하 전민련) 창립총회 결의에 의해 추진된 범민족대회 운동의 연장선상에 있었다.

전민련은 연세대에서 열린 창립총회에서 3월 1일 남북 대표 각 10인씩 참여하는 '범민족대회 개최를 위한 예비회담'을 판문점에서 가질 것을 제안했다. 이 제안을 북한 조국평화통일위원회(이하 조평통)이 수락하여 전민련은 3월 1일 계훈제, 박형규 상임고문과 박순경 학계 대표, 오충일 대표단장, 이재오 조국통일위원장 등 28명의 대표단을 판문점으로 파견했다. 그러나 이 예비회담은 경찰이 대표단을 고양군 벽제 검문소에서 전원 연행함으로써 무산되었다. 그해 7월 북측이 이듬해 90년 8월 15일 판문점에서 범민족대회를 열 것을 다시 제안했다.

1990년 8월 15일 판문점 범민족대회도 남한 당국의 저지로 남측대표의 참가가 좌절되었고, 북측과 해외대표만으로 판문점 북측구역에서 열렸다. 이 대회에 방북 중이던 소설가 황석영 씨가 참가하긴 했으나 남측대표로서 공식성이 없었기 때문에 사실상 반쪽 대회가 된 것이다. 그러나 북한 중앙방송에서 이 대회에서 '조국통일범민족연합'(이하 범민련) 결성이 이루어졌다고 발표했다. 이 소식을 접한 범추본 남측본부는 격론 끝에 이 결정을 수용하기로 하고, 그러나 그 결정 사항을 보완하기 위해 다시 베를린에서 남·북·해외 범추본 대표들의 3자 회담을 가질 것을 제안했다. 그리고 남측대표로 조용술 목사, 이해학 목사, 조성우 평화연구소 대표를 파견했다. 1990년 11월 19일 베를린 시청에서 열린 베를린 3자 회담에서는 "1995년을 통일 원년으로"라는 목표 하에 이를 추진할 민간차원의 상설적 통일운동체로서 범민련을 결성할 것과 남북 각각 범민련 지역본부를 건설할 것에 대해 최종 합의하였다. 베를린 3자 회담 남측대표 3인은 11월 30일 귀국하자마자 김포공항에서 체포되어 구속되었다. 정부의 탄압에도 불구하고 베를린에서 합의한 범민련 결성은 예정대로 추진되었고, 이듬해 1월 23일의 향린교회 회의는 이 합의를 구체화하기 위한 것이었던 것이다.

박순경 교수는 범추본 고문과 전민련 조국통일위원회 위원 자격으로 90년 범민족대회 예비회의에 남측대표로 참석하려고 판문점으로 가다가 재야인사 27명과 함께 파주경찰서로 연행된 바 있었고, 이후에도 범추본 공동본부장, 범민련 남측본부 부위원장 등을 역임하며 꾸준히 통일운동을 이어갔다. 그래서 1989년 문익환 목사의 방북 이후 공안 정국으로 돌아선 노태우 정부가 90~91년 전민련과 범민련 간부들을 대대적으로 구속할 당시에 이미 박순경 교수는 저들의 구속 대상에 올라 있었다고 할 수 있을 것 같다. 게다가 박순경 교수는 91년 8월 15일 서울에서 열기로 한 제2차 범민족대회에 남측본부 부위원장으로서 참가할 의사를 굽히지 않았다. 그렇지만 그와 별도로 정부 당국으로 하여금 박순경 교수의 구속을 결정하게 한 결정적 계기가 있었으니 바로 구속 한 달 전 7월 8일에 동경에서 있었던 제2차 기독자 동경회의에서의 박순경 교수의 발언이었다.

금단을 깨고 통일신학의 지평을 넓히다

동경회의는 조승혁 목사와 박순경 교수 등 남측 인사 30여 명과 미

국 LA에서 활동하는 홍동근 목사 등 해외 인사 30여 명, 북한 조선기독교
도연맹 서기장 고기준 등 북측 인사 4명 등 60여 명이 모여 평화통일과
기독교 선교에 관해 논의하는 기독자들의 모임이었다. 여기에서 박순
경 교수는 2일째 회의에서 "기독교와 민족통일의 전망"이라는 제목의
주제강연을 했다.

이 발표에서 그는 한국의 서양 기독교 선교의 유산을 물려받는 반공
기독교가 반통일세력으로 기능하는 것을 통렬하게 비판하고, 이것을
극복하는 것이 민족해방, 민족통일의 길임을 주장했다. 그리고 북한의
주체사상에서 주장하는 인간개조론, 수령론 등도 민족복음화의 관점
에서 재조명할 필요가 있다고 하는 등 기존에 금단의 영역으로 여겨져
왔던 북한의 주체사상에 대한 신학적 견해를 본격적으로 제시했다. 이
것은 남한의 신학자로는 처음으로 공식 석상에서 '기독교사상과 주체
사상의 대화 필요성'을 밝힌 것으로 교계 안팎에 큰 파문을 일으켰다.

박 교수는 이 강연의 동기에 대해서 1991년 12월 28일 자 한겨레신문
과의 인터뷰에서 이렇게 말했다. "주체사상을 언급한 것은 기독교 선교
의 물꼬를 트기 위해 선교 신학적 접근을 시도해 신학이 주체사상에 파고
들지 않으면 기독교 신앙과 선교가 북한에 뿌리내릴 수 없다고 보았기
때문입니다." 그리고 주체사상 부분에 대해서도 검찰의 '주체사상 찬양'
주장은 어불성설이고, "수령은 유한하므로 역사에서 퇴진하게 될 상대
적 존재이며, 영생하는 집단의 주체, 즉 비어 있는 자리는 인간수령 이상
의 신적인 자리, 하나님의 자리라고 강연에서 주장했다"고 말했다.

그러나 이 강연은 본인의 의도와는 상관없이 당시 동경회의에 함께
참석했던 보수적인 반공 목사들과 공안 당국에는 박순경 교수가 '주체
사상을 찬양했다'고 받아들여졌다. 실제로 동경회의에 참석한 목사 중

15~6명이 검찰에서 박 교수에게 불리한 증언을 했고, 그중 몇 명은 박순경이 주체사상·수령찬양자라고 증언했다고 한다.

박 교수의 강연은 결국 박 교수의 구속을 부르는 계기가 되었지만 어쨌든 금단의 영역을 깨고 통일신학의 지평을 넓혔고, 이후 통일 논의를 활성화시키는 계기를 만들었다는 평가를 받고 있다.

당시 가톨릭신학대학 교수로서 신학생들과 함께 주체사상을 연구한 적이 있는 함세웅 신부는 박순경 교수의 강연을 읽은 소회를 이렇게 피력했다.

저는 박 교수님의 동경 강연내용을 읽으면서 많은 것을 생각했습니다. 우리는 이분을 통해 절망과 좌절의 늪에서부터 해방될 수 있는 새로운 계기를 얻은 것입니다. 참으로 큰 문제점을 안고 있는 한국교회 현실 속에서 신선한 시각을 지닌 이러한 신학자가 존재한다는 사실은 그 자체가 희망입니다. 또한 이렇게 예리한 그리고 용기 있는 여성이 현존한다는 사실은 여성을 통해 교회와 사회의 개혁이 가능하다는 여성해방적, 전인적 구원의 미래전망을 제시한 것이라 생각되었습니다(1991년 10월 24일 '박순경 교수 석방을 위한 기도회와 촉구대회'에서 함세웅 신부의 강연).

필생의 과제를 세우다 – 기독교와 민족과 공산주의의 대화

박순경은 1923년 여주에서 한학자 박용선 선생과 어머니 조원 사이에서 4남 5녀 9남매 중 막내로 태어났다. 당시 박순경의 부친은 선비로 인품은 학자이지만 생활 능력이 없었으며, 둘째 오라버니가 집안 살림을 지탱하게 했다. 박순경은 부모를 따라 서울, 인천 등지로 이사하며 어린 시절을 보냈다. 겨우 입에 풀칠하는 생활 형편 때문에 학교에 갈 엄두를 내지 못하고 있다가, 10살이 넘어서야 겨우 인천에서 성냥공장에 다니면서 무료 야학에서 공부하는 기회를 가질 수 있었다. 학원에 어머니가 데려다주면, 순경은 엎드려 잠만 잤다. 1935년경 12살 무렵에 원주로 이사 가서야 비로소 간이학원(초등학교 과정) 4학년에 입학했고, 반에서 1등을 하면서 아버지의 친구인 한학자 학원장이 순경을 4학년으로 월반시켰다. 그리고 봉산국민학교에 5학년으로 편입학하였다.

졸업하고, 상명실천 전수과 2년을 거쳐 1943년 세브란스고등간호학교에 입학했다. 이 학교 3학년 때 박순경은 친구 김옥선과 함께 1944년 좌파 민족운동가들을 만났다. 이때 몽양 여운형 선생의 연설을 듣고 큰 감명을 받고, 용기를 내서 친구와 함께 혜화동 몽양의 집에 직접 찾아가 만나기도 했다. 당시 친구 김옥선의 오빠가 공산당 계열 독립운동가였는데, 그 오빠가 앓아누워 있다는 소식을 듣고 신의주까지 가서 약병을 전하고 오기도 했다.

1945년 8.15해방이 되자 간호학교 시절에 만난 민족운동가들의 영향으로 박순경은 여운형의 건국준비위원회(건준)과 인민공화국(인공)을 지지하였고, 해방공간에서는 여운형과 김규식의 좌우합작운동을 지지했다. 그리고 이 과정에서 항일독립의식과 함께 공산주의 운동이 의식 속에 깊이 남게 되었다. 이것은 당시에 어린 나이로 기독교와 민족과 공산주의와의 대화라는 필생의 과제를 세우는 계기가 되었다.

1945년 봄 간호학교를 졸업하고 간호사로 근무하던 시간 사이에 서울역에서 안국동까지 걸어서 한글학당에 다녔다. 그런데 해방 직후에 어머니와 아버지가 몇 달 사이에 작고하니, 박순경은 인생무상과 허무감에 빠졌다. 그래도 공부해야겠다는 열망을 가지고 우선 한글학원을 택하였다. 부모님이 돌아가신 충격에다 끼니를 제대로 채우지 못하고, 무리하게 공부하던 박순경은 결국 허무감과 늑막염으로 쓰러졌다. 마산의 둘째 오빠 집에서 요양 중 병석에서 성경의 "하나님은 사랑이시다"라는 구절을 묵상하다가 불현듯 하나님의 실존을 깨닫고 허무 의식을 극복하게 되었고, 신학 공부를 해야겠다는 결심을 하게 된다.

1946년 둘째 오빠의 도움으로 서울 감리교신학교 전수과에 입학했는데, 3년제 본과와 통합되어 1948년 졸업했다. 감리교신학교에 다닐 때는 어느 정당에서 여론조사를 한다고 해서 박순경은 여운형계를 지지한다고 손을 들었다가, 하나님 동산에 붉은 마귀가 들어왔다고 학교에서 쫓겨날 뻔한 일도 있었다. 다행히 교수 한 분과 몇 명의 학생이 옹호해줘서 간신히 퇴학을 면했다. 1948년 봄 당시의 학제에 따라 박순경은 편입시험을 보고 서울대 철학과 2학년에 들어갔다. 대학에 들어가서도 신학에 몰두하였다. 스위스 신학자 칼 바르트에 심취하여 감신대 동기생들인 허혁, 이영빈과 칼 바르트 저작을 번역하기도 했다.

1950년 한국전쟁은 박순경에게 민족 수난의 역사 현장을 생생하게 목격하는 기회가 되었다. 6.25 발발 당시에는 서울에 남아 있다가 연합군이 서울에 진주하여 비로소 거리에 나왔다가 서울대병원 뒤에 켜켜이 쌓여 있는 시체들을 보았다. 거리에 나뒹구는 시체들과 피난민들의 처참한 모습들을 보면서 박순경도 1.4 후퇴 때 부산으로 피난을 갔다. 1951년 피난처 부산에서 서울대를 졸업하고 4년 정도 성신여고와 정신여고에서 영어와 독일어 교사로 봉직하였다. 그러나 박순경은 신학 공부의 꿈과 젊은 시절 세웠던 결심을 실현하기 위해 1955년 말 교사 생활을 접고 미국 유학길에 오른다.

1956년 초 에모리대학에서 오로지 공부에만 몰두하여 1958년 학사학위를 받았다. 그리고 드류 대학 박사과정에 전액 장학생으로 선발되었지만 1년간 뉴욕 유니온 신학교 에큐메니칼프로그램을 수료했다. 1960년부터 드류 대학 대학원에서 조직신학을 전공하고, 1966년에 철학 박사학위(Ph. D)를 받았다. 여성으로서 조직신학을 전공한 한국 최초의 여성 박사였다. 드류 대학 시절 유니온 신학교에 유학 중이었던 박형규 목사와 서광선 목사를 만났고, 이들의 도움으로 박순경은 1966년 귀국하여 이화여대 기독교학과에서 조직신학과 역사신학을 가르치는 교수가 되었다. 이후 박순경은 이화대학에서 1988년 정년 퇴임할 때까지 봉직하였으며, 1988~90년까지 대전 목원대학 대학원 초빙교수로 재직하던 중 통일운동으로 1991년 구속되었다. 목원대학은 박순경을 즉각 해임하였다.

칼 바르트와 작별하고 한국신학으로 전환하다

1972년 박정희 정권이 7.4 남북공동성명을 발표하자 박순경은 '아이쿠! 내가 민족통일 문제를 진작 취급했어야 했는데 내가 지금까지 못 했구나'하는 생각이 들었다. 8.15해방과 좌우 이념대결이 극한으로 치달았던 3년간의 해방공간 그리고 6.25 전쟁 당시 서울 시내에 나뒹굴던 시체들과 피난민의 참상이 머리를 스쳐 가면서 '잠에서 깨어나듯이' 이제까지 숙제로 남겨뒀던 민족통일의 문제를 본격적으로 공부해야겠다고 생각했다.

마침 좋은 기회가 왔다. 이화대학에서 1974년부터 2년간 안식년 연구교수로 유럽에 갈 기회가 생겼다. 1974년 박순경은 민족 문제 연구에 앞서 '기독교와 공산주의의 만남'이라는 과제를 세우고 이념 문제를 정리하기로 했다. 우선 칼 바르트의 고장 바젤대학을 찾았다. 그다음 마르크스주의를 연구하기 위해 튀빙겐 대학으로 갔다. 거기에서 초기 마르크스-엥겔스 저작을 비롯해 많은 책을 읽고 그들의 사상을 탐구했다. 그리고 베를린 자유대학에서 마르크스 사상과 연관된 역사철학을 공부했다. 칼 바르트 신학을 비롯해서 그 계통의 1960년대 신좌파 운동의 대변자 헬무트 골비처를 새롭게 발견하기도 했다.

이 2년간의 유럽에서의 공부 과정에서 박순경은 일찍부터 직관적으로 생각해왔던 '기독교와 공산주의의 만남' 가능성을 재삼 확인했고, 그래서 이후 "기독교와 마르크스주의는 쌍둥이다"라는 이야기를 자주 했다. 이 유럽 유학 과정에서 박순경은 서양 신학에서 한국신학으로 전환이라는 결정적 계기를 맞았다. 1975년 독일 동아시아 선교부가 주최한 '독일-한국 세미나'에서 강연하면서 박순경은 한국신학에 대해 이야기했다. 그리고 우리 민족의 근현대사를 배경으로 민족분단과 통일 문제를 한국신학의 주제로 발표했다.

1975년 바젤에서 박순경은 바젤에서 유학 중이던 변선환 교수와 함께 칼 바르트 무덤에 찾아가 큰절을 올리고 "이제는 끝입니다"라고 인사를 고한 사실이 한때 여러 사람의 입에 오르내렸다. 박순경은 단지 (옛 스승에 대한) 고별인사일 뿐이라고 확대해석하지 말기를 거듭 강조한다. 그러나 어쨌든 서양 신학에서 한민족의 신학, 한국신학으로 전환할 것을 결심한 장면이라고 할 수 있다.

1976년 귀국해서 이화여대로 복귀한 후 박순경은 한편으로 민족 문제를 규명하기 위해 신채호, 박은식 등 민족 사가들의 저작을 탐독하면서 한국 근현대사 연구에 몰두하는 한편 교회와 신학자들의 모임에서 통일 문제 강연에 적극적으로 나섰다. 반공기독교를 비판하고 민족통일의 과제를 제시하는 통일신학의 글들도 연이어 발표했다. 귀국 후에 박순경은 남미 해방신학에 대해서도 적극적으로 관심을 가지고 관여하였다. 그래서 1981년부터 제3세계에큐메니칼신학자협의회(EATWOT) 한국 연락 책임자를 맡고, EATWOT에서 발행하는 *Voices*라는 잡지의 편집위원을 역임하기도 한다. 한편으로 아직 불모지나 다름없는 여성신학을 개척하는 역할도 담당하여 1980년에는 한국여신학자협의회의 창립 회장으로 선출되어 오랫동안 활동하였다.

강단의 신학자에서 통일운동가로 – 6월항쟁과 조성만 열사

1972년 7.4 남북공동성명이 박순경을 서양 신학에서 한국 신학에로의 전환의 계기였다면 1987년 6월 항쟁을 계기로 박순경은 민주주의 투쟁과 통일운동을 정치신학·통일신학의 주제로 설정할 수밖에 없다는 생각을 강화하게 하였다.

1987년 박종철, 이한열 열사가 죽고, 6월 민주항쟁이 활화산처럼 터지면서 조국과 민족을 위해 나름, 열심히 살아왔다고 생각했던 박순경도 내가 민족사의 현장에서 과연 무엇을 했는가? 자신을 돌아보게 되었다. 그래서 6월 항쟁 기간 동안에 이대 제자들이 학교 광장에서 스크럼을 짜고 이대 정문 앞을 지나 신촌 로터리로 향하면 박순경도 남몰래 그 뒤를 따라 시위대열에 합류하여 거리를 쏘다니곤 했다. 최루탄도 맞고, 거리의 군중들과 함께 경찰에 쫓겨 다니기도 했다. 언젠가는 전투경찰들이 이대 캠퍼스 안까지 들어와 학생들이 끌려가는 장면을 목격한 박순경은 쫓아가 울고 소리치며 연행을 막은 적도 있었으며 수배당한 학생을 자신의 집에 숨겨주기도 하였다. 연세대에서 이한열 열사

장례식이 있던 날은 감옥에서 막 나와서 장례위원장을 맡은 문익환 목사가 장례식에서 열사들의 이름을 목 놓아 부르고 시청 앞까지 행진해 갈 때는 박순경도 신촌 로터리부터 내내 눈물을 흘리며 그 뒤를 따라갔다.

88년 이대 교수 은퇴를 며칠 앞둔 시점에 박순경의 영혼을 뒤흔든 충격적인 사건이 있었다. 5월 15일 명동성당 문화관 옥상에서 서울대생 조성만 열사가 남북공동올림픽 개최를 요구하는 유서를 남기고 투신자살한 사건이 일어난 것이다. 5월 18일 이화대학 대강당, 은퇴를 앞둔 박순경의 마지막 채플 설교는 조성만 열사 이야기를 하면서 설교자가 흐느껴 우는 바람에 학생들도 따라 울고 여기저기서 훌쩍거리며 우는 소리가 들렸다. 은퇴 설교의 일부분이다.

모든 피조물의 진통을 우리는 분단된 민족사회에서 체험하며, 더 구체화시키자면 5.18 피눈물 나는 광주사건에서, 또한 명동성당 교육관 4층에서부터 투신 살신(殺身)한 조성만 군의 기막히는 사건에서 체험한다. 이 밖의 많은 사건들이 새로운 통일된 민족사회의 탄생을 외치는 소리들이다.

은퇴 무렵에 이대 출신 여학생 한 사람이 찾아와 평화연구소 고문으로 참여해 주십사는 조성우 소장의 말을 전하고 간다. 그 여학생도 자기 학교 교수 중에 통일 문제에 너무나 열심인 분이 있다는 걸 우연히 알고 조성우 소장에게 소개했고, 조성우 소장도 너무나 뜻밖이고 놀라워 바로 그 여학생을 박순경에게 보낸 것이다. 당시까지만 해도 통일신학자, 조직신학자로서 학계에서는 이름을 날리던 박순경이지만 통일운동 진영에는 거의 알려져 있지 않았었다. 박순경은 조성우의 제안을 기꺼이 수락했고, 조성우는 박순경을 자신이 관여하고 있던 전민련 통일위원회 위원, 범민족대회 예비회담 학계 대표 등으로 추천했다. 이때를 계기로 박순경은 통일운동 일선에 적극 나서게 되었다.

민족을 위해 기도하는 통일신학자, 박순경

감옥에서 나온 지 1년쯤 지난 1992년 11월 12일, 박순경은 그동안 걸어온 고난의 체험과 통일신학의 논문들을 한울출판사에서 두 권의 책으로 펴내고 출판기념회를 가졌다. 『통일신학의 고통과 승리』와 『통일신학의 여정』이 그것이다. 이 출판기념회 소식을 듣고 옥중에 있던 문익환 목사가 무려 7차례에 걸쳐 연속해서 편지를 보내 축하와 함께 박순경의 노고를 치하했다. 아울러 박순경의 통일신학이 화해의 신학으로 발전하기를 바란다는 충고도 아끼지 않았다. 그러면서 책을 읽고 난 감동을 문 목사는 이렇게 표현했다.

민족 문제, 통일 문제를 심도 있게 본격적으로 다룬 신학이 울창한 한 그루 상수리나무로 자란 것을 보면서, 축하를 받아야 할 것은 한국교회라는 생각이 듭니다. 어느새 한국교회도 이만큼 자랐다는 것, 이만큼 깊어졌다는 게 그리도 자랑스럽군요.

박순경을 만나본 사람은 누구나 그 곱고 단아한 모습에 감탄하면서, 저런 사람이 어떻게 그 험난한 학문의 길을 그리고 투옥까지 겪는 통일운동의 길을 걸었을까 의아하게 생각한다. 그러다가 그 고운 자태 속에 숨어 있는 뜨거운 열정과 강인한 기백을 발견하면서 놀라곤 한다. 1962년 미국에서 박순경을 만난 박형규 목사에게도 그런 인상이 강력했던 것 같다. 1991년 8월 '박순경 교수 석방을 위한 기도회'에서 "내가 아는 박순경"이라는 연설에서 박 목사는 이렇게 얘기한다.

박순경 박사 방에 가서 커피도 한 잔 대접 받고 빵도 얻어먹었는데… 놀랐습니다. 도대체 이 사람이 여잔가, 남잔가? 얼굴은 분명히 여잔데 그분의 사는 방식은 남자로 하여금 굴복하게 만드는 그런 삶이었습니다. 그것은 무슨 의미냐 하면, 보통 하나님에게 사로잡힌 사람이라고 하면 우리는 남자를 상상하는데, 예컨대 예레미야, 이사야, 엘리야 같은 사람을 상상하는데, 내가 박순경 박사를 딱 보고는 '아! 여자도 하나님에게 사로잡히는 경우가 있구나' 하고 생각했다는 것입니다

그리고 박순경이 팔순이 될 때까지도 설악산, 지리산, 관악산을 등산하고, 그 과정에서 5차례나 뼈가 부러지는 부상을 당했다는 사실을 아는 사람은 많지 않다. 1971년 이대 기독교학과에 입학하면서 박순경을 만나 지금까지 스승으로, 어머니로 모시고 살고 있는 한신대 신학과 김애영 교수의 회고담이다.

내가 한신대 대학원에 다니던 1978년 가을 어느 날 연락이 오기를 당신이 이대 동료 교수 등과 내설악을 등반하던 중 마등령 정상에서 오른쪽 다리 골절을 당해 앰블런스로 이대병원에 이송되어왔는데, 내일 수술을 해야 하니 와 줄 수 없겠느냐는 것이었다. 나는 그날로 짐을 싸 들고 병원에서 선생님을 간호하기 시작했다. 퇴원 후에도 선생님 댁에서 몇 개월을 간병했는데, 그때 선생님과 밤새도록 이런저런 이야기를 나누면서 그동안 제가 막연하게 느끼던 삶에 대한 회의와 방황을 모두 털어버리고, 일생을 바

쳐 정말 해보고 싶은 일을 단번에 찾아낼 수 있었다.

(원초 박순경 박사 팔순기념 문집『과거를 되살려내는 사람들과 더불어』, 2003,

㈜사계절출판사)

범민련 사건으로 감옥을 살고 나온 이후에도 박순경 교수의 통일운동 행보는 쉬지 않고 이어졌다. 1994년부터 6년간 자주평화통일민족회의 상임공동의장을 역임하였고, 이후에도 통일연대 명예대표, 6.15 공동선언실천 남측위원회 상임고문 등을 지냈다. 2009년 6월에는 (사)통일맞이에서 수여하는 '늦봄 통일상'을 수상하기도 했다.

박순경 교수는 올해, 만 95세로 방배동 자택에서 박 교수의 구속사건이 계기가 되어 1991년부터 제자 한신대 신학과 김애영 교수와 함께 살고 있다. 2014년 11월 박순경 교수는 92세의 나이로 710페이지에 달하는『삼위일체 하나님과 시간 제I권 구약편』를 탈고하고 출판기념회를 열어 주위를 놀라게 했다. 그러나 호사다마(好事多魔)인지 그해 12월 빙판에서 낙상하여 척추압박골절로 오랫동안 고생하였다. 지금까지 잘 걷지 못한다. 또 2015년에는 대상포진이 발병하여 지금도 그 후유증으로 고생하고 있다. 그럼에도 불구하고 박순경 교수는 굴하지 않고 집필 계획대로 제II권 신약편의 총서론을 쓰고 있는 중이다. 제3권 성령편은 제자 김애영 교수의 몫으로 남겨두었는데, 박 교수는 자신이 살아있는 동안에 그 계획들이 다 이루어지기를 고대한다. 박순경 교수는 지금도 민족 자주 평화 통일을 위해 노심초사하며 쉼 없이 기도하고 있다.

3부

박순경 교수의 글모음

한국신학을 회고하고 미래를 전망하면서*

박순경

1. 시작하는 말

한국기독교학회가 지난 30년 동안 어떠한 신학을 다루어 왔든, 그것은 한국에서 논의되었다는 의미에서, 넓은 의미로 '한국신학'이라고 규정되어도 될 것 같다. 나의 회고는 30주년 행사들의 일부분인데, 이 회고는 과거를 단순히 반복하는 것이 아니라 재론을 필요로 한다. 과거를 회고하고 재론함에 있어서 현재에 가능한 한에서 한국신학의 미래 전망을 생각하지 않을 수 없다.

'한국기독교학회'의 이전의 명칭은 '한국기독교공동학회'였으며, 이 공동학회는 '전국신학대학협의회'(KAATS: Korea Association of Accredited Theological Schools)라는 모태에서 탄생되었다. KAATS가 1965년 창립되면서 한국·일본·대만을 축으로 하는 '동북아신학대학협의회'(NEAATS)가 1967년에 창립되었으며, 일본의 '신학교육협의

---

* 이 글은 한국기독교학회 편, 『한국기독교학회 30주년사』(서울:대한기독교서회, 2001), 19-34쪽에 실렸다.

회'(JATE), 대만의 '신학교육협의회'(TATE)도 생겨났으며, 이 세 기구의 상호 협력사업들도 한때 추진되었다. '신학교육재단'(TEF)의 총무였던 대만출신의 코(Shoki Coe)박사가 그러한 동북아의 신학협의기구들의 출현과 상호 연계 활동을 위하여 많은 역할을 수행했다. 그러한 동북아의 협의기구들과 아시아 그리스도교 협의기구들과의 연계 활동도 활발하게 전개되었으며, 이러한 연계 활동들은 오늘날보다 60년대에 더 활발했던 것 같다. KAATS는 한국신학대학들과 한국기독교신학이 서로 만나는 장을 마련해 주었다는 점에서 그 의의가 크다.

내가 직접 참여한 학술발표들과 논평은 '기독교공동학회'라는 이름 아래서 수행되었는데, 『1965~1995 전국신학대학협의회 30년사』(전국신학대학협의회 출판)를 보자면(내 발표들에 관해서만 말하자면), 1973년과 1980년의 조직신학 분야의 주제와 발표자인 내 이름이 탈락되어 있으며, 1984년 종교신학에 대한 내 논평에 있어서는 발표자 변선환과 논평자 박순경이 표시되어 있을 뿐이다.

2. 조직신학 분야의 발표사례들, 회고와 재론

1) 1973년 현대신학의 신론: 칼 바르트의 하나님론 연구

'현대신학의 신론'은 조직신학 분야의 주제이며, 내가 이 주제 아래서 "칼 바르트의 하나님론 연구"를 발표했는데, 이 발표 주제는 이화여대 한국문화연구원의 『논총』 21집에 실려 있는 "칼 바르트의 하나님 연구I : 하나님 인식"이라는 연구에 그 후속인 II 하나님의 존재를 부가해

서 종합적으로 그러나 요약적으로 1973년 이 학회에서 발표된 것이다.[1]

바르트의 하나님론은 현대신학과 사상 일반에서 야기된 신론의 위기를 돌파하여 새롭게 형성된 것이다. 바르트는 슐라이에르마허에서처럼 인간의 종교체험이나 신(神) 의식에서부터 서술된다는 神, 헤겔에서처럼 인간의 정신적 차원이나 神 이념, 즉 절대정신으로서의 神, 결국 포이에르바흐(L. Feuerbach)에서처럼 인간에로 환원되는 신, 이러한 맥락과 상통하는 맑스주의를 비롯한 현대의 무신론과 같은 위기 상황들을 돌파해 나가고 신학 전통에서의 신론을 비판적으로 재해석하면서, "하나님은 하나님을 통해서만 인식된다." 즉, 그의 자아 계시를 통해서만 인식된다는 근본 명제 아래서 하나님론을 새롭게 구성했다. 하나님 인식의 출발점은 그러므로 우리가 어떻게 하나님을 알 수 있는가? 라는 우리의 인식 가능성에서 시작하는 것이 아니라, 하나님이 그의 계시 사건, 즉 궁극적으로, 종말론적으로 예수 그리스도 안에서 일어난 사건, 즉 하나님 인식이 수행되고 성취된 사건이라는 하나님 인식의 현실성(Wirklichkeit)에서부터 시작한다는 것이다. 인간에 의한 하나님 인식의 가능성은 그 현실성에 의해서 주어지는 능력이며, 이 가능성은 인간이 본유하는 어떤 神이념에서부터 도출되는 것이 아니다. 하나님의 존재는 시간과 역사 안에서의 그의 행위, 즉 예수 그리스도에게서 일어난 사건에서 이 사건에서의 그의 존재, 우리를 위한 존재(Deus pro nobis)를 의미하며 동시에 이 존재 양식에서부터 승인되어야 하는 하나님 자신 안에서의 존재(Deus a se), 그의 자유한 신비의 존재의 차원, 삼위일체 하나님의 존재 자체를 의미한다. 만일 하나님의 내적인 존재

---

[1] 이 연구는 Karl Barth의 *Kirchliche Dogmatik* II/1에 기초해 있다. 박순경, 『하나님 나라와 민족의 미래』 (서울: 대한기독교출판사, 1984), 85-186 참조.

자체가 승인되지 않는다면, 그는 아주 쉽게 인간의 신 의식이나 종교체험, 신 이념으로, 즉 인간에로 환원되어 버릴 것이다. 이와 같이 설명되는 하나님 인식과 존재는 종래의 형이상학적인 인식론이나 신 존재 증명론과는 전혀 다르며, 또한 인간의 종교의식에서부터 도출될 수 있는 것이 아니다. 그와 같이 바르트의 신학은 종래의 형이상학, 헤겔, 슐라이에르마허, 포이에르바흐, 칼 맑스의 사상들과 단절되는 것 같으면서도, 이러한 사상들의 요인들이 바르트 신학 형성에 여러 가지로, 암시적으로 또 명시적으로 작용한다는 사실이 간과되어서는 안 된다.

바르트의 하나님론 발표장에는 박봉랑, 허혁, 안병무 외 여러 고참이 참석했고 논평자는 서남동이었다고 기억되는데 그는 참석하지 않았다. 장내의 첫 반응은 무엇이라고 규정하기 어려운 웃음뿐이었다. 드디어 안병무가 말을 열었다. "그렇게 어려운 말을 잘도 엮어내는데, 원 그렇게 신론이 어려워서야 하나님을 어찌 알 수 있단 말인가?" 사람들은 여전히 웃었다. 그러자 박봉랑은 "설령 우리가 모른다고 해도, 모른다고 해서 바르트 신학을 도외시해버려서는 안 됩니다. 바르트 신학은 대단히 중요하므로 우리가 이해하도록 노력해야 합니다"라고 심각한 어조로 반응하여 내 부담감을 덜어주었다. 허혁을 바라보니, 묵묵히 웃고만 있었다. 나는 그의 심중을 잘 알고 있었다. 그는 안병무의 반응을 공유했었을 것이나, 부가해 말해둘 것이 있다. 그는 본래 바르트 신학에 큰 관심을 가졌으나, 독일에서 공부하면서 바르트 신학의 철저성에 반기를 들었다. 신학을 바르트처럼 그렇게 완벽해서는 안 된다는 것이며, 바르트는 하나님의 품속에 쏙 들어갔다 나온 사람처럼 말한다는 것이다. 그래서 허혁은 방대한 신학을 펼친 바르트보다는 성서의 역사적 연구에 집중한 불트만에 기울어지게 된 것이다. 물론 허혁의 반바르트론은 바르트 신학에 적중하지 않는다. 하나님론을 완벽하게 말한다는 것은 바르트에게 있을 수 없는 일이며, 그의 하나님론은 사변, 즉 체계가 아니라 예수 그리스도의 사건에 대한 해석에 총집중하지만, 신학 전통과 그의 시기에 주어져 있는 현재적 문제들에 대한 비판과 재해석 작업에서 그렇게 어렵고 방대하게 전개된 것이다.

서양 신학 전통이든, 바르트의 신학이든 그것이 우리 민족사와 현재와 관련해서 또 한국종교들과 문화 사상에 관련하여 비판적으로든, 긍정적으로든 재해석될 때 또 재해석하는 과정에서 그것은 한국신학 형성의 풍부한 소재와 계기가 될 수 있을 것이다.

2) 1980년 역사와 신학: 한국민족의 문제와 신학의 과제

1979년에 있어야 할 기독교공동학회가 1980년으로 연기되었으며, '역사와 신학'이라는 조직신학 분야의 주제 아래서 나의 "한국민족의 문제와 신학의 과제"라는 논문이 발표되었다.[2] '역사와 신학'이라는 주제는 애초부터 나의 신학 추구의 주제이다. 이러한 나의 주요 관심사를 알고 있었던 변선환이 1979년의 조직신학 분야의 발표를 내게 의뢰했던 것이다. 내가 특히 우리 민족사를 다루게 된 동기는 통일 문제와 직결된다.

---

2 이 발표 제목은 박순경, 『하나님 나라와 민족의 미래』, 368-412쪽에 실려 있는 「민족의 문제와 신학의 과제 I: 근대의 사회 격변과 민족운동」의 약칭이다. 이 논문은 본래 내가 1975년 Berlin 자유대학에서 연구교수로 있을 때 독일의 동아시아 선교부가 주최한 Deutsch-Koreanische Tagung을 위하여 행한 "Einleitung in die Probleme und Aufgaben der Theologie in Korea"라는 강연을 확대한 글이다. 위의 책, 413-420쪽의 원문 참조.

1972년 7.4 남북공동성명이 발표되자, 나는 1945년 이래 생각해온 통일 문제 해결의 시야를 열기 위하여 유럽에서의 맑스주의와 역사철학 연구계획을 세웠다. KAATS의 후원자이기도 한 TEF의 총무 쇼키코 박사의 재정지원으로, 나는 1974년부터 1년 반을 바젤대, 튀빙겐대, 베를린자유대와 접촉하면서 사상들의 흐름을 점검했다. 나는 통일 문제를 위시하여 한국신학에로의 한 전환점을 찾고 있었다. 사실 나는 미국에서 박사학위 논문을 완성할 무렵에 한국신학에로의 전환의 필요성을 절감했으며, 한국에서 신학교육에 종사할 때도 처음부터 한국신학의 출발점을 모색하면서 많이 방황했다. 1975년 베를린에서의 강연(각주 2 참조)은 그러한 전환을 위한 내 결단에서 행해진 것이다. 1976년 봄에 귀국하여 나는 여러 강연에서 또 모임들에서 한국교회의 반공을 비판하면서 통일을 역설했으나, 회중은 대체로 무반응이었고 나를 경계했다. 분단 상황을 파악하기 위하여 나는 민족 근현대사 연구의 필요성을 절감하고 항일 민족 운동사와 분단사의 처참한 사건들을 더듬어 보았다. 이 연구발표와 논문은 그러한 역사연구의 결과이다.

'역사와 신학'이라는 주제는 '역사와 계시'라고 표현될 수도 있다. 하나님이 역사에 오시고 역사에서 행위 하신다는 성서적 신앙에 상응하여, 신학은 부단히 역사적 사건들과 문제들에 대한 결단이 필요하다. 거듭거듭 결단함으로써 신학은 역사와 더불어 말하고 행하는 역사성을 가지게 된다. 한국신학은 우선적으로 우리 민족사의 과거와 현재의 문제 상황들에 던져져 있으며, 이것들과 씨름하면서 새 미래를 열어가야 한다. 한국 종교들과 문화사상들의 의미도 역사적 현재와 관련되지 않으면 몰역사적인(a-historical), 추상적인 어떤 것이 되어 버린다. 우리는 다 예외 없이 분단의 굴레 아래서 산다. 종교들과 문화사상도 분단 상황에서부터 자유하지 않다. 통일은 우리 민족 전체의 운명을 새롭게 결정할, 민족해방, 사회해방의 새 미래를 열어줄 민족사의 최대의 과제이므로 한국신학의 우선적인 주제로서 해석될 필요가 있다.

왜 분단 극복과 통일이 한국신학의 우선적인 역사적 과제라는 말인가? 분단은 일본의 식민주의, 제국주의 지배 아래서 또 미·소 냉전과 대결에서 발단했으며, 특히 미국의 자본주의적 세계지배 전략이 우리 민족의 분단의 주범이며 지탱력이다. 그러한 세계지배 세력들은 단적으로 하나님의 의와 정의에 위배된다. 분단 극복과 통일은 이러한 세력들과의 투쟁 없이 이루어지지 못한다. 이러한 분단세력들을 묵과하면서 교회와 신학은 하나님의 의와 나라를 증언할 수 없다. 이러한 주장이 이 발표의 핵심주제이다.

또 이 발표에서 나는 1920년대에 대두한 민중 개념을 제시했다. 예컨대 신채호의 1923년 "조선독립선언"에 나타난 '민중 직접 혁명'은 항일 민족운동이 사회주의적 사회변혁의 필요성을 포괄하는 의미에서의 민중혁명을 의미하는데, 이러한 민족·민중운동이 20년대 이래의 새로운 민중 개념의 민족사적 맥락이라는 사실이다. 세계의 자본주의, 식민주의, 제국주의적 지배세력들 아래서 조선 민족 전체가 민중이며, 민족사와 세계사의 불의는 그러한 피지배 민중의 현실에 비추어서 심판받아야 한다. 그러한 의미에서 민중은 신학의 주제가 될 수 있다. 그러나 70년대 이래 논의되어 오던 민중신학은 민중을 70년대 민주화 인권운동에서부터 이끌어 내므로 그 민중 개념은 역사적으로 불확실할 뿐만 아니라 철저하지 못하다는 것을 나는 암시했다.

내 발표장에 비교적 많은 신학자가 참석했는데, 우선 김용복이 '새로운 민중 개념'이 제시되었다고 지적했으나, 민중신학이 말하는 민중과 관련해서는 아무러한 논평을 하지 않았다. 사실상 그는 내 통일신학적 민중 개념을 받아들이지 않는다. 고재식을 비롯한 젊은 신학자층이 내 입장에 적극적인 공감을 표시했다. 그러나 전경연, 박봉랑과 같은 신학자들은 대단히 비판적이었다. 전경연은 "그게 무슨 신학이냐"고, 바르트 신학자가 신학을 어떻게 그렇게 할 수 있느냐는 식으로 반응했고 박봉랑도 그렇게 생각했을 것이다. 결국 이들은 역사사회 세계와의 바르트 신학의 관련성을 도외시해 버린다. 일찍이 바르트는 말하기를, "한 손에 성서를, 다른 한 손에 신문을 들고 신학한다"고 천명한 바 있다. 신문은 세계를 대표하는 표식이다.

이 발표는 한국에서의 나의 통일신학의 첫 공개화였으며, 그것은 1945년 해방 이래의 나의 통일 의지의 신학적 재포착이었으며, 1975년 독일 베를린에서의 저 강연의 확대이다. 한국조직신학계에서 한때 통일 문제와 통일신학의 가능성이 논의되었다는 말을 들은 적이 있는데, 통일신학은 통일 후에는 끝나버리는 한시적인 것이라고 결론 지어졌다고 한다. 그러한 논의와 결론은 세계 상황, 분단 상황, 민족·민중의 문제, 민족의 미래에 대한 인식 부족에서 되어진 것 같다. 통일의 과제는 민족해방과 평등, 사회해방과 평등, 새 세계질서 창출의 가능성과 방향을 열어놓을 수 있는 계기가 될 것이며, 통일에 함축되어 있는 그러한 가능성과 역사적 과제는 종말론적인 하나님 나라의 도래에 "상응"(Entsprechen, 바르트가 즐겨 쓰는 말)해서 해답되어야 할 민족사·보편사적인 과제에 해당될 것이다.

3) 1984년 종교신학: 변선환의 "타종교와 신학"에 대한 논평

1984년 조직신학 분야의 주제가 '종교신학'이었다고 기억된다. 변선환의 "타종교와 신학"이라는 발표는 1985년 한국신학연구소가 펴낸 『역사와 신학』에 실렸다. 그에 대한 내 논평은 시간의 제한상 충분히 설명될 수 없었으므로 참석자들에게 잘 이해되지 않았을 뿐만 아니라 내 문제 제기가 발표자에 의해서 이해되지 않은 채 얼버무려져 버렸다. "결국 박순경 누님과 나는 합일한다"는 식으로 변선환은 내 문제 제기를 피해버렸다. 장내에 웃음이 터져 나왔지만, 다시 해명할 시간이 내게 주어지지 않았다. 그래서 나는 논평을 별도로 "기독교와 타종교"라는 논문으로 썼다.[3]

변선환의 발표의 요지와 내 논평은 그 논문에서 상론되었으므로 나는 여기서 그것을 반복하지 않고 다만 그의 입장의 문제점을 간략하게 논하고자 한다. 그는 '그리스도 상징'(Christ-symbol)이라는 개념 아래 불교를 비롯한 모든 종교를 포괄 종합하는, 말하자면 혼합주의적 파토스를 가지고 있었다. '그리스도 상징'이라는 상징주의는 스위스 바젤대학의 부리(Fritz Buri) 교수의 영향을 반영하는 것 같다. 그리스도 상징이란 부리에 있어서 인간 실존의 상징, '탈 케리그마한' 상징을 의미한다. 변선환에 의하면 그리스도 상징이란 역사적 예수에 한정되지 않는다는 것이며, 따라서 성서적 계시 사건에서부터 추상화된 보편적인 종교개념이라는 의미를 가진다. 역사적 예수에 한정되지 않는 그리스도 상징이어야, 이 상징이 모든 종교를 포괄, 종합할 수 있다고 생각된

---

3 박순경, "기독교와 타종교," 『민족통일과 기독교』 (서울: 한길사, 1986), 53-68.

것 같다.

이에 대한 문제 제기는 이러하다. 첫째로 역사에 실존한 예수와 분리될 수 있는 보편적인 '그리스도 상징'이란 예수에게서 일어난 하나님의 계시 사건에서부터 도출된 개념이 아니며, 따라서 몰역사적(a-historical) 종교개념이다. 둘째로 힌두교, 불교, 유교, 도교, 무속 등의 종교들이 '그리스도 상징'이라는 개념 아래 포괄될 수 있겠는가? 이들의 다채로운 표상들이 '그리스도 상징' 아래서 대대적인 재설명이 필요할 것인데, 변선환은 이러한 작업의 필요성조차 언급하고 있지 않다. 그러한 작업을 과연 누가 할 수 있겠는가? 셋째로 '종교신학'이란 그리스도교 이외의 타종교들을 신학화한다는 것을 의미하지 않겠는가? 신(神)개념의 공통적인 거점이 설정되어야 '종교신학'이라는 개념이 성립하지 않겠는가? 힌두교와 불교에 있어서는 神이란 '브라만'이나 '각'의 궁극적인 경지보다 저차원의 다신론적 단계들의 표상이다. 무속의 여러 신은 인간 영혼들과 구별되지 않는다. 인간과 우주 자연과 구별되는, 그러나 인간과 우주 자연이 창조자, 구원자 하나님, 예수 그리스도에서 인간과 화해하고 하나된 화해자, 중보자 하나님이 신학에서의 神 개념의 거점이며 출발점이 아닌가? 이러한 神 개념이 저 종교들에 의해서 용인될 수 있는가? 이러한 문제 제기는 '종교신학'을 주장하는 신학자들 모두에 대하여 물어져야 하는 것이다. 나는 저 종교들이 이러한 성서적 신개념을 받아들일 수 없다는 결론을 내리지 않으며, 내릴 수도 없다고 생각한다. 그것은 어쩌면 종말론적으로 열려있는 문제일 것이다.

'종교신학'의 깊은 의도는 종교 간 대화에 대한 갈망에서 비롯되었을 것이다. '종교신학'을 주장하는 사람들은 바르트 신학에 입각해서는 대화가 불가능하다고 생각하는데, 그렇지 않다. 바르트에 있어서 종교

간 대화의 가능성은 열려있다. 어떻게 대화가 가능한가 하는 문제를 그는 설명하지 않았으며 또 설명할 수도 없었다. 사실 불교에 대한 탐닉 가능성이 내 심정에서 아직도 사라지지 않고 있으며, 나도 대화에 대한 갈망을 공유한다. 나는 모든 불상이 나자신이 아니라고 생각해 본 적이 없다. 무속의 모든 神이 내 기억과 정신 속에서부터 표출되어 나올 수 있다고 상상된다. 이러한 종교적 정신성(Spirituality)은 인간학 혹은 종교학의 의미에서 종교철학적으로 설명될 수는 있으나 성서적 神 개념의 거점이 될 수는 없다. 성서적 神 개념은 이러한 종교적 정신성에 대해서 어떤 궁극적인 의미를 가질 수 있다고 상정되고 설명될 수는 있으나, 이러한 설명이 타종교들을 종합한다거나 이들과의 대화의 토대가 될 수 있는 것은 아니다. '그리스도 상징'이라든지 어떤 다른 포괄적인 개념 아래서 그리스도교와 타종교들이 종합될 수는 없다. 타종교들은 그들 나름대로 존속하는 것이 좋다. 그리스도교, 힌두교, 불교, 이슬람교, 어느 종교도 타종교들을 종합할 수 있는 어떤 포괄적인 거점이나 개념을 승인하지 않는다. 이들을 포괄, 종합할 수 있는 궁극적인 능력은 오직 창조자, 구원자, 화해자 하나님에게 속하는 것 같다. 그렇기 때문에 종교 간 대화의 가능성은 열려 있으며 공존할 수밖에 없다.

3. 1987년 한국여성신학회의 한국기독교학회 가입

이 가입 기록도 『전국신학대학협의회 30년사』에 포함되어 있지 않다. 1980년 '한국여신학자협의회'가 창립되어 공식적으로는 처음으로 한국에서 여성신학이 전개되기 시작했으며 많은 교회 여성들, 특히 신학교육을 받은 교회 여성들이 신학에 대해서는 아무 말도 못 하고 침묵해 오다가 말문을 열어놓고 열광적으로 신학 논의에 진입하게 되었으며, 그동안의 가부장제적 남성지배의 신학 전통을 돌파해 나가 여성해방을 위한 여성신학을 제창하기 시작했다. 그러다가 저들은 한국의 신학교육계와 신학계로의 진입의 필요성을 절감하고, 그 일환으로 한국기독교학회 가입의 길을 모색했으며, 1985년 여신협은 대학원 이상의 신학교육을 받은 교회 여성들을 위시하여 '한국여성신학회'를 창립했으며, 기독교학회 가입을 위하여 내가 초대 회장을 맡게 되었다. 안상님 현 여성신학회 회장이 여성신학회 창립을 역설했으며, 정숙자 여성신학회 초기 총무, 한국염 초기 서기, 이호순 초기 회계, 김애영, 최만자, 유춘자 등이 초기 회원들로서 여성신학회를 이끌어 갔으며, 정숙자 목사가 회의 장소 등 실무와 경제적 편의를 제공했다.

1986년 경주에서의 기독교학회에의 여성신학회 가입 건을 사전에 통보하고, 정숙자, 한국염, 최만자 등 몇몇 여성들이 학회에 참여했다. 그러나 가입반대론이 제기되었는데, 감신대가 대표적이었다. "아줌마들이 무슨 신학을 한다는 말인가? 여성신학이 있다면 남성신학도 있어야 하지 않겠는가?" 등등의 반론이 제기되었으며, 결국 여성신학회의 기독교학회 가입은 부결되고 말았다. "먼저 된 자가 나중 되고 나중 된 자가 먼저 될 것이니 두고 보자"라는 최만자의 말은 여성신학의 타당성에 대한 확신을 나타내는 말이었다. 1987년에 고재식, 김용복 등의 지지 표명에 의하여 여성신학회의 기독교학회 가입이 결정되었다. 그럼으로써 여성신학은 한국신학계에 정식으로 진입하게 되었으며, 점차로 각 신학대학에서 여성신학 강좌가 열리게 되었고 여성신학 교수도 채용되었다. 한국여신학자협의회의 창립과 활동에서부터 태동한 한국여성신학회는 여신협과 더불어 그와 같이 한국 신학계에 한 위치를 확보하게 하는 시초를 마련했으며, 한국에서의 본격적인 여성신학 전개는 기독교학회로 하여금 1997년 제26차 전국 신학 학술대회를 '여성신학과 한국교회'라는 주제를 내걸게 만들었다.[4]

여성신학은 세계에서 신학의 한 특수분야로서의 위치를 가지지만, 남성 위주의 가부장적 신학 전통과 교회 전통 전체를 문제화시키는, 신학과 교회사에서의 한 새로운 장(章)을 열었던 것이다. 나는 한국적 여성신학의 주체와 주제를 한국교회의 어머니, 민족사의 어머니로서 설정했다. 지배자 남성의 아성으로서의 교회와 신학은 예수 그리스도를 섬기는 회중에게 봉사하는 교회와 신학이라고 말해질 수 없다. 1986년 기독교학회에 참관한 "아줌마들이 무슨 신학을 하느냐?"라는 말들에 의해 "수모받았다"는 그들이 교회의 어머니로서 한국여성신학의 주역을 담당해야 하며 중심주제이어야 한다. 나는 교회 여성들의 어머니됨을 통일신학적으로 해명하려고 노력해 왔으며, 그럼으로써 교회의 어머니는 민족사의 어머니라고 주창한 것이다.

4. 한국신학의 미래 전망

지금까지의 과거사에 해당되는 회고와 재론은 미래전망을 함축하

---

4 1965부터 1995년까지 30년 동안 한국신학 교육을 담당하고 이끌어 온 남성 신학자들이 여성신학 교육을 비롯한 여성 문제 전반에 대한 의식이 전무한 것이었으며, 여성에 대한 언급조차도 얼마나 저급한 수준에 머물러 있었는가에 대하여, 김애영, "한국교회의 갱신을 촉구하는 여성신학," 한국기독교학회, 『여성신학과 한국교회』 (천안: 한국신학연구소, 1997), 270-298 참조.

고 있으며, 이제 우리는 한국신학의 미래를 대충 전망해 보고자 한다. '한국기독교학회'라는 명칭 자체가 한국신학의 형성이라는 목표와 과제를 함축하는 것이다. 서양 신학 전통이든, 오늘의 세계신학이든, 특수한 한국적 주제들 아래서 논의되는 한국신학이든 그것들이 한국에서 논의되는 한, 한국신학의 부분들로 간주될 수 있다. '한국기독교학회'는 신학의 모든 유형과 주제들이 한국신학 형성의 계기들이 되게 하는 기능을 수행해야 할 것이다. 학회가 이러한 논의의 공간을 제공하게 되기를 기대하면서, 나는 몇 가지 신학적 문제점들과 미래전망을 약술하고자 한다.

1) 서양 신학 전통과 세계신학

서양 신학 전통과 세계 신학은 한국에서 단편적으로 다루어져 왔다. 어쨌든 이것들이 한국에서 논의되는 한 한국신학의 소재이며, 한국적 현실에 대하여 어떠한 의미연관 혹은 타당성을 가지는가 하는 문제가 한국신학계에서 논의되어야 할 미래의 과제로 남아 있다. 그것들은 대체로 한국적 현실과 유리된 채 또 한국신학 형성과 무관하게 다루어져 왔다고 생각된다. 서양 신학 전통은 한국적 현실에 관련시켜 지속적으로 재해석되어야 할 것이며 그럼으로써 한국신학의 풍부한 구성요소가 될 것이다.

2) 토착화로서의 한국신학

윤성범에서 시작된 '토착화신학'이 유동식의 '풍류신학', 변선환의

'종교신학', 김광식의 한국적 신학에로 양상을 달리하면서 이어지므로, 이 계통이 '토착화신학'으로 총칭될 수 있을 것 같다. 변선환의 종교신학은 이미 고찰되었으므로 여기서는 윤성범, 김광식, 유동식의 지론들을 일별하고자 한다. 나는 여기서 이들의 저서들로부터 직접 원용할 시간과 지면을 가지기 어려우므로 다만 「한국기독교 신학논총」 제20집 (한국기독교학회 편, 2001년)에서의 허호익의 글 "단군신화에 대한 기독교 신학적 이해"(347~379)에 의거해서 이 계통의 신학적 시도의 문제점과 그 미래전망을 짚어보고자 한다.

우선 윤성범의 삼위일체론적 단군신화 해석을 약술하자면, 단군신화의 환인(桓因), 환웅(桓雄), 환검(桓儉)의 환(桓)은 신적인 광명을 의미한다. 환인은 신적인 아버지, 환웅은 신적인 아들로서 땅에 왕림하여 땅의 웅녀와 융합하고, 이에서 환검, 즉 단군이 태어나는데, 이것이 삼위일체 하나님의 잔영 혹은 잔재 삼위일체(vestigium trinitatis)라는 것이다. 이러한 의미를 가지는 단군신화는 8세기에 당나라에 전래된 고대 그리스도교의 네스토리우스파, 중국에서 경교(景敎, 경은 빛을 의미함)라고 일컬어진 그리스도교 종파의 영향을 반영한다고 추정되고 있다.

그러한 주장에 대하여 논평하자면, 단군신화가 언제 형성되었는지 또 경교의 영향을 받았는지 하는 문제의 역사적 고증이 불확실하다. 또 환인·환웅·환검이라는 삼위 관계가 한 민족의 신적인 시원을 말해주기는 하나 우주와 인간의 창조자를 말하는 것은 아니며, 환웅과 환검도 그리스도·성령과의 비교점을 전혀 말하지 않는다. 그러므로 단군신화는 vestigium trinitatis로 해석될 수 없다. vestigium trinitatis(삼위일체의 잔영들 혹은 잔재들)에 대한 논의는 서양 신학 전통에서도 분분했다. 어거스틴은 인간 정신구조의 차원에서 지성(intelligentia, 말씀으로서의 그리스도), 기억(memoria, 그리스도와 우주 사물들의 근원으로서의 아버지에 대한 회상), 사랑(amor, 사랑의 의지로서의 성령에 상응하는 차원)을 삼위일체 하나님의 잔영으로서 말했으나, 이것이 삼위일체의 신적 신비를 말하는 기초가 될 수 없다는 것을 토로했다. 바르트는 vestigia론을 시간과 역사 안에서 일어난 '계시 자체', '계시의 말씀', '씌여진 말씀'(성서)으로써 대치시켰으며, vestigia를 추궁하는 사람들의 요구의 타당성을 그러한 세 가지 양식으로 대치시켰다(K.D. I/1). 단군신화의 삼위일체론적 해석은 삼위일체 하나님 자체에 대한 이해에 아무런 도움을 제공하지 못한다. 단군신화의 의미는 먼저 고조선을 비롯한 민족사의 과거, 현재, 미래에 관련해서 규명되어야 하며, 이에 입각해서 신학적으로 재해석되어야 할 것이다.

허호익에 의하면, 김광식은 단군신화에서부터 하나님의 형상으로서의 인간 존재의 구조를 이끌어 내는 '존재론적 해석'을 제시한다는 것이다. 환웅은 인간의 '하나님 형상'의 존재 구조, 환검은 그 결과라는 것이다. 김광식은 여기서 '고유한 한국적인 것'(Proprium Coreanum)을 찾으려고 한다. 그의 이러한 해석은 윤성범의 해석보다는 훨씬 섬세한 인간학적인 것이다. 그의 해석에도 삼위일체론적 전제가 함축되어 있다. 그런데 그러한 인간 존재의 구조가 어찌 단군신화에게만 고유하겠는가? 많은 민족이 고대로부터 자신들의 신적인 근원을, 신적인 후예들이라는 의식을 보유하고 있었으며, 단군신화와 유사한 요인들을 함축하고 있었다고 생각된다. 또 먼 신화적 과거에서 찾아지는 '한국의 공유성'(Proprium Coreanum)이 헤아릴 수 없는 역사적 변천 과정에서 어떻게 확인될 수 있는가? 확인될 수 있을 때 그 신화적 Proprium은 역사성 혹은 역사적 실재성을 획득하게 될 것이다. 확인될 수 있다면, 그 확인의 척도는 예수 그리스도가 아니겠는가? 그런데 우리 민족의 분단 상황에서 북한의 현실을 고려 외로 치부하고 과연 그 Proprium이 확인될 수 있겠는가? 대미 예속적 분단 상황과 한국교회의 반공을 넘어서는 통일의 새 민족사회 창출에서, 더 나가서 미래의 우리 민족의 세계사적 역할에서 그 Proprium이 추구되어야 하지 않겠는가? 그때 단군신화에 함축된 민족사적 의미가 새롭게 발견될 수 있을 것이다.

유동식의 '삼태극' 해석과 '풍류신학'도 단군신화의 삼위일체론적 해석의 틀에서 말해진다. 환인은 광명한 하늘의 신이고, 그의 아들 환웅이 태백산에 내려와 신시(神市)를 세우고, 지모신(地母神) 웅녀와 융합하니, 이에서 환검이 태어난다. 다시 말하자면, 단군신화는 천·지·인(天地人) 삼태극의 융합을 의미하며, '창조신앙'에 해당된다는 것이다. 삼태극은 한국을 상징하는 문양이며, '한·멋진·삶'으로서의 한국적 영성, 삼위일체론적 풍류신학적 삶의 영성을 의미한다는 것이다. 그런데 천·지·인 삼태극의 상징은 한국적 Proprium이라기 보다는 먼저 우주와 인간에 관한 주역(周易)의 자연철학적 원리의 기본틀이다. 허호익에 의하면 "태극 속에 나타나는 음과 양은 무시무종 순환유행"(無始無終 循環流行)하는 것이므로 비시원적인 원리이다(378). 무시무종을 나타내는 하나의 둥근 원 속의 음양의 무시무종은 영원을 상징한다면, 어찌 이것이 '창조신앙'에 해당되겠는가? 창조는 우주 자연과 인간의 시작을 규정하고, 구원신앙은 역사의 종말시를 함축하고 있는데, 이러한 성서적 신앙은 무시무종, 영원한 순환이라는 자연 원리에 의해서 설명될 수는 없다. 또 천·지·인 합일에 해당하는 '한·멋진·삶'이 오늘의 민족과 세계현실에 어떻게 관계되는가? 분단 현실에 어떠한 의미를 가지는가? 이러한 문제가 해당되지 않는다면, '한·멋진·삶'이란 공상적인 사변에 불과하고, 심미론적인 환상에 불과하다.

이제 윤성범과 유동식의 토착화적 신학의 틀보다 더 진전한 허호익의 삼태극론을 보자면, 단군신화의 삼태극의 구조는 '비본체론적인 일원론', '비시원적인 원리'를 의미한다는 것이며, 이에 반하여 서양의 이원론적 실체론은 신과 인간, 자연과 인간, 몸과 마음, 정신과 물질의 대립분열, 이에서부터 자연 파괴, 인격 파탄, 인류 문명의 위기를 초래한다는 것이다. "그러므로 수직적 대신 관계 수평적 대인관계, 순환적 대물 관계라는 삼태극의 원리를 회복하는 것만이 그 대안이 될 수 있다"는 것이며, 영성신학, 여성신학, 생태신학이 그 원리에 의해서 형성되어야 한다는 것이다(378-9).

그런데 이에 대하여 우선 말해져야 할 것은 서양 관념론 전통에서 자연과 인간, 몸과 마음, 정신과 물질의 이원성은 헤겔에 의해서 대표된 것처럼 관념 혹은 신이라는 절대정신에로 일원화되어 있기 때문에 서양 사상은 일괄적으로 이원론이라고 규정될 수는 없다는 점이다. 신학 전통도 관념론에서처럼 정신에 치우치기도 했지만, 신학은 궁극적으로 일원론 혹은 이원론이라고 규정될 수 없다. 서양사상의 실체론은 궁극적으로 신과 우주 사물, 신과 인간의 구별에서 비롯되는데, 이러한 존재론적 구별과 질서는 이원론을 의미하는 것은 아니니, 왜냐하면 신이 우주 사물과 인간의 창조자라는 신앙이기 때문이며 동시에 이 구별은 일원론적 순환 관계의 자원원리에서 도출될 수 없기 때문이다. 둘째로 말해져야 할 것은 신학이든 철학이든 서양 사상이 동양 사상에서의 조화로운 대물 관계보다는 사람의 지배력을 부각시켜 왔기 때문에 자연 파괴, 인격 파탄, 인류 문명의 위기를 초래하는 계기를 가져온 것 같지만, 인류 문명의 위기의 주범은 이원론이 아니라 사람의 지배욕과

점유욕이라고 규정되어야 한다는 점이다. 다시 말하자면 오늘의 '지구 자본주의'가 그 주범이다. 셋째로 말해져야 할 것은 하나님과 우주 사물, 하나님과 인간의 존재론적 구별은 단군신화 혹은 삼태극 순환 관계에서 부터 도출될 수 없으며, 하나님 자신에 의해서 말하자면 "내가 너희의 하나님이니…"라고 선포될 때 성립되는 개념이라는(Karl Barth) 점이다. 넷째로 그 구별은 의로운 하나님에 대한 인간의 불복종과 범죄와 결부되어 있는데, 이러한 인간의 상황에 대한 신적인 심판과 구원이라는 성서적 주제는 삼태극의 순환 원리에 의해서 설명될 수 없다는 점이다.

총괄적으로 말하자면, 단군신화와 삼태극에 대한 이상과 같은 신학적 해석들은 몰역사적인(a-historical) 신화와 상징의 차원에 머물러 있다. 단군신화의 의미는 민족사적으로 규명되어야 할 과제로 머물러 있다. 삼태극의 구조, 천·지·인 합일의 '한·멋진·삶', 궁극적인 조화의 순환 원리는 하나님 나라의 종말적인 도래에 비추어서 재해석될 수 있는, 말하자면 종말론적인 비전의 한 요소로서 재해석될 수 있을 것 같다. 종교신학에서의 종교들의 대종합에 대한 열망도 창조자의 영, 그리스도의 영에 비추어 볼 때 종말론적으로 열려있는 비전으로서 해석될 수 있을 것 같다.

3) 한국신학으로서의 민중신학

민중신학은 70년대 한국에서의 민주화 인권운동의 맥락에서 출발한 것으로서 역사 사회적 성격을 가지며, '민중'이라는 근현대 세계사에서의 중요한 주제를 내걸었다는 점에서 큰 의의를 가진다. 그럼에도 불구하고 그 주요 문제점들을 지적하자면, 첫째로 근현대 민족사와 세계사에서의 '민중'이라는 주제가 가지는 현실과 계급적 의미에 대한 규명이 이루어지지 않은 채 민중 논의가 중단되어 버린 것 같다. 둘째로 따라서 민중 개념이 아주 모호한 채로 머물러 있는데, 이 모호성은 민중이라는 주제에다 메시아적 구원의 의미를 부여하려는 의도(말하자면 김용복의 '메시아적 정치'(Messianic Politics))에서 비롯되기도 한다. '민중'은 규정 불가능하고 규정되어도 안 된다는 그 메시아적 구원의 의미가 무엇인지 전혀 밝혀져 있지 않으며, '민중'이 모호성 가운데 머물러 있기 때문에 민중신학에서 그 현대사적 발단의 의미와 세계사적인 의미가 해소되어 버린다. 셋째로 강원돈과 어느 정도의 서남동의 시야를 제외하고는 민중신학자들에게 잔존하는 반공주의가 민중 현실에 함축되어 있는, 자본주의적 세계 지배세력들을 넘어서는, 역사사회의 변혁을 필요로 하는 민중의 갈망을 도외시해 버림으로써, 민중의 역사사회적 동력이 해소되어 버리고 통일신학적 시야도 막혀 버리게 된다. 넷째로 신학적으로 보다 더 결정적인 문제는 민중과 예수의 동일화의 문제다. 그래서 민중신학의 성서적 근거와 신학적 정당성이 성립되기 어렵고 한때에 활발하게 일어났던 '민중목회'에도 공헌하지 못했다.

오늘날 한국과 세계에서의 민중은 세계의 지배세력들에 의해서 추진된 지구 자본주의적 세계화에 저항하고 있으나, 민중신학은 이러한 민중세력을 수렴하지 못하고 있다. 민중신학은 이제 역사사회의 변혁의 주체로서의 민중의 메시아적 역할의 의미를 새롭게 직시하고, 사회신학으로서 새롭게 전개되어야 할 것이다.

4) 한국신학으로서의 통일신학

이 주제는 1980년 '역사와 신학'이라는 조직신학 분야의 주제 아래서 내가 발표한 "한국 민족의 문제와 신학의 과제"에 의해서 한국기독교학회에서 처음으로 논의되기는 했으나, 통일신학은 이 학회에서 완전히 제쳐 놓은 것이다. 나는 민중 개념을 통일신학의 시각에서 다루어왔다. 민중의 현실은 분단된 민족의 현실과 결부되어 있으며, 따라서 통일의 과제의 한 축을 이루고 있다. 민족·민중이 통일신학의 이중적 주제이며, 또 한국적 여성신학의 주제인 여성도 민족·민중과 결부시켜 다루어져 왔다. 역사에 오시는 하나님이라는 성서적 신앙의 패러다임은 한국신학으로 하여금 이 땅에서 벌어져 있는 역사 사회적 문제 상황, 즉 핵심적으로 말하자면 비극적인 민족분단과 도탄에 떨어져 있는 민중 생존권이라는 이중적인 문제 상황을 주시하게 한다. 통일신학은 부정적으로는 한국교회와 신학의 반공주의가 민족분단을 조장하고 연장시키고 분단 현실과 직결된 민생파탄의 문제를 등한시한다는 것을 비판해 왔으며, 긍정적으로는 민족·민중해방을 위한 성서적 신앙의 의미를 재해석해 내고자 한 것이다. 통일신학은, 말하자면 한국적 역사신학 혹은 사회신학이라고 일컬어질 수 있다. 통일신학은 궁극적으로 종말적인 하나님 나라의 도래를 대망하면서 그 도래를 예비해야 하는, 역사사회변혁의 주체로서의 민족·민중·여성을 주제로 정의롭고 평등한 새 민족·새 사회 그리고 더 나가서 새 세계질서 창출을 전망한다. 통일신학은 북한에서 주목되고 있으나 남한 신학계에서는 논외로 치부되고 있다는 점이 유감스럽다.

5) 한국신학으로서의 여성신학

종래의 남성 위주의 신학 전통에 대한 여성들의 비판이 제기되면서 여성들의 신학적 관심이 전 세계적으로 촉발되었으며, 여성신학은 신학계 전체에서 논의되기에 이르렀다. 한국에서의 여성신학의 열기는 1980년의 한국여신학자협의회 창립과 더불어 한국교회 여성들에게 또 신학교육계로 파급되었다. 한국적인 여성신학이 어떻게 성립될 수 있는가? 신학 일반과 마찬가지로 민족사와 세계사, 종교 문화사에서 벌어져 온 남성지배의 요인들이 다 한국적 여성신학의 소재다. 그러나 특히 우리 민족사와 현재의 상황들이 직접적으로 한국적 여성신학에서 다루어져야 하며, 이렇게 다루어지는 과정에서 한국적 여성신학이 형성될 것이다. 또 교육적으로 말하자면, 여성신학은 현재 특히 한국에서 신학의 여러 분야 중의 한 특수분야로서의 위치에서 강의되고 있으나, 특수분야로 다루어지면서 동시에 각 분야에서도 다루어져야 할 것이며 여성신학은 각 분야에서 여자와 남자의 공동작업이어야 할 것이다. 또 세계와 민족의 역사사회와 관련해서 말하자면, 여성신학이든 신학 일반이든 신학적 타당성을 규명해 나가면서 신학자들은 역사사회의 실천 현장에 관여해야 할 것이다. 그렇지 않으면, 신학은 몰역사적, 몰사회적 추상성에 머물러 있게 될 것이다. 실천 현장에 참여해 나가는 과정이 바로 신학의 역사성을 형성하게 되며, 이러한 과정에서 역사사회와 더불어 교회와 신학에 새 미래, 종말론적 미래가 동터 오리라! 한국기독교학회 30년사는 이제 종말론적인 미래를 향하여 새 미래를 열어나가야 하리라!

하나님 나라,
사회 역사 변혁의 동력*

박순경

시작하는 말

사실 나는 1965년 미국의 드류 대학 대학원에서 박사학위 논문을 끝마치고 즉시 한국신학에로의 전환점을 설정하려고 모색하기 시작했는데, 그것은 나에게 민족적 필연으로 다가왔던 것이다. 나는 1943~1945년 사이에 항일운동과 그리스도교, 1945년 직후부터는 민족-사회주의-그리스도교의 어떤 필연적 연관성을 상상했다. 그 후 나는 곧 신학의 수렁에 빠졌으며 끝없는 신학의 여정을 걸어갈 수밖에 없었는데, 1972년 7.4 남북공동성명이 공고되자 나는 1943년 이래 나의 숙제를 풀어내야 한다는 과제와 그러면서 한국신학에로의 전환점·출발점을 결정하기 위하여 유럽에서의 연구계획을 추진했다.

1974년부터 1976년까지 세 학기를 유럽에서 나는 주로 맑스주의 문헌들을 들여다보았다. 1975년 독일의 동아시아 선교부 주최, '도이취-코

---

* 이 글은 한국기독학회가 개최하는 제34차 정기학술대회에서 행한 주제강연으로서 「한국
  기독교신학논총」 Vol. 41(2005): 37-88에 실렸다

레아' 타국에서 맡은 강연에서 나는 공식적으로 한국신학의 출발점으로서 우리 민족을 한국신학의 주제로 하여 통일 문제를 우선 과제로 설정했다. 귀국해서 통일 문제를 다루려 하니 민족사 연구의 필요성을 절감하고 민족 근현대사를 섭렵하면서 통일신학을 전개하기 시작했다. '민족'은 민족, 사회, 역사를 포괄하는 개념으로서 '하나님 나라' 주제에 상응한다고 생각되었으며 이것이 1984년에 출판된 나의 논문집『하나님 나라와 민족의 미래』(기독교서회)라는 책명의 배경이다. 한국신학의 주제로서의 이 두 축이 1943년 이래 나의 환상이었으며 1975년 이래 나의 통일신학 작업의 버팀목이다. 그런데 나는 지금까지 그 주제를 제대로 다루지 못했다. 그래서 내가 2001년부터 집필하기 시작한『삼위일체 하나님과 시간』이라는 논문의 '예수 그리스도의 시간'을 다루는 맥락에서 하나님 나라 개념을 집중적으로 해명하고자 한 것이다.

이번에 한국기독교학회에서 여성신학회의 노력을 계기로 '하나님 나라'라는 주제가 나에게 주어졌으니, 나의 계획을 앞당겨서 한국기독교학회를 위하여 피력하게 된 것을 무한 기뻐하고 하나님께 감사드린다. 다만 내 강연에 대한 학회의 반응에 대한 내 염려가 자못 크다.

1. 하나님 나라와 종말론

여기서 우리는 첫째로 예수의 하나님 나라 선포의 종말론적 의미, 시간 역사에서의 그 나라의 임재의 양식을 해명하고, 둘째로 그 나라의 신적인 주권(Herrschaft)을 담지하는 예수 그리스도의 주권, 그리스도론적 차원을 고찰하고, 셋째로 교회가 어떻게 하나님 나라에 관계하는가 하는 문제를 다루고자 한다.

1) 예수의 하나님 나라 선포와 종말론

예수의 하나님 나라 선포는 모든 피조물 세계와 사회 역사에 대한 하나님의 자유하고 의롭고 자비로운 주권(Herrschaft)을 선포하는 것이다. 그의 의로운 주권은 피조물 세계와 사회 역사를 장악하고 지배하는, 창조자 하나님의 주권을 횡령하여 피조물 세계를 남용하고 교란시키며 인간성을 일그러지게 하고 억압하는 세계의 지배세력들을 심판하고, 인간성을 자유롭게 하고 세계 역사의 새 미래를 열어주는 자비로운 주권이다. 예수의 하나님 나라 선포는 그와 같이 의롭고 자비로운 하나님의 자유한 주권을 땅 위에 세우는 사건이다.

예수가 그의 공적 사역(ministry)을 시작하기 전에 광야에서 마귀에 의하여 시험받는다는 기사가 공관복음(막 1:12f; 마 4:1-11; 눅 4:1-13)에 제시되어 있다. 이 기사는 하나님 나라 선포를 비롯한 예수의 공적 사역을 예비하는 것처럼 보인다. 여기서 우리는 세계 왕국들에 대한 하나님의 심판을 읽어낼 수 있다. 마태의 세 번째 시험기사(누가의 두 번째 시험기사)에 의하면 마귀가 예수에게 말하기를, "내게 엎드려 나를 경배한다면, 내가 이 모든 것을(세계의 모든 왕국과 그 영광)을 그대에게 주리라"는 것이다. 예수는 단호하게 "야웨 하나님만을 경배해야 하리라"고 대답하고 사탄(마귀)의 유혹을 물리친다. 이것은 하나님의 자유하고 의로운 주권을 천명하는 행위이다. 예수의 승리는 사탄이 장악하고 지배하는 세계 왕국들을 사탄으로부터 새로운 종말적, 궁극적 미래의 하나님 나라에로 해방시키는 신적인 자비로운 주권을 대행한 것이다. 이러한 광경은 예수가 하나님의 주권·하나님 나라와 세계의 왕국들 사이에서 격투하는 모습이다. 이제 그 시험에서의 그의 승리는 하나님 나라를 선포할 신적인 주권을 위임받는 위치에 선다는 것을 의미한다.

신약의 역사연구에 있어서 예수의 하나님 나라 선포는 역사적 사실로서 시인된 것이다. 하나님 나라는 복음과 동일하다. 신약에서 일반적으로 '하나님의 나라'-βασιλεία τοῦ θεοῦ 혹은 βασιλεία τῶν οὐρανῶν(마태에서 함께 사용되는) '하늘나라'라는 말은 집중적으로 공관복음서에 나타난다.[1] 예수의 하나님 나라 선포를 마가복음 1장 14, 15절은 이렇게 설명한다.

요한이 잡힌 뒤에
예수께서 갈릴리에 이르러
하나님의 복음을 선포하시며, 말씀하시기를
"때가 다 찼고, 하나님 나라가 가까이 왔으니,
회개하라, 그리고 복음을 믿으라"
(마 4:12-17; 눅 4:14-15와 비교 참조).

'하나님 나라'라는 말은 구약에서 말 그대로는 발견되지는 않으나, 하나님의 주권 혹은 '왕권'(Herrschaft 혹은 Kingship)은 구약의 핵심적 주제이다. 그러므로 신약에서의 하나님 나라는 구약 전통을 배경으로 전제하고 있다. 그러나 보다 더 특징적으로 유다 왕국의 멸망 이후 BC

---

1 *Die Religion in Geschichte und Gegenwart,* Dritte Aufl. Ⅴ.Band(RGG Ⅴ), "Gottes Reich" 914; *Good News Studies* 27, Benedicto T. Viviano, O.P., *The Kingdom of God in History* (Wilmington/ Delaware: Michael Glazier, 1988), 13 참조.

200~AD 100, 특히 BC 2세기경의 묵시적 종말론(Apocalyptic escha-tology)이 언어적으로 또 역사적으로 예수의 하나님 나라 선포와 공관 복음서의 종말론적 하나님 나라 묘사의 직접적인 배경이다(마가복음 13장의 소묵시록-Little Apocalypse; 마 24장; 눅 21:5-36 참조).

이 인용된 성서 구절을 분석하자면, 세례요한과의 연관이 구약 전통과의 예수의 연관성을 구체적으로 말해주며, '때가 다 찼다'는 시간-'kairos'는 구약의 모든 시간(창조 때부터의 시간을 포함해서)을 재 포착하는 현재의 하나님 나라 선포의 시간 혹은 시점이며 피조물 세계를 포함한 인간 역사의 모든 시간의 종말시(Endzeit)이다. 종말적 하나님 나라의 시간은 종말시이다. 종말시에 도래하는 하나님 나라는 묵시적 종말론의 환상이며 언어이다. 예수의 하나님 나라 선포는 그러한 묵시적 종말론을 직접적인 배경으로 가지고 있으며 동시에 이 배경을 넘어서는 하나님 나라의 현실적인 도래를 선포하는 새로운 사건이다. '하나님 나라가 가까이 왔다'의 동사는 ἤγγικεν(엥기켄)은 그 나라가 임박해 오는 미래(Zukunft)를 가리키는 것처럼 보이는데, 완료시칭이므로 이미 도래했다는, 즉 현재적 임재(Präsens)를 가리키는 것 같기도 하다. "회개하라"는 예수의 촉구는 그 나라가 회개하지 않은 세계에 대하여 아직도 종말적 미래임에 틀림없다. 그럼에도 불구하고 그 나라의 도래의 시간은 '다 찼으니' 그 나라의 도래는 현재적 임재성을 내포하고 있다. 마태복음 12장 28절과 그 병행절인 누가복음 11장 20절에 의하면 예수가 말씀하시기를 "만일 내가 하나님의 영에 의해서(누가복음 '하나님의 손가락으로') 마귀들을 축출한다면, 하나님 나라가 너희들에게 이미 왔다"(완료시칭인 ἔφθασεν-ephthasen)는 것이다. 예수의 공적 사역에서 하나님 나라의 도래의 현재적 징조들, "눈먼자가 보고, 절름발이가 걷고, 문둥이가 깨끗해지고, 귀머거리가 듣고,

죽은 자가 일으켜지고, 가난한 자가 복음을 듣는다"(마 11:5; 눅 7:22)는 그 나라의 현재적 징조들이 일어난다는 것을 의미한다.[2] 이미 도래하여 현재한다는 의미에서 '이미'(Schon, Already) 표어들이 현대신학의 종말론에 대두했다. '이미'는 중점적으로 예수 그리스도의 사건에 결부되어 있으나, '아직 아님'(Noch Nicht, Not Yet)이라는 미래를 가리키는 표어는 대체로 신약학에서 또 조직신학에서 구체적인 내용을 가지지 못하고 공허하게 쓰고 있는 것 같다. 공허한 이유는 교회와 신학이 불의한 세계현실에 대한 하나님 나라의 변혁의 동력을 파악하지 못한 데서 연유된다.

이제 우리는 현대의 신약학에서의 하나님 나라의 종말론의 재발견의 의의, 역사적 의의와 문제점들을 고찰하고자 한다. 슐라이에르마허

---

2 예수의 마귀축출 병 치유, 죽은 자를 살리는 행위, 자연적인 기적행위 등에 관한 복음서들의 원시적인 묘사들은 하나님의 자비로운 주권과 나라의 표징(Zeichen)으로 해석되고 있다. 마귀들림 질병, 죽음과 같은 현상들이 세계의 불의한 지배 세력들과 결부되어 있다는 것이 그러한 성서적 맥락에서 간취된다. 독일의 루터파 목사 Johann C. Blumhardt (1805-1880)와 관련된 현대판 마귀축출 이야기가 있다. 그는 목회자로서 Gottlieben Dittus라는 귀신들린 소녀를 거의 2년 동안 돌보았다. 그녀는 자주 발작을 일으키고 몸이 뒤틀리기도 했다. 또 심한 발작을 일으키고, 몸이 몹시 뒤틀리고, 거품을 입에 품고 쓰러져 있는 그녀에게 그는 그리스도의 권능을 받고 기도하라고 소리쳤다. 순간에, 그녀의 동생이 비명을 지르며 "예수는 승리자이시다!"(Jesus ist Sieger!)라고 외쳤는데, 그녀는 사실 치유된 것이다. 이 일이 독일 신학계에서 많이 논란되었는데, R. Bultmann은 마귀축출과 같은 일은 현대에서는 있을 수 없다고 여겼으며, 다른 신학자들은 그러한 일은 의학에서 진단해야 할 이이라고 여기기도 했다. 그런데 K. Barth와 E. Thurneysen은 제1차 세계대전 발발과 이것을 지지한 신학교수들에 실망하면서 Johannn C. Blumhardt를 방문했으며(1915년), 그 귀신축출 이야기에 깊은 감명을 받은 것이다. Blumhardt는 Gottlieben의 사건을 계기로 악의 세력이 작용하는 세계를 치유할 수 있는 하나님 나라를 그의 설교의 주제로 삼았으며, 그의 아들 Christoph F. Blumhardt는 후술할 것이지만, 그의 아버지의 하나니 나라 운동을 계승했으며 독일사민당에 입당하기까지 했으니, 그는 하나님 나라 운동을 사회주의와 결부시켰다. K. Barth의 *Die Kirchliche Dogmatik* (이하 *KD*) IV/3, §69, 3의 'Jesus ist Sieger'라는 주제는 저 아버지 Blumhardt의 마귀축출 사건에서 유래한 것이다. 김애영, 『칼 바르트 신학의 정치·사회적 해석: F. W. 마르쿠바르트를 중심으로』 (서울: 대한기독교서회,1991), 73-74 참조.

(F.E.D. Schleiermarcher)와 릿츨(A. Ritschl)을 비롯한 19세기의 자유주의 신학을 배경으로 가지는 신약학자 바이스(J. Weiss)는 그의 *Predigt Jesu vom Reiche Gottes*(1892 초판, 하나님 나라에 관한 예수의 설교)에서 자유주의 신학의 하나님 나라 이해에 반하여 그 종말론의 성격을 재발견한 것이다. 그는 공관복음서에서의 예수의 하나님 나라 선포와 하나님 나라 개념을 철저하게 유대교의 묵시적 종말론의 맥락에서 규명함으로써 그 나라가 자유주의 신학에서처럼 역사 내적인 윤리적 이상(Ideal)의 차원이 아니라 종말적 미래로부터 역사에 도래할, 하나님에 의해서만 실현될 수 있는 역사의 종말을 의미한다는 것을 주장했다. 여기서 특히 칸트의 관념론적 윤리학의 영향을 받은 릿츨의 하나님 나라 개념의 일면을 보자면, 하나님 나라는 "예수에 의해서 정초된 종교적 공동체(교회)의 윤리적 목표"이며, 예수 그리스도를 통해서 계시된 그리스도인들의 '삶의 이상'(Lebensideal)이며, 인류의 윤리적 제도에서의 사랑의 동기로부터 소명된 행위를 통해서 실현된다는 것이다. 그것은 하나님이 세계의 궁극적 목표로서 실현하고자 하는, 본질적으로 초 세계적인 최고선이다. 예수와 더불어 그것은 시간 안으로 들어온다. 하나님 나라의 발전의 세계 내적 형식은 이웃사랑이며, 교회와 국가는 윤리적 행위의 공동체의 목표를 위한 매체라는 것이다.[3] 여기서는 서양 역사와 종교를 심판하고 비판

---

[3] RGG V, 922f. 참조. A. Ritschl의 그러한 윤리적 하나님 나라 개념은 전형적으로 19세기의 '문화 프로테스탄트'(Kultur Protestant)교회의 개념을 대표한다. 얼핏 보면, 릿츨의 그러한 하나님 나라 개념이 아주 타당한 것처럼 보이며, 일반적으로 이해되기 쉽고, '문화 프로테스탄트' 교회와 신학의 개념을 대표한다. 이러한 자유주의에게는 하나님 나라는 서양 문화 사상의 최종적인 이상이며 서양 문화와 종교에 대한 심판으로서 다가오는, 서양 문화 종교와 정면으로 대립하는 것이 아니다. 자유주의 신학은 바로 하나님 나라의 이러한 종말론적 특징을 간과하고 서양 문화와 종교를 철저하게 비판할 수 있는 하나님 나라의 척도가 서양 문화와 종교에 내재화되어 버리고 결국 사라져버린다. 따라서 성서적 종말론

할 수 있는 하나님 나라의 척도가 서양 역사와 종교적 이상에로 합류하여 정신적으로 혹은 관념적으로 내면화되어 버리고, 성서적 종말론은 탈락되어 버린다. 바이스의 종말론 재발견은 자유주의 신학계에 대하여 충격적이었으며, 20세기의 성서적 종말론 연구의 한 신호탄이 된 것이다.

그러나 바이스(Johannes Weiβ)의 미래종말론은 구약의 묵시적 종말론의 한계를 넘어서지 못했다. 이 종말론은 궁극적 미래로부터 다가올 신적인 '영원한 나라'(단 7:14)를 환상적으로 대망하는 것에 머물러 있는 데 반하여, 공관복음서에서는 종말적 '하나님 나라'가 예수의 하나님 나라 선포와 공적 사역에서 역사 내로 돌파해 들어온다. 그는 구약의 묵시적 종말론의 결정적 전환점, 새로운 종말론의 계기를 열어놓지 못한 셈이다.

바이스의 묵시적 미래종말론을 이어받은 알베르트 슈바이처(Albert Schweitzer)에게서 종말론 문제가 심각하게 드러난다. 슈바이처는 1906년에 출판된 그의 총괄적 역사적 예수 탐구의 대작인 『라이마루스에서부터 브레데까지』(Von Reimarus zu Wrede)[4]에서 이른바 '철저종말론'(Konsequente Eschatologie)을 제시했다. 예수는 하나님 나라가 철저한 종말적 미래로부터 도래한다고 대망했으나, 그것은 결코 도래하지 않았으며 결국 예수는 실망하고 비극적인 십자가의 종말을 맞이했다. 그러나 초대교회가 '불멸의 종교'(religion of immortality)로써 그리스도교로 하여금 죽어가던 고대문명을 대치시키고 예수 그리스도

이 탈락되고 만다.

4 Albert Schweitzer, *Von Reimarus zu Wrede*, trans., W. Montgomery, *The Quest of the Historical Jesus, A Critical Study of the Progress :From Reimarus to Wrede* (New York: The Macmillan Co., 1910) 허혁 역, 『예수의 生涯研究史』(서울: 기독교서회, 1986) 참조. 또 *RGG* V, 924 참조.

에게 봉헌했다는 것이다.5 초대교회의 '교의적 역사'(dogmatic history)로서 혹은 '초자연적 역사'(supernatural history)로서의 하나님 나라는 결국 도래하지 않았다.6 또 초대교회의 예수 재림-Parusia도 결국 이루어지지 않았으며, 그리스도교의 '비종말론화'의 과정이 완성되기에 이르렀다는 것이다.7 이와 같이 슈바이처는 종말론을 철저하게 폐기하고 말았으며, 그의 역사적 탐구는 부정적으로 끝난 것이다. 어쨌든 그의 탐구서는 자유주의 신학의 역사적 예수 탐구들을 총괄적으로 제시해주는 좋은 참고서이다. 그의 문제는 우선 그의 역사 인식과 탐구에 전제되어 있는 실증사학적 방법론의 한계점이다. 종말적 '하나님 나라'라는 말 자체가 실증사학적 범위를 넘어선다. 종말적 '하나님 나라'가 아니라 인간의 윤리적 이상이라면, 그것은 정신사적으로 실증, 가능하다. 역사를 총체적으로 규정하는 하나님 나라의 의미는 실증사학적 지식에 포괄되지 않으며 성서가 증언하는 사건에서부터 읽어 내어져야 한다. 둘째로 슈바이처는 하나님 나라와 선포자 예수의 관계 또 하나님 나라와 예수의 십자가와 부활의 연관성을 파악하지 못한 것이다.

19세기 자유주의 신학에서 탈락한 종말론은 바르트(Karl Barth)의 『로마서 주석』 2판에서 결정적으로 재포착 되었으며 20세기 신학에서 크게 주제화되기에 이른다. 종말론의 그러한 새로운 대두는 제1차 세계 대전을 겪은 유럽의 큰 위기 상황에 결부되어 있다. 서양 문명이 초토화되는 그러한 위기 상황에서 바르트는 독일의 요한 블룸하르트(J. Blumhardt)의 하나님 나라 대망과 설교를 주목한 것이다.

---

5 A. Schweitzer, *The Quest of the Historical Jesus*, 255.

6 *Ibid.*, 359.

7 *Ibid.*, 360.

우리는 다시 바이스와 슈바이처에 직결되는 종말론 문제를 더 고찰해야 한다. 그들의 미래종말론에 반하여 C. H. 다드의 '실현된 종말론'(realized eschatology)은 예수의 공적 사역을 계기로 역사 내에 도래한 하나님 나라의 현재적 임재성을 강조한다.8 예수의 가르침에는 한편 하나님 나라의 철저한 미래를 가리키는 어록들이 있으며, 다른 한편 그 나라의 도래와 현재성에 대한 어록들이 있는데, 후자가 일차적으로 더 고려되어야 하고 전자는 이차적으로 고려되어야 한다는 것이다. 왜냐하면 마가복음 13장의 '소묵시록'(Little Apocalypse)을 비롯하여 하나님 나라의 미래를 가리키는 공관복음서의 묵시적 종말론적 미래 대망은 상징적인 표현인 데 반하여 현재적인 예수의 공적 사역에 의해서 일어나는 하나님 나라 표징들이 하나님 나라의 현재성을 표식하기 때문이라는 것이다. 마태복음 12장 28절과 누가복음 11장 20절에서 예수의 마귀축출 행위와 하나님 나라가 '이미 왔다'는 완료시칭(ephthasen)은 그 나라의 현재성을 명시적으로 말해준다는 것이다.9 그런데 다드에 있어서 하나님 나라의 종말적 차원이 역사 내로 내재화되는, 정신화되는(spiritualizing) 지배적 경향이 있으며, 따라서 관념론적 성격을 가진,10 마귀들을 축출하는, 병든 자들을 치유하는, 가난한 자들을 풍족하게

---

8 C. H. Dodd, *The Parables of the Kingdom* (New York: Charles Scribner's Sons, 1935) 참조.

9 *Ibid.*, 43, 49, 50-52 참조.

10 그의 글을 영문으로 여기에 인용하자면, "... The spirit of man, though dwelling in history, belongs to the eternal order(하나님 나라), and the full meaning of the Day of the Son of Man(종말적 미래의 날, 다니엘 7장 참조), of the Kingdom of God, he can experience only in that eternal order. That which cannot be experienced in history is symbolized by the picture of coming event, and its timeless quality is expressed as pure simultaneity in time- 'as the lightening flashes'(즉, kairotic moment들로서), *Ibid.*, 108. 하나님 나라의 현재적 임재의 kairotic moment는 결국

하는, 갇힌 자들을 풀어주는(마 12:28; 눅 11:20; 4:18-19) 사건들은 하나님 나라의 현재성을 가진다. 하나님 나라 자체의 현실성에 대하여 이러한 사건들은 표징적 성격을 가지나, 하나님 나라의 현실적 도래와 임재가 물질세계와 인간의 영과 몸의 차원을 변혁할 수 있다는 것을 실제적으로, 예증적으로 나타내준다. 그러나 하나님 나라의 임재의 시간 (kairos)은 다드가 말하는 무시간적 영원의 '동시성'(simultaneity)11이 아니라 우주와 모든 역사의 시간을 포괄하는 신적인 시간, 종말적 현재의 시간이다. 다드에 있어서는 하나님 나라의 현재적 임재가 플라톤적 무시간적인 상징에 불과하다. 하나님 나라가 '이미 왔다'-Schon의 시간, 예수 그리스도의 시간은 상징이 아니다. '아직 아님'-Noch Nicht는 불의한 세계 역사를 변혁할 수 있는 시공을 허락하는 신적인 자비로운 나라의 현실적인 미래차원이다. 예수에게서의 하나님 나라의 현재성 (Schon) 그 자체가 바로 종말적 미래이다.

2) 하나님 나라와 세계의 중보자, 예수 그리스도의 승리

여기서 우리는 예수의 십자가와 부활의 사건들이 어떻게 하나님 나라와 관계되는가를 고찰한다. 하나님 나라의 시간 역사 안에서의 현재적 임재와 미래는 예수의 하나님 나라 선포와 공적 사역에서뿐만 아니라 그의 십자가와 부활 사건들 자체의 차원이다. 우리는 여기서 시간

Dodd에게서 무시간적 영원한 나라의 상징적인 현재이며 실제적인 미래로부터 도래할 그 나라의 현실성은 관념적 이상과 동일화되어 버리고 Ritschl의 윤리적 이상과 다를 바 없다. 이러한 관념론은 사람들이 일반적으로 죽은 후에 하늘나라에 들어가 영생복락을 누리게 된다는 내세관과 다를 바 없다.

11 각주 10의 simultaneity을 보라.

상 그의 부활 사건에 대한 공관복음서의 보도들을 비롯한 신약의 증언들 자체를 집중적으로 고찰하지 않으나, 그의 십자가 사건에 대한 성서적 증언들에 더 집중하여 고찰한다. 그러나 이 증언들은 그의 부활 사건의 빛에서부터 십자가 사건을 해명하고 있다. 그러므로 그의 십자가 사건과 부활 사건의 의미를 종합적으로 고찰하게 된다. 예수의 십자가의 죽음이 종말적인 궁극적 하나님 나라에 이르는 사건이라는 성서적 증언들이 바로 그의 부활의 승리에 비추어서 선포되는 것이다. 예수의 십자가와 부활을 계기로 그의 그리스도론적 칭호들, 즉 '하나님의 아들', '메시아'(그리스도), '주'(主, κύριος) 예수 그리스도, '인자'(人子, Son of Man)과 같은 칭호들이 그의 십자가 사건을 계기로 부활 사건에서부터 조명된 신약성서의 증언이다.

십자가의 참혹한 죽음에 임하는 예수에 대한 복음서들의 보도들이 거의 일치한다. 여기서 그의 '메시아' 왕권, '하나님의 아들', 하나님의 통치권을 부여받은 하늘의 '인자'(단 7:13, 14)라는 칭호들이 결합하여 예수의 죽음의 종말적 필연성을 나타낸다. '유대인들의 왕'이라는 죄목으로 그는 죽게 된다. 이 죄목은 유대교 사제들이 조작한 것이지만, 그럼에도 불구하고 그의 하나님 나라 선포와 공적 사역에 직결된 참된 메시아 왕권을 암시해 준다. 마가복음 15장에 의하면, 겟세마네 동산에서 무리에게 사로잡힌 예수가 로마의 총독 빌라도에게 넘겨진다. 그가 예수에게 묻기를 "그대가 유대인들의 왕인가?" 하니, "당신이 그렇다고 말했소"라고 예수가 대답한다(2절). 예수는 그 물음을 부정하지 않고 모호하게 승인하는 것 같다. 그는 결국 그 죄목으로 십자가에 처형당한다. 한 유대인 관원인 백부장이 그 광경을 지켜보고, "진실로 이 사람은 하나님의 아들이었다"고 고백한다(39절). 마가는 예수의 '하나님의 아들' 칭호와 '메시아' 왕권을 예수의 십자가 사건과 직결시키고 있다.[12] 마태복음 26장을 보자면, 유대교의 대사제가 예수에게 말하기를 "내가 살아계신 하나님의 이름으로 명하니, 그대가 그리스도, 하나님의 아들이라면 우리에게 말하라" 하니, 예수가 대답한다. "당신이 그렇다고 말했소… 당신은 존엄한 분의 오른편에 있는 인자가 하늘의 구름 타고 도래하는 것을 보리라" 하니[13] 대사제가 참담하게 여기고 옷을 찢으며 "그가 신성모독을 토로했다. 왜 우리가 더 이상의 증거를 필요로 하는가?" 하고 예수의 죄목을 자칭 '유대인들의 왕'이라고 판정한다. 여기서도 마태는 '메시아'와 '하나님의 아들'과 '인자'를 동일화시키며 구약 전통과 유대교의 묵시적 종말론의 개념들을 포괄하면서 이것들을 능가하는 신적 역사적 인물 예수에게서 현재화시키고 종말적 미래를 가리킨다. 누가의 기록에서도 '하나님의 아들'(22:70)과 '메시아 왕'(24:2)이 결합하고 '유대인들의 왕'이라는 예수의 죄목이 확정적으로 된다. 요한복음 18, 19장에서도 예수의 죄목이 확정적으로 결정되는데, 여기서는 예수의 메시아 왕권의 의미에 대한 해명이 제시된다. 빌라도가 유대교

---

12 *The Anchor Bible Dictionary*, 1992 ed., (이하 *ABD*) Vol.6, s. v. "The Son of God" 133; F. Hahn, *Christologische Hocheistitel*, 1964, 284-292 참조. 왕권이 야웨 하나님으로부터 주어진다는 구약 전통의 메시아 개념이 신약에서 예수의 십자가 사건에 비추어서 새롭게 해석되고 있다는 사실이 주목되어야 한다. 더 나가서 마가에서 그의 '메시아' 왕권이 십자가 사건을 거쳐 '하나님의 아들' 칭호와 결합한다.

13 다니엘 7:13-14에 의하면 人子(Son of Man)는 하늘에서 신적인 '영원한 나라'의 통치권을 받은 구원자이다. *ABD* Vol. 6 "The Son of Man"에 의하면 인자 개념은 본래 "Non-Israelite mythology"에서 유래했다(134-138). 인자 개념이 어디에서 유래했든 역사적 예수에게 적용됨으로써 예수에게서 역사화 되었고 따라서 신화이기를 중단한다. 다니엘 묵시록에서도 그 개념은 신화로 머물러 있다. 거기서는 상징적 인물이며 죽음과 무관한 데 반하여 신약에서는 역사적 예수의 십자가 사건에 결부됨으로써 그가 역사와 관계된 종말적 구원자임을 가리킨다.

대사제와 유대인들이 고발하는 예수에게 말하기를 "그대가 유대인들의 왕인가?" 하니 예수가 그 의미를 이렇게 설명한다. "나의 왕권은 이 세상에서부터 나오는 것이 아니요… 당신이 내가 왕이라고 말하는데 이것을 위해서 내가 태어났고, 이것을 위해서 내가 세상에 온 것이요…." 빌라도는 그 설명의 뜻을 전혀 깨닫지 못하고 머뭇거리는데, 대사제와 군중들이 예수의 죄목이 가이사르 로마 황제에게 위배된다는 것을 지적하면서 그의 처형을 재촉한다. 예수의 정체를 모르고 망설이는 빌라도는 "그대가 내게 말하지 않으려는가? 내가 그대를 풀어줄 권세와 십자가형에 처할 권세를 가지고 있다는 것을 그대는 알지 못하는가?"라고 말하니, 예수가 말씀하시기를 "당신의 그 권세가 위로부터 주어져 있지 않고서는 내게 대하여 아무러한 권세를 가지지 못하오…"라고 한다. 이 맥락에서 '유대인들의 왕'이라는 죄목이 조작된 것이지만, 예수 자신의 본래의 신적인 메시아임을 함축하고 있는 것으로 밝혀진다. 또 밝혀지는 것이 있다. 예수를 처형할 수 있는 빌라도의 권세가 가이사르 황제로부터 주어진 것이지만, 이 권세도 하나님으로부터 주어지지 않고는 집행될 수 없다는 것이다. 이 말은 세계의 모든 왕국의 주권들이 의로운 하나님으로부터 온다는 것을 암시한다. 요한복음 1장 49절은 예수가 '하나님의 아들', '이스라엘의 왕'이라고 말한다. 이 '이스라엘의 왕'은 세계의 모든 왕국을 하나님에게로 중재하는 사제적 메시아 왕이라는 의미를 함축하고 있다.

하나님의 그러한 주권에 대한 절대적 신뢰와 신앙에서 예수는 마귀·사탄에 의한 시험을 이겨냈고, 임박한 하나님 나라를 선포했고, 마귀축출과 병 치유 등의 기적들을 수행한 것이다. 유대인들은 권능 있는 메시아를 대망했으나, 세계의 왕국들을 능가하는 권세를 지닌 메시아, 따라서 이들을 닮은 메시아 왕국을 세울 메시아를 대망했던 것 같으며, 세상의 어떠한 권세도 가지지 않은 무력한 예수에게서 메시아 왕권의 표식을 판별해낼 수가 없었다. 빌라도에게는 황제 가이사르가 최고의 권력자이며, 예수는 도대체 그 황제의 필적이 못 되는 무력한 유대인이다. 그러나 빌라도는 로마제국의 권세를 대표하여 하나님 나라의 메시아 왕을 처형하게 된 것이다. 그럼으로써 빌라도는 세계의 모든 나라의 권세를 대표하여 집행한 것이다. 세계의 나라들의 불의, 신적인 주권을 찬탈한 불의는 바로 여기서 판결이 난다. 예수의 죽음에서 하나님의 의로운 주권과 세계의 나라들에 대한 종말적 심판이 내려진 것이다.

예수의 죽음은 공관복음서에서의 최후만찬(The Last Supper, 막 14:12-25; 마 26:17-19; 눅 22:7-13)의 의미는 그가 그의 몸과 피, 즉 그 자신을 세상에 내어 준다는 것이다. 누가복음 22장 16절은 최후만찬을 장차 성취될 하나님 나라에서의 만찬에 비유한다. 예수는 우리의 '죄 때문에' 죽을 수밖에 없다는 것이며, 그의 죽음은 우리의 구원을 위한 '속죄'(expiation)라는 것이다(막 14:24; 요 1:29; 고전 15:3; 롬 3:25 등등). 속죄 개념은 구약의 사제문서 전통에서 유래한 것인데, 하나님과 죄된 세상 사이에서 하나님의 의를 세우고 이 양자를 중보하는 사제의 제사의식 행위와 결부된 개념이다. 여기서는 제물이 흠 없는 짐승으로 상징되어 있는 데 반하여, 예수는 자신의 역사적인 죽음으로써 세상을 속죄한다. 특히 히브리서가 예수의 그러한 사제적 희생(priestly sacrifice)의 의미를 부각시킨다. 그럼으로써 히브리서는 또한 예레미아에서의 종말론적 미래의 '새 계약'에 대한 예언을 포착하여 예수의 죽음과 부활에 적용한다(렘 31:31ff; 히 7:22; 8:6; 9:15 등 참조). 예수는 '계약의 피'(9:20)로써, '영원한 계약의 피'로써 '대사제'의 직분을 종말적으로

'단번에'(once for all, 9:23 등, 즉 종말적으로) 희생 제사를 수행한 '의의 왕', '평화의 왕'이라는(13:20) 것이다.[14] 예수는 세상을 위하여 죽음으로써 하나님이 의를 세우고 하나님과 그에게 적대하는 세계를 중보하고 하나님과의 '화해'를 성취했으며(고후 5:18), '새 계약'(고후 3:6)을 세웠다.

이제 마가복음 10장 45절의 '속죄물'(λύτρον, ransom)이라는 말과 관련된 속죄론(ransom theory)[15]의 의미를 숙고해 본다. 본문을 인용

---

14 '계약' 개념은 B.C. 13세기 후반 이스라엘의 출애굽 해방을 계기로 창출된 초기 판관기 시대의 민족적 계약사회에서 기원했다고 추정된다. George E. Mendenhall, *The Tenth Generation: The Origins of the Biblical Tradition* (Baltimore: The Johns Hopkins University Press,1973); Norman K. Gottwald *The Tribes of Jahweh: A Sociology of the Religion of Liberated Israel,* 1250-1050 B.C. E. (New York: Orbis, 1979) 참조. Gottwald에 의하면, 그 계약사회는 가나안 땅의 봉건적 도시국가들에 대한 이스라엘과 근동 일대의 '하비루'(Habiru=Hebrew) 민중의 투쟁과 혁명에 의해서 창출된 것이다. 박순경, "창조와 구원의 시간,"(6) 한국기독교장로회신학연구소, 「말씀과 교회」 2004년 제1권, 36 참조. 이스라엘의 저 계약사회는 신약에서의 하나님 나라 개념에 비추어서 재 포착되고 새롭게 해석되어야 할 것이다.

15 이 ransom theory는 본래 교대의 희랍교부들의 속죄론이었는데, G. Aulen이 그의 *Christus Victor*(1931, trans., A. G. Herbert, London)에서 그 속죄론을 재발견하여 현대적 맥락에서 재해석함으로써 신학계의 주목을 받았다. ABD Vol.1, "Atonement in the NT," 521 참조. 중세기에 Anselm이 그의 (왜 하나님이 인간이 되었는가?)에서 제창한 보상설 혹은 충족설(satisfaction theory)이 종교개혁 이후의 프로테스탄트 신학에서도 대체로 계승되었다. 보상설에 의하면, 인간이 하나님에게 죄를 범하고 그의 명예를 훼손시켰으나, 죄인인 인간은 보상할 수 없으므로 의롭고 자비로운 하나님이 인간이 되었으며 이 사람이 죽음으로써 하나님의 의를 세우고 보상하고 동시에 인간들에 대한 하나님의 자비로운 용서를 가져왔다는 것이며, 이러한 Anselm의 속죄론이 satisfaction theory라고 일컬어졌으며, 종교개혁과 프로테스탄트 정통주의에 있어서 대체로 계승되었다. 그러나 그 속죄론의 법적인 표현양식이 부적합하다는 비판이 현대신학에서 제기되었다. 그러한 속죄론에 반하여 Aulen이 재발견한 희랍교부들의 ransom theory에 의하면, 피조물을 대표하는 인간이 악의 세력과 계약을 맺었기 때문에 인간의 고통과 죽음이 초래되었다는데, 악의 세력이 큰 대속물로서 예수를 장악했으나 부활한 예수에 의해서 사망의 권세는 패배할 처지에 놓이게 되었다. '보상설'(satisfaction theory)은 교회법의 표현양식으로 표현되어 있는데 반하여 ransom theory는 예수의 죽음을 우주

하자면 "인자는… 섬김을 받으러 온 것이 아니라 섬기려고, 또한 많은 사람들을 위한 속죄물로서 그의 생명을 주려고 왔다"는 것이다(공동번역 은 '몸 값'이라고 말하는데, 속죄의 의미를 명시해 주지 않는다). 여기서 속죄물(대속 물)은 예수의 몸, 생명 자체를 가리킨다. 속죄의 죽음은 대속적인 죽음 (vicarious death)을 의미한다. 그의 죽음은 사람이 태어나서 살만큼 살 다가 혹은 불의의 사고로 죽는, 유한한 의미에서의 죽음이 아니다. 예수 의 죽음은 하나님 나라의 도래를 담지한 자로서 그 나라에 대적하는 세계 의 '지배세력들과 권세들'(principalities and powers)에 직면해서 불가 피하게 일어난, 그러나 하나님의 의로운 주권에 대한 예수의 복종의 결 단에서 일어난 사건이다. 한 사람 의인이 그러한 악의 세력들에 의해서 죽음으로써, 하나님이 피조물 우주와 세계에서 작용하는 악의 세력들의 정체를 드러내고 심판한 것이다. 죽고 부활한 예수 그리스도는 그러한 악의 세력들에 대한 '승리'라고 신약에서 선포된다.

골로새서 2장 14~15절에 의하면 사람들이 범죄하고 죽었으나, 하 나님이 그들을 죽음에 이르게 하는 '법적인 요구들'의 '굴레'를 무효하게 만들고, 그 굴레를 십자가에 못 박아 버림으로써 죽어있는 사람들을 살리셨으며, "그는 그 지배세력들과 권세들(principalities and powers) 을 무장 해제시켰고 예수 그리스도 안에서 승리"했다는 것이다. 에베소 서 6장 12절 이하에 의하면 그 '지배세력들과 권세들'이 '이 현재적 암흑

적 차원에서 설명하는 한 cosmic theory라고도 일컬어진다. 피조물을 대표하는 인간이 피조물 우주에 틈타 들어온 악의 세력과 계약을 맺고 죽음과 멸망을 초래했는데, 악의 세력이 큰 대속물(ransom)로서 예수를 담보물로서 장악한 줄 알았으나 그가 부활함으 로서 결국 악의 세력과 사망의 전세가 패배하고 말았다는 것이다. 유럽이 제1차 세계대전 에서 엄청난 파괴력과 죽음을 목격했고, 또 제2차 세계대전의 전운이 온 유럽을 감돌고 있던 상황에서 그러한 우주적 속죄론이 저 보상설보다 더 신학계와 교계의 주목을 받게 된 것이다.

의 세계통치자들'과 동일화되어 있으며, 그 '지배세력들과 권세들'이 하늘에 자리잡고 있는 '악의 영적인 무리들'(군대들, spiritual hosts)라고 한다. 그러므로 사람들은 하나님의 '전체적 무장'으로 악한 날을 견디어 내라는 것이다. 16

고린도전서 15장 54~56절에서 사도 바울은 이사야 25장 8절을 예

---

16 골로새 2장과 에베소 6장에서의 'principalities'와 'powers'는 법적 질서들을 가장한 악의 지배세력들이며 사람들을 착취하고, 구속하고, 이들의 몸들을 일그러지고 병들게 하고, 무거운 법적 굴레 아래서 죽음에 이르게 한다는 것이다. 로마 8:2 이하에서 사도 바울은 우리의 '육체' 안에서 쓰고 약하게 만드는 죄와 우리를 죽음에로 정죄하는 '법'을 말하면서 이제 예수 그리스도 안에서의 '생명의 영의 법'이 우리를 정죄하는 법으로부터 자유하게 한다는 것이다. 종교개혁과 특히 루터파 전통은 구약의 율법 특히 유대교의 율법주의를 정죄하고 죽이는 법이라고 규정하고 살리는 은혜로운 예수 그리스도의 복음에 대립시켰다. 그럼으로써 루터파 전통은 구약의 위치를 약화시키는 경향을 초래했을 뿐만 아니라, 법과 권력을 대표하는 세계의 나라(*regnum potentiae*)와 그리스도의 나라(*regnum Christi*)를 엄격하게 구별함으로써, 하나님 나라와 세계 사이에서의 예수 그리스도의 중보자(mediator) 직분이 모호하게 된 것이다. 그것이 이른바 "두왕국론"(Zwei- Reiche-Lehre)인데, 이것은 로마 황제들의 권력들과 교회의 자유한 권리가 자주 갈등하고 뒤얽히고 다투는 역사적 문제를 극복하려고 했다는 점에서 또 "은혜의 질서"(*regnum gratiae*)로서의 교회의 자유를 부각시켰다는 점에서 의의를 가진다. 그러나 그렇게 양자를 엄격하게 구별함으로써 루터파 전통은 정적주의 경향을 가지게 되었고, 교회가 세계에 대한 사제적 중보자 직분의 적극적인 역할을 못하게 된 셈이며, 이 때문에 세계는 Hitler와 같은 독재자에게 맡겨지게 되었다는 비판이 20세기 루터파 교계와 신학계에서 일어난 것이다. 사도 바울이 말하는 정죄하는 법, 죄의 법은 부분적으로 유대교의 율법주의에 해당하기도 한다. 그러나 그가 말하는 죽음에로 정죄하는 법으로부터의 자유를 골로새서와 에베소서와 같은 제2바울 서신들은 더 분명하게 우리를 옭아매는 법들, 즉 세계의 지배세력들과 권세들로부터의 자유라는 것을 말해 준다. 이 법들이 하나님과 하나님 나라에 대적한다는 의미에서 하늘에 자리 잡고 있는 '악의 영적인 무리들'(spiritual hosts); 즉 사탄과 그의 부하 악마들을 연상하게 하는 무리들이라고 에베소 6장에서 말해진다. 세계의 왕국들의 통치 권력들과 이들의 법조항들 아래서 사람들이 바로 그것들의 담보물로서 결국 착취당하고 일그러지고 병들고 죽게 된다. 예수가 그 사망의 권세들 아래서 죽고 부활함으로써 그 권세들로부터 해방시켰으니, 이제 우리는 하나님의 '무장'으로 세계의 'principalities and powers'에 대하여 투쟁하라고 골로새서와 에베소서는 격려한다.

수 그리스도의 부활에 연결하여 "죽음이 승리에 삼켜 버려졌다"고 말한다. "사망이여, 너의 승리가 어디에 있느냐? 사망이여, 너의 쏘는 것이 어디에 있느냐? 사망의 쏘는 것은 죄이며, 사망의 권세는 법이다. 그러나… (하나님이) 우리에게 주 예수 그리스도를 통해서 승리를 주신다." '사망의 권세'로서의 법은 세계의 '지배세력들과 권세들'의 도구로서 작용하는 법을 가리킨다(주16 참조). 고린도전서 15장 24~25절에서 사도 바울은 이렇게 말한다. 즉, "… 종말이 온다. 그때 그(예수 그리스도)는 모든 통치와 권위와 권세를 파괴한 후에 그 나라를 하나님 아버지에게로 넘기리니, 그가 그의 모든 원수들을 그의 발아래 두기까지 다스려야 한다." 그러니까 이 세계의 나라들이 그의 신적인 주권 아래 있다는 것이다. 이와 같이 하나님 나라의 종말적 도래와 주권은 예수 그리스도에게로 집약된다. 빌립보서 2장 10절에서는 사도 바울이 "예수의 이름에 하늘에서, 땅에서, 땅 아래서 모든 무릎이 꿇어야 한다"고 선언한다. 이 말은 땅 아래 묻혀 있는 역사의 모든 과거 차원도, 하나님 나라의 궁극적 미래도 다 예수 그리스도의 주권 아래 있다는 뜻이다. 예수 그리스도의 그러한 주권은 세계의 악의 '지배세력들과 권세들'의 통치 권력을 탈환하여 하나님께 돌리고, 그의 주권은 이것들 아래 사로잡혀 가난과 고통에서 죽어가는 인생을 하나님 나라로 해방시키고 구원하는 주권이며, 하나님 나라와 악의 세력들의 손아귀에서 그 나라에 대적하는 원수들까지도 해방시키고 하나님에게 중보하고, 화해시키고(고후 5:17-18 참조), 새 피조물이 되게 하는 한량없이 의롭고 은혜로운 주권이다.

요한묵시록은 이렇게 말한다. "세계의 나라들[17]이 우리 주 그리스도의 나라가 되었으며, 그는 영원토록 다스리리라"는 것이다(11:15). 세계의 나라들이 그리스도의 나라(Regnum Christi)가 되었다는 것은 바울 서신들과 제2 바울 서신들에서 말해지는 예수 그리스도의 신적인 권능, 세계의 나라들에 대한 주권과 동일한 의미를 가진다고 생각된다. 그렇다면 그리스도의 나라는 하나님 나라와 동일한 것인가? 그의 나라의 신적인 근원과 주권에 있어서는 동일하다. 하나님 나라와 그리스도의 나라가 둘일 수는 없으니, 예수 그리스도가 영원토록 다스릴 나라는 바로 하나님의 나라이기 때문이다. 세계의 나라들이 '그리스도의 나라가 되었다'는 것, 고린도전서 15장 24~25절에서 말한 바, 그가 세계의 "모든 통치와 권위와 권세를 파괴한 후에" 세계의 나라들을 하나님 아버지께 넘기리라는 것, 에베소서 6장 13절이 역설하는 바, "하나님의 전적인 무장"으로써 이 세계의 '악한 날'을 견디라는 것은 성서의 증언들을 듣는 교회들과 사람들로 하여금 그리스도와 함께 세계를 변혁하라는 말이다. 예수의 하나님 나라 선포에 이어지는 '회개하라'는 선포도 세계변혁의 미래를 함축하고 있으며, 고대교회에서 대두한 '투쟁하는 교회'(Church militant)도 세계변혁의 필요성을 함축하고 있다. 세계변혁 없이 어떻게 세계의 나라들이 '그리스도의 나라'가 되겠는가?

보론

나의 본래의 계획은 2)번 항목 다음에 3)번 항목에서 '성령의 오심

---

17 예수 그리스도의 나라가 된 세계의 나라(왕국)가 신약의 희랍어 원본들에서 단수로도 혹은 복수로도 쓰여 있는데, 번역본들에는 단수로, 루터(Luther) 번역본에는 복수로 쓰여 있으므로, 우리는 이것을 따랐다.

과 교회공동체'라는 주제를 다루고자 한 것이나 시간상 이것을 보류할 수밖에 없어서 아쉽게 생각한다. 이 3번 항목이 다루어져야 '하나님 나라' 주제의 삼위일체론적 맥락이 드러나게 된다. 나는 이 항목을, 처음 시작하는 말에서 표시한 바 "삼위일체 하나님과 시간"이라는 설계 안에 포함시키려고 생각한다.

시간 역사 안에서의 하나님 나라의 현재적 임재와 종말적 미래는 바로 예수 그리스도의 역사내적 사역(ministry)과 십자가-부활 사건들의 차원이다. 하나님 나라의 그러한 그리스도론적 차원은 바르트의 표현들에 의하면 하나님의 계시의 '객관적 현실'(die objektive Wirklichkeit)을 의미한다. 성령과 교회의 차원은 하나님의 계시의 '주관적 현실'(die subjektie Wirklichkeit), 즉 이 정식들은 세계에서의 하나님 나라에 상응하는 시간 역사내적 표식(Bezeichnung)이다. 이 표식에 해당하는 교회의 사역은 교회의 전통인 하나님의 말씀 선포와 성례전의 시행이다. 교회의 말씀 선포와 성례전은 세계의 사회 역사로 하여금 하나님 나라의 의를 추구하고 그 나라의 종말적 미래에로 변혁하면서 행진하게 하는 계기들을 열어주어야 하는데, 교회는 대체로 자체의 체제와 구조 안에 머물러 있고 세계의 사회 역사에 대한 그러한 책임을 수행하지 못한다. 그러므로 교회는 하나님 나라의 사회 역사적 변혁의 동력을 상실하고, 하나님 나라를 무시간적이고 추상적인 사후에 들어갈 어떤 피안의 나라(Jenseits)로 환상한다. 피안의 영원한 그 나라의 실재는 삼위일체 하나님 자체이며, 교회가 위탁받은 사명은 세계 내에서 세계의 나라들로 하여금 그리스도의 나라가 되게 하는 역사적 과정에서 수행되어야 한다. 교회의 세계내적 사명과 책임의 상실은 교회가 세계의 지배 세력들 안에 포섭되고 이것들에 봉사하는 데서 발생한다. 그래서 교회는 부패한 세계 안에서 소금의 직분을 수행하지 못하게 되고, 예수의 하나님 나라 선포와 회개하라는 촉구의 음성을 듣지 못하는 귀머거리가 된 것이 아닌가?

2. 사회 역사 변혁의 동력, 하나님 나라

앞에서는 우리가 하나님 나라에 대한 성서적 증언들을 고찰했다. 여기서는 그 나라가 어떻게 세계와의 관계에서 변혁 혹은 혁명의 동력으로 작용하는가 하는 문제가 숙고되어야 한다.

하나님 나라와 관계하여 어떻게 불의한 세계·사회 역사가 변화해야 하는가 하는 물음은 하나님 나라와 세계와의 중보를 위한 예수 그리스도의 사건들이 필연적으로 제기하는 물음이다. 현대사에서 마르크스주의·사회주의·공산주의 혁명운동이 일어나면서 이 운동과 그리스도계는 엄청난 갈등과 비극을 초래했으나, 1870년대 후반기부터 1990년 사이에 온 서양 교계에서 이 혁명운동이 하나님 나라의 이 물음에 상응하는 파트너로서 교계로부터 주목받았으며, 양자의 갈등 관계를 넘어서서 상호접근하면서 '하나님 나라와 세계변혁'(das Reich Gottes und die Veränderung der Welt)이라는 주제가 온 서양 교계와 마르크스주의자들 사이에서 한 세기가 넘도록 논의되어 왔다. 그러나 우리 한국 교회와 신학은 민족분단이라는 비극적인 상황에서 반공·반북 노선을 마치 성서의 진리인 것처럼 고수하느라고 그러한 세계적 논의를 거의 듣지 못했으며, 민족과 세계를 위하여 봉사할 수 있는 역사적 방향을 상실했으며, 따라서 하나님 나라의 소명을 상실해 왔다. 이제 '하나님 나라와 세계변혁'이라는 주제를 검토하면서 우리 교회가 민족통일의 새로운 미래를 창출하는 데 봉사하게 될 길이 열리기 바라는 바이다.

그 주제는 예수 그리스도에 대한 성서적 증언들에 명시적으로 함축되어 있다. 그가 선포한 하나님 나라의 역사내적 도래는 우주와 세계 전반을 조종하는 악의 '지배세력들과 권세들'에 대한 종말적 궁극적인 심판을 의미하며 세계 전반을 새로운 의로운 하나님 나라의 미래에로 변혁하는 계기를 열어준다는 것을 의미한다. 예수 그리스도의 공적 사역, 십자가와 부활이 하나님 나라의 현재적 임재와 현실성(Wirklichkeit Gottes), 즉 그 나라의 이미 도래함-Schon-이며 동시에 아직 아님(Noch Nicht)이라는 종말적 미래의 시간을 열어준다. 이 시간이 바로 하나님 나라와 세계변혁의 역사적 공간이다. 구약의 제3이사야(56~66장)에서의 '새 하늘·새 땅,' 후기 유대교의 묵시적 종말론에서의 하늘에서 내려오는 '새 예루살렘'이라는 종말론적 표상들이 신약에서 재포착되어 환상들로 머물러 있지 않고 역사성을 가지게 된다. 구약의 종말론과 묵시적 종말론은 본래부터 세계변혁의 동력을 함축하고 있었으나 예수 그리스도의 사건들을 계기로 새롭게 재포착된 것이다. 대체로 제도화된 교회 전통과 오늘의 교회들에서 상실된 그러한 종말론이 마르크스주의 사상가들에게서 포착되고 이들이 그리스도교 신앙에 접근했다는 사실이 주목되어야 할 것이다.

보론

보론의 형식으로 여기에 그리스도교와 마르크스주의의 접근 시도들의 역사적 약술이 필요한 것 같다. 1880년에서 대략 1920년 사이에 이탈리아에서 '가톨릭 공산주의자 운동'(Catholic Communist Movement)과 개신교 측의 '사회주의 크리스천들'(Socialist Christians)이 대두하여 문서와 교육 활동에 주력했다. 또한 가톨릭 공산주의자들은 '역사적 유물론'(historical materialism)과 형이상학적 세계관을 나타내는, 소련에서 많이 논의된 '변증법적 유물론'(dialectical materialism)을 검토하는 깊은 사상적 작업을 수행하기도 했다.18 전자는 사회 역사의 물질 구조의 변혁을 위주하는 것으로서 긍정되고 있는 데 반하여 후자는 그리스도교적 입장에서 용인되기 어렵다. 왜냐하면 그것은 우주와 역사 자체를 물질의 변증법 운동으로서 설명하는 형이상학적 성격을 가지기 때문이다. 가톨릭 공산주의 사상의 전개 과정이 여기서 한꺼번에 제시되기는 어려우며 선택적으로 다시 후론하고자 한다.

프랑스 가톨릭교계의 상황에 대해서는 내가 아는 바가 적으므로 생략한다.19 차후에 프랑스의 가로디(Roger Garaudy)의 사상이 상론될 것이다.

영국에서는 1877~1914년 사이에 10여 개의 '크리스천 사회주의자 기구들'이 활동했으며, '교회사회주의자연맹'(Church Socialist League)은 1906~1924년 사이에 활동했다. 대주교 템플(Willam Temple, 1881~1944)이 사회주의자였다.20

미국에서도 1872년경부터 사회주의운동이 벌어지기 시작했다.

---

18 Johann-Baptist Metz and Jean-Pierre Jossua eds., *Concilium 105 Christianity and Socialism* (New York: The Seaburry Press, 1977), 1-5 참조.

19 복잡한 프랑스 사회주의 공산주의 운동들에 대해서 John C. Cort, *Christian Socialism: An Informal History* (New York: Orbis Books, 1988), 87-138 참조.

20 J. C. Cort, *Ibid.*, 137, 154, 159f. 참조.

1872~1878년 사이에 '크리스천노동연합'(Christian Labor Union)이 활약했으며, 1877년에 '사회주의노동당'(Socialist Labor Party)이 출현했다. 또 19세기 후반부터 '사회복음'(Social Gospel) 운동이 역시 마르크스주의 혹은 사회주의의 영향을 반영하며, 미국 신학계에 영향력을 행사했다. 라우셴부시(W. Rauschenbush, 1861~1918)는 하나님 나라의 복음이 사람들의 영혼 구원에만 해당하는 것이 아니라 그들의 먹고 자고 입는 문제들과 건강 문제 등에 관계된다는 것을 역설했다.[21] 흑인 크리스천 사회주의자들도 대두했으며 1904~1908년에 사회주의당의 활동을 전개하기도 했다.[22] 미국의 여신학자 류터(Rosemary Ruether)는 '아메리카 민주사회주의자들'의 기구의 부의장을 맡은 적이 있으며, 사회주의가 하나님 나라에 더 가깝다고 생각했다.[23] 여기서 미국의 대신학자 니버(Reinhold Niebuhr)에 대하여 우리가 짚고 넘어가야 할 국면이 있다. 1929년에 그는 사회당에 가입했으며, '사회주의자 크리스천들의 교제단'(The Fellowship of Socialist Christians)을 창설하기도 했다. 그러나 그는 처음부터 비판적 마르크스주의자였는데, 인간의 이기주의 문제에 집착한 그는 마르크스주의에서처럼 사유재산 타파가 평등한 경제공동체, 즉 공산주의 실현을 보장하지 못한다는 생각 때문이었다. 결국 그는 마르크스주의·사회주의를 버리고 말았다. 1947년 그는 US 국무부 소속 케난(George Kennan)의 정책 기획위를 위한 자문으로 임명되었으며, 대 소련 마샬 플랜(Marshall Plan)에도 관여했고, 트루먼

---

21 그의 책 *Chrisianizing the Social Order*에서부터 인용된 글, J. Cort, *Ibid.*, 98-99 참조.
22 J. Cort, *Ibid.*, 256.
23 *Ibid.*, 265; Rosmary Ruether, *To Change the World: Christology and Cultural Criticism* (New York: The Crossroad, 1985), 74f. 참조.

의 대 공산권 봉쇄정책과 한국전쟁을 지원했던 것이다. 그의 서양 우월의식을 전제하고 있는 말을 들어보자면, 서양의 민주사회는 동양에는 결여된 바 서양의 정신적인 또 물질적인 토대 위에서 성립되는 사회라고, 민주사회에서 가장 높이 평가되는 많은 가치가 서양 밖에서는 이해되지도 요구되지도 않는다고 한다.[24] 그는 자신의 서양 우월의식 근저에서 또 민주주의를 표방하는 미국의 대공산권 정책들에 작용하는 '이기주의적 원죄'를 왜 몰랐던가? 그러나 미국에서의 사회당은 1970년대에 부활했다고 하며 시카고에 "Democratic Socialist Organization Commi-ttee"(DSDC)가 존재한다고 한다(J. Cort, 279.).

유럽의 모든 나라에서 가톨릭·개신교계의 사회주의운동들이 19세기 후반기부터 전개되어 왔으나, 우리는 그 역사적 개관을 계속하기 어려우며, 다만 이제 말해야 할 본론에서 그때그때 필요한 역사적 맥락들을 제시하고자 한다.

1) 종교사회주의 운동과 하나님 나라

독일어권에 밀접하게 연관된 스위스의 '종교사회주의'(religiöser Sozialismus)에서 하나님 나라 주제가 일관되게 부각되어 있다. 그 종교사회주의 배후에는 독일 루터파의 블룸하르트 부자(아버지 Johann Christoph Blumhardt 1805~1880, 아들 Christoph Friedrich Blumhardt 1842~1919)의 하나님 나라 신학이 특히 그 아들에게서 사회주의와 결부되어 있으며[25] 이들이 스위스계 종교사회주의자들인 라가츠(L.

---

24 J. Cort, 278에 인용된 니버의 글; 또 이상에 대하여 266, 270, 275 이하 참조.
25 아버지 블룸하르트(J. Blumhardt)가 하나님 나라의 종말적 의미를 새롭게 파악하게

Ragaz)-쿠터(H. Kutter)-바르트(K. Barth)의 배경이다. 아들 블룸하르 트에게서 하나님 나라가 그의 사회주의운동으로 연결되면서, 하나님 나라는 종래의 교회 전통에서 대체로 이 세상 저편의 피안(Jenseits)의 나라로 표상되었으나 그는 '그 나라의 목표가 차안'(Diesseits)이라는 새로운 방향을 설정한다. 그럼으로써 그는 종교사회주의에 정치적 실 천의 차원을 열어준 것이다.

H. 쿠터(1863~1931)는 역설하기를 "하나님이 혁명적이므로, 사회 민주주의자들이 혁명적이다. 여러분은 하나님 나라가 전진해야 함으 로 전진해야 한다. 여러분은 하나님이 전복하는 분이기 때문에 전복하 는 사람들이다"[26]고 한다. 사민주의적 무신론, 유물론은 황금주의에서

된 계기는 주 2번에 제시되어 있듯이 그가 목회할 때 한 귀신 들린 소녀를 근 두 해 동안 힘들게 돌보다가, 1943년 기적적으로 그녀를 치유하게 된 사건에서 비롯되었다. 그녀가 회복되려는 순간 그녀의 여동생이 "Jesus ist Sieger!"(예수는 승리자이시다!)라고 외쳤 는데, 이 외침의 말이 블룸하르트의 하나님 나라 주제가 된 것이다. 그는 우주와 세계 안에 악의 세력이 작용한다는 사실과 예수의 승리 · 하나님 나라의 승리를 그 사건에서 목격했다고, 여러 회의적인 비판의 소리들에도 불구하고, 확신하게 되었으며, 하나님 나라는 그의 설교의 주제가 되었다. 그러니까 그의 성서적 종말론의 재발견, 즉 19세기 자유주의 신학에서 인간의 윤리적 이상으로 생각된 하나님 나라가 하나님으로부터 오는 하나님 나라의 재발견이 저 종교사회주의자에게로 이어진 것이다. 그의 아들 블룸하르 트(C. F. Blumhardt)는 아버지의 하나님 나라 주제의 실천의 장을 사회주의에서 찾은 것이다. 1899년 그는 독일 사민당(SPD)에 입당했고 1900년~1906년까지 당의 중책을 맡았으며, 노동자들의 파업에도 동참했다. 그는 목사직에서 사퇴하라는 기성교회들의 강요를 받기도 했다. Manfred Böhm, *Gottes Reich und Gesellschaftsveränderung: Traditionen einer befreienden Theologie im Spätwerk von Leonhard Ragaz mit einem Vorwort von Ottmar Fuchs*(이하 *Gottes Reich*) (Münster: Ed.Liberación,1988) 32, 36, 37 비교 참조. 이 책은 특히 L. Ragaz에 집중한다. Böhm에 의하면 독일에서의 종교사회 주의는 1899년부터 1945년까지 전개되었는데, 사실 1878년에 그리스도교적-사회 노 동자 정당들이 사민주의자들의 영향에 의하여 태동하기 시작했다. 1907년 취리히에서 스위스계 종교사회주의 회합이 처음 개최되었다.

26 Böhm, *Gottes Reich*, 38에 인용됨; Hermann Kutter의 *Sie müssen.: Ein offenes Wort an die Christliche Gesellschaft*, (Zürich, 1903/ Berlin, 1904) 90; 김애영, 『칼바르트 신학의

부패하는 그리스도교 사회와 제도들에 대한 저항 이외의 다른 것이 아니라는 것이며, "…계급투쟁은 황금에 의해서 야기된 필연성이다…"27 이와 같이 쿠터는 그리스도교계의 혁명을 외친다. '하나님의 혁명'(Revolution Gottes)이라는 말은 스위스와 독일에서의 종교사회주의에서 일반화되어 있다.

L. 라가츠(1868~1945)에 있어서 하나님 나라는 사회주의의 실현이며 하나님의 공산주의이다. 쿠터에서처럼 여기서도 하나님 나라의 방향은 피안의 저편(Jenseits)이 아니라 이편 차안(Diesseits)이다. 하나님 나라의 저편은 플라톤적이고 추상적이며 사회성을 가지지 못한다. 또한 영혼들의 구원을 지향하는 하나님 나라의 '내면화'(Spiritualisierung)는 세계와의 분리를 초래하며 세계의 역사 사회 변혁의 동력을 상실한다. 또한 라가츠에게 있어서 하나님 나라의 '개인화'(Individualisierung)는 하나님 나라의 혁명적이고 보편적인 권능을 상실한다.28 라가츠의 보편적인 하나님 나라 개념은 역사 사회적 차원뿐만이 아니라 자연(Natur)세계 전체를 포괄한다. 하나님 나라는 자연의 구원과 자연의 성취를 포괄한다.29 라가츠는 J.바이스와 A.슈바이처의 미래 종말론을

정치·사회적 해석』, 48-50 참조.

27 Böhm, *Gottes Reich*, 38에 인용된 Kutter의 말의 일부분; Kutter, *Sie müssen*, 85.

28 Böhm, *Gottes Reich*, 108, 109 참조.

29 Böhm, 111-113 참조. 그의 Ragaz 해석에 의하면, 하나님 나라는 피조물 세계를 관통하고자 한다. Natur는 하나님 나라의 활동 영역(Wirkbereich)이다. 희랍적 사상에 있어서는 자연은 고정된 것, 정적인 것, 완결된 것이나 창조된 자연은 창조자 하나님의 활동영역이며 불의한 인간 역사와 결부된 자연은 구원을 필요로 한다. K. Barth의 KD III/1, §41, 2. "Die Schöpfung als äusserer Grund des Bundes"(계약의 외적 근거로서의 창조)와 3. "Der Bund als innere Grund der Schöpfung"(창조의 내적 근거로서의 계약) 비교 참조. 피조물 자연은 역사와 마찬가지로 하나님 나라의 종말적 미래에로 열려 있는 것이다. 예수 그리스도에게서 성취된 바 하나님과 인간의 계약관계는 다름 아니라 하나님

이렇게 비판한다. 즉, 그들은 하나님 나라를 순전히 미래적인 것으로서 생각하고, 그럼으로써 이미 역사에 온 예수 그리스도를 제거했다고 비판한다. 그들의 예수는 단지 역사적인 선생으로 축소되어 버렸으며, 그들에게는 하나님의 육화로서의 그리스도가 존재하지 않는다는 것이다.[30]

마르크스의 사회주의·공산주의에 내포된 종말론적 역사 이해와 공산주의적 궁극적 비전이 하나님 나라에 상응하는 표식으로서 종교사회주의자들에게 주목되고 있다. 라가츠에게 마르크스의 사상은 구약의 예언 전통의 한 '소생'(Wiederbelebung)이다.[31] 마르크스 사상에 들어 있는 메시아사상(Messianismus)은 '성서적 유산'이라는 것이다. 라가츠에게 하나님의 혁명과 그의 나라의 미래적 약속은 계급 없는 미래 사회에 대한 마르크스주의적 희망의 약속과 거의 동일시되어 있다. 이러한 메시아사상으로서의 해석이 마르크스주의에 대한 라가츠의 모든 고찰의 '출발점'이라고 뵘은 말한다.[32] 마르크스의 역사적 유물론(물질론, 박순경)은 '역사 고찰의 방법'이다(Ragaz의 말).[33] 무신론은 마르크스주의의 창안이 아니며 계몽주의로부터 받은 유산이고 18, 19세기의 자연주의적 세계관의 조류를 마르크스주의가 전수해 받았다는 것이다.[34] 라가츠는 세계관적인 마르크스주의, 특히 소련에서 전개된 유물변증법, 즉 물질이 전 우주와 세계의 근원이라는 교조적(dogmatic) 유물론을 거부

나라의 성취를 의미하며, 오염되고 남용된 자연의 구원을 포괄한다. '새하늘, 새땅'이라는 종말론적 포상이 바로 자연을 포괄하는 종말적 구원을 의미한다.

30 *Ebd.*, ,136.
31 *Ebd.*, 176.
32 *Ebd.*, 177.
33 *Ebd.*, 177.
34 *IEbd.*, 183, 184.

한다. 그러나 역사적 유물론(물질론)은 물질적인 생산 조건들과 결부해서 고려되고 이 조건들은 변혁되어야 하는 이론이므로 파기될 수 없다는 것이다. 전자는 닫힌 형이상학적 체계를 의미하며, 후자는 역사적으로 주어져 있는 역사의 변혁을 의미하므로 하나님 나라 실현에 부합할 수 있다는 것이다.[35] 마르크스에 있어서 "…무의식적인 메시아사상(Messianism), 그에게 그의 가장 강한 힘을 부여한 메시아사상은 그리스도에서 나타난 하나님 나라의 생동적으로 된, 의식화된 메시아사상을 통해서 보완되어야 한다"는 것이다.[36]

바르트(Karl Barth, 1886~1968)는 스위스의 자펜빌(Safenwil)에서 1911년~1921년 동안 한 작은 교회 목사로 시무했다. 블룸하르트의 사회주의를 배경으로 한 쿠터와 라가츠의 종교사회주의 운동이 바르트에게서 계승되면서 그의 특유한 형태로 전개된다. 그의 철저한 초월신학은 라가츠와의 갈등을 야기했으나, 양자는 말년에 화해하기에 이르렀다. 자펜빌에서 바르트는 목회와 더불어 노조를 조직하고 노동운동을 전개했으며 자펜빌의 '붉은 목사'(der rote Pfarrer)라고 일컬어지기까지 했다. 그가 한 손에 성서를, 다른 손에 신문을 들고 신학한다는 그의 말은 하나님·하나님 나라의 세계성을 의미하며, 그 세계성은 바로 바르트의 사회주의적 관점에 집중된다. 그와 같은 그의 입장이 "예수는 사회

---

35 *Ebd.*, 185 비교 참조.

36 Ragaz, *Religiös-soziale Bewegung*, 63에서부터 Böhm에 의하여 인용된 글 중에서 부분적으로 재 인용됨, 186 참조. 우리는 Ragaz의 풍부한 사상을 우리 맥락에서 계속 다룰 수가 없으나, 그에 대해서 좀 더 보충해 둘 말이 있다. Ragaz의 사상은 *Das Evangelium und der soziale Kampf der Gegenwart* (Basel, 1906)에서 조직적으로 총괄된다는 것이다. 그는 1908년 Zürich에 조직-실천 신학교수로 취임했는데, 1921년 프롤레타리아에 더 가까이 하기 위해서 교수직을 사퇴했다. "노동"이 하나님 나라의 실현의 첫 번째 과제라는 것이다. Böhm, 41-43; 김애영, 위의 책, 146-148 참조.

운동이고 사회운동은 현재하는 예수다"[37]라는 그의 주장에 단적으로 표현되어 있다. 이러한 그의 주장은 쿠터, 라가츠의 주장과 동일하게 예수와 사회주의운동을 동일화하는 것이다. 바르트는 저들과 마찬가지로 '하나님의 혁명'(Revolution Gottes)이라는 표식을 『로마서 주석』 제1판(1919년 Der Römerbrief)에서 두드러지게 사용했고, 그 표식은 그의 『교회교의학』에서도 계속 발견된다. 하나님의 혁명은 피조물 자연을 포괄하는 세계의 사회 역사 변혁의 신적 주체를 의미하며, 세계의 인간적 사회주의 혁명을 계기로 출현한 표식이지만, 이것을 능가하는 것이다. 이점은 쿠터와 라가츠에서도 마찬가지다. 그러나 바르트에게서는 하나님의 혁명 개념이 그의 특유한 초월신학 방향에서 구체화된다. 그 첫 사례가 1919년 독일 탐바하 집회(Tambach Tagung)에서 드러난다.[38]

---

37 1911년 12월 17일 Safenwil 노동자들 앞에서 행한 Barth의 강연, "Jesus Christus und die soziale Bewegung," *Theologische Existenz heute* Nr.169, 7; 김애영, 위의 책, 65-70 참조.

38 독일에서도 19세기말 경에 시작된 Christoph Blumhardt의 사회주의운동 이래 제1차 세계대전이 끝날 무렵 "종교사회주의"운동이 벌어지게 되었다. 독일의 종교사회주의자들이 1919년 Tambach Tagung을 개최했으며, 여기에 Ragaz가 초청되었으나 수락하지 못했다. 그런데 Barth의 강연은 참석한 사회주의자들을 당혹하게 했는데, 신적인 것과 세계적인 것의 "혼동"(Vermengung)에 대하여 경고하면서, 양자의 각기의 영역들이 있고, 양자를 hyphen 부호로써 쉽게 연결하는 풍조("Bind-Strich-Mentalität")를 비판했다. 이 비판은 바로 종교사회주의에 함축된 19세기의 자유주의 신학의 요인, 즉 하나님의 행위를 인간의 행위와 동일화하여 인간의 이상(Ideal)을 하나님 나라와 무난하게 연결하는, 그래서 인간 역사에서 작용하는 악의 세력들을 판별해 내지 못하는 자유주의 신학의 요인을 겨눈 것이다. Tambach Tagung에서 종교사회주의에 제동을 건 Barth의 강연 때문에, 그가 사회주의를 포기했다는 등의 오해가 교계와 신학계에서 분분하게 일어났다. Ragaz도 물론 Barth에 대해서 노여워했다. 그러나 Barth는 평생 사회주의자로 머물렀다. 김애영, 위의 책, 172-186; Böhm, *Gottes Reich*, 51f., 62f. 참조.
또 이 맥락에서 주목할 사항이 있다. Paul Tillich(1886-1965)는 1919년경 독일에서의 종교사회주의 운동의 일환으로 Berlin Circle의 사회주의운동을 이끌고 있었으며,

바르트가 탐바하 집회에서 하나님의 혁명, 하나님의 참된 사회주의를 인간적인 현실 사회주의와 구별하게 된 세계적인 계기들이 있다. 그는 이미 1914년에 발발한 제1차 세계대전에 유럽 사민당들이 각자의 사회주의·국제주의적 원칙을 망각하고 전쟁에 동참했다는 사실에 접하여 크게 실망했으며, 그는 그 후 소련의 혁명 방법과 중앙집권주의에 대해서도 비판적이었다. 탐바하 집회에서 바르트가 신적인 것과 인간적인 것, 하나님 나라와 인간적 사회주의를 구별하게 된 것은 그러한 세계 상황들에 대하여 거리를 취했다는 것을 의미한다. 하나님 나라와 사회주의의 참된 연결, 즉 참된 신적인 사회주의는 '신적인 동일성' (göttliche Identität)은 인간 행위에 의한 '동일화'(menschliche Identifizierung)가 아니라는 것이다.[39] 이러한 구별이 바로 그의 초월신학의 시작이다. 그러한 구별이 그의 1922년에 출판된 『로마서 주석』 제2판에서 부각되는데, 그가 하나님의 초월 혹은 '절대타자성'(das absolute Andersheit Gottes 혹은 das ganz Andere)을, 하나님과 인간의 절대적

"Journal of Religious Socialism"을 발간하기도 했으며, 파괴된 유럽 상황에서 사회변혁의 시기론-'Kairos'론을 전개시켰다. Hitler에 의해서 그의 문서 활동에 제재가 일어났는데, 마침 미국의 Reinhold Niebuhr의 초청으로 뉴욕시의 Union 신학교 교수직을 맡게 되었다. Tillich는 미국의 풍요함을 접하면서 그의 Kairos론을 폐기해 버렸으니, 카이로스는 이제 지나가 버렸다는 것이며, 그의 사회주의는 침묵해 버렸다. J. C. Cort, Op. cit., 219 참조.

마가 1:15에서 '때(Kairos)가 찼다'의 동사는 완료형 시칭으로서 하나님 나라의 종말적 도래의 시간을 가리킨다. 공관복음서들에서의 Kairos의 그러한 종말적 시간성은 모든 역사적 과거를 함축하고 있는 구원의 현재적 시간이며, 동시에 영원한 새 미래를 열어주는 차원이다. 그러한 Kairos가 어떻게 미국의 풍성하던 자본주의 사회에서 사라져버린다는 말인가? 그러한 원인은 Tillich의 신학에서 작용하는 19세기 자유주의 신학의 요인, 형이상학적 관념론 혹은 존재론에서 비롯되었을 것이다.

39 H. Gollwitzer, *"Reich Gottes und Sozialismus bei Kar Barth,"* *Theologische Existenz heute,* Nr.169. (1972) 10f.

구별을 역설하게 한 것이다. 그런데 이러한 신적 초월성 개념이 세계 신학계에서 대체로 제대로 이해되지 못했고 또 지금도 마찬가지다. 그러한 신적 타자성은 우선 서양의 그리스도교 문명에 대한 결정적인 비판이니, 제1차 세계대전과 파괴적 상황에 이르게 된 서양 그리스도교계와 문명의 '위기,' 서양 그리스도교 문명에 내재하는 윤리적 이상(Ideal)과 동일화된 하나님 나라 개념의 동요와 부정에서 야기된 위기, 이 위기를 근원적으로 규정하는 개념이 바로 하나님의 절대타자성이다. 이 신적 타자성은 바로 서양 그리스도교 문명을 비롯한 세계 역사의 종말을 선포하는 것이며 동시에 하나님 나라의 새 미래를 열어놓는 신적 주체의 초월성을 의미한다. 이 신적인 초월성에 마르크스주의·사회주의·공산주의의 철저화의 가능성이 내포되어 있다. 그것은 바로 세계의 모든 혁명을 능가하는 하나님의 혁명이다. 뵘의 말을 인용해 보자. "신학적으로 바르트의 '철저한 사회주의'는 점차적으로 하나님의 말씀하심에로 흘러 들어가고, 하나님은 세계내적인 사회에 대한 반립으로 초월적인 현실성(Wirklichkeit)으로서 결정화(結晶化)한다. 사실적인 관계들의 변혁은 궁극적으로 오직 하나님의 혁명을 통해서만 일어날 수 있다…" 그래서 인간의 변혁 실천(Veränderungspraxis)은 근원적으로 부정되기까지 한다. 그럼에도 불구하고 인간의 변혁행위의 가능성은 바르트에게 잔존한다는 것이다.[40]

---

40 뵘(Böhm)에 의하면 Ragaz는 바르트의 그러한 초월신학이 사회주의적 변혁실천을 불가능하게 한다고 불편해했으며, Barth의 *Der Römerbrief*(1922년 판)는 Ragaz 자신에 대한 지독한 비판이라고 생각했다. 그러나 이 두 거물들은 그들의 삶 말년에 사상적으로 화해하기에 이른다. Böhm은 양자의 신학적 입장을 이렇게 말한다. 즉 Ragaz는 "육화의 신학"(Inkarnationstheologie)을, 바르트는 "초월 신학"(Transzendenztheologie)을 구축했다는 것이다(47). M. Mattmüller는 Blumhardt가 Ragaz와 바르트에게 동일한 원천을 제공했다고, Ragaz와 바르트는 서로 다른 길을 걸었지만 전적으로 동일한 목표

바르트의 초월신학에는 사람이 할 일이 아무것도 없다고 일반적으로 사람들이 생각하곤 하는데, 그것은 그 초월신학의 발단의 역사적 맥락과 문제점들에 대한 이해를 결여하기 때문에 생기는 오해이다. 차후에 논할 것이지만, 프랑스의 마르크스주의 철학자 로제 가로디(Roger Garaudy)가 바르트의 초월신학의 세계 변혁적 역동성을 잘 파악했다. M. 뵘이 바르트의 초월신학에 있어서 인간의 세계 변혁적인 실천행위(Praxis)의 가능성이 있다는 것을 간파했다. 하나님 나라에 상응하는 역사내적 변혁의 관제는 교회와 세계에 남겨져 있다.

예수 그리스도의 공적 사역, 십자가와 부활에 의하여, 하나님의 영-그리스도의 영에 의하여 탄생한 교회공동체는 교회사에서 어떠한 오류들을 초래했든 또 오늘의 세계교회들이 하나님 나라의 복음을 어떻게 상실하고 있든, 원칙적으로 말하자면 하나님 나라에 상응하는 표식(Bezeichnung)으로서 하나님 나라와 세계를 중보하는 역할을 수행해야 한다. 바르트에 의하면 교회공동체는 하나님 나라에 상응하는 '비유'(Gleichnis)이며, "모든 인간들, 전체적 피조물을 내다보는 커다란 기쁨의 장소이니, 그렇지 않다면 그것은 그리스도교 공동체가 아니다."[41] 바르트는 놀랍게도 교회공동체를 '필요한 혁명의 주체'로서 규정한다. 예수 그리스도의 주권은 교회의 독점물이 아니며 전 세계에 대한 주권이기도 하다. 그러므로 교회가 하나님 나라의 '비유이어야 하고'(gleichnisdürftig) 또 '비유일 수'(gleichnisfähig) 있다면, 세계질서도 그러해야

를 추구했다고 말한다. Böhm 164에 인용된 글; Markus Mattmüller, *Das Bibelwerk von Leonhard Ragaz*, in Der Aufbau 133, 1982, 196; Eduard Buess/Markus Mattmüller, *Prophetischer Sozialismus: Blumhardt-Ragaza-Barth* (Freiburg: Genossenschaft Edition Exodus,1986) 참조.

[41] Karl Barth, *KD* IV/3, 2. Hälfte 929에서부터 Gollwitzer 23에 인용됨.

하고 그러할 수 있는 가능성이 주어진다.[42] 하나님 나라의 비유는 하나님으로부터 역사에 그때그때에 주어지는 것이다. 비유는 인간이 임의로 결정하는 것이 아니다. 비유로 주어지는 하나님 나라는 사회 역사의 '방향과 노선'(Richtung und Linie)을 밝혀주는 빛이며, 이것은 개별적 그리스도인들뿐만 아니라 전체적 그리스도교 공동체에 의해서 그들의 '선택과 결단'에 있어서 복종적으로 포착되어야 하고 세계에 증언되어야 한다.[43] 교회의 '선택과 결단'은 물론 세계의 사회 역사에서 벌어지는 계기들과의 관계에서 수행된다. 하나님 나라의 혁명적 역동성이 이해될 때에, 이에 상응하는 세계내적 혁명의 계기들이 판별될 수 있으며, 교회는 하나님 나라에 반대되는 세계내적 악의 '지배세력들과 권세들'에 대하여 하나님의 심판과 구원을 선포할 수 있고 투쟁할 수 있게 된다. '비유'는 '사회적 실천의 평면 위에서의 상응'(Entsprechung), 하나님 나라에의 상응이며, 하나님 나라의 세계내적 차안(Diesseits)이며, 하나님 나라를 "간접적으로, 거울로 반영할 수 있다."[44] 바르트에게 있어서 하나님의 초월성, 하나님 나라의 저편(Jeuseits, 종말적 미래의 차원)은 세계내적 차안(Diesseits)의 변혁의 동력이 될 수 있다.[45]

우리는 바르트에 대한 고찰을 더 지속하지 않고 여기에 골비처의 사회주의에 대한 집약적 진술을 인용한다. "사회주의는…자본주의적

---

[42] Barth, *KD* IV/2, 815-824; Barth, "Christengeneinde und Bürgergemeinde," *Theologische Studien*, Heft 20(Zürich: EVZ Verlag, 1946); Gollwitzer 23, 27 참조. 저 인용구는 Barth의 말.

[43] Barth, "Christemgememde und Bürgergemeinde," 14 항; Gollwitzer 30 참조. 반공그리스도교는 세계내적으로 주어지는 하나님 나라의 비유-방향-노선을 파악하지 못하고, 하나님 나라를 피안의 저편으로 밀쳐두고 만다.

[44] Barth, "Christengemeinde und Bürgergemeinde," 14항; Gollwitzer 39f., 41 참조.

[45] Gollwitzer, *Reich Gottes*, 42 참조.

생산 조건들의 틀 안에서의 이런저런 개량들뿐만 아니라, 사회의 모든 구성원에게 공동으로 노동한 사회생산에의 동등한 몫을 확립해 주는 사회구성체, 생산과 분배를 생산자들의 통제에 귀속시키는 사회구성체를 의미하며, 따라서 항시적으로 만들어지는 물질적 특권들의 항시적인 타파에 의한 또 물질적 민주주의의 항시적인 확대에 의한 한 가능한, 한 평등한 사회 창출을 의미한다."[46]

보론

How to Serve Go in a Marxist Land(1959, 미국의 National Board of YMCA에 의해서 출판됨)라는 책에 미국 뉴욕시 유니온 신학교 교수였던 브라운(R. McAfee Brown)의 서문, 바르트(Karl Barth)와 동독의 하멜 (Johannes Hamel) 목사 사이의 서신들과 하멜의 글이 실려 있다. 미국에 대한 이들의 비판과 공산권에 대한 태도가 이 책에 명시되어 있다. 바르트는 그의 책 *Die Kirche zwischen Ost und West*(1949, 동방과 서방 사이에 있는 교회)에서 교회가 냉전 시기의 정치적 권력 다툼에 휘말려 들지 말아야 한다고 하며, 교회의 '제3의 길'을 주장했는데, 세계교회들이 거의 다 미국의 반공 봉쇄정책에 편들고 있었을 때 바르트의 그러한 주장은 '폭탄'과 같았다고 브라운(Brown)은 말한다(29). 1956년 헝가리에서 일어난 폭동이 소련에 의해서 탄압된 사태가 벌어졌는데, 이에 대하여 서방교회들이 대소 반공 기치를 들고 동유럽권 그리스도인들을 구출해야 한다고 외쳤다. 니버(Reinhold Niebuhr)가 *The Christian Century*에

---

46 *Ebd.*, 43.

"왜 바르크는 헝가리에 대해서 침묵하는가?"라는 공개질문을 발표했다. 바르크는 여러 달 침묵하다가 대답하기를, 만일 그가 소련을 비판한다면 서방 교회들은 그 비판을 서방의 승리인 것처럼 떠들썩하고 반공의 거룩한 십자군의 기치를 높이들 것이고, 바르크 자신이 조금이라도 소련 편을 든다면 빨갱이라고 정죄할 터이니, 그가 무슨 말을 할 수 있겠는가라고 대답하였다. 브라운은 니버의 질문이 부당했다고 하며, 미국의 대외 정책은 미국의 권세를 하나님의 뜻과 동일화시키는 괴물과 같은 왜곡이라고 말한다(37).

하멜에 보내는 바르트의 서신에서 바르트는 "내가 서방에서 지배하는 권세들과 통치들을 찬성하지 않는 것만큼, 당신이 살고 있는 그 체제들의 정신, 언어들, 방법들, 실천들을 찬성하지 않는다는 사실을 나타내지 않고서 내가 어떻게 당신에게 쓸 수 있겠소?"(46) 계속해서 "동방에는 전권을 가진 정당, 선전과 경찰이 있고, 서방에서 우리는 마찬가지로 폭군적인 언론, 사적인 계획체제들, 거들먹거리는 오만과 공적인 의견에 의해서 에워싸여 있소"(52). 왜 바르트가 '제3의 길'을 주장했는지가 여기에서도 드러난다. 그러나 그가 동방 편에 서는 이유가 있다. "배타적으로 서방의 번영과 자유에 따라 모형된 독일 통일에 대한 은밀한 마음의 선망이란 복음에 대한 불복종으로서 간주되어야 하지 않겠소?"(66). "만일 당신이 이러한 선망과 복음의 음성을 구별한다면, 당신은 후자에 대한 당신의 절대적인 복종을 보여주고자 하는 것입니다…"(67). 바르트는 로마서 13장을 언급하면서 계속해서 다음과 같이 말한다. "우리가 동독 정부에 대하여 그의 고유한 위험들에도 불구하고, 그의 요구된 충성을 서약할 수 있겠소?" 계속해서 "충성은 그 이데올로기에 반한 사상의 자유의 권리, 반대의 권리를 보유하는 것입니다. …

나는 내가 당신의 입장에 있다면 동독공화국에 대한 충성을 제공함에 있어서 또 당신에게 요구된 그 서약을 진실하게 서약함에 있어서 아무러한 어려움을 보려고 하지 않겠소"(68). 바르트는 부가해 더 말하기를 미국적인 삶, '애굽의 고기 가마'(출 16:3)에 헌신하느니보다는 동독공화국을 위하여 기도하는 것이, 거기서 참된 그리스도교적 길에서 행위하는 것이 더 유익하다는 것이다(69). 바르트는 서방교회들이 서양 문명의 가치들 혹은 자본주의적 번영의 가치들을 그리스도교와 혼동하거나 동일화하는 것을 평생 비판했으며, 동방에서는 그러한 위험이 없을 뿐만 아니라 교회로 하여금 새롭게 복음을 증언하게 하고 세계 사회 역사를 변혁할 수 있는 가능성이 있다는 것이다. 계속해서 "교회의 자유의 박탈은… 사회주의 국가에 의해서 수행된 신적인 사랑의 일로서 분명하게 이해되어야 합니다. … '반공선전'은 매우 취약한 근거들에서부터 시작한 것입니다…"(69f). "서독 형제들은 이제 여러 해 동안 권세들과 지배세력들과 더불어 '경제적 기적'의 땅에서의 영들과 마귀들과 더불어, NATO에의 지각없는 참여와 더불어 재무장(6.25전쟁 당시), 군대 채플린 협약, 원자탄 무력을 위한 준비, 러시아에 대한 겁에 질린 공포, … 옛 나치주의와 더불어 열렬한 … 분투에 종사해 왔습니다… "(78). 미국 교회들을 비롯한 서양 교회들의 그러한 분투의 상황들이 한국교회들과 신학에서 그대로 재현되어온 것이다.

바르트의 그러한 서신에 대한 스위스, 독일 언론들의 비판들이 분분했는데, 하멜의 답신에 의하면 동독에서도 비판의 소리가 서방측만 못지 않게 일어났다. 하멜은 바르트는 마치 "지붕 꼭대기에 앉은 외로운 새, 동방과 서방에서 으르렁대는 사자들이 들을 수 없는 노래를 부르는 새"와 같다고, "당신은 다시금 울타리 위에 앉아서 동방과 서방에서 으르렁대는 사자들이 들을 수 없는 노래를 부르기를 선택한 것처럼 보입니다"라고 말한다(81). 하멜은 공산권이 서양 그리스도교를 회개에로 소명하는 신적인 심판의 대행자라고 생각한다(브라운의 서문, 15, 17, 18, 22). 그는 공산권도 하나님의 세계라고 말한다. 동독에서의 어떤 교회들은 공산권에 대하여 부정적이지만 다른 교회들은 확신 있는 비판력을 가지고 공산권의 권력과 연합하고 협조하려고 노력하면서 마르크스주의와 그리스도교의 공동목표, 즉 '사회질서의 인간화', 착취와 식민주의 제거, 땅에서의 의의 실현, 전쟁도발자에 대한 투쟁, 파시즘 등에 대한 투쟁과 같은 공동목표를 위한 성서적 기반을 확증하려고 노력한다는 것이다 (112). 오늘의 통일된 독일은 바르트와 하멜의 노력에 배치되는 상황을 초래한 것이다. 그럼에도 불구하고 블룸하르트(Blumhardt), 쿠터(Kutter), 라가츠(Ragaz), 바르트(Barth)에 이어 오늘에도 잔존하고 있는 종교사회주의자들의 맥은 유럽에 살아있음에 틀림없다. 1988년에 출판된 만프레드 뵘(Manfred Böhm)의 『하나님의 나라와 사회변혁』(*Gottes Reich und Gesellschaftsveränderung*)에 이 계통의 많은 문서가 제시되어 있다.

바르트에 이어 골비처(H. Gollwitzer)의 마르크스주의적 하나님 나라 신학이 고찰되어야 하는데, 시간상 또 지면상 나는 이것을 보류해 두려고 한다. 그는 바르트의 후계자라 일컬어졌고 대 저작들도 남겼고, 1960년대 독일어권에서의 'Christlich-Marxistische Dialogue'를 위해서 활약했다. 한국에 알려진 그의 책은 『자본주의 혁명』(*Die Kapitalistisch Revolution*, 윤응진 역, 천안 한국신학연구소, 1992)뿐이다. 다만 책 표지에 표시된 그의 말을 보자면 "자본주의는 인간 역사에 있어서 지금까지 최대의 혁명이다. 이 혁명에서 만일 이것을 통제하지 못한다면, 인류는 파멸할 것이다. 이러한 두 가지 테제들에서부터 모든 사람에게 특히 그리스도인들과 교회에 주어지는 (그 변혁의) 요청이 제기된다"는 것이다. 그의 이러한 예고는 오늘의 지구 자본주의(Global Capitalism)에 겨누어진 예언자적 비판이다.

스위스의 종교사회주의자들의 영향력은 스위스에서보다는 독일 학계에서 더 크게 작용해온 것처럼 보인다. 골비처를 비롯해서 상당수의 이 계통의 중진 신학자들이 있는데, 우리는 그중에서 H. J. 크라우스의 조직적인 하나님 나라 신학을 간략하게 고찰하기로 한다.[47]

앞에서 우리가 논한 하나님 나라 개념을 다시 요약하자면, 예수는 하나님 나라의 임박한 도래를 선포함으로써 기존 세계 역사와 질서에 종말을 고하고 새 창조와 새 미래를 열어놓았다. 하나님 나라의 도래는 바로 예수 그리스도의 역사내적 도래이며 그가 바로 새 미래를 열어놓은 것이다. 그의 죽음과 부활이 우리를 세계에서 작용하는 죄와 사망의 권세, 악의 '지배세력들과 권세들'에서부터 자유하게 하고 의로운 하나님 앞에서 자유하게 하는 능력이다. 크라우스의 말을 인용하자면 "도래하는, 미래의 하나님 나라는 구원과 자유의 총체이다. … 하나님 나라는 따라서 세계의 경로를 돌파하는, 세계상태를 전체적으로 변혁하는 그리고 새롭게 만드는 신적인 역사(役事)의 능력이며 영역이니, 한 세계의 한 새로운 삶과 공동생활의 건설이다."[48] 하나님 나라는 사회 역사의 영역에만 해당하는 것이 아니라 피조물 '우주적 전체'(kosmische

---

47 Hans-Joachim Kraus, *Reich Gottes: Reich der Freiheit, Grundriss Systematischer Theologie* (Neukirchener Verlag, 1975). 이 책은 하나님 나라 주제를 대단히 폭넓게 신구약 성서전통, 교회사의 과거와 현재 그리스도교적 마르크스주의 운동과 신학의 맥락에서 검토하면서 조직신학적 체계를 구축한 것이다.

48 Kraus, *Ebd.*, 16.

Ganzheit)를 포괄한다.49 창조는 구약에서 하나님과 이스라엘의 '계약의 외적 근거'(äußerer Grund des Bundes)이고, 그 계약은 '창조의 내적 근거'(innerer Grund der Schöpfung)이라는 바르트의 주제(KDIII/1, §41)는 마르크스주의적 하나님 나라 신학에서 자주 인용된다.50 구약에서의 '계약'의 종말론적인 목표는 묵시적 종말론에 있어서 세계 역사에 대한 신적인 주권과 나라이며, 예수 그리스도가 바로 그 나라의 역사적 담지자이다. 이러한 하나님 나라 복음은 세계 역사에서 뿐만 아니라 우주적 피조물 자연에도 해당된다. 하나님 나라의 복음은 그러므로 마르크스적 물질 혁명의 차원을 포괄한다. 사회경제적 물질 구조의 문제는 자연 물질 세계 전체의 문제에 해당한다. "…도래하는 하나님 나라의 임의적인(자유한) 과정은 모든 역사를 관통하는 또 규정하는, 포괄하는 또 그 목표와 의미를 이끌어가는 역사이니, 즉 전 세계 모든 인간의 변혁과 새롭게 함이다."51 하나님 나라는 사후에 들어갈 영원한 저편(Jenseits)이 아니라 세계 사회 역사 속을 관통하고 새 미래에로 행진해 가는 역사, 말하자면 '영속적인 혁명'(Permanente Revolution)이다.52 이 역사는 세계의 역사로부터 규정되는 것이 아니라(요한복음 18:36) 하나님 나라에 의해서 규정되는 역사이다. 이 역사의 장은 바로 이 규정에 상응하는 행위 혹은 실천(praxis), 세계 사회 역사의 변혁을 위한 실천의 장이다. 인용하자면, "마르크스적 이론-실천-관계(Theorie-Praxis-Relation)를 통해서 요청됨으로써 신학은 신학의 전제들과 목표 규정들의 자아

---

49 Ebd.., 133.
50 Ebd.
51 K. Barth, KD IV/2, 44f., 373f. 참조; Kraus, Ebd., 29f.
52 Kraus, Ebd., 62.

비판적인 검토로 소환되며, 새로운 사고의 시작들이 하나님 나라의 복음이 혁명적인 실천으로서 이해되는 곳에서 인식될 수 있다."[53] 마르크스의 실천이론은 바로 역사 변혁의 실천과 이론이다. 크라우스는 그러한 실천 이론을 하나님 나라 신학에 외부로부터 적용하는 것이 아니라, 하나님 나라의 복음 이해 자체에서부터 이끌어낸다는 사실에 주목해야 한다고 했다. 크라우스는 마르크스의 이론-실천-관계론에 의하여 촉발되어서 하나님 나라 복음 자체에서부터 혁명적 실천의 요청을 이끌어낸 것이다. 하나님 나라 자체가 세계 역사 안에서 주어진 언어와 전제들의 변화, 즉 사상혁명을 불러일으켜 혁명적 실천이론을 가능하게 한다는 것이다. 크라우스는 여기서 그러한 실천이론을 바르트의『로마서 주석』(1919)과 연관시킨다.[54]

교회 공동체의 중심 임무는 하나님 나라의 복음 선포이다. 동시에 교회공동체는 "자체를 에워싸고 있는 사회에서 그 사회 한복판에서 계시된 바 하나님 나라의 사랑, 의, 자유의… 사회적 함의들을 실현하도록 잠정적인 것에서 궁극적인 것의 능력과 위기에서 행위 하도록 부름 받고 또 위탁받는다."[55] "복음은 교회공동체에서 이것을 에워싸고 있는

---

53 Kraus, *Ebd.*, 77.
54 Kraus는 사회 역사변혁을 위한 올바른 신학적 사고, 즉 실천을 수반하는 사고를 논하면서 Barth의 *Der Römerbrief* 1919년 판 352쪽을 언급한다(Kraus, 78, 79). 역사변혁을 위한 실천이론은 마르크스주의에 의해서 촉발되었으며, 이에 의해서 실제로 많은 그리스도교인들과 사제들이 실제로 사회 현장 혹은 노동 현장에 들어가 그리스도교적 신앙의 실천을 수행한다고 생각했으며, 마르크스주의적 신학자들에게서 신학적 사고에 대한 반성이 일어났으며, 이들은 역사 개념을 새롭게 정립하려고 노력해 왔다. 이들은 마르크스주의의 역사혁명 개념을 고대 이스라엘의 계약사회의 종말적 성취로서의 예수 그리스도의 사건들에 비추어서 재해석하고 있다는 사실이다(Kraus, 124, 133 참조). 후에 고찰할 것이지만 그러한 재해석의 시도들이 마르크스주의 사상가들로 하여금 그리스도교를 다시 생각하게 한 것이다.

사회의 삶에의 직접적인 관계없이 선포될 수 없다…."[56] 복음의 선포는 "결코 정치적으로 또 사회적으로 타당하지 않음이 없다."[57] "사회주의 는 실로 그의 철저한 형태에 있어서 자본주의적 생산 조건들의 틀 안에 서 거부를 말하는 것과 개혁을 의미할 뿐만 아니라, 사회의 한 새로운 형태와 구성, 이에서 모든 사람이 사회 생산에의 한 동등한 몫을 가지게 되는, 생산과 분배가 (사회적) 통제에 귀속되고 산출되는 물질적 특권들 이 계속적으로 타파되는, 그럼으로써 한 평등한 사회가 건설될 수 있는, 그러한 형태와 구성을 의미한다. 그런데 제도 교회의 사회주의-공포와 부르주아적 사유재산제가 병적이다."[58] "혁명은 경제적으로, 정치적으 로, 정신적으로 소외된 인간 문제(착취, 비하, 노예의식에 의한 소외)의 긴급 하고 의도적인 폐지와 사회적 의, 자유, 인간의 가치에 있어서 실로 인간 자신을 통한 하나의 새로운 인간 창출이다."[59]

물질세계의 혁명은 인간혁명, 사상혁명, 따라서 문화혁명의 차원에 의해서 보완되어야 한다는 뜻이 여기에 암시되어 있다. 교회는 자체의 구조적, 정신적 전통과 관습에 대하여 우선 철저한 반성이 필요하다.[60]

---

[55] Kraus, 405.

[56] *Ebd.*, 406.

[57] 이 문구는 W.Kreck, *Grundfragen der Dogmatik*, 1970, 40에서부터 인용된 것; Kraus 406. 그 말은 복음 선포가 다시 말하자면 정치 사회적 변혁의 계기가 될 수 있다는 뜻을 함축하고 있다.

[58] Kraus, 408.

[59] Kraus, 412에 인용된 R. Weth의 말 'Theologie der Revolution' im *Horizont von Rechtfertigung und Reich: Diskussion Zur 'Theologie der Revolution'* 1969, 103, Kraus, 413 주 8번 참조. H Gollwitzer, *Die Revolution des Reiches Gottes und die Gesellschaft: Diskussion zur 'Theologie der Revolution'* 1969, 45; W.Kreck, *Die Bedeutung des politischen Auftrags der Kirche: Tradition und Verantwortung*, 1974 비교 참조.

[60] 교회의 잘못된 길에 대한 인식이 가장 분명하게 독일 Darmstadt의 Bruderrat(형제단결 의) 제 5명제, 즉 "1947년 8월 우리 민족의 정치적인 길에 대하여"라는 결의에 표현되어

2) 그리스도교-마르크스주의의 상호접근 운동과 미래

1960년대에 그리스도교와 마르크스주의 가장 두드러진 상호접근 운동이 일어났다. 이 운동은 1870년대 말부터 비공식적이든 공식적이든 마르크스주의·사회주의·공산주의에 대하여 서양 그리스도교계가 여러 가지 형식들로 포용하려고 한 노력들과 이 노력들에 대한 마르크스주의와 공산당들의 긍정적 호응들의 결과이다. 우리는 제2차 바티칸공의회에서 발단한 가톨릭 공식 교회의 사회주의 수렴 운동과 그 파장을 고찰하고, 그 다음 유럽에서 특히 독일어권에서 개최된 "그리스도교-마르크스주의 대화"(Christlich-Marxistische Dialogue)에 직·간접으로 관여한 유럽의 그리스도교-마르크스주의 사상을 간략하게 고찰하고자 한다.

교황 요한 23세 시기에 개최된 1963~1968년의 제2차 바티칸공의회[61]에서 시작된 가톨릭교회의 공식적인 사회주의 수렴은 실로 1960년

있다. "마르크스주의 교리의 경제적 유물론(물질론)이 교회공동체의 임무와 약속에 있어서 이 세계에서의 인간들의 삶과 공동생활을 위하여 경고해야 했다는 것을 우리가 간과했을 때에 우리는 잘못 걸어왔다. 우리는 가난한 사람들과 권리를 박탈당한 사람들의 문제를 하나님의 도래할 나라의 복음에 따라 그리스도교의 문제로 삼는 것을 게을리 해 왔다." Kraus, 405f.에 인용됨. *Kirchliches Jagrbuch* 1945~1948, ed. J. Beckmann 1950, 220ff; Kraus, 407, 주1번 참조.

61 제2 바티칸공의회의 문서는 Gaudium et Spes(기쁨과 희망)이며, "The Church in the Modern World"가 그 회의의 주제인데, 그것은 사회주의권과의 화해의 문을 열어놓았다. 그 공의회의 좌장 요한 23세는 바르크(Karl Barth)와 친분을 가졌으며 종교개혁적 신학에 대한 포용적 입장을 토로하기도 했다. 그의 대를 이은 바오로 6세는 먼저 교황이 못다 한 사업을 강력하게 추진시켰으며, 이 교황을 이은 새 교황이 또한 그의 선임 교황들의 사업을 추진하려고 했으나, 취임 한달 쯤 되었을 때 의문의 죽음을 당했다고 전해진다. 그다음 얼마 전에 작고한 바오로 2세가 가톨릭교회의 그러한 혁신적 궤도를 반공노선에로 역전시켜 버렸다.

대에 전개된 크리스찬-마르크스주의자의 상호접근 운동에 전반적으로 엄청난 활력소가 된 것이다. 이미 그 이전 1891년에 레오(Leo) 13세는 그의 교서 "Rerum Novarum"(새로운 사실들에 관하여)에서, 그가 비록 반공주의자였으나 당시의 자본주의에 대한 강력한 비판을 공표했던 것이다. "현 시대는 노동자들을… 고용주들과 경쟁자들의 고삐 풀린 탐욕의 비인간성에 내맡겼다…"고 말했다.[62] 요한 23세의 교서 "Pacem in Terris"(땅에서의 평화)와 바오로 6세의 1967년의 Populorum Progressio(민족들=인민들의 발전)은 가톨릭계, 개신교계, 특히 남미 해방신학 운동의 결정적인 활력소가 되었다. 1967년 남미의 까마라(Dom Helder Camara) 주교가 제3세계로부터의 서신, "Gospel and Revolution"(복음과 혁명)이라는 목회서신을 공표했다(Cort 309). 이어서 1968년에 메델린(Mededllin)에서 남미 가톨릭교회 주교들의 회의가 개최되었으며, 남미에서의 사회주의 운동을 본격적으로 벌어지게 하는 계기가 되었다. 그 이래로 해방신학 문서들이 속출하게 된 것이다.[63] 남미의 해방신학은 고(故) 바오로

---

[62] J. Cort 284f.에서의 인용문 중에서; Leo 13, Rerum Novarum, Washington, D. C.: National Catholic Welfare Conference, 1942, 6, no. 6 참조. 비오 11세도 사회주의에 접근했다. Cort 298. 1971년 요한 23세의 대를 이은 바오로 6세가 Reum Novarum 18주년 기념행사 때, 이 사상을 좀 더 진전시켜서 가톨릭 교인들이 사회주의 정당들에 가입할 수도 있다고 언명했다(Cort 307).

[63] 1972년 4월에 Chile의 Santiago에서 "Christians for Socialism"의 조직이 구성되었는데, 그 구성을 위해서 남미 여러 나라들로부터 400여 명의 대표들이 참석했으며, 대다수 사제들과 프로테스탄트 목사들, 평신도들이 참석했다. 이들의 지지를 받은 Chile의 대통령 마르크스주의자 Salvador Allende 정권이 1973년 미국의 지원을 받은 군사 꾸데따에 의해서 숙청되었고 야엔데는 처형되었으며, "Christians for Socialism" 운동은 불법화되었으며, 많은 회원들은 추방되거나 숨어버렸다. 보수 그리스도교 지도층의 총공세는 거셌다. John Eagleson, ed., trans., John Drury, *Christian Socialism, Documentation of the Christians for Socialism Movement in Latin America* (New York: Orbis Books,1975) 141f. 177 참조.
WCC도 1948년 암스텔담, 1954년 에반스톤, 1961년 뉴델리, 1968년 웁살라, 1975년

2세를 비롯한 현 교황청에 의해서 탄압을 받기도 했으나, 전 세계의 주목을 받았다. 그러나 소련과 동유럽의 붕괴와 미국의 주도권 아래서의 지구 자본주의 시대에 직면해서 해방신학의 열기는 잔잔하다. 그러나 해방신학의 역사적 파장은 꺼지지 않을 것이다.

1960년대의 "그리스도교-마르크스주의 대화"의 일환으로서 1967년 체코에서 개최된 "국제적 심포지엄"[64]을 위시하여 몇몇 그리스도교인들과 마르크스주의자들이 더 고찰될 필요가 있다. 특히 프랑스 공산당 정치국 위원이었던 또한 프아띠에르(Poitiers)대학의 철학 교수였던 가로디(Roger Garaudy)의 마르크스주의적 그리스도교 해석이 특히 주목될 필요가 있다. 저 심포지엄은 체코의 저명한 마르크스주의적 신학자 로마드카(바르트와의 두터운 교분을 가졌던 Josef Hromádka)가 그 심포지움과 대화를 가능하게 했으며, 요한 23세의 "Pacem in Terris"(땅에서의

나이로비, 1983년 뱅쿠버 총회들에서 사회 문제들을 집중적으로 취급하였다. 암스텔담 총회의 주제는 "The Church and the Disorder of Society"였는데, 니버(Reinhold Niebuhr)가 최종진술문 초안을 공산주의와 자본주의에 대한 양비론적 입장에서 작성했으나, 그의 초안은 거부되었으며, 좀 더 진취적인 "정의와 인간 존엄성을 위한 분투"(Struggling for Justice and Human Dignity)라는 주제 아래서 쓰인 새 진술서가 채택되었다고 하며, 1983년 뱅쿠버 총회에서의 논쟁은 해방신학의 맑스-레닌주의에로 무게가 기울었다고 한다. Cort 342, 344f. 참조. 1986년 남미해방신학자들 교계지도자들, 아프리카, 아시아(주로 동남아) 신학자들과 교계지도자들이 아프리카에서 "Ecumenical Association of Third World Theologians"(EATWOT)를 결성했으며, 나는 첫 한국대표로 1987년부터 그 협의회의 신학위원으로서, 가톨릭 신학지 *Concilium*의 EATWOT 자문위, 그 협의회의 아시아 지역의 *Voices of Third World* 편집위에 관여했으며, 현재 EATWOT 한국위 고문인데, 제3세계의 퇴조라는 문제와 맞물려서 별로 할 일이 없다.

[64] Paul Oestreicher ed., *Christian Marxist Dialogue, An International Symposium* (Toronto: The Macmillan Co., 1969, 이하 Sym.)의 편집과 서론 참조. 여기서 우리는 그 심포지엄에 실린 몇몇 글들을 고찰한다. 사실 그 심포지엄에 관한 큰 세 권의 문서들을 나는 독일 어느 대학 도서관에서 본 적이 있는데, 그것들을 구입할 길이 없었으니, 다만 저 책에만 의거할 수밖에 없다.

평화)와 그의 후계자 바오로 6세의 "Popuorum Progressio"(민족들=인민들의 발전)이 그 대화에 크게 기여했다.[65] 로마드카에 버금가는 상대자는 로제 가로디였고, 교황 요한의 상대자는 이탈리아 공산당 수뇌인 토글리아띠(Palmiro Togliatti)였으며, 이들이 대화의 시대를 열었다는 것이다.[66] 가로디는 이미 1950년대에 마르크스주의와 그리스도교의 대화를 그의 책, *From Anathema to Dialogue*에서 처음으로 제창했다.[67] 가로디의 사상에 대한 고찰은 마지막으로 미루어 두고, 우선 1963년 베르가모(Bergamo)에서 행하여진 토글리아띠의 연설을 보자면, 사회주의적 사회의 동경은 종교적 신앙의 사람들에게 접근하는 길을 발견할 뿐만 아니라, 또한 종교적 양심 자체에서 격려를 발견할 수 있는데, 오늘의 세계의 문제들에 직면할 때에 그러한 격려를 발견할 수 있다는 것이며, 그리스도교인과 마르크스주의자는 사회와 인간개념들에 있어서 도덕적 가치들을 공유한다는 것이다.[68] 이탈리아 공산당의 제10차 의회는 공식적으로 토글리아띠의 그러한 명제들(네 가지 명제 중 여기에 두 가지가 제시됨)을 수용했다는 것이다[69]. 1965년 독일 가톨릭 교인들은 "바울 사회단"(Paulus Gesellschaft)을 조직했으며, 여기에서 가로디는 "The Marxist Christian Dialogue: Possibilities, Problems, Necessity"(마르크스주의 크리스챤 대화: 가능성들, 문제들, 필연성)에 대하여 강연했다.[70]

---

[65] Paul Oestreicher ed., *Sym.*, 16.

[66] *Sym.*, 23.

[67] Roger Garaudy, *De l'anathème au diálogue* (Paris: Plon, 1955) trans., Luke O'Neil, *From Anathema to Dialogue* (New York: Herder & Herder, 1966)

[68] R. Garuady, *Ibid.*, 117-118 참조.

[69] *Ibid.*, 35, 118 참조.

[70] *Ibid.*, 35, 36.

에클스톤(Alan Ecclestone)은 영국교회의 사제였으며, 1948년 영국공산당의 당원이 되었는데, 로마드카의 영향을 반영한다. 그의 글 "Priest and Communist"(사제와 공산주의)에서 말하기를, "나는 그 당의 사업에서 크리스천이 살아가기 위하여 노력해야 하는 기준들과 갈등을 일으키는 것처럼 보이는 아무것도 나타나지 않았다고 말할 수 있다"고 한다.[71] 공산주의 연구는 어떤 의미에서 그리스도교 이해를 위한 "서장"(Prelude)일 수도 있다고까지 암시한다.[72] 그가 1948년 공산당에 가입하게 된 것은 국내·외적으로 영국노동당의 사회주의적 변혁 의지가 소멸하고 있었을 뿐 아니라 잠재적으로 반공이기까지 했기 때문이라는 것이다.[73] 스페인 공산당 대변인 아바레스(Santiago Avares)[74]에 의하면, 스페인에서는 공산주의자들과 가톨릭 신자들이 1950년대 말에 노동계급 투쟁에 동참했다고 하며, 가톨릭 사회적 요구들과 대중들의 민주적 이익을 위하여 공산주의자들과 공동전선을 전개하기도 했으며, 가톨릭 기관지들과 신자들은 마르크스주의자들과의 대화를 서양 어느 나라에서보다 더 적극적으로 지지했다는 것이다.[75] 스페인 공산주의들은 가톨릭 신자들과의 연합을 위해서 어떠한 노력도 아끼지 않는다는 것이며, 더불어 투쟁하는 것이 또 미래로 계속할 수 있는 연합이 필요하다고 확신한다는 것이다.[76] 여기서 체코의 프라하대학 철학 교수이자 저 대화를

---

[71] Paul Oestreicher ed., *Sym.*,58.

[72] *Sym.*,60.

[73] *Sym.*,63.

[74] P. Oestreicher ed., *Symposium*에 실린 그의 글, "Towards an Alliance of Communists and Catholics," (New Features of the Spanish Scene), 1965년에 쓰인 글.

[75] S. Alvares, *Sym.*, 69, 72, 74, 76 참조.

[76] S. Alvares, *Sym.*, 79.

개척한 마르크스주의자들 중의 한 사람인 M. 마코비치와 H. 골비처와의 라디오 대담·심포지엄에 실린 "Tasks for the Dialogue"에 대한 대담을 일별하자면, 마코비치가 말하기를, 15~20년 전에는 새로운 경제 구조들을 전개하기 위해서 필요했던 바, 종교를 비교적 쉽게 제쳐놓고자 했는데, 20년이 지난 지금에는 칼 마르크스가 말한 대로 종교를 극복하는 것이 엄청나게 어려운 문제라고 한다. 그러면서 그는 마르크스 무신론이 그리스도교의 참된 신이 아니라 18, 19세기 서양에 널리 퍼져있던 "유신론"(Theism, 중세기 이래의 형이상학적 신론)에 대한 부정이었다는 것을 지적한다.[77]

골비처는 이렇게 말한다. 즉, 마르크스주의는 예수 그리스도를 전혀 알지 못하고서 한 새로운 형태로 예수 그리스도의 사업을 계속하는 것과 같다. 그러나 그것은 "그리스도교인들로서의 우리의 실패의 결과"라고 말한다. 그런데 그리스도교인들은 첫째로 마르크스주의가 처음에 종교에 대하여 가차 없는 부정을 쏘아대는 바람에 충격받았으며, 둘째로 혁명적 투쟁의 잔혹함 때문에 충격 받았다는 것이다.[78] 그러면서 마코비치와 골비처는 크리스찬-마르크스주의자 대화의 필요성을 역설했고, 1960년대의 각자의 방법들로써 저 대화에 기여했다.

외스트라이허(P. Oestreicher)가 편집한 심포지엄에 실린 바, 바오

---

77 Milan Machovec는 신학 연구에 깊이 파고들었다. M. Machove *Marxismus und dialektische Theologie: Barth, Bonhoeffer und Hromáka in atheistisch-kommunistischer Sicht* (Zürich: Evz-Verlag, 1865) 여기서 그는 공산주의적 관점에서 Barth, 특히 그의 초기 변증법적신학, Bonhoeffer와 Hromádka 연구에 파고 들어가서, 저 신학자들에게서 종말론의 세계 변혁적 요인들을 주목하고, 마르크스주의와 그리스도교 신학의 연관성을 이끌어냈다.

78 P. Oestreicher ed., *Sym.*, 126, 127, 134f. 참조.

로 6세의 교서 "Populorum Progressio"(민족들=인민들의 발전)에 대한 남미의 로마가톨릭 17명 주교들의 서신[79]은 그 교서의 의의를 해석적으로 말해준다. 교회는 어느 체제에도, 이러 저러한 사회주의에도 매어있지 않고, 특히 "돈의 국제적 제국주의"(the international imperialism of money)에 매어 있지 않으며, 교회는 바티칸 2세가 확언했듯이 "돈의 제국주의"와 결별했다는 것이다.[80] "…그리스도교인들과 그들의 목사들은 어떻게 전능한 분의 손이… 권세자들을 그들의 왕좌에서부터 끌어 내리고, 비천한 자들을 높이고, 부유한 자들을 빈손으로 돌리고, 굶주리는 자들을 먹게 하는가를 알아야 한다."[81] "… 교회는 큰 재산소유자들의 보호자이다. 요한 23세와 더불어 교회는 재산이 모든 사람 가운데서 분배되기를 요구하느니, 재산은 본래부터 사회적 목적을 가진다. 최근에 바오로 6세는 성 요한의 말들을 회상시킨다. 즉, 만일 세계의 부를 소유하는 어떤 자가 궁핍한 그의 형제를 보고도 이에 대하여 마음을 닫아버린다면, 어떻게 하나님의 사랑이 그 안에 머물겠는가?(1 요한 3:17).[82] 또 바오로 6세에 연관해서, 그리스도교인들은 "사회주의가 소유물의 의로운 나눔과 근본적인 평등성에서 완전히 실천된 그리스도교이라는 것을 실증할 의무를 가진다"는 것이다.[83] 바오로 6세는 그와 같이 그리스도교와 사회주의를 일치시키면서도 그리스도교는 어느 현실 사회주의 체제에 매여있지 않은 신앙의 자유, 참된 사회주의적 세계변

---

[79] "Beyond Dialogue, A Letter from Seventeen Roman Catholic Bishops of the Third World Interpreting Populorum Progressio," 31 Aug. 1967.

[80] P. Oestreicher ed., *Sym.*, 235.

[81] *Sym.*, 238; 누가에서의 마리아의 Manificat 1:51ff. 비교 참조.

[82] *Sym.*, 238.

[83] *Sym.*, 239..

혁을 추구하는 신앙의 자유를 전제하고 있다.

그리스도교-마르크스주의 대화의 여러 장들을 우리는 더 추적할 수 없다. 이제 마지막으로 가로디(R. Garaudy)가 어떻게 마르크스주의와 그리스도교를 상호연관 혹은 일치시키는가를 고찰한다.[84] 그는 그리스도교를 있는 그대로 비판하면서 마르크스주의와의 그 일치점들을 논하며, 소련의 특히 스탈린주의 관료체제와 이에 종속된 마르크스주의·공산주의에 대하여 비판하면서 새로운 미래를 위한 혁명의 필요성을 논한다. 그리스도교에 대한 그의 주요 비판점을 한마디로 말하자면, 정치적인 관점에서부터 보자면 최근의 프랑스 역사에 이르기까지 공식 교회는 지배세력들과 결탁해 그것들을 "신적인 권리"로서 정당화시켜 왔다는 것이다.[85] 이러한 비판은 마르크스가 *Die Deutsche Ideologie*에서 철저하게 파헤친 바 지배자 이데올로기로서의 그리스도교 사상에 대한 비판과 동일하며, 또 그것은 마르크스주의자들의 일반적인 비판이다.[86]

---

84 R. Garaudy, *From Anathana to Dialogue*(1955, 이하 AD)와 International Symposium 에 실린 1968년에 쓴 Garaudy의 글 "Creative Freedom"(이하 CF); Garaudy, *The Alternative Future, A Vision of Christian Marxism*, trans, Leonard Mayhew(New York: Simons and Schuster, 1972) (이하 AF); Garaudy,"Glaube und Revolution"(이하 GR) in Iring Fetscher und Milan Machovec, hers. von *Maxisten und die Sache Jesu* (München/Grünewald: Chr. Kaiser, 1974), 이러한 책들과 논문들에 나타난 그의 사상을 간략하게 고찰한다.

85 R. Garaudy, *AD.*, 98f. 참조.

86 일찍이 사회주의 지도자 Rosa Luxemburg는 1905년에 그의 *Socialism and the Church*, (폴란드 사민당 출판, 러시아어판 1920, 프랑스어판 1937, Birmingham 영어판, Merlin Press, London판 1972)에서 사도행전 4:32, 34, 35에 근거해서 예루살렘의 첫 교회공동체는 "Christian Communism"이었다고 주장했다. Gollwitzer도 1974년 그의 저서 *Kapitalistische Revolution*에서 동일한 주장을 피력했다. Rosa Luxemburg는 그리스도교의 감독들과 사제들이 "금송아지의 숭배자들"이라고 말한다(5). 4세기의 희랍교부 John Chrisostom은 초대교회 공산주의를 설교했으며, 6세기의 Gregory the Great는

우선 가로디의 긍정적인 그리스도교 이해에 의하면, 마르크스주의는 '절대적인 미래'(absolute future)의 종교로서 또 인간의 두 가지 본질적인 차원들, 즉 주체성과 초월(subjectivity와 transcendence)의 탐구에서 그리스도교의 도움을 받고 있다.[87] 그 '절대적인 미래'[88]는 종말적인 미래의 하나님 나라, 세계 역사의 혁명이 성취될 궁극적인 미래에 대한 희망, 소련을 비롯한 현실 사회주의권의 문제들을 넘어서는 새로운 역사 내적 혁명의 궁극적인 미래를 가리킨다는 사실이 가로디의 글에 전제되어 있다. 그는 물론 그리스도교적 종말론을 마르크스주의 견지에서 수렴한다. 그 '주체성과 초월'은 바로 그러한 '절대적 미래'에로의 혁명의 개인적 주체성이며, 그러한 미래에로의 초월이다. 그런데 가로디는 그러한 주체성 개념을 성 어거스틴의 자아추구에서 본다.[89] 어거스틴이 그의 *Confessio*(참회록)과 *Civitas Dei*(하나님의 도성)에서 나타내듯이 하나님과 그의 나라, 영원한 나라에 대하여 무한이 갈망하고 추구하는 그러한 인간의 영혼, 인간의 실존적 개체성을 가로디가 포착하여 마르크스적 역사혁명의 인간 주체에로 수렴한다는 사실이다. 그

공동체적 삶을 실천했다(11, 12f.). 중세기 사제들은 귀족들과 봉건적 군주들과 결탁했고, 12세기에는 법적으로 교회의 부가 교직자들과 교황의 소유로 되었다(15ff.). 교회가 축적한 굉장한 부는 교황의 권한에 속했는데, 18세기 프랑스혁명 시 교회가 그 나라 영토의 1/5을 소유했고, 연간 수입이 100million 프랑이었다고 한다(16ff.). 그 어마어마한 재산은 가난한 사람들에게서 거둬들인 것이다(18).

[87] R. Garaudy, *AD.*, 112.

[88] Russell Bradner Norris, *God, Marx, and the Future: Dialogue with Roger Garaudy* (Philadelphia: Fortress Press, 1974), 70-71. 여기에서 Karl Rahner는 예수 안에서의 미래 차원을 "절대적인 미래"라고 즉 그 안에서 하나님이 자신을 우리에게 주신 바 "우리의 절대적 미래"(Our Absolute Future)라고 말한다. "Autour du concept de l'avenir," in *Ecrits théologiques 10* (Paris: Declée de Brouwer/Mame, 1970), 103에서부터의 Norris의 인용문 참조.

[89] R. Garaudy, *AD.*, 112.

래서 가로디는 어거스틴에서의 플라톤·플로티누스적 이원론 때문에 그 주체성이 마비되었다고 비판한다.[90] '주체성과 초월'은 전형적으로 예수 그리스도이니, 그가 바로 "초월의 무한한 분출인 능동적 주체성의 표본"이다.[91] 그는 '절대적 미래', 즉 하나님 나라가 역사 내로 돌파해 들어온다고 선포하고 그 나라를 위하여 죽고 부활함으로써, 말하자면 '영원한 역사'(die ewige Geschichte: Karl Barth의 말)를 창출했으며, 이 역사는 모든 역사를 종말적으로 심판하고 동시에 초월한다. 이 초월성 이 가로디의 마르크스주의 혁명의 '절대적 미래' 개념에로 포착된 것이 다. 그가 죽음으로써 그는 세계에서 인간의 생명과 자유를 박탈하는 사망의 권세들을 절단해 버렸으며, 그의 부활은 절대적 미래를 세계에 열어놓았다. 가로디에게 그 부활은 '절대적인 미래'에 대한 '그리스도교 신앙의 혁명적인 능력'이다.[92] 그리스도교의 신적인 "초월은 인간의 근 본적 차원"이라는 것이다.[93] 그럼에도 불구하고 신적인 초월은 인간에 게 '전적으로 타자'(das ganz Andere)이니, 사람들이 언제나 신이라고 칭한 그 타자를 "나는(가로디) 관찰할 수도 없고 또 한 외적인 실재처럼 더더욱 (그에게) 도달할 수 없으나, … 언제나 어떤 새로운 것이 인간적인

---

90 R. Garaudy, *AD*., 112; *Sym*. 151; Augustine의 *Confessio*에서의 심오한 영원한 자아 추구는 인간의 영적인 차원과 육적인 차원의 Plotiunus인 이원론을 함축하고 있으며, 그러한 영적인 차원은 변혁을 필요로 하는 몸·물질 세계의 변혁을 수행하기 어렵다. Augustine의 *Civitas Dei*는 교회사에서 하나님 나라를 반영하는 교회 공동체의 본래적 종말적 의미를 밝혀줌으로써 교회사에서 중대한 역할을 했으나, Civitas Dei는 civitas terrena(지상의 나라)와의 관계에서 영원히 초월적 영원으로 머물러 있으며, 이러한 이원론적인 Civitas Dei는 civitas terrena를 변혁할 수 있는 능력을 상실하게 된다.

91 R. Garaudy, *AF*., 80.

92 R. Garaudy, *AD*., 117; *AF*., 85; *GR*., 16 참조.

93 R. Garaudy, *GR*., 24.

삶의 실현, 시상에서, 과학적인 탐구에서, 사랑에서, 혁명에서, 신앙에서 떠오를 때 알게 된다. 이러한 전적으로 타자에 관해서 나는 아무것도 모르지만, 나는 그에 관해서 오직 그의 부재(Abwesenheit)를 통해서… 오직 그의 요청들과 소명들을 통해서만 지식을 얻게 된다."94 신적인 초월성은 절대 타자의 절대적 미래의 차원임에도 불구하고 인간의 본질적 차원이라는 것이다. 절대적 미래에로의 인간의 혁명적 초월은 바로 그의 '자유'(Freiheit)의 가능성이다. 이 근원적인 인간의 자유는 새로운 미래를 창출해 낼 수 있는 창조적 행위의 차원이다. "유대-그리스도교적 개념에 있어서는… 창조가 근원적인 것이며, 인간의 자유는 (여기서는) 더 이상 필연의 의식으로서가 아니라 창조적 행위에의 참여로서 규정된다. … 인간은 어느 순간에도 한 새로운 미래를 시작할 수 있으며, 자신을 세계의, 자연의 또 사회의 (억압적인) 법칙들로부터 자유하게 할 수 있다. 그리스도의 부활은 이러한 새로운 자유의 패러다임이다. 우리의 불가피한 유한성을 결정하는 바로 최후의 죽음, 한계선인 죽음 자체가 (그에게서) 극복되었다. … 인간에 대한 관계에서의 신의 철저한 초월이 자연, 사회, 인간 자신의 역사에 대한 관계에서의 인간의 초월을 세운다."95 칼 바르트가 하나님과 인간의 절대적 구별, 하나님의 철저한 초월을 가장 철저하게 세움으로써, 그는 인간 스스로가 세우고 택하는 이른바 역사와 자연에 본질적으로 내재한다는 신 내재론을 타파했다는 것이다.96 역사와 자연에서부터 도출된 신이란 결국 인간의 선택과 결정에 의해서 좌우되고, 절대적 타자, 절대적 미래에서부터 도래하는

---

94 *GR.*, 24-25.
95 *CF* 148, 149.
96 *CF* 153 참조.

세게 사회변혁의 요청들을 듣지 못하게 한다. 하나님 나라의 역사 내적 임재는 그의 자유한 임재이며 동시에 모든 주어진 사회 역사를 초월하는 종말적, 절대적 미래이다. 가로디는 그러한 신적 초월성에 비추어서 혁명적 인간 주체성을 새롭게 재규정한 것이다.

'자유의 나라'(Reich der Freiheit)에 대한 마르크스의 공산주의적 목표를 보자면,

> 자유의 나라는 먼저 노동의 필요와 외적인 목적성에 의하여 결정되고 끝 나는 데에서 비로소 시작하며, 그것은 사실의 본질에 따라서는 본래 물질 적 생산의 영역 저편(초월)에 놓여 있다. 의지가 그의 수요들을 만족시키 기 위하여, 그의 삶을 지탱하고 생산하기 위하여 자연과 씨름해야 하는 것 처럼, 그렇게 문명인은 해야 하느니, 그는 모든 사회 형식들에 있어서 또 모든 가능한 생산양식들 아래서 그렇게 자연과 씨름해야 한다. 그의 발전 과 더불어 필연의 나라(Reich der Notwendigkeit)가 확대된다. … 이러한 영역에 있어서의 자유는… 결합한 생산자들이 자연과의 이러한 그들의 물질교환을 합리적으로 통제함에서, 맹목적인 세력으로서의 그 물질교 환에 의해서 지배되는 대신, 그것을 공동체적인 통제 아래로 가져감에서, 그것을 최소한의 힘의 소비로써 또 인간 본질에 마땅하고 적합한 조건들 아래서 수행함에서 성립할 수 있다. 그러나 그것은… 언제나 필연의 나라 (자연 물질 조건들에 의해서 제약받는 차원)로 머무른다. 이것 저편에서 인간적 능력 발전, 자체 목표(Selbstzweck)로서 타당한 능력 발전이 시작 하는데, 그 참된 자유의 나라는 그러나 기초로서의 저 필연의 나라 위에서 만 번영할 수 있는 나라이다.[97]

마르크스에서의 저 '자유의 나라'는 물질적 역사혁명에 의한 최대한의 정의롭고 평등한 새로운 물질의 질서를 기초로 하고 성립되는 나라이다. 자연 물질의 의롭고 평등한 질서의 확립에서 성립하는 그 자유의 나라는 인간성과 자연이 궁극적으로 성취되는 나라이니, 창조자 하나님의 자유하고 의롭고 선하신 나라의 형상이 아니겠는가? 가로디는 말하기를, "물질적인 수단들이 소수 사람들의 손에 머물러 있고 수백만의 사람들이 그들의 주도권을 박탈당하고 있는 한, 모든 사람에게 자유가 있다고 말하는 것은 순전한 기만이다"라는 것이다.[98] 하나님 나라의 의와 자유는 바로 몸물질의 질서의 차원에서 실천되어야 한다는 것이다. "하나님 나라를 실현하려는 모든 시도가 참될 때, 그것은 언제나 세기들에 의해서 각인되고… 한 유토피아의 형식으로 한 새로운 사회질서가 투사된다." 모든 혁명은 곤경과 억압의 폭발적인 상황에 부딪혀서, 폭동과 희망이 맞물려서 대두한다는 것이며, 가로디는 그러한 사건들의 핵심에는 하나님 나라를 실현하려는 혁명적인 갈망이 작용한다고 보며, 하나님 나라 운동이 '현대사의 시작'이라고 본다.[99] 그런데 소련을 비롯한 현실 사회주의권과 공산당들의 문제들에 직면해서 가로디는 새로운 사회주의 혁명의 필요성을 제기하기에 이르렀으며, '절대적인 미래' 따라서 영속적인 혁명을 역설하게 된 것 같다. '절대적인 미래' 개념은 결정적으로 그리스도교적 종말론에 뿌리박고 있는데, 가로디는 이 개념을 놀랍게도 참된 마르크스주의와 일치시킨 것이다.

---

[97] Gerhard Isermann, hers., *Konfessionen des Marxismus*: Quellentexte (Göttingen: Vandenhoek & Ruprecht, 1976), 55에 있는 원문, Karl Marx, *Das Kapital III*, 1894에서부터.

[98] *CF.*, 158.

[99] *AD.*, 27 참조.

가로디의 *The Alternative Future*(대안적 미래, 1972)라는 책의 내적 주제가 *A Vision of Christian Marxist* (크리스찬 마르크스주의자의 비전)이다. 이 '대안적 미래'는 바로 종말론적인 '절대적 미래'를 전제하고 제기되었음에 틀림없다. 그가 이러한 방향에로 움직이게 된 세계사적인 상황들을 보자면, 우선 그는 1960년대에 거의 전 세계적으로 확산되어 1968년에 절정에 달한 신좌파(New Lefts) 청년 학생들의 혁명운동에 호응하여 '대안적 미래'를 제기했다. 그들은 소련의 중앙집권적 '관료체제와 전제정치'(bureaucracy와 despotism)에, 사회·문화·교육 전반의 권위주의들에 항거했으며, 세계를 뒤흔들어 놓았으나, 실제적 변혁의 성과를 얻어내지는 못했다. 그러한 결과에 대한 결정적인 요인은 아마도 그들을 뒷받침해주는 조직적 세력 혹은 노동자 세력이 없었기 때문이었을 것이다. 세계의 노동운동이 이미 쇠퇴해 있었다고 전해진다. 그들의 운동은 제3세계와 중국의 문화혁명운동 등에 의해서 많이 고무되기도 했다. 가로디는 이미 프랑스 공산당을 비롯해서 유럽공산당들의 혁명 의지의 침체 상태와 소련의 중앙집권적 권력 구조의 문제를 직시하고 있었으며, 1968년의 폭발적인 청년 학생들의 혁명 의지에 호응하여 '대안적 미래'를 제기한 것이다.[100] 이제 사회주의 체제도 '정통주의적' 마르크스주의라든지 하나의 지배적 모델이 아니라, '사회주의 모델들의 수다성(plurality)'이 바람직하다는 것, 아프리카, 이슬람 세계, 남미, 아시아 등을 고려하건데, 서양 전통들에 입각한 혁명과 사회주의의 단일한 모델을 생각하기 어렵다는 것, 1968년 체코에서 일어난 사회주의적 민주화운동에 대한 소련의 진압을 목격한 세계의 공산주의

---

[100] *AF*., 1, *The Challenge of the Young*, 2, Necessary Change 참고.

자들은 점점 더 마르크스주의에서의 근본적인 것을 재발견하고 소련 중심의 모델이 아니라 다양한 모델들이 가능하다는 것을 생각하기에 이르렀다는 것이다.[101] 새로운 사회주의 혁명은 '자체관리(self-management)의 사회주의'를 목표로 하며, "통치자들과 피통치자들 사이의 이원론을 영속화시키는 권력의 단순한 전이(말하자면 중앙집권적 관료체제에로의 집중화)가 아니라", "한 민족의 대중에 의하여 의식적으로 의도된 대중성이어야 한다"는 것이다.[102]

그와 같이 새로운 사회주의와 그 미래를 제기한 가로디의 AF의 결론을 보자면, 그의 고뇌에 찬 희망의 고백이 역력하게 보인다. "이 책(AF)은 필자에게는, 또 독자에게는 한 결단을 의미한다. 20년 동안의 세월이 나로 하여금 이 책을 쓰도록 강요했다." "나는 나의 희망들의 어떠한 것도 포기하지 않았다. 그러나 그것들은 내가 기대하지 않았던 방식으로 성취되었다. 그 목표는 동일하며, 그 수단이 변화했다. 세계가 이 몇몇 해 동안에 지난 수 세기들에서 보다 더 변화했다. 세계가 이 몇몇 해 동안에 지난 수 세기들에서 보다 더 변화했으니, 어떻게 그것이 참이 아닐 수 있겠는가?" "여러 해 동안 자신을 무신론자라고 고백해 온 한 사람(가로디)이 언제나 그의 내부에서 한 크리스천이었다는 사실을 발견했을 때, 그것은 한 벅찬 경험이다. 그러한 희망을 위하여 책임을 수납한다는 것이 벅차다. 전투적인 한 당원(프랑스 공산당원)으로서 37년 또 그 지도자들 중 한 사람으로서 20년 후에, 그 의미를 발견하고 또 거기서 삶의 아름다움을 발견한 후에, 삶에로 이른 그 희망을 견지하기

---

101 *AF.*, 69-70, 74 참조.
102 *AF.*, 121.

위하여 바로 이 당의 개념을 의심해야 한다는 것이 괴롭다. 이 책은 고뇌, 희망, 고통 속에서… 변호하려는 어떤 마음도 없이… 다른 사람들로 하여금 죽음의 종말을 직면하도록 돕기 위하여… 한 가능한 미래를 제기하기 위하여 쓰였다. 내가 이 책에 관해서 말한 모든 것은 얼마나 깊이 내가 그것이 한 사람의 과제가 될 수 없다는 것을 확신하고 있는가를 보여준다. … 그러나 역사는 현기증 나는 속도로 움직여 가고 있으며, 그래서 그것은 우리가 한 완전한 체계의 심미적 만족을 가지기까지 말하도록 지체하지 않는다. 그것이 출판된 그 날, 그것은 사건들에 의하여 지나쳐 버려진 채 죽을 것이다. … 젊은 사람들(신좌파)의 분노와 희망들에 의해서 고무되었으니, 그것은 먼저 그들에게 말한다. 그것은… 새로운 시작과 새로운 창조의 소재이다."[103]

나는 가로디의 이 결론을 읽을 때 또 지금 번역하면서 울었다. 그는 그의 사랑하던 그 당에 의해서 축출되었다는 말을 들었는데, 아마도 그 자신이 그의 당을 떠났을 것이라고 추측하며, 그는 지금 어디에 발 디디고 살고 있을까? 이슬람 세계로 갔다는 말을 들은 적도 있다. 그리스도교에 발붙일 곳이 없었을 것이다.

그는 그가 생각한 참된 마르크스주의와 그가 재발견한 그리스도교 신앙을 일치시켰다. 그러나 그것은 현실이 아니며, 그의 희망이다. 바르트는 마르크스-레닌주의 혁명을 비롯한 모든 사회주의·공산주의 혁명들이, 이것들이 또다시 시도될 수 있다고 해도, 하나님 나라의 "비유"(Gleichnis)라고 말했는데, 이것은 가로디의 일치화의 가능성을 배제하는 것은 아니다. 하나님 나라와 세계변혁 운동 사이를 구별하는

---

103 *AF.*, 177-178.

바르트는 하나님 나라가 하나님의 자유한 결정에 의해서만 이루어진다는 신앙의 고백이며, 이 신앙은 가로디의 일치화의 가능성과 희망을 배제하지 않는다. 이것은 블룸하르트, 쿠터, 라가츠, 요한 23세, 바오로 6세, 해방신학, 크리스찬-마르크스주의의 대화와 상호접근을 시도한 모든 개척자들에게서도 마찬가지라고 생각된다. 하나님 나라의 '하나님의 혁명'과 일치하는 세계 혁명은 그의 자유한 주권과 의와 선하심과 일치하는, 문제적인 현실 세계 질서들을 넘어서는, 저편(Jenseits)의 새로운 우주적이고 보편적인 자유하고 의롭고 선한 새나라 창출일 것이다. 그러한 저편의 나라의 시간성이 가로디가 말하는 '절대적 미래'이다. 그것이 인간 역사에 의해서 실현 가능한가? 그것이 가능하지 않다는 전제 아래서는 하나님 나라 주제도 마르크스의 궁극적인 '자유의 나라'도 공허한 것이 되어 버리고, 따라서 세계 사회 역사 변혁의 동력이 상실되어 버리고 말 것이다. 가로디의 '절대적 미래'는 바로 그 신적인 시간에서부터 주어지는 동력이며, 이에 의해서 그는 새로운 사회주의 혁명을 위한 '대안적 미래'를 제기한 것이다. 바르트의 비유 개념이든, 가로디의 일치화이든, 그리스도교와 마르크스주의자들에게 현재와 미래의 커다란 숙제로서 주어져 있는 것이다.

3. 한국교회와 민족의 미래

이 주제는 나의 통일신학의 주제이나, 시간과 지면상 충분히 다루어질 수 없다. 『통일신학의 미래』(1998, 사계절)라는 주제를 공표했지만, 나는 우리 민족의 철벽같은 분단 상황에서 그것을 전개하지 못한 채 머물러 있다. 여기서 다만 내가 반복해 말해오던 바 핵심 문제만을 지적하자면, 한국교회가 종래의 반공·반북 노선을 청산하지 않는다면 교회는 통일된 새 민족 사회 창출에 관여할 수 없으며, 하나님 나라의 역사적 방향을 영영 상실하고 말 것이다. 교회의 반공·반북은 미국을 비롯한 서양 그리스도교와 문명을 하나님 나라 복음과 거의 알게 모르게 동일시한다는 사실에 그 근본 원인이 있다. 이러한 문제는 한국교회가 서양의 그리스도교 선교에서부터 복음을 전수해 받았다는 데서, 서양 문명을 그리스도교 문명이라고 흠모하는 데서 시작된 것이다.

선교사들은 낯선 우리나라에 와서 많이 봉사했고, 서양 문명을 매개하기도 했다. 그러나 서양은 그리스도교의 종주국이 아니다. 서양 그리스도교 문명과 사상에 들어있는 문제들을 역사상 가장 철저하게 마르크스와 엥겔스가 투시하고 비판했다. 그 문제는 그리스도교가 지배자·억압자의 이데올로기로 작용해 왔다는 것이다. 그래서 그들은 눌린 자와 피억압자, 가난한 자와 피착취자의 해방을 위한 유물론적 역사 혁명을 제창했고, 무신론을 표방했던 것이다. 대체로 한국교회와 신학은 그 무신론이 서양 그리스도교 문명의 산물이라는 것을 몰각하고, 마르크스주의자들을 적대시함으로써 서양 그리스도교 문명의 전통의 문제를 한국에서 재현한 것이며, 따라서 서양을 성서적 신앙과 동일한 것처럼 여겨왔다.

한국교회의 반공·반북은 바로 서양 그리스도교 문명에 들어있는 오류의 산물이다. 그것은 우리의 민족분단 상황을 종교적으로 굳게 굳게 다져왔으며, 미국과 주한 미군을 우리 민족의 수호자로 여겨왔다. 그러한 반공·반북은 종말적 하나님 나라의 의미를 완전히 상실한 것이다. 우리 곁에 노숙자들이 넘쳐나고, 굶어죽고, 살길 없는 이들의 자살

행렬이 줄을 잇고 있고, 미국이 아프간과 이라크 인민들의 민족 자주성을 뿌리째 뽑아내고 있고, 이라크의 석유 자원에 대한 이권을 강탈하고, 대북 선제 핵전쟁 가능성을 버리지 않고 있고, 우리 민족의 공멸을 가져올 수도 있는 핵전쟁 가능성과 오랫동안 지속해 온 한·미 군사훈련을 폐지하지 않고 있는 민족적 상황에서 한국교회는 어떻게 하나님 나라를 선포할 수 있겠는가?

하나님 나라는 세계의 '지배자들과 권세들'(principalities and powers)에 대한 의의 심판으로, 가난한 자들과 무거운 짐진 자들에게는 위로와 새 미래에 대한 희망으로 도래하며, 세계 역사에 하나님 나라의 '절대적 미래'에 대한 방향에로의 변혁의 계기를 부여한다. 교회는 그러한 하나님 나라를 선포하고 세계의 변혁운동들을 주시하고 이들과 협조하도록 믿는 자들을 고무해야 할 것이다.

주로 유럽에서 벌어진 그리스도교-마르크스주의자들의 상호접근과 대화들 그리고 남미에서 벌어진 사회주의적 그리스도교 운동은 귀중한 사건들이다. 동유럽과 소련이 붕괴되었다고 해도, 오늘날 그들의 소리가 잘 들려오지 않는다고 해도, 하나님 나라의 복음은 그들의 소리를 되살려 내리라. 우리 민족의 분단 상황은 근현대의 세계사의 축소판이다. 우리의 분단 상황과 이에서 연출된 사건들과 범죄들은 아마도 세계의 냉전체제에서 벌어진 범죄를 능가할 것이다. 우리의 분단 상황을 응시하자면, 서양 그리스도교 문명의 죄악이 역력히 보인다. 우리 민족 근·현대사에서 우리는 서양 그리스도교 문명의 패권주의를 관찰할 수 있다. 바로 여기에서 우리는 저 마르크스주의적 그리스도교인들의 소리를 들어야 한다. 그들은 저 대화들을 전개하면서 제3세계의 동참이 필요하다는 것을 표명했다. 그들의 대화 시도들은 어쩌면 유럽이

나 세계의 어느 다른 곳에서보다 60년 동안이나 맞붙어 갈라진 남북
관계에서, 우리 민족사의 무궁무진한 소재들을 바탕으로, 또 주체사상
을 고려하면서 재논의 되어야 할 것 같다.

하나님 나라의 종말적인 혁명력은 우주 자연과 세계사 전체에 해당
된다. 그러나 그것은 동시에 개별적으로 우리 민족의 상황에서 주제화될
수 있다. 그렇게 되는 과정에서 분단에서 연유된 모든 비극적 투쟁들,
범죄들, 어리석고 종속적인 한·미 군사동맹에 의한 전쟁 훈련 등등의
고통스런 장면들이, 통일된 민족 사회에서, 그 모든 죄악들을 넘어서는
자유한 하나님 나라를 향해가는 과정에서, 무궁무진하게 또 기만 없이
연출되는 역사 드라마로서 우리 눈앞에서 펼쳐지리라. 그러한 우리의
부끄러운 과거사는 새 미래에로의 우리 민족의 혁명력을 거듭거듭 촉발
하는 소재가 될 것이다. 우리 민족의 통일은 우리민족에만 타당한 것이
아니다. 그것은 동북아의 정의로운 권력구조 개편과 세계의 정의·평화
·평등 실현의 신호탄이 될 것이며, 또 그렇게 되어야 한다.

올해는 우리 민족의 국권 박탈을 위한 미·일의 음모, 을사늑약 100주
년, 광복과 분단 60주년, 6.15 공동선언 5주년이 되는, 세계의 지배세력
들의 범죄와 우리 민족의 고난과 투쟁들의 역사를 기억하는 해이며 동시
에 통일을 실현할 벅찬 해이다. 남·북·해외동포들의 대단결을 담지하는,
6.15 실현을 위한 남·북·해외공동준비위원회가 추진하는 6.15 민족대
회가 평양에서 열렬하게 거행되었으며, 이제 바야흐로 8.15 민족대회가
서울에서 거행될 것이다. 나는 아마도 통일을 예비하느라고 이 글을
쓰는 것 같다. 8.15 통일행사를 위하여 나는 급히 이글을 마친다. 다시금
하나님과 한국 기독교학회에 감사드리고 한국교회와 신학이 통일 조국
혹은 통일 모국에 동참하기를 기도하는 마음으로!